巨匠与少年

王安石
特立独行的牛形人

万君 —— 著

人民日报出版社
北京

图书在版编目（CIP）数据

王安石：特立独行的牛形人 / 万君著. —北京：人民日报出版社，2023.2
（巨匠与少年；3）
ISBN 978-7-5115-7711-5

Ⅰ.①王… Ⅱ.①万… Ⅲ.①王安石（1021—1086）-生平事迹-青少年读物 Ⅳ.①K827=441

中国国家版本馆CIP数据核字（2023）第006646号

书　　名：	王安石：特立独行的牛形人
	WANGANSHI: TELIDUXING DE NIUXINGREN
著　　者：	万　君
出 版 人：	刘华新
选题策划：	鹿柴文化
特约编辑：	王晓彩　吴云霞
责任编辑：	张炜煜　白新月　霍佳仪
封面设计：	时谷设计
封面插画：	章　漫
出版发行：	人民日报出版社
社　　址：	北京金台西路2号
邮政编码：	100733
发行热线：	（010）65369509　65369527　65369846　65369512
邮购热线：	（010）65369530　65363527
编辑热线：	（010）65369514
网　　址：	www.peopledailypress.com
经　　销：	新华书店
印　　刷：	北京永诚印刷有限公司
法律顾问：	北京科宇律师事务所　010-83622312
开　　本：	880mm×1230mm　1/32
字　　数：	410千字
印　　张：	20.75
版　　次：	2023年7月第1版
印　　次：	2023年7月第1次印刷
书　　号：	ISBN 978-7-5115-7711-5
定　　价：	158.00元（全4册）

愿你把伟大的人生都看遍，成长为闪闪发光的少年！

前 言

西方有说不尽的莎士比亚,我们有说不尽的王安石。

我们说不尽他文章与诗词的魅力,更说不尽那场影响深远的变法带给我们的意义。

一千多年来,赞美和诋毁的声音从来都不曾消失。也正因如此,有关他的一切,也就成了一个永不消歇的、极具生命力的话题。而当我们讨论得越多,了解得越深入,也就越会惊叹于这个人的精彩与伟大。

"糟粕所传非粹美,丹青难写是精神。"读历史如此,读人又何尝不是呢?

我们常常会有一种感受,越是了解一个人的丰富与崇高,越是了解他所处时代的复杂,就越是做不出什么言简意赅的评价。在任何一位伟大人物面前,无论是怎样精心选择的词语,多半都会失之精准,甚至一下子变得黯然失色。

王安石到底是一个什么样的人呢？

如果一定要用最短小精悍的语言表述，我只能尝试着这样说：

他是一个极其博学、极其自律的人；一个极其脚踏实地也极其理想主义的人；一个超越了时代的局限，尽力保持了独立思想、平等意识的人；一个以几乎永不枯竭的斗志改变了整个时代的人；一个像你我一样平凡却创造了历史的人。

而这，也正是我们依然需要阅读他的重要原因。

这本书的名字叫作《特立独行的牛形人》。

说王安石长得像牛，是从宋朝就有的说法。宋神宗问身边人王安石长什么样儿，萧注回答说："牛形人，任重而道远。"又补充道，"安石牛目虎头，视物如射，意行直前，敢当天下大事。"

可见这个牛形人一向是眼里有光，从来就特立独行。

既然见过王安石的人这么说了，我们也就这么称呼他吧！

本书故有此名。

目 录

一

好学多思

- 001
- 002　虎门焉有犬子?
- 010　同龄人方仲永
- 013　和父亲一起到京城
- 016　父亲升职啦!
- 018　进士及第

二

基层实干

- 027
- 028　工作再累也要学习
- 033　鄞县就职
- 044　最后的告别
- 046　又到京城
- 047　任职舒州
- 052　伟人去世
- 055　《通州海门兴利记》
- 059　《游褒禅山记》
- 063　常州为官
- 065　提点江南东路刑狱公事

三 进京为官

- 075 进京为官
- 076 进京为官
- 083 守丧江宁
- 086 痛失王令

四 百年大计

- 101 百年大计
- 102 变法先声
- 106 变法开始
- 110 反对者众
- 124 第一次回到江宁
- 127 重新出山
- 130 宏图大业

五 风云再起

- 139 风云再起
- 140 隐居半山园
- 142 司马光上台，废掉新法
- 144 去世

- 156 王安石生平年表

王安石

王安石（1021—1086），北宋政治家、思想家、文学家。仁宗、神宗两朝时，王安石长期在地方为官，历任扬州签判、鄞县知县、舒州通判，因政绩卓著，颇获好评。自神宗熙宁二年（1069）至元丰八年（1085），王安石两度拜相，推行变法。他的革新政策上承先秦的"商鞅变法"、西汉的"桑弘羊变法"，对中国的政治、经济发展产生了极其深远的影响。王安石还著书立说，创立"荆公新学"，因其散文成就，位列"唐宋八大家"；晚年致力于诗歌创作，自成一家，其诗体被称作"王荆公体"。王安石逝世于哲宗元祐元年（1086），谥号"文"，享年六十六岁。

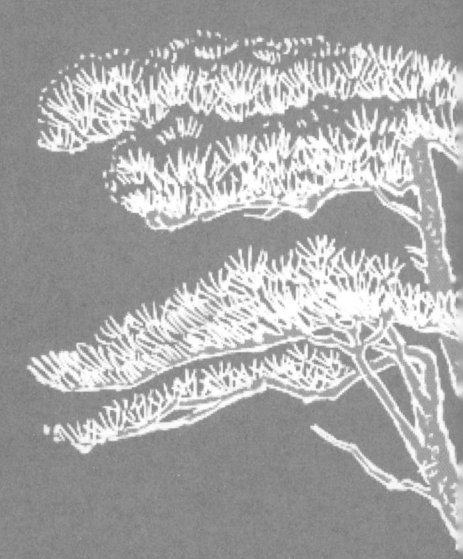

好学多思

1021—1042 年 | 1—22 岁

当春天到来的时候,辛夷花就一朵一朵地开放了。花开得既热烈,又含蓄;既克制,又放肆。王安石很喜欢这些花。在那些灿烂的春天里,王安石的那些少年意气,也像辛夷花一样,热烈又含蓄,克制又放肆。

虎门焉有犬子?

如果生命终将结束,那么,人生的价值和意义到底是什么?

如果你真的思考过这个问题,那你绝对不应该错过的,是王安石用一生寻找到的三个答案。

十岁那年,王安石从父亲王益那里得到了第一个答案:人生的价值就是发奋读书,荣登仕途,成为一家人的榜样和荣耀。这一年是宋仁宗天圣八年(1030)。父亲以殿中丞的身份管理韶州。

"你知道王贯之爷爷有多优秀吗?你爸爸我七岁那年,他就考中进士了。他是咱们家第一个考上进士的。当时举族大庆,十里八乡的人都羡慕极了!你爷爷还是一个大官,更是一个好官。正是因为你爷爷激励了我,爸爸才考中了进士……"

这些事王安石当然知道,这个故事父亲早不知道讲过多少次了:两年前,他还跟着父亲一起参加了王贯之爷爷的葬礼。

同样地,他也早就知道父亲有多么优秀了:王益十七岁那年,拿着自己的文章去拜访大名士寇准的好友——张咏,张咏对他大加赞赏。这以后,但凡遇到重要的场合,张咏都不忘提一句:"少年王益写得一手好文章。"

二十二岁那年,王益又考中了进士,并且在建安县(今福建建瓯）得到了一个主簿的职位。

刚开始工作并没有想象中那么顺利：初入职场的王益因为太年轻，受到了个别同事有意无意的轻视，他们觉得王益"嘴上无毛，办事不牢"。但他很快就用出色的判断力和执行力改变了前辈们的想法。

当时，赋税迟迟不能入库，知州催促得很厉害。县令一筹莫展，还把压力都传到王益身上。他让王益负责，尽快把税收上来。可是，富有经验的前辈都做不到的事，一个初来乍到的年轻人又怎么能做到呢？

尽管如此，王益思考了一会儿，还是答应了下来："大人，我能保证如期完成任务，但必须得到您的全权委托。"

县令已经焦头烂额，这时候根本顾不得别的，只求完成上头交代的任务，再加上他并未真正把王益放在眼里，便一口答应下来。得到允诺后，王益二话不说，直接叫了差役，一起出去执行公务。王益的架势让县令本能地感觉到不安，他赶紧把这个年轻人拦住了。

"等等，这是要干什么？传唤人吗？"

"去抓牛孔目。"王益轻声慢语的，声音并不大，县令却心惊肉跳了："别人也就算了，牛孔目，你动……动不得呀！"

牛孔目就在县衙门工作，是个经验丰富的老吏，他家又是当地一霸，历任外派来的县令都不敢轻易得罪他。

"每年交税他家不都是最后一名吗？拖着不交的黑名单上

不是也有他吗？"

原来，王益早已了解了情况。拖欠税款最严重的就是牛孔目家。假如富裕如牛孔目者都一点儿动不得，那他一个小小的收税官，还能做些什么呢？去搜刮民脂民膏吗？

王益不想去欺负那些孤苦贫贱的老百姓，决定以硬碰硬，去约束那最该被约束的人。

这当然不是心血来潮，而是深思熟虑之后的决定。没再等县令说什么，王益带着差役径直走到牛孔目的家中。一点儿思想准备也没有的牛孔目，就这样被带到了县衙。

王益让人暂时把这个"老赖"看押起来。想回去吗？好哇，只要三天之内，交齐拖欠的税款就行！别人都是杀鸡给猴看，王益却敢反其道而用之——他偏要杀猴给鸡看——而且效果还真不错。

一时间，牛孔目被羁押的消息传遍了建安县的十里八乡。当地的富民能吏就此知道了王益的厉害。既然官府收齐税款的决心和魄力这么大，也就没必要再拖延观望了。他们一改懒散怠惰的态度，上交了拖欠许久的税款。

由于大家太积极，太主动，任务竟然提前一天完成了。

这真是前所未有的顺利！

从此以后，大家都对王益多了一份敬意。不久后，他也迎来了晋升机会——由于政绩突出，王益被擢升为临江军（治所在今江西樟树市）的判官。当然，这也是王安石会在临江军出生的原因了。

虎门焉有犬子？有王贯之这样的爷爷、王益这样的父亲，王安石又怎么会放松对自己的要求？他的少年时光，基本每天都是在刻苦学习中度过的。

宋仁宗明道二年（1033）。

这一年，王安石十三岁。他的亲爷爷王用之（王贯之爷爷的堂兄）不幸病逝。王益向朝廷请了"丁忧"的长假。王安石也就跟着父亲一道，离开韶州，踏上了返乡的旅程。

从这一年开始，王安石跟着父亲走过很多地方。时间长了，跟着父亲走的地方多了，王安石也就更加明白了小时候不太懂得的事：为什么十几年来，他会随着父亲走遍新淦（今江西新干）、庐陵（今江西吉安）、新繁（今四川新繁）和韶州（今广东韶关）？

因为无论在哪里，这个社会都太需要一个像父亲一样的官员了。而无论有多偏远，只要有需要，父亲就会出现在那里，然后兢兢业业、一丝不苟地工作。

别的就不说了，就拿父亲在韶州的时候来说吧——

韶州不在中原，远在岭南之外。这里山川秀美，草木丰茂，自然是小孩子的乐园，但却是一个政治和文化上的荒原。

就是在这里，经过多年历练的王益终于有了独当一面的机会。成为韶州的地方官后，他面临一个严峻的挑战：

有五百名士兵准备谋反。

王益临危不乱,成功逮捕了五名首犯。有人主张先将这五个人押入监狱,王益却当机立断,立刻将他们押解出境。然后又马不停蹄地去稳定军心,并再三保证说,除了已经抓起来的人之外,绝不追究其他任何人的责任。

事实证明,王益的举动无比精当。原来,就在这五人被逮捕的当天,他们的同伙便已经做好了劫狱的准备。如果听从了那些人的意见,将五人关入监狱,接下来事态的发展将不可预料。

安全问题解决以后,闲不住的王益又开始操心起了民生问题。他兴办水利工程,创办学校。在他的努力下,韶州人民的物质生活水平和精神文化水平都得到了提高。

有时候,王安石会为王益鸣不平:父亲有才华,肯上进,有爱心,理应得到一个更广阔的平台,成就一番更伟大的事业。总是在这些偏远的地方兜兜转转,再怎么尽心尽力,又有谁能看见呢?

但父亲总是不急不躁、按部就班地做着眼前的事,还不忘经常讲贯之爷爷的故事[1]给他听。

父亲讲过爷爷年轻时候的一个故事:"贯之爷爷考中进士之后,有一天晚上和朋友喝酒。一个朋友趁着酒劲儿把他的敕牒撕碎,扔进火里烧掉了。"

"敕牒是什么?有什么用?"王安石问。那时候他还不清楚,如果敕牒没有了，以后做官的凭证也就没有了。

至于那个人为什么要这么做，他当时不太明白，许多年后才懂得了：那或许不是纯粹地喝醉了耍酒疯，而是借着酒意表达一种说不清道不明的妒忌。

"这要是放在别人身上，还不得当场翻脸？可你爷爷不仅没发火，还主动承担了过错。无论官府怎么责怪，他都坚持说，敕牒是自己不小心弄丢的。"

不仅如此，后来，当这位朋友做了自己的下属时，爷爷还在某个合适的时机大力举荐了他。有的人想不通爷爷为什么要以德报怨，他们觉得这是一种是非不分的表现。

爷爷听了，对别人竟有如此想法感到纳闷："人家的资历和能力摆在那儿，我也就推荐了。本该如此的事情，怎么就扯到以德报怨上了呢？再说，我们从一开始就没什么怨呀。"

父亲还讲过爷爷年老时的一个故事[2]：

那个时候，爷爷已经是提点淮南刑狱了。宰相丁谓派了两个人到他那里任职，并且意味深长地嘱咐说："这两个人都是很有办事能力的人。"爷爷当然听出了宰相的暗示。

然而，经过一段时间的观察，他发现这两个人非但没有什么能力，而且还都犯下了贪污敲诈的罪行。

是尊重事实，还是尊重宰相，或者说尊重自己的前途呢？

爷爷想了想，最终还是将二人的过失一五一十地上报了。

没过多久,爷爷就因为宰相的不满而被降职了。从此,爷爷再也没有得到丁谓任何的提拔和重用。

许多年后,当年少的记忆一点一点地模糊在过往的岁月中,这两件事却还像钻石一样,在王安石心里熠熠闪光。叔叔让王安石给爷爷重新写一份墓志铭,王安石恭敬地领命,再一次追忆起了属于爷爷的这些充满人格魅力的时刻。

他以再郑重不过的心情写道:"呜呼!于公之行事虽不得其详,而其略所闻如是,盖可以考公德矣。"

亲爱的爷爷,您的事情我虽然记的不多,可是仅这两件事,就足够让我知道,您是一个多么令我尊敬和怀念的人了。

仔细想想,如果没有多年后这一次动情的书写,那些早已黯淡了的、关于爷爷的往事,也就没有机会被他想起了。

当这些复杂的情绪涌到心头时,王安石才突然意识到:在死亡来临时,肉体的消亡固然是无可更改的事实,但只要这个人的精神不死,他人的记忆不灭,那么,这个人的生命就可以获得另一种形式的延续。

老子说"死而不亡者寿",不也是这个意思吗?就拿贯之爷爷来说吧,因为他对父亲产生的长远影响,因为他留给王氏家族的珍贵记忆,这位亲爱的、敬爱的爷爷,将永远不会死去。

人生的价值和意义是什么?是发奋读书,像爷爷和父亲一样中进士、登仕途,成为一家人的榜样和荣耀吗?

不,不只是这样。一定还有比这更好的答案。比如,**像爷爷**

和父亲那样，扎扎实实做些值得后人永远怀念的事。

让我们把时间线从许多年后拉回到现在吧！此时此刻，虽然还只是一个小小少年，但王安石对自己已经有了很大的期待。他一点儿也不掩饰自己的想法，还把这个想法认认真真写进了诗里：

"此时少壮自负恃，意气与日争光辉。"

"男儿少壮不树立，挟此穷老将安归？"

好学多思

同龄人方仲永

王安石舅舅的家在金溪（今江西）乌石岗。这是一个美丽的地方。乌石岗旁有一个大大的池塘，叫乌塘。

乌塘的水丰沛又清澈，岸边长着一大片一大片紫色的辛夷花。当春天到来的时候，辛夷花就一朵一朵地开放了。

花开得既热烈，又含蓄；既克制，又放肆。

王安石很喜欢这些花。在那些灿烂的春天里，王安石的那些少年意气，也像辛夷花一样，热烈又含蓄，克制又放肆。

他当然有自信，但他绝对不是一个盲目自信的人。特别是当他见到了那个"别人家的孩子"方仲永[3]后，就更是如此了。

一开始，方仲永的故事是姥姥讲给他听的——要是论命运的眷顾和天生的好运气，这世界上大概再也没有谁能超越方仲永了。一般人学习好，要么受父母的熏陶，要么自身勤奋刻苦。偏偏就是这个方仲永，挑战了人们的常识。

方家世世代代都是农民，他父亲每天做的最主要的事也就是种地。环境和家庭的教育如果是一个人成才的土壤，那么，属于方仲永的这片土壤，无疑是一片精神文化领域的荒漠。

极度缺水的荒漠里可以长出紫色的辛夷花吗？

按道理，自然是不可以的。

农民世家可以诞生一位会写诗歌的五龄童吗？

按道理，这好像也是很困难的。

然而不可思议的是，方仲永的诗写得快极了，也好极了。于是，方仲永一下子成了人人追捧的童星，他的诗也成了大家喜闻乐见的奇迹。方爸爸更是乐得每天带着仲永四处拜访邻里亲友。方家的生活也一度变得好起来了。

"方仲永现在多大？他现在还写诗吗？他的诗还像原先那样好吗？"王安石听得聚精会神，津津有味，一连问了好几个问题。

舅舅一家人笑了起来："这已经是八九年前的事儿了。至于诗写得好不好，你这么好奇，不如明天一起去看看吧。反正方家离咱们这里也没有多远；再说了，他也跟你差不多大呢！"

于是他就真的去了，方仲永倒也还在写诗。

王安石请他动笔，他也真的写了几首。

但是怎么评价呢？如果这诗是一个五岁的小朋友写的，那自然是一个难得的奇迹。可要是十几岁的人写的，不得不说，实在是有点儿太一般了。

王安石和方仲永父子又聊了一会儿，慢慢发现了问题所在。原来，方同学名气太大了，想见他的人太多，以至于他白天的时间都用来与客人交谈，到了晚上，根本就没有精力继续学习了。

如今的他，早已经名不副实，不过是在吃童年的老本儿罢了。

此时的王安石，已经成为一个专注、自律、善于发问、勤于动脑的少年。他又一次陷入了思考：

仲永之通悟，受之天也。其受之天也，贤于材人远矣。卒之为众人，则其受于人者不至也。彼其受之天也，如此其贤也，不受之人，且为众人。今夫不受之天，固众人，又不受之人，得为众人而已耶？

——王安石《伤仲永》

人的一生固然很长，但能起到决定性作用的黄金岁月却并不长。少年时光不过短短七八年，放在一生中，甚至可以用"转瞬即逝"来形容。而这段时光是极其关键，也是极其宝贵的。

王安石默默地问自己："天资聪慧如方仲永，一旦放弃了对自我的要求，一旦满足于舒适区，也逃脱不了泯然众人的结局。平凡如你，又有什么理由懈怠和停滞呢？"

勤学如春起之苗，不见其增，日有所长；而辍学如磨刀之石，不见其损，日有所亏。所以一旦止步不前，就是倒退的开始啊！

和父亲一起到京城

古人曾说过，读万卷书，行万里路。

宋仁宗景祐三年（1036），王安石已经在家乡如饥似渴地读了许多书。这一年，王益守丧假满，要到京都吏部销假，等候新的职务聘任。于是，十六岁的王安石又获得了一次在书本之外见识这个世界的机会。

古人也说过，"乐莫乐兮新相知"。对于一个十几岁的少年来说，走出家门和书斋，确实意味着：不知道在哪里，也不知道什么时候，会碰见那个意气相投的朋友。

古人还说过，"独学而无友，则孤陋而寡闻"。求学的道路最为艰辛寂寞，而少年的心却偏偏激荡又热情。正因如此，在求学之路上付出了非常之努力，也忍受了非常之孤独的王安石，比一般的少年更渴望一份真诚而热烈的友谊。

于是，看过了朱雀门的宏伟壮阔，看过了御水沟两岸的艳丽繁花，看过了大相国寺的车水马龙，十六岁的王安石遇见了十八岁的曾巩。

从此，王安石和他成了最好的朋友。

王安石夸曾巩见识最高，文章最妙。"巩文学论议，在某交游中，不见可敌。"（王安石《答段缝书》）"曾子文章众无有，

> 好学多思

水之江汉星之斗。"（王安石《赠曾子固》）

而曾巩对王安石的评价更是高到了天上去：

寥寥孟韩后，斯文大难得。
嗟予见之晚，反覆不能释。

——曾巩《寄王介卿》

曾巩觉得，自孟子之后的一千年是散文史上的大冰期，自韩愈之后的五百年，是散文史上的一个小冰期，因此都没什么荡气回肠的好文章。唯有王安石之笔，有融化冰河的巨大能量。

也许正因如此，许多年后，曾巩无论如何都忘不了与王安石初见的那个秋天，更忘不了当时的欢畅和美好。

忆昨走京尘，衡门始相识。
疏帘挂秋日，客庑留共食。

——曾巩《寄王介卿》

怎么形容王安石和曾巩之间的感情呢？

我们只能承认，有时候，友情比爱情更坚固，也更容易让人刻骨铭心。人一生中，遇不到这样的友情可能是命运的常态，而遇到则是人生莫大的幸运。

> 古之人，未有不须友以成者。盖无朋友，则不闻其过，最患之大者。
>
> ——王安石《与孙莘老书》

> 某愚不量力，而唯古人之学，求友于天下久矣。
>
> ——王安石《答王景山书》

当然，这次到京城来，除认识了好朋友曾巩以外，王安石还有一个更大的收获，那就是：他开始一次又一次地在父亲和同僚交谈的过程中，听到范仲淹的名字。

范仲淹，那是一个多么伟大的人啊！此时此刻，他离这样一个伟大人物的生活竟然如此接近。

身处巍巍皇城所在的汴梁城，耳朵里又填满了大人们对于国家大事的议论，一切的一切，都如同二月的春雷，震动着王安石的求知欲与好奇心。

王安石感到从未有过的激动，从来没有一刻像现在这样，他可以离天下的中心如此接近；也从来没有一刻像现在这样，让他感受到宏大使命的热切召唤。

庆历新政为什么会失败？到底要怎么做，搁浅的改革巨轮才能再次乘风破浪，入海远航呢？对于这些问题，十六岁的王安石甚至比大人们思索得还要认真。

父亲升职啦!

仁宗景祐三年的四月,正是一年之中风景最美的时候。在这样一个美好的季节里,父亲王益也得到了新的任命:去江宁做通判。

江宁是今天的南京,在历史上还有一个更为美丽,也更为著名的称谓——金陵。

宋时,金陵已经是东南部屈指可数的大城市,这里风景美如画,富庶而繁华。至于通判嘛,是知府的副手。州郡的一切政务文件,都需要知州、通判两个人联合署名,才可以生效。王益由韶州调任到江宁,从建安主簿到临江军判官,再到新淦、庐陵、新繁知县,到韶州知州,最后一跃成为一座繁华都市的通判,可以说,这条晋升之路,走得非常扎实。

未来的前景也和此时的美景一样,好极了。

这时候王益才四十多岁,正可以用前途不可限量来形容。十几岁的王安石也因此对未来充满了向往,他还有好多的地方要去,好多的世面要见,以及好多的教导要听呢。

然而,上天却偏偏无视一个孩子最单纯的渴望和眷恋,残忍地把他的父亲带走了。

仁宗宝元二年（1039）二月，王益卒于江宁府通判任上，享年四十六岁。

这一年，王安石只有十九岁。

进士及第

父亲不在了,但王安石并没有时间悲伤。他必须坚强。他得承担起照顾奶奶、母亲、六个兄弟、两个妹妹的责任,从此成为整个家庭的顶梁柱。

王安石没让自己被这猝然而来的人生变故压垮,更没有因此放松对学业的要求。相反,自从父亲去世后,他在读书、学习的时候,更加自律,更加勤奋了。

以优异的成绩考上进士,光耀王家宗族,让英年逝去的父亲不必因为自己的不肖失望,让一家十几口人不受冻挨饿,让弟弟妹妹们能健康快乐地成长,于他而言,就是眼下的生活中,自己努力的最大价值和意义了。

仁宗庆历二年(1042)春天,在异常激烈的殿试中,二十二岁的王安石冷静、稳定地发挥出一贯的高水平,以优异的成绩荣登进士甲榜第四名。

成绩出来以后,他才算松了一口气。别的且不说,中了进士,朝廷就给安排工作,而有了工作,他就有钱养家了。

王安石的第一份工作是在淮南做判官,工作地点在扬州。

新人需要熟悉的东西有很多,需要积累经验的事情也有很多。王安石到任后,和所有刚入职的人一样,一头扎进了无穷无尽的日常事务中。

他常常昏天暗地地忙完,一抬头,才发现一个疲惫的白天就这样结束了。于是,下了班也就只想躺着休息,实在没有精力去干点儿别的事了。成功的路上,坚持总是比较困难,而放弃总是比较容易。所以王安石总要暗暗提醒自己:可千万不能只满足于把工作做好,一定要坚持读书、坚持进步啊。

然而"坚持"二字,哪里有那么容易呢?

再一次翻开桌子上的书。孤馆人静,夜虫唧唧。在扬州,在"二十四桥春水绿,兰桡随处傍花行"的扬州,在"夜市千灯照碧云,高楼红袖客纷纷"的扬州[4],王安石远离了欢闹的熟人与朋友,在一天工作的疲惫之后,独自一人,静静读书。

成为历史上伟大的王安石,是许多年之后的事。而寒灯之外的明月与笙歌,却实实在在地引逗着每一个年轻人的心。

扬州的春风和秋叶是那么醉人,扬州的湖水和明月是那么妩媚。这一次,美丽的风景却无论如何也打动不了这个年纪正好的人。在明月与江风照拂不到的小小寮舍中,王安石一边忍受孤独,一边默默思索。

有时候,他会由此及彼地追问:

为什么淮南幕府里在编官员这么多,而真正干活的却只有一半呢?如果直接裁员可不可行?一个小小的淮南府就如此,全国千千万万个办事机关是不是也都如此呢?……

有时候,他又由彼及此地考虑:

朝廷多给了西夏岁币十万两、绢十万匹。这可不是一笔小数目。用这么大的一笔钱来换取两国之间的和平，这到底是外交上的成功，还是失败呢？

归根结底，这笔昂贵的支出总还是要百姓承受。淮南是东南富庶之地，以后的赋税会不会越来越重呢？

这时候的他，只是大宋政治机器上一颗并不显眼的螺丝钉。命运并没有在这些寂寞的夜晚，保证给他一个波澜壮阔的未来；命运也并没有派一个神仙明确而大声地嘱托他："你要牢牢记住：二十七年后，你一定会遇到一个大有抱负的皇帝，你将会在他的支持下，开始一场载入史册的改革与变法。所以，为了那一天的到来，你一定不能浪费一分一秒，一定要认真准备啊！"

在那些没有人看到的夜晚，王安石的所思所想记满了好几个本子：有的是对国家时事的评论，有的是对儒家思想的辨析，有的则是对历史教训的总结。而有的时候，他想的则是：人要对习以为常的生活保持警惕。绝大多数人，每天都在过着按部就班、循规蹈矩的生活，而并不思考。

该上班的时候上班，该下班的时候下班。做好手里的工作，熬到一定的年限就能升职加薪……在大多数人看来，生活就该这样。但是，这个世界上有没有一种人，不满足于靠一项技能谋生终老？这个世界上有没有一种人，从内心里希望对他人和世界多承担一些责任？就比如古代的孟子、唐代的韩愈，比如当朝的范仲淹大人？

看到的事情越多,读到的道理越深,王安石对自己的期许也就越明确:他不想当那个大多数。如果可能,就算用尽全身的力气,他也要成为后一种人。

为此,他下定决心,一定要在漫长的一生中,保持独立的见识、清醒的头脑,力争做一个与流俗对抗的、热爱思考的人。

也许是太寂寞了,也许只是为了鼓励自己,王安石把这些话都写进了那些给志同道合者的信里:

> 时然而然,众人也;己然而然,君子也。己然而然,非私己也,圣人之道在焉尔。夫君子有穷苦颠跌,不肯一失诎己以从时者,不以时胜道也。故其得志于君,则变时而之道,若反手然,彼其术素修而志素定也。时乎杨墨,己不然者,孟轲氏而已;时乎释老,己不然者,韩愈氏而已。如孟、韩者,可谓术素修而志素定也,不以时胜道也。惜也不得志于君,使真儒之效不白于当世,然其于众人也卓矣。
>
> ——王安石《送孙正之序》

这篇文章的落款是:庆历二年闰九月十一日。

这一年,王安石只有二十二岁。

注 释

1. 王安石《主客郎中知兴元王公墓志铭》:"始,公中进士时,同进有常陵公者嫉公,先以被酒,取公敕牒裂烧之,公为讳其事,以失亡告有司而已。及后,陵公者为属吏,公举迁之。或非公以德报怨,公曰:'受诏举京官,彼今为吾属而任京官,吾则举之,何报怨之谓哉?且吾与彼乃未始有怨也。'盖公之行己多如此。"

2. 王安石《主客郎中知兴元王公墓志铭》:"而当是时,丁谓为宰相。先是,谓以二人属公善视之,曰:'皆能吏也。'至则皆有罪,公发其状以闻。"

3. 王安石《伤仲永》:"金溪民方仲永,世隶耕。仲永生五年,未尝识书具,忽啼求之。父异焉,借旁近与之,即书诗四句,并自为其名。其诗以养父母、收族为意,传一乡秀才观之。自是指物作诗立就,其文理皆有可观者。邑人奇之,稍稍宾客其父,或以钱币乞之。"

4. 《资治通鉴》称:"扬州富庶甲天下,时人(唐人)称'扬一益(益州,即成都)二'。"

半山叹

闲居遣兴

王安石【1035年,15岁】

惨惨秋阴绿树昏,荒城高处闭柴门。
愁消日月忘身计,静对溪山忆酒樽。
南去干戈何日解?东来驵骑此时奔。
谁将天下安危事,一把诗书子细论。

送郓州知府宋谏议

王安石【1042年,22岁】

盛世千龄合,宗工四海瞻。
天心初吁俊,云翼首离潜。
德望完圭角,仪形壮陛廉。
徐鸣苍玉佩,尽校碧牙签。

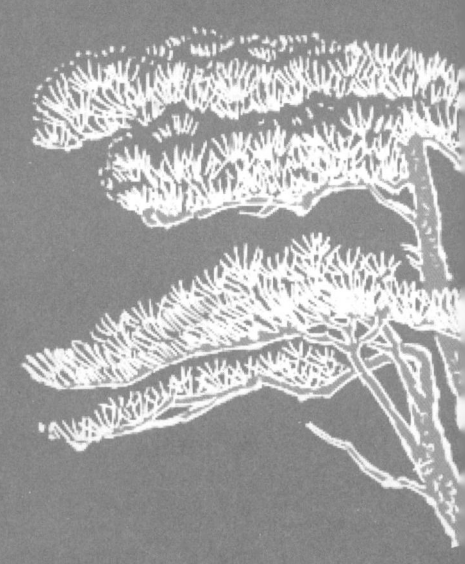

基层实干

1043—1057 年 | 23—37 岁

他急切地需要一个地方,去实践那些在脑海里盘踞许久的施政方略,就像怀揣种子的农民,急切地盼望一块用来种植小麦和稻米的土地。

工作再累也要学习

二十三岁那年，王安石的人生发生了一件大事：

仁宗庆历三年（1043）的正月，他结婚了。

既然结婚了，那就少不了带着新婚妻子认识一下亲朋好友。再次来到舅舅家时，王安石不免想起了方仲永。

"舅舅，方仲永最近怎么样了？他还写诗吗？"也就是在这时，舅舅说出了那句后来几乎家喻户晓的话："噫！泯然众人矣！"

王安石听了，既为方仲永叹惋，同时又深受警醒：本来他还在犹豫，要不要再去见见那位不世出的天才。这下看来，已经是完全没有必要了。可是，如果天才懈怠起来也不过如此，那么聪明才智远不如方仲永的自己，又将如何呢？

王安石在心里问自己：

"你现在还看书吗？"

"还学习吗？"

"你看书学习的时候，还像当年一样用功吗？"

从此，在"博学之，审问之，慎思之，明辨之，笃行之"的道路上，王安石走得更加义无反顾了。

一方面，他仍然在如饥似渴地读书；另一方面，他一直对范仲淹主持的社会改革保持着密切的关注：朝堂上你方唱罢我登场，政治变化风起云涌；庆历新政轰轰烈烈地开始，又悄无声息地结束；改革的巨轮掀起了令人豪情激荡的大浪，又令人扼腕地在沙滩上搁浅……

他一身才华，却始终只是所有事件的旁观者。他还年轻，什么都做不了。甚至，身边连一个能跟他讨论的人都很少。

他和大家格格不入，认可他、喜欢他的人更是没有几个。老朋友曾巩回家了，新知己孙正之也因为要照顾父母，到遥远的温州去了。

王安石只有继续上他的班，干好他该做的事情——他当然不排斥这些，非但不排斥，他还早就认识到：认真处理好政务，正是他的立身之本。然而，他终究不能满足，不能满足于只是这样生活。

于是，带着对现实的思索与疑问，在一个个夜深人静的时刻，他打开了一本又一本的书。在精神的国度里，他打破了时间和空间的壁垒，以前所未有的自由，和历史上最有智慧的人物热烈地交谈，平等地对话，细致地观摩第一流的思想者都是怎么看待问题的。

在与智者深深的共鸣中，他进入了一个高度专注而兴奋的"心流"时刻，不知不觉地独坐到了凌晨。

当太阳升起来的时候，孔子的大脑门儿、孟子的唾沫星儿、墨子黑乎乎的瘦脸庞……都纷纷消失了，只剩下了一个四白落地的朴素寮舍。目之所及，不过一卷手抄书、一盏隔夜茶、一屋凉意而已。

啊！不对！过了一会儿他才想起，今天是工作日，还得上班哪！现在可好，他一不小心睡过了头，马上就要迟到了！

脸来不及洗了，头发来不及篦了，眼角的红血丝、眼下的黑眼圈也顾不上了。王安石一边戴帽子、拉靴子，一边向府衙飞奔。呼哧带喘地跑过去一看：嚯！今天大堂上的大领导不是别人，正是和范仲淹在改革之路上共同战斗过的大臣韩琦！

在一众屏声敛气的人中间，行动失仪的王安石有多扎眼，见了他这一副邋遢样子的韩琦就有多生气。果然，韩琦毫不客气地把王安石批评了一顿。

王安石也不辩驳，任凭韩琦怎么说他，都只是静静地听着。

从此，王安石再也没有迟到过。而寮舍南窗下的灯光，却也没有早早熄灭过：这真是一件难能可贵的事。

哦，对了，二十四岁这一年，除了工作、学习之外，他迎来了又一件激动人心的大喜事：他的儿子王雱出生了。

转眼到了仁宗庆历五年（1045），王安石二十五岁，淮南签书判官的工作任职期满。

按照常例，秩满之后，官员们就可以献文求职了。这时，经过层层选拔和基层历练的年轻人，可以申请参加京城各部门的考试，或者申请在史馆或翰林院中任职。这些都是十分难得的工作机会,竞争向来都很激烈。当然,绝大多数人都会选择这条路径,王安石则另有打算。

他认为,与其留在京城,在清要的职位上悠游终日,不如去地方真刀实枪地实践起来。所以,他不愿意到京城谋一个安稳的官职,然后熬年头,攒资历。他急切地需要一个地方,去实践那些在脑海里盘踞许久的施政方略,就像怀揣种子的农民,急切地盼望一块用来种植小麦和稻米的土地。于是,他放弃了献文求职的机会。

《宋史·王安石传》说:"安石独否。"既然"否"了进京谋职的大好机会,王安石就得改走"铨叙"的流程。"铨叙"是一个审查官员资历、重新确定职级职位的过程。整个过程特别熬人,压根儿没有既定时间。短则一个月,长则三年五载。更重要的是,谁又会保证给他一个好职位呢?但王安石不怕。他想得很清楚,就算可能会像父亲一样,在偏僻的地方默默无闻地干上好多年,他也不怕。

这一等就是一整年。从卸任淮南通判,一直等到第二年年初才等来新工作。不过,这一年他也没有闲着——王安石一直在汴梁周边做田野调查,认真了解底层的社会结构和地方百姓的生存境遇。

这次考察,恰逢汴河和黄河的灾荒之年,他看到了不少人间惨剧。然而此时此刻,他还没能力做些什么,唯有将一腔忧虑化为一首沉郁顿挫的诗[1]。

河北民,生近二边长苦辛。家家养子学耕织,输与官家事夷狄。今年大旱千里赤,州县仍催给河役。老小相携来就南,南人丰年自无食。悲愁白日天地昏,路旁过者无颜色。汝生不及贞观中,斗粟数钱无兵戎。

——王安石《河北民》

鄞县就职

仁宗庆历六年（1046），吏部的任命书终于传到王安石手里："授大理评事，知鄞（yín）县。"

接到任命之后，他还需要做些上任前的准备。于是，直到仁宗庆历七年，二十七岁的王安石才终于得到一个实干的机会。

县令是一县之长，可以决策管辖范围内的一切事务。这来之不易的机会让王安石既激动又兴奋。再加上当年大旱，灾情严重，以至于刚刚离开京城，他就迫不及待地让船夫把官船靠在岸边，开始访查汴河两岸老百姓的生活情况了！

他很快回到老家，从驿站中申请了两辆马车，接上妻子和刚刚三岁的儿子王雱，简单收拾了一下，便上路了。就这样，自临川经汴梁，年轻的、兴致勃勃的王安石，踏上了去往鄞县的路程。

京城近而鄞县远。接下来，他要带着妻儿沿运河颠簸一个多月才能到呢。

山山绿色浮于晴空，恰恰莺啼鸣于江风。浙东的景色，向来是美不胜收的。

"乘慢船，去哪里？"三岁的雱儿忽然抬头问爸爸。雱儿早慧，此刻竟仿佛一下子看穿了大人的处境和担心。

基层实干

他人趋之若鹜走快道,独他一个带着全家坐上了这条去鄞县的慢船。儿子还小,妻子此时还有孕在身。他带着如此柔弱而需要保护的一家人,要去哪里呢?为什么就不能留在繁华的京城呢?

一时之间,他竟然不知道该说些什么。

"乘慢船,去海上。"雱儿喃喃唱起了三字歌,一边唱歌,一边找妈妈玩耍去了。

王安石先是一阵意外,接着就生出无限感慨与欣慰。鄞县沿海,可能自己和雱儿妈妈说起过几次,大人无心,没想到雱儿就记住了——这样看来,雱儿倒真是个聪明的孩子呢。

正午的阳光下,宽阔的江面上浮光跃金,景象无比灿烂。在他看来,这并不只是路途上的春日江水,更代表了一个光景一新的未来。

"咱们的目的地马上就到了,爸爸可以带你看海啦!"[2]带着对未来的希冀,王安石对船舱中的雱儿喊道。

王安石在鄞县主要干了三件事:第一件事是贷谷于民。

鄞县沿海,老百姓靠海吃海。因此一年之中,常用一半时间做渔夫,出海捕鱼;剩下一半时间去做农夫,下田耕种。然而即使这样辛苦耕种,海边的几亩薄田也不够维持全家一年的生计。

到了春天,他们常常没有粮食吃。"青黄不接",指的就是这种情况。老百姓没有办法,只好抵押自家的田地,向豪绅借贷买粮。着急的时候，老百姓是顾不上算细账的，只要有口吃的，日子能过下去就行。几个月后才发现，原来春天价值一百缗的粮食，秋天要用一百四十缗的粮食去还——这哪儿还得起呢？更何况除了还贷，还要给官家交税。这还只是丰年的情况，要是赶上荒年，日子可就更是难上加难了。

鄞县百姓的胃牵动着县令王安石的心。枯坐在办公室里决然想不出什么办法，他选择第一时间走出衙门做调研。回来之后又把鄞县的旧例都了解过一遍，这才叫来下属一起想办法。

"既然老百姓需要借贷，官府为什么不能来帮他们呢？"

王安石的提议让大家愣住了。

王安石眼前一亮："几年前，咱们不是设了义仓吗？我们完全可以让义仓里现有的粮食'动起来'呀！"

大家听了县长大人的话，立刻陷入一阵狂喜和骚动中。一个小吏明白了王安石的意思："这个主意好。粮食春出秋入，新来旧往，也不用担心霉坏生虫的问题了。"

反对的声音当然不是没有，而且还格外有分量："义仓之米是用来赈灾的，不得挪作他用，自古如此。王大人这么做，怕是要坏了规矩。"

政策当然不是理想主义者一厢情愿的想象，更不是一拍脑门儿的决定，必然得做科学的筹划和万全的准备。

于是，又经过一系列的社会调查，开了若干个内部会议，进行了几次细致的预演和部署后，直到第二年春天——也就是庄稼再一次出苗，而百姓的生活再一次"青黄不接"时，一项由官府发起的小额贷款项目才正式落地，开始在鄞县试行。

借贷规则公布之后，百姓们欢天喜地。

他们从来没有借过利息这样低的贷款。

几个月后，全县百姓丰收。贷款连本带息如期收回，而一县之财力大丰。

正是这项政策，为日后鼎鼎大名的"青苗法"开了先声。

王安石做的第二件事是兴修水利。

鄞县跨江负海，东有东钱湖，西有广德湖，境内河道纵横。这里也有一些吴越王钱镠派人修建的水利工程，当时的效果确实也不错。然而，一百多年过去了，官员们因循守旧，百姓无力主张，大家习以为常，水库、沟渠之类，不知不觉就荒废了。

水利设施已然老旧，而两座大湖的水量依然汨汨滔滔，几十年来从未消减：有时候干旱少雨，亟须用水灌溉，湖水却一点儿也留不住，都白白地流走了；有时候暴雨连绵，需要马上导水入海，水又偏偏排不掉。这种状况真是急死个人！

大宋是农业大国，而农业的命脉是水利。水利则农兴。这事儿已经拖了几十年了，眼下又是一个大旱之年，不能再拖了。更重要的是，现在百姓手里有粮，身上有劲儿，政府袋子里也有钱。大家总算一起富裕起来了，那些应当做也很想做却一直没钱做的事情，此时不做，又待何时呢？

于是，趁着秋收之后的农闲，王安石带着全县百姓治起水来。

百姓热火朝天地干活儿，县太爷焉有稳坐高堂的道理？很快，王安石就给自己规划好了"鄞县全境基层督查"的线路。

这之后，在一个清寒的冬日，他出发了：

庆历七年十一月丁丑，余自县出，属民使浚渠川，至万灵乡之左界，宿慈福院。戊寅，升鸡山，观碑工凿石，遂入育王山，宿广利寺。雨，不克东。辛巳，下灵岩，浮石湫之壑以望海，而谋作斗门于海滨，宿灵岩之旌教院。癸未，至芦江，临决渠之口，转以入于瑞岩之开善院，遂宿。甲申，游天童山，宿景德寺。质明，与其长老瑞新上石望玲珑岩，须猿吟者久之，而还食寺之西堂，遂行，至东吴，具舟以西。质明，泊舟堰下，食大梅山之保福寺庄。过五峰，行十里许，复具舟以西，至小溪以夜中。质明，观新渠及洪水湾，还食普宁院。日下昃，如林村。夜未中，至资寿院。质明，戒桃源、清道二乡之民以其事。凡东西十有四乡，乡之民毕已受事，而余遂归云。

——王安石《鄞县经游记》

这篇《鄞县经游记》，全文不到三百字，详细记录了王安石调查研究鄞县地理环境、水利设施，督促劝勉百姓兴修水利、发展生产的全过程。

简明洗练、清新优美的文字背后，是一个勤政爱民到令人动容的青年官员：

十二天里，他看到了大海，遇到了大雨，等到了猿啼，拥有了从来没有过的人生经历。这十二天，他步履不停，不是在督查水利工程，就是走在督查水利工程的路上。他由县署所在的中部，走到鄞县东部的临海地区，最后折南向北，实地考察了整个县城。

十二天里，每到一地，他都去看望劳作的农夫、慰问凿石的匠人，还苦口婆心地拜托大家尽心尽力。他不扰民，也不扰官，哪怕是行路到夜半，也只到就近的寺庙留宿，在祠堂里吃一顿粗茶淡饭，如此而已。他一路走，一路看，白天调研，夜晚在烛光下研读水利著作。十二天里，几百里路，东西十四个乡走遍，风雨无阻。

许多年后，那场和神宗一起发起的社会变革，让他成了一个颇受争议的人物。甚至直到今天，这些争议仍然存在。我们必须承认，或许在一个复杂的政治事件面前，永远也没有办法达成什么共识。但面对这样一个深入基层、勤劳务实、年轻有为的县令时，我们一定可以达成的共识是：

无论什么时代，无论什么制度，也无论在哪个国家，这样高度负责的敬业精神，永远值得所有人尊敬。

在王安石主持的水利工程中，尤其值得一提的是，兴建护海石堤和修筑碶（qì）闸。

先说护海石堤。王安石打破了以往的直立式形制，用夯实的碎石堆砌了一道护海斜坡。这样的工程不仅砌筑简单，省工省料，而且稳定性强，能有效对抗波浪、水流的冲击与破坏。

这样一条更科学、更稳固的堤坝，被称为"陂陀石塘"，后来又被称为"荆公塘"。实际上，直到清朝，荆公塘都还发挥着守护宁波的作用：

> 王公塘在二都，上达县城，下过穿山，塘起于孔野岭下自西而东，横亘以阻海潮。为镇海海塘肇始。
>
> ——〔清〕《镇海县志·水利》

王安石的影响并未到此止步。荆公塘从此成为水利史上东南部沿海治水的基本范式：宋以后，古代杭州湾南岸大部分海堤，都是陂陀形石塘；直到明朝成化十三年（1477），按察副使杨瑄还仿照荆公塘，在浙江海盐筑造了两千三百丈的陂陀石塘。

再说修筑碶闸。

鄞县沿海，而沿海区域的主要水系中，芦花港流域的水患最为严重。每逢潮汛，海潮倒灌，湖水两岸盐花泛白，芦荻丛生，庄稼也就长不出来了。王安石数次走访、调研，咨询专业技术人员，亲自解决了其中的水利难题，最终成功修筑了碶闸。

碶闸可拦截上游淡水，可阻挡下游海潮。这样，一大片白花花的盐碱地，慢慢变成了万亩良田。

从此，"碶"不仅成为一个特定水利建筑的代称，还渐渐成了鄞县治下诸多地方的地名。这一次，不是王安石影响了百姓，而是百姓自己选择了效仿和怀念王安石。

王安石做的第三件事是主办县学。

仁宗庆历八年（1048）秋天，县署把城内的孔子庙当作学舍，正式创办县学。在西部桃源乡的青山中，王安石更是请出了"鄞江先生"王致。在慈溪县县学里，他成功请到了名儒高士杜醇先生。在月湖松岛的白云深处，他说服学者楼郁出山执掌县学……学舍有了，老师也有了，王安石也就放心了。

就这样，学校办起来了，一个教育史上的奇迹也随之而来：王安石办学后，北宋时代，鄞县一地出了七百一十八名进士、四位状元；南宋至清，鄞县更是诞生了一千一百八十四名进士，其中有六位状元、五位榜眼、一位探花！

关于王安石的鄞县经历，《宋史》上只有短短的几行字：

再调知鄞县。起堤堰，决陂塘，为水陆之利；贷谷与民，出息以偿，俾新陈相易，邑人便之。

——《宋史·王安石传》

然而王安石为鄞县付出的汗水，历史却并未真的遗忘。有人说他"治鄞千日，影响千年"。这样的赞誉，王安石是当之无愧的。

回顾这艰辛却充满了希望和干劲儿的三年，我们可以坚定地说：这位鄞县历史上最年轻也最爱拼的县令，一举拆除了鄞县通往康庄大道的藩篱，开创了鄞县知识丰收的光荣时代。

> 王荆公知明州鄞县，读书为文章，三日一治县事。
> ——〔北宋〕邵伯温《邵氏闻见录》

他的理论认知更加成熟，实践经验也越发丰厚了。三年里，他为鄞县的百姓做了许多事。与此同时，他也没忘了鄞县之外那个更广阔的世界：有一次，转运使衙门发来了一份公文，要求筹集一个专项治理基金，用来雇人惩治生产、出卖私盐的人；还详细规定了什么级别的官员出多少钱，老百姓家里出多少钱，等等。

其实，这不过是官商勾结者的把戏罢了。作为一县之长，他拒不执行。不仅敢不执行，他还写了一篇《上运使孙司谏书》来批评这样的不合理行为。

《上运使孙司谏书》第一段慷慨激昂，直接反对让民众出钱雇人抓捕贩卖私盐之人，并陈述原因：

> 伏见阁下令吏民出钱购人捕盐，窃以为过矣。海旁之盐，虽日杀人而禁之，势不止也。今重诱之使相捕告，则州县之狱必蕃，而民之陷刑者将众。无赖奸人，将乘此势，于海旁鱼业之地，搔动艣户，使不得成其业。艣户失业，则必有合而为盗，贼杀以相仇者。此不可不以为虑也。

基层实干

最后一段更是振聋发聩:

> 今之时,士之在下者浸渍成俗,苟以顺从为得,而上之人亦往往憎人之言,言有忤己者,辄怒而不听之。故下情不得自言于上,而上不得闻其过,恣所欲为。上可以使下之人自言者惟阁下,其职不得不自言者某也,伏惟留思而幸听之。文书虽已施行,追而改之,若犹愈于遂行而不反也。干犯云云。

自庆历元年(1041)以来,宋朝军队的数量增加得特别快。昭文馆大学士文彦博、枢密使庞籍认为应该裁减军队,减少军费开支。最终,陕西河北诸路裁减了六万人。而王安石则认为,裁军对于解决国家财政问题治标不治本,最重要的是要先发展农业生产。

不过,这个时候,又有谁注重他的意见呢?尽管如此,他还是写下了一首叫作《省兵》的诗,用来记录自己对于边事的思考。

> 有客语省兵,兵省非所先。方今将不择,独以兵乘边。前攻已破散,后距方完坚。以众亢彼寡,虽危犹幸全。
>
> ——王安石《省兵》

静静的冬天里，人们看不见万物的生长。但万物却正在寂静之中，为春天的到来蓄积着力量。

基层实干

最后的告别

三年过去,该做的、能做的和想做的,王安石都已经做了。任职期满了,他该走了。

前途总是难料,鄞县也难以再回来,王安石的心里有着说不出的难受。

临行前,在一个清冷的秋夜,他独自出了门。

王安石划着一条小船,出城来到一座小山下,徒步走到崇法院西北方向的一个石碑前。那石碑小小的,上面的字不必在月光下看,他也记得清清楚楚:

鄞女者,知鄞县事临川王某之女子也。庆历七年四月壬戌前日出而生,明年六月辛巳后日入而死,壬午日出葬崇法院之西北。吾女生慧异甚,吾固疑其成之难也。

——王安石《鄞女墓志铭》

他爱鄞县,也和夫人一样爱家门口种着的木槿花。于是,当女儿出生的时候,他们就给她起了王堇这个名字,小名鄞女。

"吾女生慧异甚,吾固疑其成之难也。"墓志铭上的这句话好简短,却令人格外心痛。

他觉得自己的女儿是世界上最聪明、最可爱的孩子。他曾经希望女儿永远也不要长大。只是没想到，如今她竟然真的永远停留在一岁零两个月。他本来总觉得自己还年轻，可是女儿走了，他觉得自己一下子就变老了。

如今，他要走了，女儿却将从此孤独地长眠在这里。一想到这点，他就满眼忧伤，情难自已。

堇儿，亲爱的堇儿，真是对不起，以前爸爸太忙了，从来没有好好照顾过你。今天晚上，如果可以，爸爸多想给你唱一首迟到的摇篮曲……

> 行年三十已衰翁，满眼忧伤只自攻。
> 今夜扁舟来诀汝，死生从此各西东。
>
> ——王安石《别鄞女》

别了，东山的春树和云霭。别了，南湖的秋水和烟波。[3]

别了，鄞县的父老和亲爱的女儿。

别了，我这三年匆匆而逝的青春。

又到京城

离开鄞县之后,王安石的下一个目的地是京城。

皇祐三年(1051),三十一岁的王安石来到京城待命。和上次一样,工作期满,他得回吏部报到,等待新的任命。

但和上次不一样的是,这一次,他不再是孤身一人了。雱儿也跟着妈妈一起来了。雱儿已经八岁了。和所有的爸爸一样,有条件的时候,他也想让孩子走一走,看一看,开阔开阔眼界,增加一点儿见闻。

像十几年前父亲带他来汴梁城一样,他也带雱儿和夫人去了大相国寺。汴梁城和上次来逛的时候一样热闹。看到雱儿高兴的样子,王安石也很高兴。只是,他的父亲王益已经不在了。

和上一次淮南签书判官工作任满时一样,按照常例,他可以参加京城各部门的选拔,或者申请在史馆或翰林院中任职。

竞争仍然那么激烈,而他依旧没有申请参加相关的任何考试。他还是想找个地方,干些实在的事。

任职舒州

一个月后,新的任命下来了——因为政绩突出,考核结果优异,他被任命为舒州通判。通判相当于知州,是一个州的副手。州比县大,官是正六品。至于地方,倒是和当年随父亲去过的一样,还挺偏僻的。

但他并不在意官位的高低。自己又得到了一个历练自我、施展抱负的机会,这就挺好。在鄞县做的那些事虽然很有成效,但鄞县毕竟太小了。他得把范围再放大,看看那些想法能不能真行得通。

去舒州之前,他回了趟临川。

抚州的知州委托他去杭州办事。夏天的时候,他在杭州看了西湖,也看了灵隐寺,最后登上了飞来峰。他是非得登上飞来峰不可的。许多年后的小学生们,还等着背诵他的诗呢!

飞来山上千寻塔,闻说鸡鸣见日升。
不畏浮云遮望眼,自缘身在最高层。

——王安石《登飞来峰》

基层实干

然而，遗憾的是，舒州没能成为他的第二个鄞县。原因其实不难想见。在鄞县，他虽然官小，却是一县之长，有最高决策权。在舒州呢？他只是一个稳妥行事、小心谨慎的副手，很难办成什么事儿。

舒州的老百姓和鄞县的一样辛苦。王安石上任后，发现舒州百姓也常有青黄不接的情况。

王安石很希望还能像在鄞县一样，再次以政府的名义贷款给老百姓。可惜，这一次，知州没有同意。

王安石依旧每时每刻关心着衙门外的麦田，依旧每时每刻关心着麦田中勤苦劳作的百姓，但他没有办法做些改变。

王安石不能不痛苦，可又不知道该拿这些痛苦怎么办。

古人说："拜迎长官心欲碎，鞭挞黎庶令人悲。"古人也说："身多疾病思田里，邑有流亡愧俸钱。"时代虽然不同了，但这种无能为力的痛苦，到了王安石这儿却并没有什么不同。

他能做的，唯有在和那些同样也想干些实事的同事讨论之后，一个人回到家，默默地为这些无法安放的情绪写下一首并不出名的诗：

利孔至百出，小人私阖开。

有司与之争，民愈可怜哉。

——王安石《兼并》

不知不觉，那个二十出头、精力无限的王安石，竟仿佛不知道去哪儿了。那些他想做的事，他仍然没什么机会去做。而三十出头、年富力强的大好年华，眼睁睁地就这么轻描淡写地过去了。这种感觉很可怕，仿佛一把用冰磨出来的刀，被放在阳光下晒着，眼瞅着刀锋尖儿以惊人的速度变钝了——不，不光是刀锋钝了，连这把刀都要被那炽热的现实融化了。

转眼之间，王安石三十三岁了。他已经不再是个少年，因此必须分出很大一部分精力去面对生活。而"生活"这两个字之于王安石，则意味着：雱儿还是个孩子，而妻子又有身孕了，母亲生了一场让人揪心的重病，弟弟妹妹们一个一个要娶妻、出嫁……

十几口人的大家庭固然温馨热闹。可是，对于已经当家立事的他来说，这同时意味着：每天一睁眼，就得考虑这一大家子的日常开销。家里需要用钱的地方太多了，而他那点儿微薄的俸禄，其实一点儿也不禁花。

如今，父亲去世了，照顾好家人是他最重要的责任。为此，他没有一天不精打细算：

> 亲老常多病，生事怵迫，如坐烧屋之下，不可以一日辍而不图……
>
> ——王安石《与孙侔书二》

然而，这还不够，在这样的情况下，竟然还发生了一场日常烦恼之外的火灾——辛辛苦苦工作多年攒下的一点儿家当，在旅途中被烧得干干净净。

人生多难，乃至此乎？人情处此，又岂能无愁？和平常人一样，王安石难过的时候，也需要在诉说中寻求内心的理性和平和，他给好朋友孙正之写信，以开解烦闷：

> 某（王安石自称）忧痛愁苦，千状万端，书所不能具，以此思足下，欲飞去，可以言吾心所欲言者，唯正之、子固耳。思企，思企，千万自爱！
>
> ——王安石《与孙侔书一》

> ……而一舟为火所燔，为生之具略尽，所不燔者人而已。家人又颇病。人之多不适意，岂独我乎？……何时当邂逅，以少释愁苦之心乎？
>
> ——王安石《与孙侔书三》

除了正之（孙侔）、子固（曾巩），他也没有可以说说心里话的好朋友了。所以这些话，他只能写在给他们的信里。

他是分外思念他们呀！毕竟，再难的事儿，老朋友几个见一面，说一说，也就过去了。

噫！官有守，私有系，会合不可以常也。

——王安石《同学一首别子固》

我们都是有公务的人，有不得不承担的社会责任。我们也都是有家庭的人，有不得不挂心的亲情牵绊：现在的我们都太忙了，你我再也不能像当年那样无忧无虑、常见常聚了。

这确实也是人生不得不面对的难题与遗憾吧！这难题和遗憾，或许每个人都有，却只有王安石能写得如此凝练简明、如此深情感伤，又如此气质清新。

他曾经给曾巩写信，讨论一个很具体的问题。表达完自己的观点，信就要寄出去了，他又拿回来加了一句："苦寒，比日侍奉万福，自爱。"

大约写这封信的时候，是一个寒风刺骨的冬天吧。

我觉得挺冷，也就觉得你会冷，于是嘱咐你两句：天冷，我是不能够照顾你了，还是请你替我照顾好你自己的身体吧！

这种感情多么让人向往啊。

伟人去世

在舒州期间,快乐的事很少,而忧愁的事挺多。

也就是在这段时间,王安石最敬佩的那个人去了。

皇祐四年(1052)秋天,驿使送来一封信。信是二十六岁的范纯仁写来报丧的,他的父亲范仲淹去世了。

这消息给王安石在舒州的生活平添了许多感慨和忧伤。王安石很想再去看一眼这位自己从小敬仰的伟人,但是路途太远,他去不了。他便只好再次拿起手中的笔,满怀着激荡的情感,无声地写下了一篇祭文,然后默默地为老前辈摆上一杯祭奠的酒。

皇祐五年(1053)夏天,舒州遭遇了一场大灾荒。先是长期干旱无雨,从四月下旬到五月底,整整一个半月里,一滴雨都没有下。大部分庄稼都干死了,只有少数几块靠近水源、得到灌溉的田地,有一点微薄的收成。然而没想到的是,等庄稼好不容易开始灌浆,天又突然连续下起雨来,一点儿日头都没有。

大雨过后,最后一点收获希望也没有了。情况如此糟糕,王安石再三建议知州不要瞒报,不要漏报,一定要向朝廷说明真实情况,并请求动用国家仓库中的备用粮食赈济灾民。

最后,甭管是不是他的功劳吧,经过大家的努力,这件事终于办成了。高兴之余,他也写了一首诗来记录发廪救民这件事:

先王有经制，颁赉上所行。后世不复古，贫穷主兼并。
非民独如此，为国赖以成。筑台尊寡妇，入粟至公卿。
我尝不忍此，愿见井地平。大意苦未就，小官苟营营。
三年佐荒州，市有弃饿婴。驾言发富藏，云以救鳏惸。

——王安石《发廪》

"大意苦未就，小官苟营营。"在平凡、平淡而并不如意的生活中，有那么多需要妥协、忍耐、承受的事。在这些事面前，那些纵然忙忙碌碌，也始终不忘理想的、不肯麻木活着的人，到底该拿那些不可企及的期待怎么办呢？

现在那些和王安石当年一样不快乐也不甘心的人，如果有机会读到王安石在一千年前写下的这句话，大概会产生深深的共鸣吧！

今天我们评价王安石时，多从大处着笔，看他如何为大宋帝国变法，看他如何为神宗革新，却很少会去关心这个叫作王安石的普通人，过的是怎样的生活，又曾经有过怎样的喜怒哀乐。

这当然没错。如果要认识政治家王安石、改革家王安石，还有什么事情是比变法革新更重要的呢？但与此同时，我们也应该意识到，他和我们一样，也经历过许多当时看起来不可跨越的艰难时刻。

然而，他到底和我们不一样。对人生磨难的勇敢承担和艰难超越，锻造了他伟大的品格。

孟子曾经说:"故天将降大任于是人也,必先苦其心志,劳其筋骨,饿其体肤,空乏其身,行拂乱其所为,所以动心忍性,曾益其所不能。"

对于王安石来说,这话一点儿也不假。经过了"行拂乱其所为"的四年舒州生活,到了三十四岁的冬天,这个漫长的任期终于结束了。

仁宗至和元年(1054),他终于能够回到汴梁城等待新的任命。和前两次工作任满一样,他再次放弃了在京城任职的机会——他依然想要一个能在地方上干实事的官职。

唉,这么一看,他果然是个特立独行的牛形人啊!

《通州海门兴利记》

命运的转折正是在这时发生的——王安石的特立独行给仁宗和同行留下的印象太深了。于是,当这一年的春风吹绿了汴京城的柳叶时,王安石收到了来自中书省的敕牒。

他被任命为"集贤院校理"——这也就意味着,那个需要大家通过申请或考试才能得到的职位,他可以免试入职了!聘书三下,而王安石经过认真的思考,还是坚持了自己之前的决定。

没错,他连续三次拒绝了任命。

一方面,这当然是他对于自己政治追求的坚持;另一方面,毋庸讳言,他还要为一家人的生计考虑。

他上书的时候,也一再地说自己"家贫口众,难住京师"。现实才不管他是不是日后名垂史册的伟大人物呢!这一刻,他得实实在在地赚钱养家呀!但这么一拒绝,接下来的任命也就拖延了下去。

对政治家王安石来说,这样的等待未免空耗时日。不过,这段等待的闲暇,反而给了文学家王安石一段意外的收获。

鄞县的同事沈兴宗来京城办事,听说老上司正在京中待职,便前来看望,顺便就说起了自己最近的工作——离开鄞县以后,沈兴宗被调到通州海门做了县令。海门县这个地方,有几十里的海岸线。这里地势平缓,经常能遇到海潮倒灌的灾害。沈兴宗经过考察,开始着力改变这一情况。

他带着海门的百姓修了一道大堤坝。

这条堤坝既可以阻止海潮倒灌,建成后,还为设置盐场提供了便利:从此,水害变成了水利。沈兴宗希望老上级能去海门看一看,顺便提点儿建议。毕竟,在鄞县,王安石是曾经亲自领导过水利工程建设的。

"对了,还得麻烦您这个大文豪给海门堤写一篇让后世传诵的好文章呀。"

民以食为天。兴修水利、抗旱救灾、泄洪防涝,一向是古代官员的必修课。可是,能把这些最基础却最能造福百姓的事做好,在这门必修课上得高分的官员,却难得一见。

如今,几年不见,曾经并肩战斗的沈兴宗竟然开始独当一面,完成了这么振奋人心的事,王安石岂有不喜笑颜开之理?他当然要去海门看看,当然要写一篇文章,不仅要写,还要好好写。

曹丕曾经说过:"盖文章经国之大业,不朽之盛事。年寿有时而尽,荣乐止乎其身,二者必至之常期,未若文章之无穷。是以古之作者,寄身于翰墨,见意于篇籍,不假良史之辞,不托飞驰之势,而声名自传于后。"(《典论·论文》)

在有限的人生中,无论什么样的荣华富贵、感官快乐,都是短暂的,只有好文章可以名垂千古,超越时空的限制,获得永恒的价值与意义。

确实如此。

时光飞逝,这座阳光下崭新的大堤可能终究会荡然无存;而一个小小县令的功业,也可能会被历史忘记。因此,作为一个曾经亲眼见过这座大堤的壮阔,同时也深深知道个中艰难的人,王安石暗下决心,自己一定不能辜负沈兴宗的托付,一定要好好完成这篇命题作文。

> 以余所闻吴兴沈君兴宗海门之政,可谓有志矣。既堤北海七十里以除水患,遂大浚渠川,酾取江南以灌义宁等数乡之田。方是时,民之垫于海,呻吟者相属,君至,则宽禁缓求以集流亡。少焉,诱起之以就功,莫不蹶蹶然奋其愈而来也。由是观之,苟诚爱民而有以利之,虽创残穷敝之馀,可勉而用也。况于力足者乎!
>
> 兴宗好学知方,竟其学,又将有大者焉,此何足以尽吾沈君之才,抑可以观其志矣!而论者或以一邑之善不足书之,今天下之邑多矣,其能有以遗其民而不愧于幽之吏者果多乎?不多则予不欲使其无传也。至和元年六月六日,临川王某记。
>
> ——王安石《通州海门兴利记》

让人动容的是,许多年后,纵然来自宋朝的阳光已然消失在茫茫宇宙,无可追踪,但这篇真诚的书写,依然在历史和文学的星河中，持久地散发着柔和的光芒。

  《通州海门兴利记》并不是什么名篇，但是，自它诞生的那一刻起，文学的力量便给予了它强大的生命力。正是因为这篇文章的存在，人们听见了一个文学家温和而坚定的声音：历史记载往往好高骛远，只聚焦于帝王将相，往往不屑于书写那些普通人。可是，一个小小的县令真的就不值得留下自己的姓名吗？可是，能把一个县的百姓守护好的"小小县令"，古往今来，又是多么少啊！

  其实，所谓伟大和杰出，都是抽象的，只有认真做好每一件小事，取得具体而细微的成绩，才是最实在的。正因如此，我们才应该认认真真地记住海门堤，记住这个平平凡凡的名字——沈兴宗。

《游褒禅山记》

一直在外奔波的王安石,难得有时间陪陪弟弟。

这次去海门是一趟颇为愉快的旅程,他带了弟弟安国和安上一起去。细想起来,弟弟安国正和当年他被父亲王益带到汴京时的年纪差不多。这正是多读经典、多见世面的大好年华。大宋的有志青年,正应该看看海门堤啊!

离开通州之后,王安石和弟弟们回家了。回家的路上,他们经过安徽的含山县。一个叫萧君圭的朋友,邀请他们暂作盘桓,一起去当地最有名的山上看看。

那座山没什么特点,有一个山洞却与众不同。怎么说呢?这个洞仿佛不是山洞,而是"黑洞"。萧君圭听朋友说,山洞里面暗极了,也深极了,以至于直到现在,都没有人走完全程。因此也就更加没有人知道,"黑洞"的尽头是什么了。

安国和安上听了,都很期待一段惊险刺激的旅程。王安石又何尝不是一个充满好奇心的人?几个年轻人提前准备好火把,一个接一个地走进了寒气逼人的山洞。他们一路走,一路留心看四面的洞壁。

那上面密密麻麻的印记,都是热衷探险的人留下的名字!越

基层实干

往前走，刻在墙上的名字虽然也还有，只是越来越少了。然而，也就是在名字越来越少的前方，眼前的景色也变得越来越奇伟瑰丽了。

大家不免又惊又叹。就在这时，不知道谁在身后喊了一声："走吧！再不出去，火把就要燃尽啦！"本来还想继续"探险"的他们，被这一嗓子喊得心慌起来。那一往直前的勇气也突然动摇，并马上瓦解了。

"火把要是燃尽了，那还能出去吗？"这么一想，前头的未知地带也就失去了让人探索的乐趣。

担心和恐惧是会传染的。退缩的想法一旦起心动念，最初的坚持就会很容易在顷刻之间灰飞烟灭。于是，大家就你推着我，我推着你，慌慌张张地跑了出来。万万没想到的是，阳光下一看，众人又都后悔起来：原来不过是自己吓自己。燃料明明准备得很足啊！那火把还能再坚持好一会儿呢！

要是心齐胆大，说不定能一下子走到山洞的尽头呢！这样一想，大家就又忍不住埋怨、懊恼、后悔起来，但也不得不叹息着下山了。

这本来只是旅行途中一件不怎么起眼的小事，在一般人看来，过去了也就过去了。王安石却不肯等闲视之，他深思熟虑了一段时间后，专门记录下了这段经历：

……夫夷以近，则游者众；险以远，则至者少。而世之奇伟、瑰怪、非常之观，常在于险远，而人之所罕至焉，故非有志者不能至也。有志矣，不随以止也，然力不足者，亦不能至也。有志与力，而又不随以怠，至于幽暗昏惑而无物以相之，亦不能至也。然力足以至焉，于人为可讥，而在己为有悔；尽吾志也而不能至者，可以无悔矣，其孰能讥之乎？此余之所得也。

……至和元年七月某日，临川王某记。

——王安石《游褒禅山记》

世界上奇伟、瑰怪、不平常的景观，往往是大多数人都领略不到的。

王安石说的，仅仅是一段褒禅山探险之旅吗？把这段话当作王安石变法之前的宣言，实际上也未尝不可吧！

一个时代里最伟大的事业，需要更艰巨的付出，不是意志极坚强的人，绝对无法完成。

至和元年七月某日，距离王安石解任舒州又过去了一段时间。此时，欧阳修刚刚母丧期满，因为一篇《论权贵子弟冲移选人札子》而获罪，正在京城受命修撰《唐书》。

欧阳修爱才，推荐王安石去做群牧判官。他热情地向王安石介绍了这个官职的诸多好处：

首先，工作地点在京城——不管王安石喜不喜欢，客观来说，在京城工作总会有些便利；其次，可以去很多地方出差——不仅不会脱离基层，反而多了一个广泛了解整个社会状况的机会。这还不算，老前辈还挥毫写了一首诗，用来表达对王安石毫不含蓄的赞美与爱：

> 翰林风月三千首，吏部文章二百年。
> 老去自怜心尚在，后来谁与子争先。
> 朱门歌舞争新态，绿绮尘埃拂旧弦。
> 常恨闻名不相识，相逢尊酒盍留连。
>
> ——欧阳修《赠王介甫》

这一年，欧阳修四十八岁，早已名满天下。王安石三十四岁，还是个蹉跎岁月的新人。

群牧判官是一个很有意思的职位。群牧判官是群牧司的属官，掌管全国马匹饲养的相关事宜。换句话说，这就是大宋帝国的"弼马温"。

可别误会，这是个很重要、很严肃的职业。王安石和上司包拯、同事司马光管理的马并非凡马，而是全国的军马。当时打仗，骑兵是核心战斗力，战马是十分重要的战备物资。

——等等，在王安石三十四岁的时候，他的上司竟然是铁面无私的包青天吗？他的同事是后来变法时最有力的反对者司马光吗？

这听起来是多么不可思议的事啊！

常州为官

仁宗嘉祐元年（1056）五月，夏天来了。

王安石到底还是出了京城，转身去了地方上任。

这一次，他在常州做了知州。

王安石刚来常州的时候，常州和那个时代的很多城市一样，正面临诸多问题，比如，吏治散漫、田畴多荒、旱涝频繁……在王安石的想象中，他本该雷厉风行，如同秋风扫落叶一般，一一克服种种困难，然后在一片百姓和乐的气氛中离开。

但很可惜的是，现实并没有那样美满。

他设计了一条水渠，希望还能和在鄞州一样，通过建设基础设施解决旱涝的问题。

工程按照他的计划声势浩大地开始了。

常州的水利工程和鄞县的不一样，工程量太大，而竣工时间太急，涉及的人员太多，地域又太广，所以调度、组织的困难就更大了。

费那么老牛鼻子劲儿，又是何苦呢？同事、上级都觉得没有必要。最后，只剩下王安石一个，顶着压力推进着这项工程。偏偏此时天公不作美，秋天来了，秋雨绵绵，没个尽头。工地上的老百姓也纷纷病倒了。这么一来，老百姓的积极性也就没有了……

基层实干

最后,各方面的因素综合在一起,使这个水渠没能继续修下去。后来,王安石给朋友写信,提到这段半途而废的经历,仍然心有叹恨而又无可奈何。

上一次,他手里有火把,却没敢奋然前进。这一次,他奋然前进了,却发现手里不仅没有火把,甚至连同行者都没有——他太寂寞了。

> 河役之罢,以转运赋功本狭,与雨淫不止,督役者以病告,故止耳。昔梁王堕马,贾生悲哀;沽鱼伤人,曾子涕泣。今劳人费财于前,而利不遂于后,此某所以愧恨无穷也。若夫事求遂,功求成,而不量天时人力之可否,此某所不能,则论某者之纷纷,岂敢怨哉!
>
> ——王安石《与刘原父书》

提点江南东路刑狱公事

仁宗嘉祐三年（1058）二月，王安石又得到一次升迁：他被任命为提点江南东路[4]刑狱公事，主管所属各州的司法、刑狱和监察。

这是宋朝一路之中最高的司法官吏，同时也管农桑之事。江东路辖内有一府七州，二军四十三个县。一府是江宁府，七州是宣州、歙州、江州、池州、饶州、信州、太平州，两军是南康军和广德军。

既然身为大宋的提刑官，首要之事自然是处置案件。经手的案子一多，王安石很快就发现了案件之外的不少问题。

比如"榷（què）茶法"的问题。茶叶和盐巴一样，一直以来被牢牢管控在政府手里：农民只负责生产，政府负责收购，商人进行营销。这么做当然有好处——政府有了一项可观的财政收入。但由此产生的弊端也很多：茶叶的质量越来越差，而价格却越走越高，政府虽然有税款收，商人也有利可图，但一年到晚辛辛苦苦种茶的老百姓，却得不到任何好处。因此，为了逃避茶叶税和高价茶，走私茶叶的案件总是屡禁不绝……

发现了一个又一个案子背后的问题后，王安石立刻开始想办法，希望优化现有的方案。比如，索性把榷茶法废除，改由老百

基层实干

姓自运自销，政府只负责收税就可以了。这样取消中间商赚取差价，岂不是两得其便？

不久，朝廷果然采纳了王安石的建议。而且，政府的抽税所得，和施行"榷茶法"的专卖时期相比，并未减少。

注 释

1. 早年王安石效仿杜甫，诗歌同样有抑郁顿挫之风。
2. 王安石《舟过长芦寺》："木落草摇洲渚昏，泊船深闭雨中门。回灯只欲寻归梦，儿女纷纷强笑言。"此处属于文学演绎，并不是历史事实，特此说明。
3. 王安石《忆鄞县东吴太白山水》："最思东山春树霭，更忆东湖秋水波。三年飘忽如梦寐，万事感激徒悲歌。"王安石《铁幢浦》："忆昨初为海上行，日斜来往看潮生。如今身是西归客，回首山川觉有情。"
4. 江南东路的辖境，相当于今安徽、江苏的镇江、大茅山、长荡湖一线以西的长江以南及江西鄱阳湖以东地区。

半山叹

豫章道中次韵答曾子固

【王安石 1043年，23岁】

离别何言邂逅同，今知相逐似云龙。
苍烟白雾千山合，绿树青天一水容。
已谢道涂多自放，将归田里更谁从。
庞公有意安巢穴，肯问箪瓢与万钟。

若耶溪归兴

王安石【1047—1050年】

若耶溪上踏莓苔，
兴罢张帆载酒回。
汀草岸花浑不见，
青山无数逐人来。

葛溪驿

王安石【1050年,30岁】

缺月昏昏漏未央,一灯明灭照秋床。
病身最觉风露早,归梦不知山水长。
坐感岁时歌慷慨,起看天地色凄凉。
鸣蝉更乱行人耳,正抱疏桐叶半黄。

壬辰寒食

王安石【1052年，32岁】

客思似杨柳，春风千万条。
更倾寒食泪，欲涨冶城潮。
巾发雪争出，镜颜朱早凋。
未知轩冕乐，但欲老渔樵。

乌江亭

王安石【1054年，34岁】

百战疲劳壮士哀，
中原一败势难回。
江东子弟今虽在，
肯与君王卷土来？

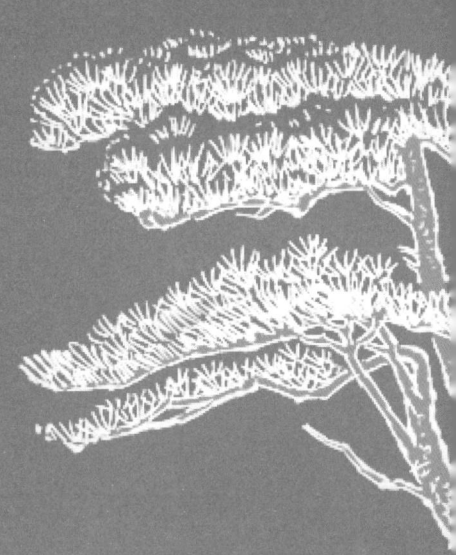

进京为官

1058—1067 年 | 38—47 岁

天色渐渐暗淡下来，江面是一片壮丽的夕阳红。一只画船向着夕阳无声地前行。王安石知道，黄昏之后的黑暗，马上就要笼罩整片天地了。这一刻，王安石觉得恍然看到了大宋的未来——满眼繁华的背后，是随时会来的危难。

进京为官

> （王安石）学问文章，知名当世；守道不苟，自重其身。
>
> ——欧阳修《再论水灾状》

可能是王安石主张废除"榷茶法"的表现，让更多人看到了他为大宋理财的能力，也可能是欧阳修持续大力的推荐，使得王安石名声大振。一时之间，朝堂上下都对王安石的能力频频称奇，人们都认为他是个可堪大用的通才。

也或许是朝堂之上，像王安石这样的人才太少了。总之，从成为三司使开始，他进入了一个稳健的上升通道：

八个月后，王安石又一次接到新的任命。仁宗嘉祐三年十月，三十八岁的王安石被任命为三司度支判官，再次赴京任职。仁宗嘉祐四年（1059），任度支判官仅半年后，王安石又被提升，兼任"直集贤院"，主要负责宫廷图书的管理工作。

不要小瞧这个图书管理的工作。这是王安石人生中第一次获得中央文职。我们完全可以做这样的理解：与其说这是一份工作，不如说这是一份荣誉。在宋朝，拥有这样一份荣誉，是成为高官的前奏。

兜兜转转这么多次，从地方到中央，又从中央到地方。十多年来，他冷眼热心地观察着这个庞大的帝国，政治、经济、农业、教育等问题都被他翻来覆去地思考过。如今，再一次结束了阶段性的工作，他还是无法像别人一样，过上清闲舒适的生活。一种强烈的表达欲逼迫着他。最终，他用了整整三天的时间，把多年目睹的帝国现状和自己的思考，一五一十地记录了下来。

他知道写下来不一定有用，甚至大概率没有用。但是他觉得，自己必须立刻、马上写出来，不然就来不及了。这感觉，就仿佛是有一个声音在催促他似的。

可是如果不写，到底来不及做什么呢？

那个声音从来没有明白地出现过，而他自己也还不确定。

不过，如果什么事情都要等到百分之百确定后再去做，又有多少事能做成呢？

王安石写下来的这篇文章，就是后来被梁启超誉为"秦汉以后第一大文"的万字雄文——《上仁宗皇帝言事书》。

我们必须要说：在成长之路上，最难的并不是为某件事情付出最大努力，而是一个人根本不知道自己想做的事会不会成功，却一直在为成功默默准备着。

三十九岁的王安石并不知道八年后命运会那样慷慨。他无法预料，那场日后影响中国千年的社会变革，会被冠以"王安石变法"的称谓名垂史册。可是，在此之前，他却能十几年如一日地为此认真准备着。

《上仁宗皇帝言事书》呈上去后,并没有收到什么消息。虽然可惜,却也没让人感到意外。

仁宗并不是一个虎虎有生气的君主。就算是管仲、商鞅、桑弘羊,没有齐桓公、秦孝公、汉武帝的支持,也干不成什么事呀!

王安石三十九岁了,已经到了不会对未来抱有幻想的年纪,他之所以写下这些,只是为了做好自己该做的事。

就这样,在仁宗的静默之中,王安石又先后在嘉祐五年、六年完成了《拟上殿札子》《上时政疏》等奏疏,再次强调并补充了自己的观点:国家要想发展,改革刻不容缓。

如果耐心读过王安石的这些文章,不难发现:那些日后支持王安石掀起改革狂澜的思想,这个时候就已经悄然产生了。

仁宗嘉祐五年(1060),四十岁的王安石与当时同部门的司马光一起,被任命为同修起居注。

"牛形人"王安石没有接受任命。到了嘉祐六年(1061)六月,他又被任命为知制诰。知制诰主要负责替仁宗拟定公文。可以这么理解:此时此刻的王安石离权力的中心更近了一点儿。

然而仔细想一想,这样的"成就"又有什么值得自豪的呢?

他不是仁宗的近臣。想说的话,仁宗未必真的用心听。传达的政策和命令,也不是特别需要判断力和决策力,只需要按部就班、循规蹈矩,把该干的事儿干完,工作也就结束了。

思考真的是一件很累的事。这个世界上大多数的人并不思考,反而觉得生活过得好极了:汴京是个多么繁华的地方,下班后要想找点儿生活的乐趣,简直不要太容易。倒是孤独寂寞如王安石,太专注于脑力的消耗,什么样的生活乐趣都体察不到。可以说,再也没有人比他的日子过得更枯燥、更单调了。为此,许多年后,反对和批评王安石的人不惜编了一个又一个小故事来取笑他:

有一次,有人发现王安石爱吃鹿肉脯,就跑去告诉了王夫人。王夫人觉得很奇怪:她可从没发现自己的丈夫有这样的饮食偏好呀。她问那个人:"你是怎么知道的?"那个人回答说:"因为他吃饭的时候,别的都不吃,就只埋头猛吃鹿肉啊!"

王夫人继续追问:"鹿肉放在哪儿了?"

"嗯,筷子和勺子的旁边。怎么了呢?"

王夫人一下子明白了秘密所在。咳!敢情王安石就是个抓着什么吃什么的"傻子"。

王安石在常州做知府时,一次过春节,州府里面按照老例安排了一场宴会。这是本州规模最高、最正式的酒宴,因此宴会上负责演唱的优伶们,表现得格外卖力。与会人员都击节叫好,一时间掌声雷动。没想到大家都笑完了,王安石才突然笑了起来。

负责演员调度、宴会筹办的官员被笑得心里发毛。但是无论如何,从来不笑的王安石既然笑了,他便加倍赏赐了演员们。

碰巧,当天在场的有一位非常了解王安石的下属。宴会结束之后,这位下属问王安石:"您好像并没有认真看演出。您不是因为表演笑的,不知道我猜得对不对?"王安石也就坦率承认,他这两天一直在仔细琢磨《易经》当中"咸""常"两卦的意思,那会儿突然福至心灵,一下子想明白了,所以就笑了。

咳!敢情王安石就是个只专注在自己的世界里的"呆子"。

当年在包拯手下做事时,有一年夏天,群牧司衙门里的牡丹花开了。包拯组织了团建活动,置酒赏花。其他人轮番给包拯敬酒,宴席之上,氛围颇好。只有王安石与众不同。

在他这儿,是包公来给他劝酒,而他坚决不肯喝。据说,连砸缸的司马光都喝了,王安石却不为所动。

不喝就不喝,包拯也不会拿出传说中的虎头铡[1]铡他。

他看不到开遍的牡丹花的美,连包青天劝的酒也不喝。咳!真是个不讲情面、呆板无趣的"拗相公"啊!

有一次,王安石去参加赏花钓鱼会。就是看看花、钓钓鱼,最多再写写诗、听听歌,和平常文人的集会区别不大。唯一不同的是,这次会议很高端,参加者是仁宗和身边的近臣。

话说这次的赏花钓鱼会上,仁宗和大臣们刚赏完花,正准备钓鱼。一转头,发现桌子上摆好的鱼饵竟然都不见了。

奇怪,鱼饵呢?这边大家正在纳闷,那边王安石也还边吃边纳闷呢:"哎,怎么今天的零食有点腥,还有点咸呢?"

敢情他把人家的鱼饵都吃了。这是又呆又傻了呀!

有一天晚上,王安石下班回家,看见家中坐着一个年轻漂亮的女人。

王安石惊讶极了,问:"你是谁呀?"

女人说:"我是您的妾,是夫人派我来服侍您的。"

王安石更加惊讶了:"夫人买你一共花了多少钱?"一问才知道,原来,这个女人的丈夫是个运粮官,运送途中遭遇沉船,家中财产不足抵债,便把她卖了还债,很可悲。王安石听后顿时心生怜悯,钱也不要就让她走了。

这个呆子和傻子,是不会"享福"啊!

还有一次,王安石一边看书,一边嚼莲子吃。看书和嚼莲子都太专心,最后一口下去,把自己的手指也当莲子给咬了。咔嚓!咬得自己的手血糊糊的。

好嘛!这已经不是又呆又傻了,这已经是"神经病"啦!

有一次,学生看王安石脸色发黑,很担心他的健康,就去问医生怎么办。医生三下五除二,给王安石开了一个处方:

澡豆一块。

澡豆,宋时用来洗脸、净手、浴身。医生的意思是说,王安石之所以脸黑,不是累的,没事洗把脸就好了,大可不必担心。

看!原来王安石不光是个"神经病",还邋里邋遢,不讲卫生!

王安石哪里是爱吃鹿肉呢？他分明只是没把心思放在眼前的食物上，摆在手边儿的有什么就吃什么罢了。

学习中提升自己无非就是两条路径，一个是在广泛的汲取中不经意发现答案，一个是经过长期的思索而突然有所领悟。即使在过年，年已四十的王安石仍不忘精进学问。这股劲头不值得我们称赞吗？

不想喝的酒不喝，哪怕是上司让喝也顶住压力不喝。这不畏权贵的精神难道不值得今天的职场人竖大拇指吗？

作为一个生长在封建时代的男人，严格自律，真正做到一生只爱妻子一个人，为什么要被讽刺而不是被称赞呢？

还有，说他不讲卫生，不知道洗脸，其实，他不过是吃了年轻时候的亏罢了。就因为他二十多岁第一次见韩琦时，没好好梳头洗脸，第一印象成了固有印象，人们就总不忘编排段子笑话他。

自变法以后，他成为一个极其有争议的人物。拿着放大镜拼命找他错误的人，古往今来不知道有多少。然而人们找来找去，找到的也不过是卫生习惯差、吃饭走神儿之类的鸡毛小事。

这么仔细一想，我们得对王安石肃然起敬：一个人要高风亮节、品行无亏到什么地步，才能在这样的审视中，没被发现哪怕一丁点的道德瑕疵呢？确实，在爱洗澡这件事上，我们很容易比得过王安石。可是，在比他爱干净的人里，谁又能比肩王安石的自律、独立和伟大呢？

守丧江宁

仁宗嘉祐八年（1063），宋仁宗赵祯病重不治逝世，享年五十四岁。四月，赵曙即位，是为宋英宗。

同年秋天，王安石的母亲吴老夫人也溘然长逝，享年六十六岁。

自从王益去世，不知不觉已经二十四年过去了。为了安顿母亲的后事，四十三岁的王安石第三次踏上了奔丧之路。他用了一句诗来形容多年来生活的沉痛与沉重：

二十四年三往返，一身长在百忧中。

——王安石《句容道中》

是的，人生长在百忧中，而百忧之最，是痛失母亲的哀愁。这一刻，其他所有希冀都已不重要，唯有失去母亲的悲痛，最深也最重。

母亲一生抚养了七个儿子、三个女儿。这几乎是一项不可想象的家庭重担。况且其中还有两个儿子、一个女儿是丈夫王益和前妻的孩子。但她却和他们相处得很好。

父亲去世时，母亲才四十二岁，正是和王安石如今相差无几的年岁。也正因如此,当他回想起父亲去世时的情景,才越发明白母亲的不易。

母亲不仅是一个操劳的母亲,还是一个智慧的母亲。多年前,他曾屡辞馆职考试。有人出于好心,让母亲劝王安石不要这么做。王安石的母亲却淡然一笑,对那个人说:"儿子大了,自己有判断是非的能力,我不干涉他。"

有多少母亲能在儿子的人生面前,保持这样淡定从容的态度?

吴老夫人做到了。

以前,他只顾忙碌,总觉得母亲身体还硬朗,他能陪母亲的时间还很多。他没想到母亲说离开就离开了,并没给自己留下多少陪伴她的机会。王安石悲痛极了。

本来要马上去做官的他,说什么也不肯动身了,他准备在家乡好好陪一陪母亲。

于是,从仁宗嘉祐八年十月到英宗治平四年(1067),他回到了江宁。后来,王安石又索性请了病假。从此,辛辛苦苦工作约二十年的王安石,开始了五年居家守丧的生活:

他从四十三岁,一直待到四十七岁。

他终于有时间陪伴母亲,也终于有时间和雱儿在一起了。

除了在母亲灵前尽孝,陪伴儿子成长,五年来,王安石也没有放弃一个"士大夫"的责任与使命——如今既然不做官了,那岂不是讲学的好时候?

英宗治平三年(1066),王安石正式开始在金陵讲学。

桃李不言，下自成蹊。在任何时代，一个独立的、有认知能力和判断能力的思想者，都是年轻人衷心追随的意见领袖。

王安石和他身边有智识的年轻人自然也不是例外。后来被称为"荆公新学"的学派，也在这时候慢慢形成了。

空洞的学问一钱不值。因此，王安石教他们的，不仅仅是经世济民的大道理，更是一套更为先进的思维工具。

这些追随王安石的后辈，日后也慢慢成为变法改革的中坚力量。

作为父亲的王安石认真讲学，而作为儿子的王雱，也和其他人一样，一直在认真学习，努力进取。

英宗治平四年，王雱短暂地告别了父亲，前往京城求取功名。最终，王雱以优异的成绩考取了进士。当京城的喜报送到王安石手里时，他高兴极了：那个瞬间，他顿时明白了生命延续的价值与意义——那颗曾经因为母亲离去而空空落落的心，终于再次感受到了满足与安宁。

他老了。那些他辛辛苦苦努力了半生的事，以后或许可以交给雱儿了吧？

痛失王令

"二十四年三往返,一身长在百忧中。"这句话写得真沉痛。

是的,人生常在百忧中,而百忧之中除了失去母亲的痛,也有失去好朋友的痛。

王令,字逢原。朋友之间称字,王安石更喜欢称呼他为王逢原。细算起来,他认识王令已经好多年了,最开始的惺惺相惜是因为一首诗:

昆仑之高有积雪,蓬莱之远常遗寒。
不能手提天下往,何忍身去游其间!

——王逢原《暑旱苦热》

这是何等的气象,又是何等的胸襟!王安石一读之下,就对这个写诗的年轻人心生敬佩,从此把他当作自己最好的朋友。

朋友其实是一个很宽泛的词语。可能有很多人都称得上是你的朋友:有的人被你称为朋友,是因为你们有共同的经历;有的人被你称为朋友,是因为你们有互惠的利益;有的人被你称为朋友,是因为你们有共同的爱好。但是,当王安石初见王逢原的时候,他就知道,自己遇见的,就是那种有相同理想追求的朋友,那种并不一定天天相见、日日攀谈，却一定会在漫长的人生道路上相互支持、相互鼓励，然后并肩前行、共赴远方的朋友。

而就是这样一位朋友，竟然早早去世了。

当他离开人间的时候，还没有过完第二十九个生日。

王安石很喜欢逢原，曾竭力促成妻妹和逢原的婚事。本来，他是希望友情能在亲情的加持下越来越深厚。他那时没想到，当不幸发生的时候，失去朋友和亲人的痛苦交织混杂，只会让自己加倍难受。

仁宗嘉祐四年，逢原离世的时候，他的妻子、王安石的妻妹，才刚刚怀孕。

> （逢原）五岁而孤，二十八而卒，卒之九十三日，嘉祐四年九月丙申，葬于常州武进县南乡薛村之原。夫人吴氏，亦有贤行，于是方娠也，未知其子之男女。
>
> ——王安石《王逢原墓志铭》

如果逢原没有在二十八岁的时候离开人世，他的未来会是什么样子的呢？而自己的人生又会有什么不同呢？

可惜，人死不能复生。这些假设也只能永远封存于怀念之中了。

> 予友字逢原，讳令，姓王氏，广陵人也。始予爱其文章，而

得其所以言。中予爱其节行，而得其所以行，卒予得其所以言，浩浩乎其将沿而不穷也，得其所以行，超超乎其将追而不至也。于是慨然叹，以为可以任世之重，而有功于天下者，将在于此，余将友之而不得也。呜呼！今弃予而死矣，悲夫！

——王安石《王逢原墓志铭》

王逢原就这么弃他而去了吗？他总是不敢相信，毕竟，他的逢原还那么年轻。

因为实在太悲伤了，所以除了写墓志铭，一年之后的秋祭日，他又再次为亡友拿起了笔。

百年相望济时功，岁路何知向此穷。鹰隼奋飞凰羽短，骐骥埋没马群空。中郎旧业无儿付，康子高才有妇同。想见江南原上墓，树枝零落纸钱风。

——王安石《思王逢原三首（其三）》

秋风萧瑟，洪波涌起。秋叶零落，纸钱随风。王安石的思念走过寂寞的长途，在墓前驻足。好友王逢原长眠于此，将再也不会醒来，再也看不到这江南的秋天，再也看不到他刚出生的宝宝，和他聪慧无比的妻子。

王安石实在太悲伤了，怀念的诗写一首根本不够。

他写了一首又一首[2]。

这几首诗中,以"便恐世间无妙质,鼻端从此罢挥斤"两句最见怀友之痛。

许多许多年前,庄子痛失自己最好的朋友惠施。惠施去世后的某天,庄子无意间经过他的墓地。总是诙谐没正行的庄子,忽然回头对随从讲起了故事。

"以前,有一个名叫石的匠人,身怀绝技。只要他挥起斧头,鼻尖上薄得像蝇翼一样的白粉,都能被完全削掉,而人还什么感觉都没有。宋国的国君听说后,觉得很新奇,很想亲眼看看。没想到匠人却拒绝了他。原来,那个鼻尖上涂白粉的人是石的好朋友。宋国国君派人来的时候,他已经去世了。石再也找不到一个信任他、愿意站在他面前被削鼻子的人,也就没办法施展这项绝技了。"

庄子讲完这个故事后,顿了顿,忽然说:"自从惠施去世后,再也没有人跟我谈论道理了,也没有人和我抬杠了。"

庄子是文学家,也是思想家。他说的话,好多时候只有惠子能懂。有的人交流,碰撞出的全是思维的漏洞,而有的人交流,碰撞出的尽是思维的火花。

世界上最好的朋友惠施,给庄子清贫的生活带来了火花。正如世界上最好的朋友逢原,为王安石孤独的生活驱散了寂寞。

这几首诗中,又以"百年相望济时功,岁路何知向此穷"两句最见人生之痛。本以为能建立了不起的功业,谁知一个人的生命竟然可以这样匆匆忙忙地结束了。

生命是脆弱而不可知的。在这份脆弱和不可知面前,谁不是王安石,谁又能不发自肺腑地感到伤悲呢?

中国人常说"死者为大"。

所以墓志铭里写的都是表扬人、赞颂人、怀念人的话,几乎从来不写死者的坏话。

王安石是当时的大文豪,求他给亲朋好友写墓志铭的人很多,因此说上许多言不由衷的好听话也就在所难免。但是,王安石却可以发自肺腑地说,他写给王逢原的每一句话、每一个字,都问心无愧。

> 此于平生为铭,最为无愧。
>
> ——王安石《与崔伯易书》

时间过得真是快。转眼间,距离他失去王令已经八年了。

讲学的日子不像当官时那样辛苦。秋天来了,天气清爽,王安石也难得地放下书本,到金陵城外走一走,看一看。

夕阳西下的时候,他登上了金陵城的最高处。

似乎是人生中第一次,他惊奇而感慨地发现,原来大自然竟然可以美得如此惊心动魄。山峰青翠,江水澄明。舟船分明是在云朵间飘然而行,而白鹭仿佛在银河中起舞:

登临送目，正故国晚秋，天气初肃。千里澄江似练，翠峰如簇。归帆去棹残阳里，背西风、酒旗斜矗。彩舟云淡，星河鹭起，画图难足。

——王安石《桂枝香·金陵怀古》（上阕）

早在唐朝宝历三年（827），刘禹锡就有《金陵怀古》诗："潮满冶城渚，日斜征虏亭。蔡洲新草绿，幕府旧烟青。兴废由人事，山川空地形。后庭花一曲，幽怨不堪听。"

几百年间，迁客骚人来了又走，金陵城终于等来了王安石，等来了王安石的有感而发，也等来了他独冠时代的《桂枝香》。

一样是回顾六朝旧事，物是人非的感慨难免大同小异。然而这一次，在"千里澄江似练，翠峰如簇"的美丽景色面前，来自宋朝的"安石气象"，远胜了"大唐气象"。

《桂枝香》下阕一开始，向来思虑天下的王安石，自然而然地又想到了政治发展中无情而永恒的悲剧：

念往昔、繁华竞逐。叹门外楼头，悲恨相续。千古凭高，对此谩嗟荣辱。六朝旧事随流水，但寒烟、芳草凝绿。至今商女，时时犹歌，后庭遗曲。

——王安石《桂枝香·金陵怀古》（下阕）[3]

他盯着远处的江水看。天色渐渐暗淡下来，江面是一片壮丽的夕阳红。一只画船向着夕阳无声地前行。王安石知道,黄昏之后的黑暗,马上就要笼罩整片天地了。这一刻,王安石觉得恍然看到了大宋的未来——满眼繁华的背后,是随时会来的危难。

是的,人生常在百忧中,而百忧以家国之忧为最重——没办法,这一生他注定不想庸庸碌碌,做一个无名之辈,他还是忘不了那个深深扎根在心里的念头。

唉!那艘在岸上长年搁浅的巨轮,要等到什么时候才能重回海面,再次拥有乘风破浪的可能呢?

注 释

1. 清末石玉昆所著的《三侠五义》中,包青天有几大"法宝",最著名的也最让人闻风丧胆的就是三把铡刀:龙头铡、虎头铡和狗头铡。龙头铡斩犯了死罪的皇亲国戚,虎头铡斩犯了死罪的文武大臣,狗头铡斩犯了死罪的黎民百姓。

2. 王安石另外两首写给王令的诗是:"布衣阡陌动成群。卓荦高才独见君。杞梓豫章蟠绝壑,骐骥騕褭跨浮云。行藏已许终身共,生死那知半道分。便恐世间无妙质,鼻端从此罢挥斤。""蓬蒿今日想纷披,冢上秋风又一吹。妙质不为平世得,微言惟有故人知。庐山南堕当书案,湓水东来入酒卮。陈迹可怜随手尽,欲欢无复似当时。"

3. 王安石写完《桂枝香》词后,苏轼称赞他的文采,说:"此老乃野狐精也。"

半山叹

入塞

王安石【1060年,40岁】

荒云凉雨水悠悠,
鞍马东西鼓吹休。
尚有燕人数行泪,
回身却望塞南流。

八月十九日试院梦冲卿

王安石【1061年，41岁】

空庭得秋长漫漫，寒露入幕愁衣单。
喧喧人语已成市，白日未到扶桑间。
永怀所好却成梦，玉色仿佛开心颜。
逆知后应不复隔，谈笑明月相与闲。

金陵怀古四首·其一

王安石【1066年,46岁】

霸祖孤身取二江,子孙多以百城降。
豪华尽出成功后,逸乐安知与祸双。
东府旧基留佛刹,后庭余唱落船窗。
黍离麦秀从来事,且置兴亡近酒缸。

南乡子 自古帝王州

王安石【1066年,46岁】

自古帝王州,郁郁葱葱佳气浮。
四百年来成一梦,堪愁。
晋代衣冠成古丘。

绕水恣行游,上尽层城更上楼。
往事悠悠君莫问,回头。
槛外长江空自流。

浪淘沙令 伊吕两衰翁

王安石【1066—1067年】

伊吕两衰翁，历遍穷通。
一为钓叟一耕佣。
若使当时身不遇，老了英雄。

汤武偶相逢，风虎云龙。
兴王只在笑谈中。
直至如今千载后，谁与争功？

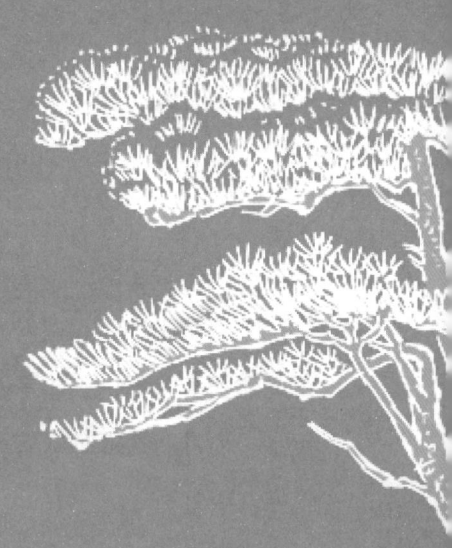

百年大计

1068—1075 年 | 48—55 岁

　　退朝之后,王安石提笔如运百万兵,凝多年之心力,写了一篇长长的奏章——《本朝百年无事札子》。此文一出,热血而孤独的王安石,终于等来了那个最懂他的读者。

变法先声

英宗治平四年正月初八。三十六岁的宋英宗英年早逝。此时距离他登基,不过三年零八个多月,而曹太后垂帘听政差不多一年零一个月。这就意味着,他亲自处理政务的时间仅有短短约两年零八个月。

在这将近两年零八个月中,"濮议"[1]又占据了接近两年的宝贵时光。江山社稷尚未来得及细看,便悉数交给了不到二十岁的赵顼。

就这样,大宋王朝又完成了一次权力的交替。这一次,对国泰民安的期许和至高无上的权力,统统交给了一个年轻人。这一次,风云际会,君臣遇合。就像管仲找到了齐桓公,商鞅找到秦孝公,桑弘羊找到了汉武帝,四十八岁的王安石也终于遇到了他的宋神宗,从此相得相知如一人。

广阔的海面上风起云涌。这同命运一般的政治变化,足以掀起送巨轮入海的大浪潮。神宗英姿勃发,求贤若渴,他早早就开设了迩英阁[2],迫不及待地准备和天下最有智慧的大脑对话,求问改变天下的良策。他问富弼,问文彦博,问韩琦;问王安石,问司马光,也问其他朝中的大臣:"祖宗守天下,能百年无大变,粗致太平,以何道也?"

神宗是在问：自太祖建隆元年（960）正月太祖建国至神宗熙宁元年（1068）四月，已经一百零八年了。百年来，我们为何能取得如此伟大的成就，又为什么产生如此多的问题？

是的，年轻的宋神宗早就发现了：虽然放眼望去，他的帝国此时是这个世界上最发达的农业经济体，但实际上，却并不像词人柳永笔下的江南那样繁华。那些美丽的句子，只是一场触不可及的幻梦罢了。

"安富尊荣者尽多，运筹谋画者无一"，这从来都是富贵大家面临的通病。需要花钱的人越来越多，需要花钱的事也越来越多，可是钱到底要从哪里来呢？长此以往，这个国家又要怎么办呢？满朝文武之中，似乎没有人想过或提过这些问题。

这个年轻的皇帝着急了，他真的很想知道，到底什么才是维护国家长治久安的法宝？可惜老臣们答得并不上心——之前没有认真想过，而下了班大抵也就当过眼云烟忘了。

他们早已经不是二十多年前参与庆历新政的年轻人了。时光已经慢慢带走了他们青春的锐气，养成了一颗颗守成求稳的心。现在这样就挺好的，没什么需要改变的，就按照之前那么办吧！这几个六七十岁的老人打从心底觉得，神宗就是个小孩儿。既然是小孩儿，那就最好不要瞎折腾。

但是神宗和他们的想法不一样。

神宗审视着朝中一张又一张没有生气和活力的脸，年轻的在位者心里很忧虑："就没有人能站出来解决问题吗？"

"有一人，用尽半生，专为官家解惑而来。"近臣韩绛不动声色地站在了神宗身边。

"什么人值得如此赞誉？他叫什么名字？现在在哪里？"

没有半点悬念地，神宗终于听到了那三个字——王安石。

英宗治平四年正月，神宗正式任命王安石为江宁知府。九月，神宗索性召唤王安石入京担任翰林学士。

神宗熙宁元年春，王安石抵达开封。紧接着，神宗又下诏请翰林学士王安石"越次入对"，即特许王安石超越现有官阶，单独觐见皇上。

王安石慷慨陈词："我把现在最大的问题梳理了一下，总结出四点，分别是财政枯竭、边境多事、百姓困苦、军队软弱。这样的国家之所以还有如今的繁荣，归根结底，是它的敌人暂时还不想让它灭亡罢了。"

从小到大，神宗从没见过如此直率、干脆，说话毫不客气却又精辟睿智的人，他一下子乖得像是王安石的学生。

王安石抿了抿嘴："只有理财、安边、富国、强兵，天下才能长治久安。"他的目光和以往一样坚定。

"可是……"神宗忍不住又想起了其他老臣对自己说的话，"如果说现在的政策真的有问题，那我大宋朝的百年太平，又是怎么来的呢？"

这么多年来的所见所闻、所感所思，因为神宗的一问，一时之间，全部聚集在王安石的心头。一种复杂的情绪在王安石的内心深处久久激荡，使他再难平静：多少年了，他为之努力、为之奋斗、为之不断准备的，不就是这一问吗？

人的一生，转瞬即逝。以前，他只是孤独地思索，只是寂寞地担忧。这一次，翻天覆地的变化已然发生。他那些大胆的想法，迫切需要一次郑重无比的倾听——不，三言两语绝不能说清楚他想要说的话，他必须写下来，而且要写得比之前更清晰、更有力！

退朝之后，王安石提笔如运百万兵，凝多年之心力，写了一篇长长的奏章——《本朝百年无事札子》。此文一出，热血而孤独的王安石，终于等来了那个最懂他的读者。

从此以后，迩英阁上，一个专设给神宗的课程开始了。

大臣们或两天或三天就来给年轻的神宗"上课"。大家一起讨论治理国家的理论思想以及实际问题。

和一般的课堂不同的是，这一次，老师是学生选定的：一开始，有好几个人都来给神宗上课；慢慢地，迩英阁不定期的小班教学就变成了神宗和王安石频繁的一对一交流。

继江宁讲学后，王安石终于拥有了一个最重要也最特殊的学生。只要是王安石所说的话，这个学生就深深服膺。无论面临多少阻碍、多少难题，他都愿意以一生实践老师的教导，从不后退，从不反悔，一如他的老师王安石一样，"自信所见，执意不回"。

这个人就是王安石变法最坚定的支持者——宋神宗。

变法开始

神宗熙宁二年二月,神宗正式任命四十九岁的王安石为右谏议大夫、参知政事[3]。

神宗熙宁三年(1070)腊月,王安石被任命为礼部侍郎、同中书门下平章事。从这个冬天开始,王安石实际上就成了大宋的宰相。这之后,一场震荡整个大宋帝国的变法,就大刀阔斧、有条不紊地开始了。

他制定了一个整体的改革方案,相继颁布了十多条法令。其中,最重要的三大经济政策分别是:均输法、市易法和青苗法。

实行均输法是王安石变法的第一步。均输法颁布以后,政府从此全面掌握了重要商品的流通权。推行均输法的两年零八个月后,王安石又推出市易法。于是政府全面掌握了城市的商品零售业。市易法推出后,便和均输法一起,构成了一个集采购、运输和定价销售为一体的国营运输体系。青苗法比市易法晚两个月推行。这既是王安石苦心孤诣的创造,也是整个改革方案中最重要也最关键的部分。每年夏秋两收前,农户可到当地官府借贷现钱或粮谷,以补助耕作。每笔贷款的利息为百分之二十,一年可贷两次。

就这样，三大政策从此一举规范了国民经济最重要的两大领域：商品流通和农业生产。

所有法令中，最完善的是免役法。

免役法是一个在当时的历史条件下相当完美的制度。以前，劳役全部由最底层的老百姓承担。颁布法令后，改成由全社会共同承担社会公共事务。多少大宋基层的胥吏，从此不再义务劳动了，而是拥有了一份能养家糊口的工作。

也正因如此，大家的工作作风也随之一变，全国上下纪律严明，勤恳敬业。相应地，贪污、受贿的行为也越来越少了。这是王安石给普通人谋取的实实在在的利益，是惠民、利民、富民的有力举措。后来，亲身投入"戊戌变法"的梁启超如此评价这项制度："公之此举，取尧舜三代以来之弊政而一扫之。实国史上世界史上最有名誉之社会革命也。"

再说军事。

王安石坚持精兵简政。一方面他"减兵并营"，减少了全国范围内几乎三分之一的兵力，大大减轻了国家财政的压力。

另一方面他"置将练兵"，通过严格的选拔，挑选出了一批极有能力的军官，调拨他们到各地的军营中训练士兵。经过多年的苦心经营，最后全国共设置九十二将[4]。其中三十七将守卫京师安全，同时负责防御北面的辽国。河北四路共设置十七将，与西夏抗衡。

考虑到当时面临的国际局势，这样的安排无疑最利于局面稳定，是深思熟虑之后的设计。

就这样，说好的理财、富国、强兵、安边，王安石都做到了；说好的无论如何都会相信他、理解他、支持他，神宗也做到了。

整场变法运动无疑是异常艰辛的。王安石、宋神宗这对君臣、师生并肩战斗，共同将变法推行了十七年。

两宋王朝三百多年，国家最富、军队战斗力最强的，也正是变法全面推行后的熙宁后期。

国库之外，政府又建造了五十二个大金库，用以储存货币。自新法实行以来，国家的财政情况得以改善，财政收入得到大幅增长，神宗还专门建造了三十二个府库，用来存储这笔巨大的财富。

王安石这个"大宋理财师"，真的给全国带来了财富。

神宗在每一个库门上都题了一个字。三十二个字连起来，正好是一首诗：

"五季失图，猃狁孔炽。艺祖造邦，思有惩艾。爰设内府，基以募士。曾孙保之，敢忘厥志。"

过了不久，三十二个金库里的元丰通宝都放满了。于是第二年，朝廷又新建府库二十座。 神宗皇帝依然在每座府库上题一个字。于是又有了一首新的诗，曰："每虔夕惕心，妄意遵遗业，顾予不武姿，何日成戎捷。"

不知道这五十多座元丰库中,放了多少元丰通宝呢?

五十二个大金库肃穆辉煌,无声地宣告着改革家王安石的实绩。事实胜于雄辩,它们是对王安石变法最好的诠释。

反对者众

在这场变法推行的过程中,神宗和王安石几乎遭到了所有人旷日持久、激烈执着的反对。在所有反对者之中,有一个绕不过去的名字——司马光。

前文已经说过,司马光和王安石是老相识。当年,两个人还一起坐在包拯衙门里共赏牡丹花。

如今一晃眼的工夫,他们又相见了。之前且不说,只说二人同时在仁宗身边共事之后的事吧:两个人"凡有决策,每多争执"。

但凡王安石支持的,司马光总是反对。

比如山东阿云案。

少妇阿云企图谋杀丈夫韦阿大,砍了韦阿大将近十刀,但阿云没有多大力气。韦阿大除了被砍断一根手指,其他地方受的都是皮外伤。

王安石说,谋和杀是两回事。阿云谋而未杀,不该按照谋杀罪量刑,应该按照人身损害罪量刑。而在《宋刑统》中,人身损害罪又有自首减刑的原则。因此王安石认为可以免去阿云一死,只追究砍伤韦阿大的犯罪事实,流放两千五百里。

"给阿云一个活下来的机会，以后犯罪的人也会更加愿意自首。"

司马光觉得王安石的想法又荒唐又可笑："这是助长杀人者的气焰！自首减刑并不是什么罪都可以随便套用的。"

书上写得清清楚楚、明明白白：由于其他犯罪导致人身损害的，如果自首，就可以对其他犯罪免于惩罚！而其他犯罪只包含不以人身损害为目的的犯罪。

生命宝贵，谋杀罪怎么能算是"其他犯罪"？又怎能减免刑罚？由此，一桩普通的刑事案件，最后在朝堂上引发了一场有关司法原则的大讨论。

副宰相唐介在廷议中与王安石愤然激辩。王安石也气得口不择言，回敬说："认为犯了谋杀罪就不能自首的，都是朋党，是结党营私、不顾大局的小集团。他们都是为了反对而反对的，并不真正关心法律。官家不要听他们的。"对老臣唐介来说，他面对的并不是一句轻飘飘的话，而是一把猝不及防插入心脏的利剑。

当年的庆历新政为什么会失败？不就是因为人们不再关心事实，而开始了以"朋党"为名的攻击吗？范仲淹为什么会失败？仁宗又为何会放弃对新政的支持？"朋党"一词，从此成为多少人心头的痛？这样痛苦的记忆，王安石怎么能这么不负责任地重新提起呢？

当天晚上，余怒未消的唐介回到家中，刚刚卸去朝服，就突然倒在了地下。

唐介再也没能站起来——他被王安石气死了。

再比如南郊大礼的赏赐。

和阿云案一样，这也是一场旷日持久的舌战。

南郊祭祀是三年一次由皇帝亲自主持在南郊祭祀天地的传统礼仪。一般而言，祭祀之后，皇帝都会发放一次巨额赏赐，从二府大臣到普通士兵，多多少少都会得到一些奖赏。

但神宗就职这一年，情况有些特殊：这一年，夏秋时节黄河决口，汴京地震，雨灾频发。地方上好多粮仓也灌了水，军粮的供应都紧张起来，老百姓就更不用说了。基于这样的情况，八月初的时候，宰相曾公亮主动请免二府大臣的赏赐："今年的这笔年终奖您就不必发放了，我们情愿和官家共抗国难。"

司马光同意曾公亮的提议："现在到处都是国家需要用钱的地方，今年灾害又特别多，确实应该让高官近臣做表率。要不，官家就同意了曾公的请求，成全了这一片忠君爱国的心吧？"不过，他想了想，又说，"这毕竟代表着整个国家的体面，全都蠲（juān）免了不好，不如就发一半儿好了。"

司马光不紧不慢地说完，王安石气得鼻孔大张："这太小家子气了！南郊赏赐的这点儿花费，不过九牛之一毛、沧海之一粟。我大宋繁荣兴旺，富有四海，抠抠搜搜地省这些牙缝儿里的钱干什么？只怕除了让外人和后人笑话我们穷酸外，什么用处也没有！"

他直不愣登地说完，又硬邦邦地说："大宋帝国要宰相是干什么的？是为天下大事负责任的！如今大事不管，只在这些零碎上摆姿态，又是何必呢？一定要省的话，我看，与其申请免除赏赐，不如申请辞职吧！"

司马光是个温文尔雅的君子，只能强压怒火，认真辩论。

"你不要激动，你说的不对。第一，这不是个经济问题，而是个态度问题。重要的不是省下多少钱，而是起到一个表率作用。第二，小钱多了就是大钱。这笔小钱不省，那笔小钱不省，那整个国家就没有能省钱的地方了。不先从你我这样的人身上减少赏钱，难道要老百姓先勒紧裤腰带，省米钱菜钱吗？"

"不，不对，"王安石摇头，"这并不是重点。"

"怎么不是重点了？国用不足、财政吃紧，从真宗时候就开始了。怎么在你这里，忽然不是重点了？"司马光感到自己的血压都上升了。如果他没有记错，财政问题应该是眼前这个人最为关心的问题了吧，怎么今天又不是重点了？

"您可能没有明白我的意思，"王安石也觉得自己血压有点问题了，"咱们现在讨论的不一直是省省省吗？我的意思是，省不应该是重点。"

"不省钱，钱从何处来呀？"

王安石停顿了一会儿："从理财高手那里来。"

"啊？"司马光和神宗都被这个闻所未闻的说法震惊了。

"我们要理财，不能只省钱。"王安石神采奕奕地说，高瞻远瞩得仿佛一个穿越过去的人。财富是可以生长出来的。总会有一种办法，能让老百姓和国家都变得富有。于是，他望向神宗，说出了那句著名的话："善理财者，民不加赋而国用饶。"

王安石的理财思想重开源，而司马光的理财思想重节流。矛盾一触即发，司马光反驳道："不可能！财富是恒定的。钱不在官家，就在寻常百姓家。除此二者之外，别无去处。但凡你存心搞钱，就只能从这两处拿，你不从百姓那里拿，不从官家那里拿，能从哪里拿？"因此，司马光也说出了那句极为著名的话："天地所生货财百物，止有此数，不在民间则在公家。"

宋朝哪会有什么科学发展、能源发现、技术进步？财富总量的激增或许在一千年以后，却不在当下。你就不要异想天开了。一千年后或许可以如此理财，但我的世界不可以，我只有一个冷酷、干脆的拷问：财富就那么多，在可预见的将来也不会再多，到底是要富国，还是要富民？

如果要的是后者，那不还是让堂堂大宋与民争利吗？到头来，所谓的善于理财，不过是巧立名目，搜刮百姓的口袋罢了。

所以，司马光相信，王安石的主张，绝不可能会是什么善法。

这些争论开始的时间，是神宗熙宁二年。

十七年的艰辛变法还没开始，但反对和诋毁却已经开始了。神宗熙宁二年，王安石打破户部司、盐铁司、度支司的旧分工，设置三司条例司，将权力收归一处，统一掌管宏观经济政策、国营事业和财税实务。

司马光对此表示强烈反对："三司使办事不靠谱，大可以撤职换人。为什么又增加一个部门，分掉他们的权力？"

人对于制度和传统的蔑视是危险而可怕的。三司条例司架空了三司的旧长官，也架空了除王安石以外的丞相。这样做或许很高效，却会贻害无穷。王安石关心具体政策的推行，这没有错。可是制定一个政策，出台一个法案，不能只看眼前，也要看长远效果。办事效率低一些，可能在眼前具体事务的推进上会带来麻烦。但如果什么事儿都特事特办，任意修改原先的权力制衡系统，总是由几个人甚至一个人说了算……长此以往，因独断专行造成失误是迟早的事。

神宗熙宁三年，老臣韩琦公开反对"青苗法"。

无视甚至漠视百姓的苦痛是绝对不能容忍的。青苗法在各地推行的过程中实际上变成了政府的强制贷款。官吏为了追求业绩，要求所有农户必须贷款，而且利率很高，比之前的商业贷款还高：从春到秋，不到半年的时间，利率却是百分之三十。

"青苗法根本就是敛财利器，太伤害百姓了！"距离京城近的地方，青苗法的执行就出现了这样严重的问题，在那些天高皇帝远的地方，岂不是不堪设想吗？

反对青苗法的当然不止韩琦一个。

有一天，在东京城大相国寺商圈的最中央，人们在墙壁上读到了一首神秘的诗：

终岁荒芜湖浦焦，贫女戴笠落柘条。

阿侬去家京洛遥，惊心寇盗来攻剽。

诗写得很怪，没有人知道是什么意思。当然，正因如此，来看诗的人越来越多。

最后，还是当时才三十多岁的苏轼走过来解释：

"'终岁'是十二月。'十''二''月'三个字合起来是个'青'字[5]。'荒芜'指田上长草，这是个'苗'字。'湖浦焦'是没有水的意思，也就是'水去'，该是个'法'字。'女戴笠'是'安'字，柘树树条落了，剩下一个'石'字。'阿侬'是吴言，颠倒一下位置，合在一起就是'误'。'去家京洛'是'国'，'惊心寇盗来攻剽'是'贼民'。"大家这才恍然大悟，原来这首诗的暗语是：安石青苗法祸国殃民！

这是一则记载在宋人笔记《枫窗小牍》中的故事，很有可能是个喜欢苏轼、讨厌王安石的人写出来的段子。

虽然故事可能是假的，但同为士大夫的一大部分宋人对王安石的反对却是真的：没有对变法的认可，只有一句"祸国殃民"的评价。

反对王安石的人中，还有一个特殊的群体是不能被忽略的。他们就是专门负责提意见的台谏官。为了表示对王安石的不满和对新法的抗议，四月八日，御史中丞吕公著罢官，十九日，监察御史程颢罢官，二十二日又有李常、张戬、王子韶等人罢官，二十三日,陈襄罢官……

　　王安石别无他法,最终任用了日后那位以陷害苏轼闻名的小人——李定。

　　排除异己、闭塞专听、任用邪佞,以上没有一件事是正人君子应该做的。当周围的"恶言恶声"悉数被清除以后,那些情绪的宣泄、利益的诉求固然不会再对王安石产生任何干扰,可其中有价值的声音,也同样再也听不到了!

　　以上种种,都不能不令司马光感到深深的忧虑。

　　因此,他决定把自己的所思所想,用一种尽可能真诚的方式说给王安石听。像那个时代所有的文人士大夫一样,最真诚的诉说方式就是写一篇文章。司马光想表达的东西太多了,他就写了一封又一封信,信也一封比一封长。

　　最真诚的话,有时候恰恰是最刺耳的话。当司马光说他"侵官、生事、征利、拒谏,以致天下怨谤"的时候,王安石那样坚强的心,也无可避免地感受到了伤心和痛苦。

　　他不知道要说些什么,也不知道要怎么说。直到多日后又一次收到司马光的来信,他才努力平静自己的心,写下了一封同样真诚的回信:

　　某启:昨日蒙教,窃以为与君实游处相好之日久,而议事每不合,所操之术多异故也。虽欲强聒,终必不蒙见察,故略上报,不复一一自辨。重念蒙君实视遇厚，于反覆不宜卤莽，故今具道所以，冀君实或见恕也。

盖儒者所争，尤在于名实，名实已明，而天下之理得矣。今君实所以见教者，以为侵官、生事、征利、拒谏，以致天下怨谤也。某则以谓受命于人主，议法度而修之于朝廷，以授之于有司，不为侵官；举先王之政，以兴利除弊，不为生事；为天下理财，不为征利；辟邪说，难壬人，不为拒谏。至于怨诽之多，则固前知其如此也。

人习于苟且非一日，士大夫多以不恤国事、同俗自媚于众为善，上乃欲变此，而某不量敌之众寡，欲出力助上以抗之，则众何为而不汹汹然？盘庚之迁，胥怨者民也，非特朝廷士大夫而已；盘庚不为怨者故改其度，度义而后动，是而不见可悔故也。如君实责我以在位久，未能助上大有为，以膏泽斯民，则某知罪矣；如曰今日当一切不事事，守前所为而已，则非某之所敢知。

无由会晤，不任区区向往之至！

——王安石《答司马谏议书》

君子之道，出处语默，安可同也？虽然不同，但君子与君子之间的不同，是和而不同的不同，是求同存异的不同。但既然已经不同了，司马光也就觉得自己没有必要再在朝中待下去了。

他决定离开。

熙宁三年的九月二十六日，司马光离开了吵吵嚷嚷的朝堂和百折不回的王安石，去做他的"知永兴军"了。

没过多久，又因为王安石坚持要在司马光管辖的区域修建城池和集贸市场，两个人又起了争执。他想不通要怎么理解王安石，也知道这样下去势必影响工作，也会让神宗难办，便索性编纂《资治通鉴》去了。

"变法是一件伟大的事情，既然王安石执意要做，那就让他去做。著书立说，和后人对话的事情，就交给我来做吧。"

那些再也没机会对王安石说的话，那些再也没机会讲给官家听的想法，姑且就都放在书里吧！

反对王安石的人中，还有一批特别有身份、特别有地位、特别有权力，因而也特别有能量的人。

王安石是"拗相公"，别人害怕得罪皇亲国戚和大小权贵，他却规定，赵弘殷、赵匡胤、赵光义这三位祖宗后裔中的每一支、每一代只允许保留一个名额，其他公爵全部废除；他还连续两次废除了皇宫女眷的推恩钱——这项政策出台之后，太皇太后、皇太后、皇后、嫔妃、公主等人的固定待遇都大幅度减少了。

浩浩荡荡的新法中，正是这几项原本没有那么起眼的举措，最后却诱发了反对者对王安石最有杀伤力的攻击。

神宗熙宁七年（1074）的某天晚上，神宗回到宫中，和皇后去看高太后，正好曹太皇太后也在。

夫妻二人原本是来请安的，没想到两位长辈对着一幅长卷，看得满脸悲戚。神宗忙询问缘故，高太后并不直言，只说："你自己看看便知道了。"

图上画的是京城安上门，却全然没有东京该有的繁华。城门内外，全是衣衫褴褛、骨瘦如柴、拖儿带女的穷苦百姓。

神宗看得心里一惊："这是什么？"

"光州司法参军郑侠冒死送上来的流民图。"

"哦。"神宗只能答应。

"郑侠现在就在安上门看守城门。图上所画，是他亲眼所见的大宋百姓。"

"哦。"神宗只能继续答应。

他已经有了不好的预感，于是尽量实事求是地说："今年大旱，有流民逃亡到安上门附近，确实需要重视。"

曹太皇太后一听，情绪越发激动。她一下子流了眼泪："百姓都苦成这个样子了，你竟然还要替王安石说话？你怎么不想想你爷爷？你爷爷慈祥仁爱，事事以百姓为本。每有天灾，必先反省，自己是否有为政不当之处。你……"

此时此刻，神宗只有沉默。

他也有自己难言的苦衷。爷爷仁宗对他有非比寻常的震慑作用。因为没有留下子女，父亲英宗是从宗室中被挑选出来过继给爷爷后，才荣登大统的。

他实在是没有说话的力气，也没有说话的底气了。

第二天早上，王安石请辞相位，提出回家乡江宁休养身心。

神宗情真意切地挽留他，王安石却去意已决：

"我已经五十四岁了。该做的事早已经做了，不该得罪的人，也早得罪光了。可是您还年轻，以后天下的事就辛苦您了。

"新法推行已久，各方稳定，韩绛和吕惠卿精干明敏，可堪大任。您珍重吧！"

王安石这次是铁了心要走，故而神宗挽留一次，他就写一次《乞解政事札子》。最后神宗实在没办法了，只好同意。现在这个情况，事实如何已经没有那么重要了，安抚太皇太后和她背后那许多宗族的心，才是当务之急。再加上最近王雱患病，让老师趁机暂时休养一下也好。

"我打算让您回江宁做知府，放松一下身心。对了，在行政安排上，您是以宰相的身份去调养安顿的。"

"这无所谓，名位和去留在我这儿都无足轻重。只要……"

王安石没有说下去，但是他分明知道，神宗已经听懂了。

此时，是神宗熙宁七年的夏天。

变法是从神宗熙宁二年开始的，迄今为止，已经足足六年。王安石几乎是一口气忙了整整六个年头。

这六年简直像十六年一样漫长，一样艰辛。

他当然不害怕改革的漫长，不然，他会在地方上安心工作那么多年吗？

他当然也不害怕改革的艰辛。如果害怕，只要循规蹈矩，能不出头就不出头，他的生活不是会轻松很多吗？

他当然也不反对大家的批评指正。任何一种不能包容建议、批评的做法，皆为人世间的积年恶习。有问题，改正就是了，他自认为是一个勇敢无畏的人，他只是不喜欢那些无脑的、无谓的争论。而那些反对的人里面，有多少人是在针对事件本身认真思考和讨论呢？

他只想就事而论，可是很多人，只是一心针对人。

整个变法有遇到什么敌人吗？

仔细想想，其实并没有什么敌人。那些让他疲惫不堪的，不过都是自己人之间的撕缠。

然而，在这堪比十六年的六年时光中，无论其他人如何反对，神宗皇帝都一直是他最坚定的支持者。

六年来，他们在一起度过了无数个宵衣旰食的日日夜夜，才换来了今天这样的局面。

六年过去了，一方面，曾经那个引领者的生命已经开始不可挽回地衰朽了；而另一方面，曾经那个学习者正在蓬勃地成长着，向着他们共同的目标，义无反顾地前进着。

无论如何，这是他一生中最值得感恩和欣慰的事情——还有什么比得过自己的思想和主张被大宋皇帝认可并推行的呢？

他相信，已经成熟的神宗，完全有能力处理好已经走上正轨的一切；他相信，这个年轻人明白自己所有的苦心经营，也明白那个最大的目标和最美的图景是什么。

既然如此,他又有什么不能安心的呢?

那么,就走吧,走向他几乎从来没有时间去认真看过的山山水水,走向那个每个文学家都无限向往的自然之境吧!

去年春天,他突然很想看看外面的花开得怎么样了。白天忙来忙去,却总是没有空,直到值夜班,他才有机会跑出去看。结果花都还处于蓓蕾的状态,小小的,嫩嫩的,包裹成一团——

后来,等他有时间了,花却不肯开了。

从这个夏天开始,他将不再有这样的遗憾了。他也像别人一样有大把大把的时间了。

他是真的想回家看看了。

他忽然想起江宁府南郊牛首山下的家,想起几年前自己满心期待种下的牡丹花和芍药花。不知道它们如今可都还好吗?

第一次回到江宁

神宗熙宁七年四月十六日。

这一天,王安石回到了久违的江宁。为了让王安石生活得更舒心些,神宗皇帝把王安石的弟弟王安上调来做江宁地方官。有弟弟在这儿守护着,王安石这个做哥哥的,还能有什么委屈吗?

王安石曾经有一匹马,后来马不幸死了。从此,他就再也不骑马了,而是改骑一头十分精神的小毛驴,每天四处溜达。

劳累了半生,王安石终于也有了给自己修建一个园子的时间。那些几十年来错过的春天,他也终于可以从容去看了。

出了江宁衙门,往东南方向走不了多时,过白下桥,便是王安石的半山园。

从半山园再往南走七余里,就是闻名遐迩的钟山,也叫紫金山。

因为这紫金山下的半山园,王安石从此也就成了"半山老人"。

曾经什么也没有的他,从此还有了一个小土墩。

土墩虽然小,却是大名士谢安的遗迹。

地以人贵,亦以人名,当地人称这个土墩为"谢安墩"。

王安石很喜欢谢安,也很喜欢谢安墩,于是在谢安墩上建了一个小小的凉亭,起名为"半山亭"。

谢安墩上半山亭,这是王安石对政治前辈和文化前辈的致敬。不久,新年到了,他写下了那首如今连小朋友都会背的诗:

爆竹声中一岁除,春风送暖入屠苏。
千门万户曈曈日,总把新桃换旧符。

——王安石《元日》

他写的只是春节吗?
不是的,他写的也是自己心心念念的变法。

在一人一驴之外,新法仍然在有条不紊地展开。
曹太皇太后不光当着神宗的面流眼泪,她还持续对神宗诉苦,希望神宗能够全面废除青苗法、市易法、免役法等一系列新政策。神宗顶住了压力,没有同意。让老师王安石暂时退避,是他能够做出的最大让步。
变法是百年大计,不可阻挠。故而,虽然王安石离开了朝廷,但整个大宋仍在他设计的轨道上稳定运行,并没有太大的变化。

接替王安石的宰相叫吕惠卿。
这个人固然有一些能力,可惜是个急功近利的小人。
权力到手之后,他马上提拔了自己的两个弟弟。

这还不算，他生怕王安石再回来，在处理郑侠等人的事情时，趁机千方百计地陷害王安石的弟弟王安国——他觉得这样做，王安石的名声就会臭掉，也就不可能东山再起了。

　　日子久了，新法在这样一个人的运营下，不可能不出问题。

重新出山

神宗熙宁八年（1075）二月，神宗终于下定决心，请王安石复出。

从王安石的老家江宁到京城，需要先走水路，再走陆路。从水路转陆路，要经过一个叫作瓜洲的地方。也就是在这个转乘之地，王安石写下了另一首小朋友都会背的诗：

京口瓜洲一水间，钟山只隔数重山。
春风又绿江南岸，明月何时照我还？

——王安石《泊船瓜洲》

这首诗既不难读，也不难背，但要理解其中的丰富意涵，却没想象中那么容易。

比如说，如果问这首诗好在哪里，你多半会脱口而出："那个'绿'字好呗！[6] 原来是形容词，现在用作动词了。"

"春风本来看不见，摸不着。现在用了这样一个特别的词，春风就化无形为有形，有了色彩，也有了动态。这个字一写出来，江南触目皆绿，处处生机、春意盎然的感觉就有了，所以好呗！"

其实，考虑字词用得妙与不妙、贴切与否、是否可以替代，不能仅仅琢磨字词本身的含义，还要把它们放在整首诗中去理解、体味。

这首诗写的是王安石把船停泊在瓜洲后,回望长江对岸春色时的所见所感。

到了瓜洲,他已经完成了六七十公里的水路,接下来将踏上至少五百公里的陆上行程,然后重新回归政治舞台。

"京口瓜洲一水间"中的"一水间",形容长江对岸的两个渡口距离很近,舟行迅疾,顷刻之间就能到达。一种轻快、愉悦的情感,以及对未来生活的期待都藏在这三个字里了。

再看"春风又绿江南岸"一句,若将其换成"春风正绿江南岸"如何?

对于王安石而言,春风上一次吹绿江南岸的时候,正是他第一次拜相后,踌躇满志,准备到京城一展宏图之时呀!如今在同样的季节,不再年轻的他第二次被任命,再次踏上了同样的路程。"又绿"的江南春景,勾连起的正是他对过往梦想与失败的无尽感慨。"又绿"包含的情感,也自然比"正绿"复杂得多,深沉得多。

"明月何时照我还"一句中也有更多意味:

京口这个地方很特殊,这里视野广阔,隔着长江,可以远眺对岸的家乡。因此,这是第一次努力实现梦想的路途上失败的人,第二次踏上奋斗之路前,对家乡的美好景色远远的、深情的凝视。这最后一眼的凝视是这样漫长和专注,所以他才从白天的满目丽景,看到夜晚的月色随船。这其中包含的,不仅仅是王安石对于家乡的眷恋,更是他对往昔的感慨、对未来的担忧和对年华不再的伤感：

"前路漫漫，艰难险阻之处不可预料。已经五十四岁的我，还能不带任何遗憾地回到家乡吗？"

王安石重新回到京城后，待的时间并不长。

在此期间，他一方面修改了吕惠卿任职期间制定的不合理政策，另一方面着手把主要工作交给王珪、吴充两个人完成。

很快，一切都稳定了下来。那艘曾经搁浅了几十年的巨轮，终于可以平稳地在大海上乘风破浪了！他心心念念、兢兢业业了一辈子的变法，眼看就要成功了。于是，已经操劳多年的他，便放心地再次辞掉了宰相一职，回到了那个美丽的江南。

这一次，他终于可以心无挂碍地为江南写诗了。

茅檐长扫净无苔，花木成畦手自栽。
一水护田将绿绕，两山排闼送青来。

——王安石《书湖阴先生壁》

曾经写严谨、辛辣的政论文那么有力的一支笔，从此变得清新可爱了。

宏图大业

王安石有一首《浪淘沙令》，写得很好：

伊吕两衰翁，历遍穷通。一为钓叟一耕佣。若使当时身不遇，老了英雄。　　汤武偶相逢，风虎云龙。兴王只在笑谈中。直至如今千载后，谁与争功？

如今取得的一切成就，仔细想想，不就是一场偶然吗？

如果英宗没有突然去世，他还会遇到神宗这样的君主吗？他的抱负、设计、蓝图还能实现吗？

他已经老了，但幸亏还有神宗。神宗是真正明白他的大计的人。没错，他是要神宗为大宋理财。但这绝不是他全部的设想。早在一开始，他其实就已经看到了神宗秘而不宣的野心；那就是，重现汉唐的盛世版图。

这个目标太远大，因此必须得有耐心，得慢慢图谋，慢慢努力。好在神宗还那么年轻，还有充足的时间。

假以时日，他相信，神宗赵顼终究会实现这个美好的设想。

注 释

1. "濮议"指的是宋英宗时期,君臣之间对如何称呼英宗生父的一场大讨论。
2. 迩英阁是宋代禁苑宫殿名,"迩"的意思是近,取亲近英才之意,故名。
3. 参知政事:宋朝的副宰相。
4. 将:是一个军事编制。有点类似后世集团军的性质。
5. 按照古人竖排的习惯,"十""二""月"上下组合后是个"青"字。
6. "春风又绿江南岸"中的"绿"历来是诗坛炼字的佳话之一。一开始是"到",后来改为"过",又先后改成"入""满",最后才定为"绿"。

半山叹

题西太一宫壁二首·其一

王安石【1068年，48岁】

柳叶鸣蜩绿暗，
荷花落日红酣。
三十六陂春水，
白头想见江南。

夜直

王安石【1069年，49岁】

金炉香尽漏声残，
剪剪轻风阵阵寒。
春色恼人眠不得，
月移花影上栏干。

次韵和甫咏雪

王安石【1071年,51岁】

奔走风云四面来,坐看山垄玉崔嵬。
平治险秽非无德,润泽焦枯是有才。
势合便疑包地尽,功成终欲放春回。
寒乡不念丰年瑞,只忆青天万里开。

雨过偶书

王安石【1074年,54岁】

霈然甘泽洗尘寰,南亩东郊共慰颜。
地望岁功还物外,天将生意与人间。
霁分星斗风雷静,凉入轩窗枕簟闲。
谁似浮云知进退,才成霖雨便归山。

读史

王安石【1075年，55岁】

自古功名亦苦辛，行藏终欲付何人？
当时黮暗犹承误，末俗纷纭更乱真。
糟粕所传非粹美，丹青难写是精神。
区区岂尽高贤意，独守千秋纸上尘。

五

风云再起

1076—1086 年 | 56—66 岁

是命运与天意堵住了变法的路。他尽力了。凡是人力所能及的,他都做了。他无愧,也无悔。

隐居半山园

神宗元丰七年（1084），王安石生了一场大病。

元丰八年。江南三月，正是杂花生树、草长莺飞的好时候。

大病初愈后，王安石打算舍家为寺。他申请将半山园改建成寺院，为的是给神宗祈福，希望神宗能够"永远祝延圣寿"。宋神宗为寺院取名为"报宁寺"。王安石劳碌半生，除了半山园，只另置办了几十顷田。就这几十顷田，他也捐了出去。

命运无情，让他白发人送黑发人——早在神宗熙宁九年（1076），他的雱儿就去世了。去世时，王雱年仅三十三岁。

如今，他已经五十六岁了。

儿子都没有了，还要这些田地有什么用呢？

离开半山园后，他和老妻搬到了一个简陋的小院子里居住。

这个小院地方不大，院墙不高，只有两扇对开的简陋木门、四间青砖青瓦屋，外加一间小茅房。

当春天到来时，半山园里依旧姹紫嫣红开遍，而王安石也依旧会拄着手杖去赏花。

看的时候他很高兴——园子和花是不是他的，都没有什么关系。只要他看，美景就属于他这个懂得欣赏的人。

看花看累了，他就去半山亭上坐一坐。

半山亭地势稍高，边上又有三棵大杨树，人在此处休息时，会感觉很凉快。放眼望去，满目皆青，特别好看。

他顺口念了一首诗：

五柳柴桑宅，三杨白下亭。
往来无一事，长得见青青。

——王安石《五柳》

谁会想到有一天，他王安石也会像陶渊明一样悠闲呢？就像谁也不会想到，忽然有一天，当他从半山亭上下来的时候，继雱儿去世之后，天地山川因为一个噩耗，再次失去了色彩。

司马光上台，废掉新法

神宗元丰八年三月初五，神宗皇帝驾崩于福年殿，享年三十八岁。

九岁的宋哲宗即位。因哲宗年幼，只好由神宗的母亲高太皇太后辅助处理国家大事。神宗死后两个月，王安石一手培养的得力助手王珪也憾然离世。

海平面上，风云再起。

百年大计，毁于一旦。

高太皇太后痛恨新法，即刻起用了沉潜许久的老臣司马光。

于是，七月，保甲法被废除。

十一月，方田法被废除。

十二月，市易法、保马法被废除。

哲宗元祐元年，闰二月。

吕大防、范纯仁等新法的反对者纷纷被起用。

主张和维持新法的大臣悉数离开朝廷。继保甲法、方田法、市易法、保马法之后，司马光又下令废除免役法，恢复差役法。

当司马光立意废掉免役法的时候，这项政策已经实行了多年，而且也确确实实给百姓带来了很多好处。再加上时间又极为紧迫，各处反对的声音很大。正在政令推行不下去的时候，一个年轻人只用了区区五天,就将当地的政策恢复得和十几年前一模一样。这个人不是别人,正是历史上有名的奸臣——蔡京。

这些消息一点一点从中央传到江宁,也传到了六十六岁的王安石的耳朵里。

很多人关心王安石,担心他承受不住新法尽废的打击。于是,每当有人看见他家里负责打酒的家仆,都会问一问老人家的近况。

那个家仆说:"相公每天都只是在院子中读书而已,读到激动处就拍着椅子感叹。他到底是怎么想的,从来都不说。故而旁人莫测其意。"

此时的王安石,读的到底是什么书呢?

可惜,一直到最后,那个家仆都没有说。

风云再起

去世

哲宗元祐元年四月初六。又是一个夏天。这一天,天色暗沉,细雨霏霏。王安石在家中去世。去世前,他已经十分清楚,他这一生所做的所有努力,必然将付诸东流。而他和神宗所隐秘期待的,那如汉唐盛世一般的美好未来,也注定不会有了。在告别这个世界之前,这样的清醒无疑是一种巨大的痛苦。

人生的价值和意义到底是什么?他觉得自己终于想明白了:人生的价值不是十岁时候理解的发奋读书,荣登仕途,成为一家人的榜样和荣耀;也不是十三岁时候认为的扎扎实实做些事,让后世永远地怀念自己。后来,用了五十多年的时间,他才明白:**人生的价值是坚持做自己认为对的事,即使受尽误解、诋毁、批评与反对,只要自己无愧、无悔就可以。**

"夫夷以近,则游者众;险以远,则至者少。而世之奇伟、瑰怪、非常之观,常在于险远,而人之所罕至焉,故非有志者不能至也。"

是命运与天意堵住了变法的路。他尽力了。凡是人力所能及的,他都做了。他无愧,也无悔。

假如人生的尽头真的拥有一座巨大的、辉煌的、金光闪耀的天堂,那么,他相信他一定能够在那里见到爷爷、父亲和他亲爱的雱儿、堇儿。

元祐元年八月,青苗法被废除。除了在"与西夏重新议和"

的问题上,因为孙路的劝说,没有将当年王安石主持收复的河湟地区还给西夏以外,所有的新法在半年之内,尽数废除,一切以最快的速度恢复为旧日的模样。

同年,司马光去世。新旧党之争从此开始。元祐八年(1093),高太皇太后去世,哲宗亲政,决定重新恢复新法。但此时的新法,早已不是王安石所设计的新法。所谓的支持新法的人,不过是一群打着新法的旗号谋求私利的朋党罢了。

元符三年(1100),哲宗去世,享年二十四岁。哲宗年轻,没有留下自己的子嗣。于是弟弟赵佶继承大统,这就是历史上有名的宋徽宗。宋徽宗宠信蔡京。新法在他们这儿,彻底变成了"想迫害谁,就迫害谁"的工具。一时之间,天怒人怨。

靖康二年(1127),金国终于趁机南下,攻破了繁华的汴梁城,掳走了徽、钦二帝和大宋帝国无尽的财富。靖康之变发生,而北宋至此灭亡。有人因此批评王安石:"由言利而变法,由变法而绍述,由绍述而召乱。则宋家南渡,荆公有以致之也。"他们说,整个大宋帝国的灭亡,都是王安石变法造成的。

王安石一生好辨,也好辩。他读《孟尝君传》,在读后感里辩论:"嗟乎!孟尝君特鸡鸣狗盗之雄耳,岂足以言得士?"[1]他读《刺客列传》,在读后感里辩论:"彼挟道德以待世者,何如哉。"[2]他读到昭君出塞,更在读后感里大发感慨:"君不见咫尺长门闭阿娇,人生失意无南北。"[3]"汉恩自浅胡自深,人生乐在相知心。"[4]

我们仔细读一读他的诗歌和文章,就会发现,其实他辨与辩

风云再起

的出发点，始终都是一个思想独立的人对批判性思维能力的追求。

因此，他一生最伤脑筋的就是在做事的时候，遇到了太多不讲逻辑的人，以致无休无止地被耽误。如果王安石地下有知，或许被批评了一千年的他，更是已经看透了人间的本质：那些不讲逻辑和满脑子坏逻辑的人，本是不值得理会的。

而我只想说，凡是用心在日复一日的生活中找出不完美处并敢于突破现状的人，都是值得敬佩的。显然，王安石是其中最有代表性的一个。

最后再说一句无关的话：王安石一辈子没有坐过轿子。在他看来，人和人生而平等，没有谁该抬着谁，也没有谁就该被人抬。

梁启超说："以不世出之杰，而蒙天下之诟，易世而未之湔者，在泰西则有克林威尔，而在吾国则荆公。"在梁公看来，众多百年不遇的杰出人物中，其生前被世人指责，死后数代都不能洗刷恶名的，在西方，有英国的克林威尔，在中国则有宋代的王安石。在王安石的时代，他被骂为集一切乱臣贼子之大成的元凶。其实，王安石才是数千年文明史上少见的完人。

若乃于三代下求完人，惟公庶足以当之矣。

——〔清〕梁启超《王荆公》

对于完人，每个人有各自的评判标准。

我只觉得，只不坐轿子这一个生活细节，就已经说明：他个人道德的高度在哪里，哪里就是中国古人道德的最高处。

注　释

1. 王安石《读孟尝君传》："世皆称孟尝君能得士，士以故归之，而卒赖其力以脱于虎豹之秦。嗟乎！孟尝君特鸡鸣狗盗之雄耳，岂足以言得士？不然，擅齐之强，得一士焉，宜可以南面而制秦，尚何取鸡鸣狗盗之力哉？夫鸡鸣狗盗之出其门，此士之所以不至也。"

2. 王安石《书刺客传后》："曹沫将而亡人之城，又劫天下盟主，管仲因勿背以市信一时可也。予独怪智伯国士豫让，岂顾不用其策耶？让诚国士也，曾不能逆策三晋，救智伯之亡，一死区区，尚足校哉？其亦不欺其意者也。聂政售于严仲子，荆轲豢于燕太子丹。此两人者，污隐困约之时，自贵其身，不妄愿知，亦曰有待焉。彼挟道德以待世者，何如哉。"

3. 王安石《明妃曲二首（其一）》："明妃初出汉宫时，泪湿春风鬓脚垂。低徊顾影无颜色，尚得君王不自持。归来却怪丹青手，入眼平生未曾有。意态由来画不成，当时枉杀毛延寿。一去心知更不归，可怜着尽汉宫衣。寄声欲问塞南事，只有年年鸿雁飞。家人万里传消息，好在毡城莫相忆。君不见咫尺长门闭阿娇，人生失意无南北。"

4. 王安石《明妃曲二首（其二）》："明妃初嫁与胡儿，毡车百两皆胡姬。含情欲说独无处，传与琵琶心自知。黄金捍拨春风手，弹看飞鸿劝胡酒。汉宫侍女暗垂泪，沙上行人却回首。汉恩自浅胡自深，人生乐在相知心。可怜青冢已芜没，尚有哀弦留至今。"

半山叹

渔家傲 平岸小桥千嶂抱

王安石【1080年,60岁】

平岸小桥千嶂抱,
柔蓝一水萦花草。
茅屋数间窗窈窕,
尘不到,
时时自有春风扫。

午枕觉来闻语鸟,
欹眠似听朝鸡早。
忽忆故人今总老,
贪梦好,
茫然忘却邯郸道。

送和甫至龙安微雨因寄吴氏女子

王安石【1082年，62岁】

荒烟凉雨助人悲，
泪染衣襟不自知。
除却春风沙际绿，
一如看汝过江时。

钟山即事

王安石【1084年,64岁】

涧水无声绕竹流,
竹西花草弄春柔。
茅檐相对坐终日,
一鸟不鸣山更幽。

浣溪沙 百亩中庭半是苔

王安石【退居金陵期间所作】

百亩中庭半是苔,
门前白道水萦回。
爱闲能有几人来?

小院回廊春寂寂,
山桃溪杏两三栽。
为谁零落为谁开?

千秋岁引 秋景

王安石【退居金陵期间所作】

别馆寒砧,孤城画角,一派秋声入寥廓。
东归燕从海上去,南来雁向沙头落。
楚台风,庾楼月,宛如昨。

无奈被些名利缚,无奈被它情耽阁。
可惜风流总闲却。
当初谩留华表语,而今误我秦楼约。
梦阑时,酒醒后,思量著。

江上

【王安石　退居金陵期间所作】

江水漾西风，
江花脱晚红。
离情被横笛，
吹过乱山东。

梅花

【王安石　退居金陵期间所作】

墙角数枝梅，
凌寒独自开。
遥知不是雪，
为有暗香来。

北陂杏花

王安石【退居金陵期间所作】

一陂春水绕花身,
花影妖饶各占春。
纵被春风吹作雪,
绝胜南陌碾成尘。

王安石——生平年表

1021 宋真宗天禧五年，1岁
农历十一月十三出生于临江军。

1030 宋仁宗天圣八年，10岁
王益以殿中丞知韶州（今广东韶关），王安石随父至韶州。

1033 明道二年，13岁
王益回临川，王安石随行。

1036 景祐三年，16岁
王益赴京，王安石随行。

1037 景祐四年，17岁
四月，王益任江宁府（今江苏南京）通判，王安石随行。

1039 宝元二年，19岁
二月，王益卒于江宁任上。

1042 庆历二年，22岁
三月，王安石登进士第四名，授秘书郎、签书淮南节度判官厅公事。

1044 庆历四年，24岁
儿子王雱出生。

1046 庆历六年，26岁
自临川赴京，不求官职，知鄞县。

1051 皇祐三年，31岁
以殿中丞通判舒州（今安徽潜山）。

1054 至和元年，34岁
自舒州赴京，特授集贤校理，辞不受。九月，除群牧司判官。

1057 嘉祐二年，37岁
五月，改太常博士，知常州。

1058 嘉祐三年，38 岁
二月，任提点江东刑狱。十月，回京，任三司度支判官。

1061 嘉祐六年，41 岁
为工部郎中、以知制诰纠察在京刑狱。

1063 嘉祐八年，43 岁
三月，仁宗崩，英宗（赵曙）立。八月，母吴氏逝于京师，十月，归葬江宁。

1064 宋英宗治平元年，44 岁
居丧江宁。

1068 宋神宗熙宁元年，48 岁
四月，自江宁入京。神宗诏越次入对。

1069 熙宁二年，49 岁
二月，除右谏议大夫、参知政事。颁行均输法、青苗法、农田水利法等。

1070 熙宁三年，50 岁
十二月，拜同中书门下平章事、史馆大学士，与韩绛并相。立保甲法。

1072 熙宁五年，52 岁
行市易法、保马法。

1073 熙宁六年，53 岁
提举经义局。九月，熙河大捷，神宗解身上玉带赐之。

1074 熙宁七年，54 岁
三月，行方田均税法。四月，以吏部尚书、观文殿大学士出知江宁府，新法首次遭遇挫折。十月，行手实法。

1075 熙宁八年，55 岁
二月，复拜同平章事、昭文馆大学士。六月，进加左仆射，兼门下侍郎。

1076 熙宁九年，56 岁
六月，子雱卒。十月，罢为镇南军节度使、同平章事、判江宁府。

1078 元丰元年，58 岁
正月，进尚书左仆射，封舒国公。

1080 元丰三年，60 岁
九月，加特进尚书左仆射、门下侍郎，改封荆国公。

1084 元丰七年，64 岁
乞以宅为寺，神宗赐名"报宁寺"。

1085 元丰八年，65 岁
三月，神宗崩，宋哲宗（赵煦）即位。新法先后废罢。

1086 宋哲宗元祐元年，66 岁
四月初六病逝，赠太傅。

家国天下，
舍我其谁

巨匠与少年

苏轼

闪亮的摩羯星

万君——著

人民日报出版社
北京

图书在版编目（CIP）数据

苏轼：闪亮的摩羯星 / 万君著. —北京：人民日报出版社，2023.2
（巨匠与少年 ； 4）
ISBN 978-7-5115-7711-5

Ⅰ.①苏… Ⅱ.①万… Ⅲ.①苏轼（1036-1101）-生平事迹-青少年读物 Ⅳ.①K825.6-49

中国国家版本馆CIP数据核字（2023）第006644号

书　　名：	苏轼：闪亮的摩羯星	
	SUSHI: SHANLIANG DE MOJIEXING	
著　　者：	万　君	
出 版 人：	刘华新	
选题策划：	鹿柴文化	
特约编辑：	王晓彩　吴云霞	
责任编辑：	张炜煜　白新月　霍佳仪	
封面设计：	时谷设计	
封面插画：	章　漫	
出版发行：	人民日报出版社	
社　　址：	北京金台西路2号	
邮政编码：	100733	
发行热线：	（010）65369509　65369527　65369846　65369512	
邮购热线：	（010）65369530　65363527	
编辑热线：	（010）65369514	
网　　址：	www.peopledailypress.com	
经　　销：	新华书店	
印　　刷：	北京永诚印刷有限公司	
法律顾问：	北京科宇律师事务所　010-83622312	
开　　本：	880mm×1230mm　1/32	
字　　数：	410千字	
印　　张：	20.75	
版　　次：	2023年7月第1版	
印　　次：	2023年7月第1次印刷	
书　　号：	ISBN 978-7-5115-7711-5	
定　　价：	158.00元（全4册）	

愿你把伟大的人生都看遍，
成长为闪闪发光的少年！

前 言

提到苏轼，人们首先想到的是他一代文豪的身份。这当然没错，我们爱苏轼，很重要的一个原因，就是他在文学的殿堂中占据着不可或缺的位置。

但如果只看到文学上的苏轼，其实是不全面的。苏轼对万事万物始终保持一份难得的热爱，这可贵的品质在他的一生中体现在方方面面，而文学只不过是其中的一面。

当然，就这一面而言，苏轼也足以称得上是大宋第一才子了。他文章写得好，位列"唐宋八大家"；他诗歌也写得好，放眼整个北宋，只有黄庭坚可以和他"成团"（并称"苏黄"），如果算上南宋，那搭档就得换成更优秀的陆游（并称"苏陆"）。

苏轼不仅是一个文学家，更是一个丰富而生动的人。年少之时，他发奋读书；成年以后，他工作勤勉，广交朋友，兴趣广泛。纵览他的一生，可以说，无论遇到怎样的困难与逆境，他从始至终都能够做到忠于自己，热爱生活；也始终没有丧失独立思考的能力，没有丧失生命的活力与热情。

人人都爱苏轼，这话不假，但归根结底，人们爱的是一个独立而不盲从、丰富而不枯竭、通透而不闭塞的灵魂。

苏轼还是一个精通美食的生活家。他爱河豚，爱竹笋，发现了生蚝的"新"吃法就得意到不行。（苏轼《食蚝》："己卯冬至前二日，海蛮献蚝。剖之，得数升肉与浆。入水，与酒并煮，食之甚美，未始有也。"）他曾经还煞有介事地嘱咐儿子"慎勿说"，唯恐这秘密被更多人知道，要被迫分享这极致的美味。

在吃这方面，苏轼很有自己的心得：

烹调的水要新鲜，洁净，火也要恰到好处。吃猪肉要选小猪颈后那一小块最好的猪肉。吃螃蟹要选霜冻前最肥美的螃蟹的两只大螯。樱桃煮烂，煎成蜜，杏仁浆蒸糕，这才是最好的甜点。蛤蜊要半熟时就酒吃，蟹则要和着酒糟蒸，微微生些的时候最美味。凉州葡萄酒要配上最精美的南海玻璃杯，颜色才晶莹剔透。取清泉里最洁净的水，直到水能轻轻鸣叫出松风一般的韵律，水面冒出蟹眼儿大小的气泡时，才能冲泡出最有味道的雪花茶，再用兔毫盏盛上，这才是人间至味。

——苏轼《老饕赋》译文

苏轼还是一个书法家，和黄庭坚、米芾、蔡襄并称"宋四家"。苏轼的书法自成一格，曾被黄庭坚公开赞许为当朝第一。

他同时也是一个画家，他画的墨竹、枯木、怪石有名极了。他和米芾一起，共同创造了中国画中风格最独特的文人画。

古往今来，能有几人兼备趣味与才华？有谁能有趣、有才到如此地步？又有谁在有限的人生里，在众多的领域中，能取得如此不凡的成就？

拿同时代的人比：范仲淹太苦，王安石太拗，欧阳修太散漫，而苏轼天真有趣，旷达超脱，没办法不让人喜欢。当然，我们也并不能因此而忽视，苏轼实际上还是一个难能可贵的实干家，更加不能忘记的是：他大部分时间中最希望完成的角色，归根结底，还是一位杰出的政治家——虽然实际上在日复一日的工作中，他只是一个费神劳形、有志难伸的，因为和主事者政见不同而被一贬再贬的公务员。

苏轼一生中多有不得意处。但正是因为他在不得意的时候一次次超越了具体的问题与烦恼、穷途与困境，那个被我们亲切地称为"苏东坡"的人格典范，才得以在文化史上散发出历久弥新的文学之光。

目 录

一

天才少年

- 001
- 002   "学渣"父亲为什么能培养出天才少年？
- 018   应该以什么样的人为精神偶像？

二

蹉跎岁月

- 025
- 026   苏轼的人生真的完美吗？
- 030   当官没有那么容易
- 032   妈妈、爸爸，还有心爱的妻子，都去世了
- 034   弟弟苏辙

三

家国天下

- 041
- 042   对不起，王安石说的话，我不同意
- 047   家国天下的情怀，舍我其谁的担当
- 048   最美的地方，也最痛苦
- 050   偷得浮生半日闲

四

平生功业

059 ———— 平生功业
060 ———— 难不倒的苏太守
078 ———— 如何在暴雨中保护一座城?
083 ———— 怪不得韩愈说,摩羯座的人命都不好
089 ———— 在最困顿的地方,发现最美丽的风景
095 ———— 以后请叫我"东坡居士"
101 ———— 我把苦难酿成酒
102 ———— 无数的远方,无数的人,都和我有关
104 ———— 我把生活写成诗
106 ———— 黄州,带不走的只有你
108 ———— 相逢一笑泯恩仇
110 ———— 不因反对而反对
113 ———— 木秀于林,风必摧之
115 ———— 不写诗了,要抗洪救灾!

五

万里归来

133 ———— 万里归来
134 ———— 如果梦想和现实注定相互违背
136 ———— 热粥咧! 大麦仁豌豆粥!
143 ———— 这下真的一无所有了
146 ———— 九死南荒吾不恨,兹游奇绝冠平生

154 ———— 苏轼生平年表

三十年前,我是风流帅。
——苏轼《蝶恋花·送潘大临》

苏 轼

苏轼（1036—1101），字子瞻，号东坡居士，北宋文学家、书法家、画家。官至翰林学士、龙图阁学士、端明殿侍读学士，兵部尚书和礼部尚书。熙宁、元祐年间，他两次在朝为官，两次外任，陆续担任杭州、密州（今山东诸城）、徐州、湖州、颖州、扬州、定州的长官；又经历三次被贬，陆续担任黄州、惠州、儋州的长官。就文学创作而言，苏轼诸体皆善，是一位不可多得的文学巨匠，千百年来，深受不同时代读者的喜爱。他的书法和画作也一样成就卓著，备受推崇。苏轼病逝于宋徽宗建中靖国元年（1101），谥号"文忠"，享年六十六岁。

一

天才少年

1036—1054 年 | 1—19 岁

亲爱的轼儿,今天爸爸把"轼"这个名字送给你,希望你能够明白为父的良苦用心,能够像车轼一样,成为社会这辆大车上那个虽不起眼却有用的存在!

"学渣"父亲为什么能培养出天才少年？

苏轼出生于宋仁宗景祐三年（1036）农历十二月十九日[1]，是摩羯座[2]。

有人说："摩羯座的人往往踏实温润，是徘徊在理想与现实之间的人，但很难在这之间找到平衡点。"不知道这话是否适合别人，反正用来形容苏轼，还是挺准确的。

苏轼出生时，父亲苏洵二十八岁[3]。

苏洵从小就喜欢到处玩儿，不怎么爱读书。他自认为智商很高，看到周围的同龄人终日苦读，心里很不以为然："那些同学看上去并不聪明，课业却那样好。这么说来，考个好成绩对我来说，岂不是易如反掌？"这么想了以后，人就越发自由散漫起来。

就这样，苏洵每天晃晃悠悠地到处游走玩耍，别提多开心了。有一次，他和几个朋友跑到峨眉山上游玩，又到数百里外的岷山探险。这一玩儿就是大半年。不光玩儿，他还不忘写诗纪念：

少年喜奇迹，落拓鞍马间。纵目视天下，爱此宇宙宽。山川看不厌，浩然遂忘还。岷峨最先见，晴光厌西川。

——苏洵《忆山送人五言七十八韵》

直到二十五岁,马上要考试了,我们的苏爸这才收心读书。结果,他竟然"难以置信"地落榜了。

昔予少年,游荡不学。

——苏洵《祭亡妻程氏文》

洵少年不学,生二十五岁,始知读书,从士君子游。

——苏洵《上欧阳内翰第一书》

难道自己的天赋在别人的努力面前,就这么不堪一击吗?苏洵痛定思痛,这才不得不正视自己的错误:

课业成绩好不好和人聪不聪明,关系其实没那么大。那些同学榜上有名,主要还是勤学苦读的缘故。苏洵经过反思,终于认识到读书的重要性。两年后,已经二十七岁的他,想到把以前自己写的"考场作文"拿出来读一读。

他这才发现,原来他写下的,要么是自己的浮躁与肤浅,要么就是对某些"写作套路"的盲从,或者干脆就是一些对"评分标准"的讨好与献媚。

苏洵这才肯承认,学习并非易事,要想取得好成绩,不但要下苦功夫,还要找对学习方法。

最终,他喟然长叹:"吾今之学,乃犹未之学也已!"

从此以后,苏洵二话不说,收心学习,启动了日后被证明卓有成效的"苏洵自学法"。

"苏洵自学法"并不复杂,一共只有三个部分:一把火把自己以前的文章烧掉;开始研读《论语》《孟子》、韩愈文集等文学经典;在读通读透之前,一笔不动,不写文章。

这套自学方法有多成功呢?——苏洵后来不仅成为一代文学大家,还把两个儿子教得比自己优秀许多倍。后人因此称赞他们:"一门父子三词客,千古文章四大家。"

实际上,苏洵的学习方法,直到今天仍有一定的价值和意义。

古人说,"取法于上,仅得其中;取法于中,不免为下"。苏洵自学法的本质,正体现了这句话中最紧要的四个字:"取法于上"。

语文学习的过程中,我们需要阅读大量的经典来奠定基础。

苏洵很聪明,但是在很长一段时间里,这聪明都没有发挥作用,正是因为他"取法于下",看了太多劣质的文字。于是,为了提高自己的阅读品位,他不得不给自己下如此"猛药"。

苏洵的自学法极大地尊重了写作的本质:

第一,立意为上,格局为大。

第二,和内容比起来,形式永远是次要的。

第三,写作得以阅读为基础[4],而且必须以经典文学作品为基础教材,还必须做到深度阅读。

这种语文学习方法虽然很传统,却十分有效。我们如果肯下如此的苦功夫，相信也会受益良多。

明代的文学家张岱曾经写道：

> 陶石梁曰："世间极闲适事，如临泛游览、饮酒弈棋，皆须觅伴寻对，惟读书一事，止须一人，可以竟日，可以穷年。环堵之中而观览四海，千载之下而觌（dí）面古人，天下之乐，无过于此。而世人不知，殊可惜也。"
>
> ——《张岱全集·快园道古》

今天，教育专家总是讲：阅读大概是世界上性价比最高的学习方式。只要你愿意阅读，就可以思接千载、视通万里，超越时空的限制，和古今中外的智者对话，让他们助力你的成长。阅读，尤其是深度阅读，对一个人思想的升华有着无可比拟的作用。

其实道理都是一样的。

苏洵在四川眉州长大，比他年长两岁的欧阳修在湖北随州长大。他们两个，大概都没有像我们今天这样好的教育资源，也都不是只因为天资聪颖才拥有日后那样伟大的成就。实际上，无论是苏洵还是欧阳修，都曾走过一条孤独的成长之路，而这条路上都立着一个醒目的标牌，同时写着四个大字：闭门苦读。

什么叫闭门苦读？为什么要闭门苦读？我们今天还需不需要闭门苦读？

其实，"闭门苦读"这四个字，绝对不是一个老旧的、过时的词语。首先，"闭门"是在强调阅读的时候，要保持高度的、纯粹的专注——一种不被任何外界干扰打断的专注。

其次，"苦读"是在强调阅读的内容得有难度，得能对你构成某种挑战——只有刻苦钻研，攻破重重阅读难关，才能不断超越自己。

无论在古代还是现代，无论是否有天赋，所有成功都离不开背后的努力与付出，就拿"三苏"父子来说吧，哪一个不是靠着勤学苦读走出眉山的？

苏洵二十七岁才开始有效学习。无论古今，其实都有点儿晚了。但是，苏洵并没有把年龄当作一个不能自我改变的借口，而是勇敢地走出了舒适区。

苏洵"高龄"折节，奋发苦读的背后，体现的是一种极其难得的心态：一旦下定决心，便不再为任何事情所左右，而是全神贯注，拼搏争取，不达目的决不罢休。

苏洵本身是一个极其聪慧的人，如此这般博览群书、学业精进后，他的内心也就越发通透明白，下笔也就更从容自如了。

这样过了六七年后，他终于做到了学有所成，自成一家。

苏洵学成之后，带着文章去见欧阳修。欧阳修读罢苏洵的文章，感到非常震惊：世上竟有这样一个横空出世、才华横溢的同龄人[5]！

欧阳修的学生曾巩也认为苏洵极厉害：

盖少或百字，多或千言，其指事析理，引物托喻，侈能尽之约，远能见之近，大能使之微，小能使之著，烦能不乱，肆能不流。其雄壮俊伟，若决江河而下也；其辉光明白，若引星辰而上也。其略如是。

——曾巩《苏明允哀辞》

欧阳修是文坛盟主，曾巩是新学后辈。二人异口同声，都说苏洵的文章好，可见苏洵的文章是真的极出色[6]。

父母是孩子最好的老师。苏轼是幸运的，父亲苏洵经历了脱胎换骨的蜕变，最终成为一个爱读书的父亲和一个难得的老师。

趁着苏轼、苏辙还小，苏洵后来又出了几次远门。

但这就不是闲逛了，而是博览群书后的四处访学。苏洵回来之后就闭门教两个儿子念书。为了让两个儿子安心读书，苏洵特意布置了一个书房，起名"来风轩"[7]。从此，父教子读，三人一起度过了许多温暖的时光。

苏洵教得很严格，苏轼和弟弟苏辙读得也很辛苦。

四十多年后，苏轼甚至还会在梦中感受到独属于这段少年岁月的紧张与煎熬：

夜梦嬉游童子如，父师检责惊走书。计功当毕春秋余，今乃粗及桓庄初。怛然悸寤心不舒，起坐有如挂钩鱼。

——苏轼《夜梦》

小孩子都贪玩,到了父亲检查作业的时候,苏轼才只完成了一半——整个《春秋》的课业,只读到桓公和庄公。于是他站也不安,坐也不安,紧张得就像一条拼命挣扎的咬钩的鱼。

但是大家可千万不要被苏轼梦中的偷懒和恐惧骗了。来风轩中的日子,终究是一段让苏轼受益终身的岁月。

我们还是看看苏轼认真起来的时候,是怎么回忆这段过往的吧:

旧书不厌百回读,熟读深思子自知。他年名宦恐不免,今日栖迟那可追。我昔家居断还往,著书不暇窥园葵。

——苏轼《送安惇秀才失解西归》

梦里那条惶惶不可终日的咬钩鱼,在现实中绝大多数的时间里,其实是一个摒弃了一切外在干扰,甚至无暇去园子里看上一眼的读书郎。

宋仁宗皇祐元年(1049),苏轼转眼到了十四岁。苏洵正式给儿子们取名为苏轼、苏辙。之后,这位做爸爸的,把对儿子的期待与嘱托,都写在了一篇叫作《名二子说》的文章里。

轮辐盖轸,皆有职乎车,而轼独若无所为者。虽然,去轼则吾未见其为完车也。轼乎,吾惧汝之不外饰也。天下之车,莫不由辙,而言车之功者,辙不与焉。虽然,车仆马毙而患亦不及辙。是辙者,善处乎祸福之间也。辙乎,吾知免矣。

——苏洵《名二子说》

苏洵的这篇文章,借取名一事,根据儿子的不同性格进行了为人处世方面的教诲。当时的苏轼和苏辙怎能懂得这信中的深意?他们都还小,很多事还都不明白。这些文字实际上是一位细心、深情的父亲,留待儿子日后认真启封、反复阅读的人生嘱托啊!

亲爱的轼儿:

今天是一个特别的日子。从今天开始,你拥有了伴随一生的名字——苏轼。看着你提笔悬腕,认真写下自己的名字,我不禁思绪万千,于是忍不住偷偷写了这封信。

你是个瘦高个,圆方脸,眼睛晶晶亮,看上去永远炯炯有神。小时候的你总是像小牛犊一样有力气,像小马驹一样跑得快,没有片刻安闲。

有一年秋天,你和小伙伴儿们一起去醴泉寺玩,偷偷爬到树上偷摘和尚的橘柚,到石头山上的松树林里探险……最后,满头大汗地捡了一捧松果回来了[8]。

看到你的那一瞬间,我和你妈妈简直吓坏了:"你跑的路可真是不近啊!万一你崴了脚,受了伤,磕了碰了,可怎么办?"可转念一想,又实在没办法板着脸来训斥你,这样疯跑疯玩儿的你，难道不正像极了小时候的我吗？

弟弟喜欢你，总是听你的话，常常跟在你这个哥哥后面做跟屁虫。你就老是带着他去干一些玩沙子、掏鸟蛋的"坏事"。

这还不算，你还到处去找新奇好玩儿的东西。

有一次，你带着弟弟一块儿在家里凿地板，最后竟然还真从地下挖出了一块奇怪无比的石头！你如获至宝，抱着石头到处乱跑，一边跑一边乱敲打。满院子回响的都是敲击石头发出的当当声[9]……你倒是玩儿得比谁都高兴，我的耳朵和脑袋却都要爆炸了！

唉，时间过得可真是快！那因为你到处撒野而揪心的记忆仿佛还在昨天，你却已经一溜烟儿地长大，成为一个才思敏捷、酷爱读书的少年啦！

现在，只要每天看见你心无二用地在家里学习，听见你清音朗朗的读书声，我和你妈妈就别提多高兴啦[10]！

家里那被凿得乱七八糟的院子，现在也早已发生了变化。院子里有竹子，有柏树，还种了迎春、连翘、含笑、芍药、三色堇、金盏菊、虞美人、石竹和紫藤……

院子里有了这么多植物，一到春天，好多小鸟也就慢慢地来筑巢安家了。你也渐渐变了，没事儿的时候就和弟弟守在院子里，一起看护鸟巢和鸟蛋——你们把妈妈的话都听进去了，知道白天要提防眼尖的老鹰从天上俯冲下来叼走幼鸟，知道要在晚上提防饥饿的老鼠从洞里溜出来偷鸟蛋……

一年年过去，你和弟弟都成了热爱大自然、爱护小动物的好孩子。家里的鸟爸爸和鸟妈妈也知道你们两个特别会照顾小动物，所以它们的巢在你们面前越搭越低，越搭越低，最后低到你们两个去看它们的时候，都要弯下身子了。

你们再也不是从前那两个破坏大王了，你们再也不爬树，不揪花，不掏鸟蛋了。

后来，连附近的鸟也到咱们家里来了。再后来，有一天，邻居们正在纳凉，突然看到一只色彩斑斓的桐花凤鸟带着另外一个羽毛更加夺目的伙伴，飞到咱们家中做客，安静得就像两个来探访的朋友。

接下来，在园子里飞翔的桐花凤越来越多。这美丽的景象让邻居们都惊呆了。

他们说："这样的奇珍异兽从来没在谁的园子里见过。看来，苏家的两个孩子以后一定能成大器[11]！"我好希望他们的祝愿，以后能变成现实呀。

现在，你们每天都要到园子里和妈妈一起喂鸟宝宝。它们总是争前恐后地张着嘴巴，叽叽喳喳地要食物。你们也总是哈哈大笑。你们的妈妈是天底下最有爱心的人，每到这个时候她都欣慰极了。看见你们这么快乐，这么无忧无虑，我也就打心眼儿里高兴。

有时候，我也会想：管他呢！要是时间永远停在这时候就好了，你们永远也不要长大，我和你们的妈妈也永远不要变老。我们一家人，永远快活地生活在这个园子里，该有多好啊！唉，可是时间过得真是快啊！你怎么竟然已经十四岁了呢？

轼儿，你知道爸爸为什么给你起名叫苏轼吗？

你看，车轮、辐条、顶盖以及车厢底部四周横木，作为车的一部分，都有独特的功能和作用。可是唯独作为扶手的"轼"，好像一点儿用处都没有。这是不是说明，"轼"压根儿就是一样多余的东西呢？

不，不是这样。你想想看，如果没有了"轼"，坐车的人又要靠什么直身望远，看清楚前面的道路呢？

因此，如果有人竟傻到要在造车的时候去掉这看似毫无用处的横木，那么，车也就不再是一辆完整的车了。

亲爱的轼儿，人们常说，知子莫若父，更何况你我这样相像的父子？爸爸最担心的不是别的，而是以后你才气太盛，为人太直，一不小心得罪了什么人。所以，今天爸爸把"轼"这个名字送给你，希望你能够明白为父的良苦用心，能够像车轼一样，成为社会这辆大车上那个虽不起眼却有用的存在！

爱你的爸爸　苏洵

写于儿子十四岁时

仁宗嘉祐元年（1056），不知不觉，苏洵已经带着儿子们苦读了九年。此时，四十八岁的苏洵早已学问满腹。二十一岁的苏轼，十八岁的苏辙，也都已学有所成了。

"学得一身艺，总要卖与帝王家。何况，再不出去看看世界，自己都要老了。"苏洵心想，"自己终老四川也就算了，可是轼儿和辙儿还年轻，他们可不该就这么被埋没了！"

下定决心的苏洵便凑齐了路费，带着儿子们从眉山来到成都。很快，他就得到了西蜀长官张方平的赏识。

张方平是范仲淹的学生，他爱才识才，把苏洵推荐给了时任翰林学士的欧阳修。

不仅如此，张方平还很大方地资助了他们去京城的路费。父子三人便一路行船，一路欣赏着好水名山，从成都来到京城。苏洵倾多年所学，写成二十二篇锦绣文章，悉数呈送给欧阳修。

他还在一封信中，写下了一段令欧阳修颇为动容的话：

执事之文章，天下之人莫不知之。然窃自以为洵之知之特深，愈于天下之人……[12]

——苏洵《上欧阳内翰第一书》

四十八岁的苏洵自信满满而又无限感慨地对五十岁的欧阳修说："欧阳公您是一代文宗，天下闻名。但是我自认为，对您的文章，这个世界上没有任何一个人，比我了解得更深。"

苏洵对欧阳修文章的评价，绝不是什么阿谀奉承，而是对欧阳修文章的由衷肯定。我们有理由相信，这个世界上，真的不会再有任何一个人，能有资格对欧阳修说出这句话了。我们也更有理由相信，在这个世界上，也再没有任何一句话，能够比这句话更能打动欧阳修的心了。

四十年前，十岁的欧阳修在随州一个破败的夹壁里，得到了那本影响他一生的《昌黎先生文集》，苦读十年后，他才懂得什么叫作好文章。

他与时代抗衡半生，才刚刚有实力推行自己的标准和准则，如今，眼前这个人恰好带来了这么多好文章和两个如此优秀的少年郎！这让欧阳修怎能不击节称赞呢？

欧阳修对苏洵一见如故，从此在各种场合大夸特夸。

有了文坛盟主的推举，苏洵的才华很快就轰动了京师。

"宝剑锋从磨砺出，梅花香自苦寒来。"

这一次，苏洵终于不负平生所学。接着，轼、辙二人也在欧阳修主持的科举考试中脱颖而出。"眉山三苏"的称号，一时之间名动京华。

又过去了许多年，苏洵、苏轼、苏辙并称"三苏"，和文坛盟主欧阳修一起，同时名列"唐宋八大家"之中。

为什么学渣父亲能培养出学霸少年，而且还是两个？苏洵的答案是：想让孩子变成什么样的人，就先成为什么样的人。

我们常常说，"身教胜于言教""父母永远是孩子成长之路上最好的榜样""好父母胜过好老师"……表达的正是同样的意思。

苏洵是一个科举考试中的失败者，他一生没有做过什么大官——毕竟他"出道"的时间还是太晚了些，也不过是在欧阳修的推荐下，担任秘书省校书郎，做一些编辑的工作。

但是，他是一个极其成功的父亲：我们甚至可以说，再也没有哪一个父亲，能够把儿子教育得这样优秀了。

归根结底，这是因为他有着普通人少有的否决自我的勇气，也能忍受常人所难以忍受的寂寞。正是这样的品质，使他成为大器晚成的代表，以及家庭教育的典范。

在人生可塑性最强的岁月里，老苏对孩子们严格要求，温暖陪伴。小苏也因此养成了极为良好的习惯，并很快把从小培养起来的读书习惯内化为对书籍的由衷热爱。

从此以后，无论是在朝为官，还是在野闲居，读书始终是兄弟二人求取知识、滋养灵魂的重要方式，终其一生，都不曾改变。

直到现在，很多人提起苏轼，都羡慕他是天才也是通才，却很少有人注意到苏轼超乎常人的勤奋与刻苦。

当然，勤奋和刻苦并不意味着要在学习中下笨功夫和死功夫。

归根结底，最重要的还是对于知识和学问高效、扎实的掌握和领会。比如,在书籍并不容易得到的时代,苏轼养成了一个良好的习惯——每读一遍经典,都是从头抄到尾。

你可能会想,抄书谁不会?我也可以做到呀。

别急,你知道学霸是怎么抄的吗?

我们一起来看看下面这个故事吧!

苏轼被贬官黄州时,有一天,朋友朱载上去看望他。

朱载上在客厅等了很久,苏轼才出来。

"抱歉,我刚做完每天的功课,耽搁了些时间,有失迎接。"苏轼说。

朱载上于是问:"先生每天的功课是什么?"

苏轼回答:"抄《汉书》呀。"

朱载上很吃惊:"像先生这样天赋异禀之人,还用得着抄书吗?"

苏轼回答:"抄呀。这是我第三次抄《汉书》了。开始一个历史故事抄三个字,后来抄两个字,现在只抄一个字了。"

"把先生抄的书给我看看,可以吗?"朱载上听了,更加好奇。

苏轼便取出一册自己"抄"的书给他看。

朱载上看了,都是毫无关联的字,根本看不懂苏轼到底写了什么。

苏轼忍不住笑了出来,解围道:"这样吧,你随便说出上面一个字。"

朱载上便随便挑了一个字念了出来。

苏轼立马滔滔不绝,背出了一段《汉书》上的故事。

朱载上和原文逐一核对,发现苏轼背的一点儿差错都没有。

这下你明白了吗?

原来,苏轼所说的"抄书",指的可不是把书上的内容一字不落地复制到自己的本子上。

他所说的抄,不是抄写,而是在对文字理解记忆的基础上,用一个关键词提炼出重要信息,然后封存在脑子里。

朱载上后来对儿子说:"比我们优秀的人还比我们更努力,我们有什么资格不勤奋呢?"[13]

这句话真是振聋发聩呀!像我们这样的普通人,更不能只看到苏轼的优秀,却忽略了他的勤奋。

应该以什么样的人为精神偶像？

一个少年在成长过程中，特别需要一个在精神上发挥引领作用的成年人。这个人得视野开阔、品德高尚，并且具有非凡的人格魅力。

很多时候，这个人对少年的影响，是强烈且持久的。

能在十几岁的时候，遇到这样一个引领者，是极其幸运的。少年苏轼就是这样一个幸运的孩子。

他遇到的这个人叫范滂。

范滂不是宋朝人，而是东汉名士。苏轼读过范滂的事迹后，便以他为精神偶像。汉灵帝建宁元年（168），宦官专权，政治气候一时十分晦暗。在大臣陈蕃与宦官斗争失败之后，宦官们展开了激烈的报复，开始四处抓捕仁人志士。

范滂是当时有名的君子，不幸也正在黑名单上。奉命前去抓捕的人见范滂遭此劫难，不禁痛哭，不愿听命行事。

范滂听说后，怕他为难，便主动去自首。

当地地方官见他坦然前来，大吃一惊。这人也钦佩范滂的为人，于是打定主意，偷偷劝说范滂赶紧逃走。

范滂说："我走了，你怎么办呢？"

那人说："官我不做了，我和您一起走！"范滂不愿连累对方，坚决不听，仍旧堂堂正正地站在县衙中。不久之后，范滂就被判了死刑。

母亲听说了这个不幸的消息,前来和他诀别。

范滂看着母亲,平静地说:"妈妈,我就要离开这个世界了。但是您知道的,儿子上不愧对天,下不愧对地。我死得堂堂正正,清清白白。妈妈,我这样死,算是死得其所,您千万不要为我悲伤啊!"

范滂的母亲深明大义,听到儿子的剖白,她动情地说:"既然如此,即使是失去生命,又有什么遗憾的呢!你不愧是我的儿子!"

苏轼小时候在母亲程夫人的陪伴下读《后汉书》,读到《范滂传》中这一段的时候,他热血沸腾,感动得泪光闪闪。

他问母亲:"妈妈,要是我长大了想做范滂这样的人,要是我也为了守护心中的道义而赴死,您会理解我吗?"

程夫人和范滂的母亲一样,也是个深明大义的伟大女性。

听了苏轼的话,她也很动情:

"傻孩子,就许你做范滂,不许我做范滂的母亲吗?"

苏轼和父亲一样,本就是一个天资聪颖的少年。在成长的关键岁月里,父亲和母亲的精神之光始终照耀着他,引领、鼓励他以范滂为榜样。

最成功的教育,是给予一个人三种宝贵的能力。这三种能力分别是:求取知识的能力、自我驱动的能力、找到人生使命的能力。苏洵和程夫人的教育、范滂的精神引领作用,就这样润物无声地影响了苏轼的一生。可以说,是他们共同塑造了中国文化史上像苏轼这样的理想人格典范。

注　释

1. 历代文人雅士有在这一天给苏轼过生日的传统，名曰"寿苏会"。中国古人一般采用皇帝年号和农历纪年记载日期，苏轼出生于宋仁宗景祐三年（1036）农历十二月十九日，换算为我们今天使用的公历纪年为1037年1月8日。传统认为小儿出生便是1岁，按此算法，本书以1036年苏轼为1岁计算他的年龄。

2. 苏轼的阳历生日为1037年1月8日，太阳恰好落在摩羯宫，按照中国术数学的说法，此时出生的人命宫（相当于太阳星座）即为摩羯。我们今天所说的星座，是西方占星学的术语。十二星座最早来自古巴比伦的天文记录。古巴比伦的天文学家将黄道（即太阳运行轨道）等分成十二个星宫，并记录在一部叫作《当天神和恩利勒神》的泥板书上。随后"黄道十二宫"传入古希腊，再从古希腊传到天竺（印度），被天竺僧人吸纳进佛经中。大约在隋朝时，"黄道十二宫"随着佛经传入中国。宋代时，十二星宫的说法已经广为流布。文献记载与出土文物都可以证明宋朝的民间社会已广泛知道十二星宫。换句话说，十二星座属于"传统文化"，没有很多人想的那样"洋气"。

3. 苏轼不是苏洵的第一个孩子，而是第五个，苏辙是第六个。苏轼的大哥和两个姐姐在苏轼、苏辙小时候就去世了。所以苏洵夫妻对这两个孩子的爱,也就因此而愈发深沉。这对兄弟的感情,也因此比一般兄弟更亲密浓厚。

4 写作以阅读为基础,但读书多并不意味着写作好。所以那种"虽然读了很多书,却还是写不好作文"的迷思其实是有解的:第一,读的书并不经典,不是一个好的学习典范;第二,阅读和写作不能画等号。把所有球星打篮球的视频都看完了,就能成篮球明星了吗?学习学习,学完了不是还得练习嘛!

5 欧阳修《老苏先生墓志铭》:"益闭户读书,绝笔不为文辞者五六年,乃大究六经百家之说,以考质古今治乱成败、圣贤穷达出处之际,得其粹精,涵蓄充溢,抑而不发。久之,慨然曰:'可矣。'由是下笔顷刻数千言,其纵横上下,出入驰骤,必造于深微而后止。盖其禀也厚,故发之迟;其志也悫,故得之精。"

6 后来,《古文观止》中也收录了苏洵的几篇磅礴好文。如今,高中生依然要学他的《六国论》,更是明证。

7 苏家兄弟双双进士及第后,梅尧臣贺信中写有"日月不知老,家有雏凤凰",比喻苏轼、苏辙年少博学,如两只凤凰般神奇,后人将"来风轩"改名"来凤轩"。

8 苏轼《送表弟程六知楚州》:"我时与子皆儿童,狂走从人觅梨栗。健如黄犊不可恃,隙过白驹那暇惜。醴泉寺古垂橘柚,石头山高暗松栎。"

9 苏轼《天石砚铭》:"轼年十二时,于所居纱縠行宅隙地中,与群儿凿地为戏。得异石,如鱼肤温莹,作浅碧色。表里皆细银星,扣之铿然……"

10 苏轼《和陶郭主簿二首·其一》:"孺子卷书坐,诵诗如鼓琴。却去四十年,玉颜如汝今。闭户未尝出,出为邻里钦。家世事酌古,百史手自斟。当年二老人,喜我作此音。"

11 苏轼《记先夫人不残鸟雀》:"吾昔少年时,所居书堂前,有竹柏杂花丛生满庭,众鸟巢其上。武阳君(即苏轼的母亲)恶杀生,儿童婢仆,皆不得捕取鸟雀。数年间,皆巢于低枝,其鷇可俯而窥也。又有桐花凤四五百,翔集其间,此鸟羽毛至为珍异难见,而能驯扰,殊不畏人。闾里间见之,以为异事。"

12 苏洵《上欧阳内翰第一书》:"……何者?孟子之文,语约而意尽,不为巉刻斩绝之言,而其锋不可犯。韩子之文,如长江大河,浑浩流转,鱼鼋蛟龙,万怪惶惑,而抑遏蔽掩,不使自露,而人望见其渊然之光,苍然之色,亦自畏避,不敢迫视。执事之文,纡余委备,往复百折,而条达疏畅,无所间断,气尽语极,急言竭论,而容与闲易,无艰难劳苦之态。此三者,皆断然自为一家之文也。惟李翱之文,其味黯然而长,其光油然而幽,俯仰揖让,有执事之态;陆贽之文,遣言措意,切近的当,有执事之实。而执事之才,又自有过人者,盖执事之文,非孟子、韩子之文,而欧阳子之文也。夫乐道人之善,而不为谄者,以其人诚足以当之也。彼不知者，则以誉人以求其悦己也。夫誉人以求其悦己，洵也不为也。而其所以道执事光明盛大之德，而不自知止者，亦欲执事之知其知我也。"

13 〔南宋〕陈鹄《西塘集耆旧续闻》："公曰：'以先生天才，开卷一览，可终身不忘，何用手抄耶？'东坡曰：'不然，某读《汉书》，至此凡三经手抄矣。初则一段事抄三字为题，次则两字，今则一字。'公离席，复请曰：'不知先生所抄之书，肯幸教否？'东坡乃令老兵就书几上取一册至。公视之，皆不解其义。东坡云：'足下试举题一字。'公如其言，东坡应声辄诵数百言，无一字差缺。凡数挑皆然。……他日，以语其子新仲，曰：'东坡尚如此，中人之性，岂可不勤读书耶！'"

蹉跎岁月

1055—1068 年 | 20—33 岁

这个世界上没有完美的人，也没有完美的人生。从眉山到成都，再从成都到汴京，风雨潇潇，山水迢迢。苏轼却无怨无悔地折返了三次。二十岁到三十三岁之间，除了开局完美，剩下的全是命运的暴击。

苏轼的人生真的完美吗？

我们先一起用几分钟玩一个好运设计的游戏吧！

请闭上眼睛，为一个叫明明的年轻人设计一段从二十岁到三十三岁的完美人生吧！

二十岁时，明明以优异的成绩考上了梦寐以求的大学，来到了一心向往的城市，选了一个相当有前景的专业。在学校里，他遇到了一生挚爱，幸运的是，对方也恰好热烈而忠诚地爱着明明。他们谈起了甜甜的恋爱。

他们一起听过最缠绵的春雨，一起唱过夏夜最醉心的情歌，一起看过最清亮的秋日，一起吃过雪天最温暖的火锅……

二十二岁时，明明念完了本科，拿到了奖学金，和学校签了硕博连读的协议。二十七岁时，明明完成了毕业答辩，顺利找到了一个能实现人生价值的理想工作。明明和那个心爱的女孩一直在一起，然后顺理成章地结了婚。婚礼盛大而隆重，亲朋好友也都纷纷送来了温馨的祝福……

三十三岁时，家中的四位老人身体康健，生活衣食无忧，日子过得清闲而快意。明明和妻子生了孩子，老大是儿子，老二是女儿。明明的工作也做得得心应手。他开始在这个行业的领域里崭露头角，圈子里的大佬也开始注意到了他……

总之，通过十几年的努力，三十三岁的明明家庭幸福，事业有成。同时，大家也都很羡慕他拥有的一切。

现在，让我们一起用几分钟再玩一个残忍的游戏。

请想象苏轼正是这么一个年轻人，然后拿起笔，在学业成功、爱情美满、工作顺利、家人健康、儿女成双、衣食无忧几项中，替他划掉一项，再划掉一项，然后，再划掉一项。

好了，现在我来问你：你刚才都替苏轼放弃了什么呢？

接下来，让我们看看苏轼二十岁到三十三岁之间的经历。

至和二年（1055），苏轼二十岁。

和大多数古人一样，苏轼也早早结了婚。这一年，他完成了自己的婚姻大事，娶了青神县乡贡进士王方的女儿王弗。妻子比他小三岁，是一个很聪慧的女孩子。

此时，朝中重臣张方平坐镇西蜀，担任成都的地方官。苏洵得到他的赏识后，苏轼自然就跟着爸爸认识了这位老前辈。张方平这个人，从少年起便饱读诗书，爱惜人才的他，见苏轼文采出众，甚为欣赏。在他眼里，像苏轼这样的少年，是只有麒麟才能比得上的美好存在。

张方平还鼓励苏洵带苏轼和苏辙去汴京考试。

"让他们参加乡举考试，就好像乘着千里马在小巷奔驰，未免大材小用。朝廷为了拔擢天下的青年才俊，专门设置六科考试。让你的两个儿子参加六科考试，恐怕还不够发挥他们的全部文采呢！"

张方平本来和欧阳修政见不同，他们两个人已经很久没有往来了。不过，为了不埋没"三苏"的才华，张方平思量再三，还是给欧阳修写了一封推荐信。他相信欧阳修的为人：这个人爱才若渴，为人正直，绝不会因为写信人的身份，而影响自己对人才的判断和态度。——当然，后来事实也证明，张方平确实没有看错欧阳修。

不过，即使得到欧阳修的赏识，苏轼和苏辙也还需要参加考试才能取得任官的资格。备考一年后，苏轼名列第二，成为当年的榜眼。弟弟苏辙也榜上有名。放榜以后，按照惯例，考生中举后要给老师写一封信，以表示感谢。欧阳修读完苏轼的信，非常激动，对同朝为官的好友梅尧臣说："老梅啊，我这下后继有人啦！"

> 读轼书，不觉汗出，快哉快哉！老夫当避路，放他出一头地也。
> ——欧阳修《与梅圣俞四十六通（三十）》

不仅如此，欧阳修后来和儿子欧阳奕聊天，谈到苏轼，他又忍不住夸赞了一遍："汝记吾言，三十年后，世上人更不道著我也。"

按说，得到欧阳修这样高的评价已经不容易了。可没想到苏轼得到的赞誉，还有比这高的：

"朕今日为子孙得太平宰相二人，虽我老矣，已不及用，朕将留遗后人。"

这话是当日殿试后宋仁宗说的。

此时，苏轼只有二十二岁，便已经拥有了常人难以企及的高光时刻。

可是，有了这样的高光时刻，就能保证接下来的人生顺遂无虞，皆得所愿吗？

当官没有那么容易

"朝为田舍郎,暮登天子堂。"这种对古人一旦高中状元,便可以在仕途上平步青云的印象,其实是一种误解。

实际上,这样极具反差的人生经历,大多数时候,只存在于文学作品中。真实的人生往往是循序渐进、稳步提升的。即便是殿试中进士,也只不过是得到任官的资格而已。对苏轼和弟弟而言,考中之后,还必须参加"贤良方正能直言极谏科"的考试,以及吏部的"典选"和"注拟"才能步入仕途。

经过一段漫长的等待后,苏轼最终被聘任为河南福昌县的主簿。

这并不是什么大官。

古代官员分九品,主簿只是一个九品的小官。所以你看,即便得到宋仁宗和欧阳修的赏识,按照当时吏部选拔的常规操作,苏轼的职位也远不如我们想象的那么高。

即便有才华和运气如苏轼,人生也要从最基础处开始。

年轻的时候,总是会一不小心遭遇挫折,觉得人生从此完了。比如,本来就算不能去清华、北大,也能去个重点大学。但高考时没有发挥好,去了一个自己觉得特别普通的学校,一气之下学了一个不知道有什么用的专业。从此便一蹶不振,看太阳都觉得是黑色的。总觉得自己要是去了清华、北大，一切烦恼就都没有了，肯定能过上想要的那种生活，实现人生理想。

看了苏轼和苏爸的经历你就明白了，一次考试没考好，根本不是人生中最大的痛苦。而反过来说呢，就算是像苏轼那样开局喜人，得到皇帝和文坛盟主双重的厚爱，也不代表着人生从此就会一帆风顺、成功幸福。

相反，我们甚至可以说，苏轼终其一生都处于一种憋屈的境遇中。

还有，就算是像苏爸那样，蹉跎了半辈子，也不代表着就再也追不上别人了。苏爸和欧阳修是同龄人，欧阳修是文坛盟主的时候，四十八岁的苏爸还只是个无名小卒呢。

最后，他们不是都名列"唐宋八大家"吗？

一次两次考试失利的痛苦，真的不算什么。

你要知道：你是一个什么样的人，不是被挫折和困难定义的；你是一个什么样的人，是由你面对挫折和困难的方式定义的。

苏轼之所以成为中国文化史上闪亮的摩羯星，并不仅仅是因为他的才华，更是因为他面对挫折和困难的方式！

妈妈、爸爸,还有心爱的妻子,都去世了

实际上,完美开局后,还有一大串始料未及的不幸和痛苦排队等着苏轼呢!

他刚考完试,母亲程夫人便在家乡病逝了。古人以孝为先,父母去世之后,做儿子的必须停止工作,回家守丧。这是一项独立于骨肉亲情之外的政治制度,称之为"丁忧"。

于是,苏轼便和父亲、弟弟一起返回了四川。直到服丧期满,他才重新回到京城,继续参加接下来的考试。这是苏轼离开四川之后第一次奔丧。

然而,苏轼的不幸却接踵而至。

做官没满几年,刚刚进入而立之年,妻子王弗就不幸去世了;第二年,另一个不幸降临——父亲苏洵也离开了人间。苏轼只好再次返回家乡,安葬死去的妻子,为父亲和母亲合葬,并守孝三年。

二十岁之前,苏轼人生的关键词是"读书"。十三年之后,属于他的关键词早已被命运换成了"应试"和"奔丧"。

从眉山到成都,再从成都到汴京,风雨潇潇,山水迢迢。苏轼却无怨无悔地折返了三次。二十岁到三十三岁之间,除了开局完美,剩下的全是命运的暴击。他几乎没有时间,也没有机会去干些什么能流芳百世的大事。

这个世界上没有完美的人，也没有完美的人生。你看，人人都羡慕的苏轼，人生的道路也不是一直风光无限的。相反，在风华正茂的年纪，这个年轻人有过多少踌躇满志，就有过多少心痛神伤。

蹉跎岁月

弟弟苏辙

幸运的是,三十三年来,这些踌躇满志、这些心痛神伤,一直有另一个人的陪伴。这个人就是弟弟苏辙。

苏辙比哥哥小三岁,从小和哥哥一起读书,一起玩耍。他是这个世界上和苏轼最亲的亲人,也是最理解他的朋友。

苏轼是六十六岁的时候去世的,因此,我们可以知道,三十三岁这一年,他的人生,其实差不多已经过去了一半。在这一半的人生里,他和弟弟度过了兄弟俩最快乐的时光。从此之后,两个人在宦海沉浮,常常天各一方。虽然二人仍然会在书信中分享心事,保持着精神上的连接,也总是能找到短暂团聚的机会,可像青少年时代一样亲密无间的时光,却再也没有了。

东坡赋

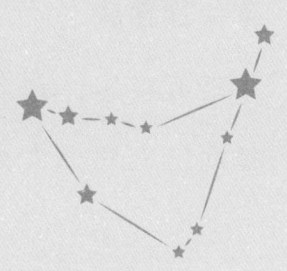

初发嘉州

苏轼【1059年,24岁】

朝发鼓阗阗,西风猎画旃。
故乡飘已远,往意浩无边。
锦水细不见,蛮江清可怜。
奔腾过佛脚,旷荡造平川。
野市有禅客,钓台寻暮烟。
相期定先到,久立水潺潺。

和子由渑池怀旧

苏轼【1061年，26岁】

人生到处知何似，
应似飞鸿踏雪泥。
泥上偶然留指爪，
鸿飞那复计东西。
老僧已死成新塔，
坏壁无由见旧题。
往日崎岖还记否，
路长人困蹇驴嘶。

病中闻子由得告不赴商州三首·其一

苏轼【1062年,27岁】

病中闻汝免来商,
旅雁何时更著行。
远别不知官爵好,
思归苦觉岁年长。
著书多暇真良计,
从宦无功漫去乡。
惟有王城最堪隐,
万人如海一身藏。

守岁

苏轼【1062年,27岁】

欲知垂尽岁,有似赴壑蛇。

修鳞半已没,去意谁能遮。

况欲系其尾,虽勤知奈何。

儿童强不睡,相守夜欢哗。

晨鸡且勿唱,更鼓畏添挝。

坐久灯烬落,起看北斗斜。

明年岂无年,心事恐蹉跎。

努力尽今夕,少年犹可夸。

家国天下

1069—1074 年 | 34—39 岁

苏轼曾经十分笃定,恶法必定会带来恶果。可万万没有想到的是,他现在却要每天冠带整齐,签署着一份份无情又冷酷的判词。之前有多掷地有声,说出反对意见时有多坚定,如今他的心里就有多自责。

对不起，王安石说的话，我不同意

苏轼一生主要有两次"起用——被贬"的经历。

咱们先来看第一次：

苏轼守丧之后，再次回到京都时，已经三十三岁。这时，朝中的政治局势已经发生了很大的变化。

此时，王安石正在参知政事的任上，大刀阔斧地推行改革。王安石是宋真宗天禧五年（1021）出生的人，如今已经四十八岁。为了这一刻，他已经等了很久。

他之前一直不得志，但这次不同。因为，起用他的人是宋神宗赵顼。赵顼是一个好学深思的男孩，继承大统时只有二十岁。普通的男孩子对军事、战争和政治之类的事物，尚且有着热切的关心，更何况此时此刻的赵顼？

一种想要改变世界的冲动时不时地在赵顼心中激荡着。有一次，赵顼和范仲淹的表弟聊天。谈到国际关系，赵顼越说越上头，不一会儿便热血沸腾起来："我们太宗自从燕京城下兵败以来，被北虏穷追不舍，最后才勉强脱身。兵荒马乱中，听说身上的东西都被别人抢走了，随行的宫嫔也都不幸做了俘虏。太宗的大腿上还中了两箭！后来落下了病根，每年都发病，还因为箭伤复发去世了！我们跟敌人有不共戴天之仇啊！为什么我们还要年年捐献金帛，给他们钱和东西，费劲巴拉地讨好他们呢？这样不丢人吗？不丢人吗？"

赵顼又去试探朝中那些墨守成规的大人："天下敝事甚多，不可不革！你们都说说看，到底该怎么办啊？"

可惜他试探来试探去，"大人们"根本搞不清他的脑袋瓜里在想些什么。于是，他也就只能听到一些不着边际的答案。

好不容易有人一针见血地回应了，说出的却是一句不怒自威的告诫：

"陛下临御未久，当先布德泽，愿二十年口不言兵，亦不宜重赏边功，干戈一起，所系祸福不细。"

说这话的，是老臣富弼。此时，富弼已任职三朝——除了赵顼，他还辅佐过赵顼的祖父宋仁宗、父亲宋英宗。早年，他曾出使辽国，据理力争，拒绝割地要求，之后又和名臣范仲淹等主持了"庆历新政"。无论是国际局势，还是变法改革，作为老臣的他，都很有发言权。

这么一个人毫不留情地表示了反对，赵顼不敢再反驳。二十岁的心事无人理解，无人倾诉，赵顼感觉自己内心泛起了一阵孤独的迷雾。他揉了揉眼睛，心里的雾气忽然化成了眼里的泪水，不受控制地悄悄流了下来。

熙宁元年（1068）四月，赵顼终于见到了心心念念的王安石。后者滔滔不绝，把心里想了不知道多少回的构想一股脑儿地都讲了出来。

"大有作为之时，正在今日！"王安石慷慨陈词。

赵顼听得聚精会神，心潮澎湃。

此时此刻，正是非赵顼不能用安石，非安石而不能助赵顼。一个年近半百的老臣，按捺半生，终于等来了属于自己的机会；一个刚刚成年的男孩，摩拳擦掌，第一次有了大干一场的可能。

二人君臣遇合，如鱼得水，从此难分难舍。

王安石是个很有青年气质的激进派。

这股青年气质带来了很多问题。比如，他之前曾小规模地推行过"青苗法"，发现很有效果。激动之下，就在尚未充分验证的情况下，急忙在全国推进了。除此之外，许多让人眼花缭乱的项目，也随之迅速上马。这样，许多不曾预料的问题纷纷出现。政府缺乏经验，遇到新问题常常处理不及时。这就导致反对变法的声音越来越多，改革派和保守派的关系越来越难调和，改革的阻力因此越来越大。慢慢地，王安石就变成了一个众叛亲离的孤家寡人。

这时，朝廷中说话最有分量的，除了王安石外，还有保守派司马光，就是小时候砸缸，长大以后编纂了《资治通鉴》的那个。

王安石和司马光都是名重一时的政治家。两个人的终极目标没有差别，都是希望国家富强、人民安康。但基于各自视野、经验和理念的不同，王安石表现得更加"理想主义"一些。

假如我们把国家比成一座旧房子。同样都是设计师，更"理想主义"的王安石就觉得，这房子得重新设计、重新盖，以前的东西都不能要了,什么旧家具啦,破地板啦,通通应该扔出去,换上新的。

但司马光不一样。他觉得,房子虽然老旧,但结构稳定,基础设施完善,没什么大的毛病。既然如此,也就没必要彻底毁掉。只要该修的修,该补的补,老房子住着不也冬暖夏凉,舒舒服服吗?

光曰:"……且治天下譬如居室,敝则修之,非大坏不更造也……"

——《宋史·司马光传》

王安石一心想要推倒一切,重新来过。和他相比,司马光更加立足现实,也更加脚踏实地。苏轼也觉得王安石的想法不太现实,还是司马光的主张更稳妥些。所以,苏轼很快就坚定地站在司马光那边儿去了。

这样,朝堂之上,意见相左的两派难免会吵得面红耳赤。

有一次,苏轼斗胆向赵顼呈上一篇很长的奏章,大谈新政弊端,力谏恢复旧制。正积极变法的赵顼看后不为所动,还拿奏章给王安石看。

王安石气得说:"这个苏轼才高,但是学的都不是正经学问,竟说出这样过分的话!"因新法推行,各地都有遭受苦难的人民——这确实是实情,并非危言耸听之论。苏轼有良知,有血性,他当然会挺身而出,即便触逆鳞也要进忠言!

有时候控制不好批评的方式和力度,就容易显得操之过急。

赵顼再年轻,也是大宋王朝的统治者;王安石再高风亮节,也是一人之下万人之上的重臣。

批评的声音太大太激烈,又怎么可能不触怒他们呢?

熙宁四年(1071)二月,苏轼写了一封三千四百多字的长信上奏神宗,把自己的心里话再次说给神宗听。

"晋武平吴以独断而克,苻坚伐晋以独断而亡;齐桓专任管仲而伯,燕哙专任子之而灭。事同而功异,何也?"

他还苦口婆心地在主考的时候出了这样一道策问题目,请所有考生不要忘记以史为鉴,思考当下。结果,苏轼最终也没有得到一个明确的答案,而王安石已经快要被他气死了。这一次,王安石再也忍不了了,派人到处找苏轼的错处,要治他的罪。

苏轼向来光风霁月,两袖清风。他坚持激烈抗辩,其实并不是为了一己私利。如今见事情演变成这样,他顿时觉得身心疲惫,于是主动请求离开京城。

王安石和赵顼听了,乐得眼前清净,很快准了。

三十六岁的苏轼于是离开了京城,到杭州去了。

家国天下的情怀，舍我其谁的担当

民国文人胡适有一句话形容治学的态度："怕什么真理无穷，进一寸有一寸的欢喜。"苏轼最可贵的一点，就是能够用这样的态度积极地对待自己的人生。他不是永远的乐天派，他是脚踏实地的理想主义者。从小，他的理想就坚定而伟大，要做一个"书剑报国""尊主泽民"的士大夫。

但要命的是，除了开局完美，竟没有一件事是容易的！

他在杭州待了三年。三十九岁任职期满，为了能离弟弟苏辙近一点儿，他请求调到了密州。四十二岁那年，又因为一纸调令去了徐州。四十四岁又去了湖州。

杭州三年，密州两年，徐州两年。大约小十年的时间，不是遇到天灾，就是遇到人祸。

家国天下

最美的地方，也最痛苦

就先说他刚从京城出来，到了杭州的情景吧：

朝廷下发的一系列改革政策正在杭州如火如荼地开展着。作为当地的地方官，必须代表中央推行新法——这是他的职责。

江南富庶，是宋朝经济的命脉。王安石推行改革，从根本上说，是希望达到国富兵强的目的，故而经济改革的重镇必然首推杭州。青苗法推行之后，每户只要缴纳一定的免役钱，就可以免除差役，因此这个政策很能得到当地富户的赞同。

对于有钱人家来说，花钱免劳役，何乐而不为呢？不过最终深受其累的，还是贫困的老百姓——上面为了有效地推行"青苗法"，以收取的青苗钱来评判地方官的政绩，官吏们从此对百姓的生活漠不关心，为了追求政绩不分青红皂白地强制百姓借贷。老百姓一旦无钱还债，就只能被逮捕、被拷打、被追讨……

时间长了，悲剧就不可避免地在苏轼眼前上演了一次又一次。

在朝为官时，反对变法，那是原则。

治理一方时，推行变法，却是职责。

他曾经十分笃定，恶法必定会带来恶果。

可万万没有想到的是，他现在却要每天冠带整齐，签署着一份份无情又冷酷的判词。之前有多掷地有声，说出反对意见时有多坚定，如今他的心里就有多自责。

　　杭州山明水秀，初晴后雨。景色那么美，西湖也那么好看。雨停后，正该在亭子里一边赏景，一边给西湖和生活写诗：

水光潋滟晴方好，山色空蒙雨亦奇。
欲把西湖比西子，淡妆浓抹总相宜。

——苏轼《饮湖上初晴后雨二首·其二》

　　可是，实际上，更多的日子里，他只是一天天地在州府里埋头判案子。堂前，可怜的"犯罪分子"在颤抖和哭泣。苏轼看着他们，手中饱蘸了墨水和良心的笔，也忍不住微微颤抖。他不想审判他们，他只是想救他们。但是，他做不到。

　　那一瞬间，苏轼忽然有些难过，有些疲惫，也有些困惑：如果他的前生是一只动物，那么，在他的想象里，他该是一匹自由自在的麋鹿呀！可是现在，他怎么这么像一匹快乐不起来的"立仗马"呢？

　　仪仗队里的立仗马，皮毛如缎，装饰华贵，然而却终日无声，不闻一鸣。这分明不是马的天性，而是人用鞭子抽打的结果呀。

君不见钱塘游宦客，朝推囚，暮决狱，不因人唤何时休。

——苏轼《和蔡准郎中见邀游西湖三首·其一》

城市不识江湖幽，如与蟪蛄语春秋。试令江湖处城市，却似麋鹿游汀洲。

——苏轼《和蔡准郎中见邀游西湖三首·其二》

偷得浮生半日闲

执政杭州期间,虽然工作上有太多无可奈何的事,但是苏轼的生活并不困顿,更不局促——他有很多好朋友可以一起谈天说地,这给他带来不少支持与鼓励。

有一年的元宵之夜,整个杭州城里香车宝马川流不息,火树银花绚烂无比。

祥符寺里也举办了一场热闹的灯会。苏轼将侍从遣散,走过热闹的街,从满城的繁华与喧闹中抽身出来,去寻找自己的好朋友——

那是一个叫"可久"的和尚,他的诗写得很好。苏轼喜欢他,和他谈得来。

苏轼绕过大殿,避开祈福的善男信女,不多时,就在几棵芭蕉之外的一片小竹林的尽头,找到了可久的住处。

远远望去,苏轼感到奇怪:咦?怎么可久的屋子竟然一片漆黑呢?苏轼情不自禁,又向前走了走。

翠林中一片清凉,仿佛是另外一个世界。

黑暗中,一阵若有似无的暗香,飘飘荡荡地从可久的屋舍传来。

苏轼心念一动,这是檐卜花的味道。

江南寺庙多，大德高僧也多。像可久这样的朋友，苏轼不知不觉地结交了很多。忙完一天的工作，苏轼常常到寺庙中去拜访他们。吃一顿新鲜的斋饭，睡一个欣快的午觉，泡一瓯清淡的新茶，坐在寺庙古树下的一片阴凉中，和朋友们一起谈谈诗歌，聊聊佛法。一阵清风吹过来，庭前的花朵无声无息地落下来。

啊，这样的日子是多么快乐啊！

独乐乐不如众乐乐。快乐的苏轼毫不吝啬，他将这些瞬间的快乐感受凝固成一句句诗词。于是，一代又一代的中国人，读罢他的诗，就有了将不和之心暂时放下的可能。

每当人们在经历各种各样的人生痛苦时读到苏轼的诗文，便仿佛走近了可久的房间。

那沉浸在文学世界中的片刻，和苏轼在寺中享受到的清梦一样酣甜。

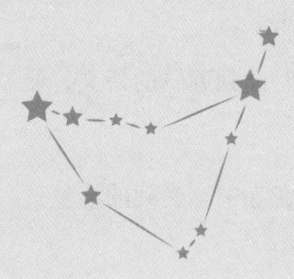

东坡赋

六月二十七日望湖楼醉书

苏轼【1072年,37岁】

黑云翻墨未遮山,
白雨跳珠乱入船。
卷地风来忽吹散,
望湖楼下水如天。

新城道中·其一

苏轼【1073年,38岁】

东风知我欲山行,
吹断檐间积雨声。
岭上晴云披絮帽,
树头初日挂铜钲。
野桃含笑竹篱短,
溪柳自摇沙水清。
西崦人家应最乐,
煮芹烧笋饷春耕。

江城子

苏轼【1072—1074年】

湖上与张先同赋,时闻弹筝

凤凰山下雨初晴,
水风清,
晚霞明。
一朵芙蕖,开过尚盈盈。
何处飞来双白鹭,如有意,慕娉婷。

忽闻江上弄哀筝,
苦含情,
遣谁听。
烟敛云收,依约是湘灵。
欲待曲终寻问取,人不见,数峰青。

少年游 润州作代人寄远

苏轼【1074年,39岁】

去年相送,余杭门外,
飞雪似杨花。
今年春尽,杨花似雪,
犹不见还家。

对酒卷帘邀明月,
风露透窗纱。
恰似姮娥怜双燕,
分明照、画梁斜。

南乡子 和杨元素时移守密州

苏轼【1074年,39岁】

东武望余杭,
云海天涯两渺茫。
何日功成名遂了,还乡,
醉笑陪公三万场。

不用诉离觞,
痛饮从来别有肠。
今夜送归灯火冷,河塘,
堕泪羊公却姓杨。

四

平生功业

1075—1093 年 | 40—58 岁

今天，很多人一提到苏轼，首先想到他的东坡肉，想到他懂诗歌、爱酒茶的惬意生活，想到他游山玩水的悠然与快乐，却常常忽略了他最重要的生命底色：他最重要的身份是一个有济世之心的知识分子。他心中始终有家国天下的责任、舍我其谁的担当。

难不倒的苏太守

人蝗大战

"蝗虫和蚂蚱有区别吗?"

"有区别。蝗虫是虾变的,蚂蚱不是。"

"骗人的吧?能有这么神奇?"

"嗯,蝗虫到了水里,可以变回虾。这就像柳絮到了水里,第二年就变成浮萍。"

"青草腐烂了以后,下一个夏天就变成萤火虫。老鹰去世了以后,下一个夏天就变成斑鸠鸟。"[1]

……

大中祥符九年(1016)。

有一天,宋真宗正在皇宫中吃饭。密密麻麻的蝗虫忽然遮天蔽日,飞过整座皇宫。那一天,汴京的天色为之变暗。

当苏轼生平第一次站在密州的土地上,他情不自禁地想起刚入朝时,几个老前辈聊天时讲起的这段往事。

那个时候他还从没真正地见过灾难,脑海中关于蝗虫的印象,不过只有小时候自己和弟弟的闲聊而已。

弟弟那时脑子里满是疑惑:"蝗虫的破坏力到底多大?平时

我们捉的蚂蚱，看上去挺可爱的呀。"

"既然有那么多蝗虫，人们吃了它不就行了吗？为什么还会饿死那么多人？"

……

然而直到真正遭遇了蝗灾的那一刻，他才真正明白，一个人面对蝗虫时的感受是什么：那绝不是好奇，而是恐惧。是像真宗那样，正吃着饭，忽然看见整个天都变黑了的恐惧。

放眼望去，密州宽广的土地上一片荒凉。丰年的时候，这里难道不应该是一派风吹麦浪的美丽景象吗？可是，自暮春以来，这里就不曾下过一滴雨——今年的旱灾比以往来得都要惊悚。土地都裂了皮，返了碱，白花花的一大片连着一大片，怎么也看不到头，宛如一条被霜打湿了的长河。

蝗虫的尸体触目惊心地堆叠在道路两旁，绵延了足足二百多里。空气中不时弥漫着一股焦灼的味道，那是老百姓们裹了蒿草和蔓草，点染蝗虫堆之后散发出来的——

庄稼没有了，他们已经很悲痛了，可是又没有时间允许他们悲痛。比一地的蝗虫更可怕的是一地的蝗虫卵——如果不及时把它们烧掉的话，那将是明年的另一场噩梦。

那一刻苏轼明白了，原来当真正的灾难到来时，痛苦不是想象中男女老少的呼天抢地，而是他们带着麻木与迟钝的默然无声。

二十多岁时,他和弟弟恰同学少年,都有说不尽的书生意气。那时候他口气很大,觉得自己"有笔头千字,胸中万卷。致君尧舜,此事何难"。(苏轼《沁园春·孤馆灯青》)

此事何难?人世间沉默之中的苦痛,此刻却炸裂如惊雷。作为即将上任的地方官,苏轼骤然感到了一种无法承受的重担。

平生五千卷,竟然一字不救饥!他这才知道自己喜爱的清风与明月、写下的文章与诗篇,此时此刻,竟成为莫大的讽刺。

他真想挽起袖子跳回从前,对着当时的自己冷笑千声,然后感叹一句:"你可知道,从此以后,为了'致君尧舜'这四个字,每一件事都好难啊!"

就在这时,一阵奇怪而巨大的声浪从身后的西北方向涌来。不用回头,苏轼就已经感受到了一股排山倒海的力量,像极了他曾经看到的钱塘江大潮。

蝗虫过境了。

又是一阵天黑地暗,草木不辨,百姓依旧在紧张和疲惫中忙碌着。看到这一幕的苏轼,不由得下了决心:这场人蝗大战,只能赢不能输!

千头万绪第一件,是要利用官府的力量组织更多的人力来灭蝗。只靠老百姓几家几户的力量,是没什么胜算的。

"来,让我们齐心协力,一起灭蝗虫!"

苏轼把衙署里的人凑齐，刚准备布置任务，一个小吏欲言又止，最终还是忍不住说：“那个，苏太守您还是等一下为好！”

另外一个人好像也突然想起了什么，急忙以眼神表示附和。

旁边早有一人趴在苏轼的耳朵边说：“忘了提醒您了，不能说灭蝗虫，得说送蝗神。要不老天爷会惩罚咱们的！”

此时又跳出来一个人大谈特谈送蝗神的方法。比如，如何焚香，去哪座庙祭祀，祭祀的时候得穿什么。

接着有人站起来打断：“既然是神，何必要送？要我说，蝗虫是虫神，它这么多子孙降临大地，其实是来造福人间的。蝗虫可以给庄稼除草啊！杀虫太多，神会生气的。”

不料，他很快也被别人打断了。

"阁下可能养尊处优，并不知道蝗虫凶起来，简直就像猛雨毒箭一样，急了连小孩子都吃呢！"

此人一捻美髯：“国家将有失道之败，而天乃先出灾害以谴告之。我看，蝗灾是天谴，不是赐福。事不宜迟，苏太守应该上书圣上，请他立刻自省，然后诏令天下，以德治蝗！”

另一个老谋深算的人则指了指案上的奏章：“今年密州的蝗虫没有成灾，不过是飞来几只罢了，早就被扑杀了。这报给朝廷的数字有点儿太不实了。”

苏轼气得发愣，他如何不知道这人没说出来的意思？这人是想说：“要是上头责怪我们办事不力，不就影响今年的政绩评定了吗？你怎么能说实话呢？”

遇到事情只会耍嘴皮子，干什么首先想到自己的利益。眼前这帮庸官腐吏，别看有的迷信，有的不迷信，可个个都是利己主义者啊！

苏轼一气之下转身走了。他哪有工夫和他们废话？他犯得着吗？他还要带上所有能干的手下，骑上马去农家的田里转一转呢！

越是难，就越是要竭尽所能地做下去。苏轼下车伊始，就终日奔走在田间地头，亲自调查密州蝗灾的具体情况：密州面临的绝对是一场严峻的天灾——根据不完全统计，当地捕杀蝗虫的总数，已经超过了三万斛之多！这是一个非常惊人的数字。

同时也意味着，如果不尽快采取补救措施，在不远的将来，粮食将大量短缺，物价将飞速上涨，会有大量百姓无以为生。

于是，他一边日夜奔走巡查，一边克服各种困难，组织民众灭蝗抗旱，一边在到任后的第二十天，便及时上书朝廷，一五一十地报告了灾情。

同时，苏轼还对某些欺上瞒下的说法进行了毫不留情的批驳。除此之外，对灾情造成的影响有更长远认识的苏轼，还直言不讳地陈述危机，请求朝廷酌情豁免本区的税收……

无论到了什么时候，无论境遇如何，他都不忘从改变眼前开始，也永远不忘保持乐观与期待。他不怨天，不尤人，从来都是有多大力，就使多大力；能为老百姓做多少实在事，就做多少实在事。

管他眼下条件怎么样呢！能抓多少蝗虫就抓多少，先全力以赴，把这一件事做好，其他的以后再说！

赤地几百里，蝗虫能蔽日。但终究还是抓一只就少一只！最终，在苏轼不遗余力的推动下，密州蝗灾得到了有效遏制。

苏轼一开心，又不由自主地想起了写诗。

他说："县前已窖八千斛，率以一升完一亩。更看蚕妇过初眠，未用贺客来旁午。"（苏轼《次韵章传道喜雨》）

写完了，他还担心有人看不懂，自己加了注解："蚕一眠，则蝗不复生矣。"

苏轼在密州一共任职两年。和杭州比起来，密州是一个贫瘠的地方，也是一个问题多多的地方。

旱灾和蝗灾对苏轼而言，只是密州政治生涯的开幕式，后面可还有洪灾、饥荒、流盗、狱讼、弃婴等一系列困难等着他呢！

苏轼曾一连用了好几个四字词语，来形容密州当时的情况：岁比不登、盗贼满野、狱讼充斥、公私匮乏、民不堪命，还有新法严密、风波险恶……

最后，顶着巨大压力的他不禁感叹道："力所无如之何者多矣。"

但苏轼勉励自己：越是真正杰出的人，越是善于在缺乏有利条件的情况下，把事情做好；越是庸常的人，则恰恰相反。

致君尧舜，此事何难？虽然当年说出这番话的时候，态度上不免天真轻狂，但这句话背后却有着颠扑不破的真理：若自己并不以之为难，此事便没那么难。这么一想，一个个几乎推进不下去的工作、看似解决不了的死局，就都能有新突破了。

这样一来，密州大旱便再也难不倒苏太守。

旱了那就去找水源啊。城外的常山上不就有一口清凉滑甘、冬夏如一的清泉吗？凿井引流，大家不就有水喝了吗？旱了也还可以求雨嘛！² 老百姓说但凡去山上祷告求雨，山神就没有不答应的，那就多去两回嘛！不光去，他还给山神重新把庙翻修了一下，又盖了一个雩泉亭，方便老百姓也都去祈雨！

自己的文笔好，索性就再写一篇《密州常山雩泉记》……

"那个，苏太守您还是等一下……"

一个懵懵懂懂的小吏认真发问："即然求山神有用，那送蝗神不也应该有用吗？上次有人提议送蝗神，您不是还挺不高兴的？"苏轼一笑，心里想，那能一样吗？让天降雨，人力不可为，灭蝗虫，只要方法得当，就是人力可为的。密州现在天天不下雨，总有一天会下雨。既然老百姓觉得山神特别灵验，那没雨的时候，给老百姓点儿盼头不好吗？

你看，解决问题就这么简单，这么灵活，这么务实。

盗贼四起也难不倒苏太守。

眼下最重要的是想办法完善法律法规，优化政策和税收，让老百姓能过上幸福生活。如果年年风调雨顺，五谷丰登，哪个正常人还愿意在法律边缘铤而走险呢？³

如今旱灾、蝗灾携手而来，山东一带无麦无粮，官府如果不体恤民情，而是一味以严刑峻法苛责，那不是逼着老实人去干坏事吗？于是，他以"是否对百姓有利"为新法实施的标准，如"给田募役法"对百姓有好处，那就推广；"手实法"对百姓没有好处，那就抵制。

你看，解决问题还是这么简单，这么灵活，这么务实。

荒年弃婴

实际上，并非所有事都可以靠着积极乐观的心态解决。比如，灾害之后老百姓的粮食不够吃，就有人把刚出生不久的婴儿扔在城墙下面，任其生死。

苏轼发现了这一现象，赶紧设置粮食津贴，并公开向百姓承诺：一旦谁家有了新生命，官府就发放粮食，尽力解除大家的生活之忧。

但就算如此，还总是有奄奄一息的婴儿被父母抛弃在城墙边。

怎么办呢？苏轼只好时不时地沿着城墙根儿走一走，把孩子们一个一个地捡回来。

在母亲的教导下，苏轼从小就懂得爱护生命。苏家兄弟姐妹六人，其他四人都不幸夭折，最后相依为命长大成人的，只有他和弟弟苏辙，再加上父亲和母亲又双双在他三十岁左右去世……所以苏轼看不得这样的人间悲剧。

对于生命的敏感易逝，他的感受比别人更加痛彻。

有些婴儿抱回来，灌点儿米汤就能活；可有些却再也不会睁开眼睛看一看世界了。苏轼每去一次，就热泪盈眶一回——他实在承受不了这样的苦痛。

十年前的白月光

有一天，苏轼又热泪盈眶地从城墙边走回来。

这天月亮很好，但是他前所未有地感到很疲惫，所以处理了几件不得不处理的公事之后，就睡着了。在梦中，月亮升起来，皎洁的清辉忽然照亮了一个松树满岗的地方。

苏轼看呆了。一开始他并没有反应过来，为什么自己会来到那个久违的房间。当他情不自禁地一步步走近那个熟悉的身影时，才豁然明白：那个人，虽然他从来不敢想起，可实际上也从没有忘记。

十年生死两茫茫。不思量，自难忘。千里孤坟，无处话凄凉。

纵使相逢应不识，尘满面，鬓如霜。

夜来幽梦忽还乡。小轩窗，正梳妆。相顾无言，惟有泪千行。料得年年肠断处，明月夜，短松冈。

——苏轼《江城子·乙卯正月二十日夜记梦》

妻子穿着最好看的衣服，梳着最好看的发式，唇上一点点胭脂色，染红了他整个清冷、灰白、哀伤而多泪的旧梦。

他也是个平常人，在生死之悲面前，会敏感，也会无助。所以，他才会到梦里去寻找那个最重要的人，去求一点精神上的安慰。年近四十的他，想去拉一拉王弗的手，哪怕就一下也好。可是，就在这时，王弗那纤细的倩影，就和这不期而遇的梦境一样，倏然消逝了。

苏轼睁开眼睛，窗外的月亮皎洁明亮。

往事并不如烟，可是终究无法触碰——亲爱的，我很想你，真的。十年来，我从没说过这句话，以后大概也不会再说了。希望你在遥远的眉州好好的。以后，我会一直把对你的爱都放在心里头。但是，请你原谅我。我可能真的没有时间再想你了[4]，因为还有很多的事，都还没来得及做呢！

第二天，当太阳重新升起来的时候，密州还是那个密州。蝗虫、干旱、洪水、盗贼、弃婴、悍卒、庸吏以及新法带来的数不清的烂摊子……倏然之间，一齐涌到苏轼的心头。

当他还年轻时，总是喜欢和弟弟一起畅想未来。

那时候的他，万万没有想到，原来，他竟然会这么早地失去父母和爱人，也决然不会料到，梦想的影子还没看见，他却几乎要先被现实的残酷不由分说地打败了。

何人劝我此间来，弦管生衣甑有埃。
绿蚁濡唇无百斛，蝗虫扑面已三回。
磨刀入谷追穷寇，洒涕循城拾弃孩。
为郡鲜欢君莫叹，犹胜尘土走章台。
——苏轼《次韵刘贡父李公择见寄二首·其二》

好在，在苏轼的世界观里，人可以被现实偶尔地打败，但绝不会被命运永远打倒。再说了，他要是被打倒了，那些百姓可要怎么办呢？

初到密州的一年里，他视官事如家事，且不计劳逸。灭蝗、救旱、治盗、救婴……本职工作之内的事，他要管；本职工作之外的事，他也要管——只要对黎民百姓有一点儿好处，他都愿意马上去做。一切正如他自己说的那样：

"今虽在外，事有关于安危，而非职之所忧者，犹当尽力争之，而况其事关本职而忧及生民者乎？"（苏轼《上文侍中论榷盐书》）

亡妻王弗的梦影在心中还未散去，他却早已在无数个白天和黑夜，化成一个哪里需要就在哪里出现的身影。

致君尧舜，此事何难？

若自己并不以之为难，就没有突不破的难关。

密州出猎

苏轼带给密州的,不只有乐观与坚韧,还有热忱和关切。他没说过半句空话,而是一直在用行动坚守着心中的理想和信念。

经过一年多的不懈努力,终于,密州的灾情变得可防可控,税法改了,百姓减负了,社会安稳了,也没有人再抛弃婴孩了。已经救下来的几十个婴孩,也都健康长大了。

冬天,大雪下起来。老百姓们都说,"瑞雪兆丰年,明年我们可以安居乐业了"。实际上,何止是安居乐业?在苏轼的治理下,密州甚至开始呈现出一派稳定富庶的局面。

熙宁八年(1075)十月,苏轼因求雨成功,前往常山祭谢。回来的路上,他心情舒畅,与随行人员开心地打了一次猎,之后创作了一首《江城子》:

老夫聊发少年狂,左牵黄,右擎苍,锦帽貂裘,千骑卷平冈。为报倾城随太守,亲射虎,看孙郎。

酒酣胸胆尚开张。鬓微霜,又何妨!持节云中,何日遣冯唐?会挽雕弓如满月,西北望,射天狼。

苏轼在密州留下了两百多首诗词,其中最有名的大概就是这首《江城子·密州出猎》。

人们大多喜欢"千骑卷平冈"的壮观,喜欢"左牵黄,右

平生功业

擎苍"的英姿,喜欢"鬓微霜,又何妨"的自信,但往往忽略了在"为报倾城随太守"的背后,苏轼到底都做了什么。

这个世界上的校长有很多,但是退休时,能让全体学生自发去送行的,恐怕没有几个。同样地,这个世界上的官员也有很多,但一次打猎就能让全体百姓随行的,也只有苏轼一个。

正是拥有如此的胸怀,苏轼才开启了"豪放词"这一新的宋词流派。从此,在接下来的数百年时间里,它将与婉约派一起,平分宋词时代的美丽秋色。

超然台上

安顿好密州的百姓,接下来亟待苏轼安顿的,是他的内心。

既然王安石的变法还在继续,这个世界也就不会因为一个密州变好而有什么本质的不同。他眼看就要四十岁了,头发也开始变白了。他觉得自己已经用尽了力气,可人生并不如意。

他反对的变法并没被废止,他也并没能够和弟弟朝夕相守。

原本他来密州,并不了解当地的情况,也没想到自己会一头扎进治蝗、救灾、平盗这一系列事情中。毕竟,当时他只不过是贪图这里能离在济南的弟弟近一点儿罢了。然而,来了之后,他就灰头土脸地忙了一年多,根本没有见着弟弟的面。

唉,寂寞山城人老也,而一切仍未达到想象中的样子。太过伤感终究也是无益于身心,倒不如到衙门外的土台子上吹吹风。

可不要小瞧了这个从衙门口出来,走路不过二十分钟的简陋台子。它的样子虽然不起眼,历史却很悠久。早在北魏时期,它就已经存在了。更重要的是,无论这个台子多么颓废和荒芜,只要站在上面,就能获得一个极其宽广的视野。

伫立远观,可以西望穆陵,北望潍水,南眺马耳、常山。有时候云彩很近,有时候云彩又很远。但是不管怎样,这里都是一个俯瞰密州的好地方。五百年前是这样,五百年后也依然一样。

既然如此,为什么不把这台子修一修?那样,无论是自己和好友,还是密州的百姓,都能有一个休闲娱乐的场所了。苏轼忽然想到:密州的仕宦生涯或许是暂时的,可是生活毕竟还是要丰富多彩些嘛!

熙宁八年八月。旧的破台子被翻新了,上面还盖了一个亭子,亭子边还添了几间房屋。

他写信给苏辙:"弟弟,我修了个台子。要不然,你给取个名字?"苏辙给他回信:"老子有句话说'虽有荣观,燕处超然',就叫超然台吧,你开心点儿。听说你没事儿的时候常常去登高望远?"

"是啊,马上可就八月十五了,要不,你来密州,咱们一起登高望远?顺便一起过个中秋吧。"

"今年恐怕不太方便,明年再说吧。"

"那太可惜了,这儿的景色太好了。"

"怎么,能有汴京好看?能有杭州好看?"

"好看。尤其是寒食和清明时候,我还在上面喝茶呢。"

……

熙宁九年(1076)暮春,苏轼又登上了超然台。春色里,烟雨中,刚刚酒醒的苏轼写下一首词,给弟弟寄了过去:

春未老,风细柳斜斜。试上超然台上看,半壕春水一城花。烟雨暗千家。　　寒食后,酒醒却咨嗟。休对故人思故国,且将新火试新茶。诗酒趁年华。

——苏轼《望江南·超然台作》

"转眼就清明了,一年过去,咱俩光写信了,啥时候能见个面,说说话呢?

"要不就今年中秋,你来密州?"

……

这年农历八月十五,超然台修好已满一年。可是,因为各种原因,苏辙到底也没能来密州,苏轼也没有空闲去济南。

修葺一新的超然台上,依旧只有苏轼一个人。

中秋的月亮挂在超然台上空,又大又圆,明亮如镜。

虽然在这月圆之夜没能与弟弟团聚,但是多灾多难的密州,已经是风调雨顺——最艰难的时候，已经过去了。苏轼看着超然台下的千家万户，幸福中仍有一丝落寞：人这一辈子这么长，怎样才能开开心心、快快乐乐的呢？是必须得住在京城的大房子里，当着大官，喝着好酒才能开心吗？一个人在密州就不能幸福吗？

他开始给自己讲道理：

任何地方、任何时候的月光，难道不是都有可观赏的美？那以此类推，无论处于怎样的人生处境，不都可以快快乐乐、开开心心的吗？

佳酿、美酒能醉人，酒糟薄酒也可以怡情啊！

熊掌、驼羹是佳肴，桃李蔬菜也十分美味啊！

别的不提，就说这超然台。这里地势虽高，但地基非常安稳。这上面的亭子又宽敞又明亮，亭子旁边的屋子更是夏凉冬暖。每一个雨落雪飞的早晨，每一个风清月明的夜晚，我想在这里看风景，就在这里看风景。我想待上多久，就待上多久。我在密州，有那么多的好朋友。我们一起在园子里采摘蔬菜，一起在池塘边钓肥鱼，酿高粱酒，煮糙米粥……每一回在超然台上野餐，我们都一边吃一边赞叹："好开心啊！"[5]

所以干吗觉得这个八月十五，自己会感到孤单呢？周围明明有那么多的好朋友，和他们在一起不是也很开心吗？干吗觉得在密州就不如在京城呢？踏踏实实做点儿实在事不是也挺好的吗？干吗总是问"持节云中，何日遣冯唐"？一直在密州待着，就不能开心吗？

苏轼这么想着，也就真的开心起来，和朋友又是喝酒，又是唱歌。他们把他这两年写的词都唱遍了。

朋友们你看看我，我看看你，醉得谁也不认识谁了。

来来来，敬酒敬酒！一杯敬超然，一杯敬俗世；一杯敬密州，一杯敬故乡；一杯敬朋友，一杯敬远方；一杯敬现实，一杯敬梦想；一杯敬自由，一杯敬月光。还有一杯……这杯该敬给谁呢？已经喝了一杯又一杯的苏轼，忽然有些醉眼蒙眬。他想，今天这么开心快乐，又这么惆怅难消，为什么不写一首新词送给弟弟？

嗯，这杯得敬诗歌。

"拿笔来！"他放下酒杯，带着三分思念、三分醉意，写下了那首家喻户晓的《水调歌头》：

明月几时有？把酒问青天。不知天上宫阙，今夕是何年。我欲乘风归去，又恐琼楼玉宇，高处不胜寒。起舞弄清影，何似在人间。转朱阁，低绮户，照无眠。不应有恨，何事长向别时圆？人有悲欢离合，月有阴晴圆缺，此事古难全。但愿人长久，千里共婵娟。

元丰八年（1085），苏轼在赴任登州的路上[6]，再次经过密州这片土地。当时的知州霍翔在超然台上设宴招待苏轼。那些曾经"倾城随太守"的百姓们听说苏轼来了，都带着大大小小的礼物来看他。

有的带来一只鸡，有的带来一升芝麻，有的带来一把莲蓬，有的带来一把扇子。他们觉得苏太守是个文化人,应该喜欢扇子。还有没什么可送的,便叫来一个孩子跪下给他磕头。

苏轼吓了一跳,赶紧让孩子起来。孩子的父母红着眼圈儿说:"这算得了什么?我们原不配做他的父母。这孩子的命都是您给的。"那孩子对苏轼一笑:"听说您这次是特意来看我们的。那您下次什么时候再来呢?"那笑容又纯真,又可爱。

苏轼这才明白过来:啊!原来这是他当年救下来的孩子。一转眼,竟长这么大了[7]。

如何在暴雨中保护一座城？

为官徐州的日子和在密州的截然相反——上次是缺水，这次是水太多。

熙宁十年（1077），黄河决口。

这时，苏轼到任徐州还不足三个月。在中国古代，黄河决口是巨大的灾变。洪水一旦泛滥，可以吞没整个城市，摧毁所有农田，是世界末日一般的可怕存在。在宋朝，自然也不例外。

农历八月二十一日，徐州地区连降暴雨。徐州地势特殊，被两山环绕，水汇集起来后，基本无处可去。到了九月二十日，徐州城外的大水就涨到了一丈九寸，城墙都被泡在了水里。一旦城墙倒塌，后果将不堪设想。

一时之间，徐州城中一片混乱，到处人心惶惶。人们对眼前的危机议论纷纷，你挤我，我挤你，都想出城避难。

苏轼见状，有点儿慌张，还有点儿愤怒。"这样出去，不等于带着全家人去送死吗？"好在过了一会儿他就冷静了。

毕竟，谁都可以慌张，唯独他不行。

他是徐州的最高行政长官，是此刻暴雨中千千万万人唯一的希望。要是他都不能控制情绪去做点什么，那这座城就真的完了！

苏轼闭上眼睛，开始认真思考接下来到底应该怎么做。

沉思了许久，苏轼睁开他那细长而好看的眼睛。情况是如此紧急，而他能够调动的资源又是如此有限……他是想出了一个办法，但也无法保证一定能保卫住徐州城……算了，管不了那么多了，成不成的，只有先做了再说！

他一面下了死命令，让人守住城门，不放一人出行，一面派出救济人员，驾船给百姓发送粮食，以安定民心。随后，他胡乱抓了件雨具，只身来到武卫营。

暴雨依然在下，整个天地仿佛都在晃动。

武卫营的首领正木然看着眼前的大雨。忽然之间，他难以置信地发现，大雨之中有一个越走越近的泥人，一个看不清面目、身子歪歪斜斜，却带着一身奋不顾身态度的泥人。接着，他听到那人用尽平生最大的气力喊道：

"河将害城！河将害城！武卫营营守何在？我是徐州太守，你带上你的人，速来和本官一起守城！"

原来，这个人竟是徐州城里新来的太守！

武卫营营守不禁昂首挺胸，凛然回复：

"有太守如此，正是吾辈效命之时！"

这样，军队就稳固住了——保卫徐州有了最可以依赖的一批人。

接下来，苏轼急召民夫五千多人，和武卫营的军人会合到一起。在苏轼的有序调动下，几千官兵不眠不休地修筑起堤坝来。

一个宋朝人，如何能在一个混乱的暴雨夜，召集起几千人抗洪救灾呢？这件事真是既让人感佩，又让人好奇。

至九月二十一日，暴雨已持续下了一天一夜，城外的洪水也已经高达两丈八尺九寸。然而，此时此刻，一条长九百八十四丈的长堤已出现在滔天洪水之上，护卫着风雨之中的徐州百姓。长堤之外，又有几百艘船只齐聚城下，正在以船体对抗急流，用以减轻洪水对城墙的冲击。

"徐州保住了！徐州保住了！"几千人一天一夜，目不交睫，体力和精神都已经到达了崩溃的临界点。此时，他们早已分不清脸上的液体是无情的雨水，还是激动的泪水。[8]

天地动摇，大雨如注。

这一天水击黄河岸，波撼徐州城。

多亏了苏轼及其带领的几千名军人、民夫奋不顾身的抢救，徐州城和百姓最终安然无恙[9]。

徐州的这次大雨，总共历时七十多天。在这生死攸关的七十多天里，苏轼始终住在堤坝上，日夜巡视，随时派人处理各种大小事务。他舍小家，为大家，灾害面前勇于担当。其所作所为，千载之后，仍然令人动容。

更令人感佩的是，洪水结束之后，苏轼也没有掉以轻心。为了达到防患于未然的目的,他认真听取了人们的建议,亲自到荆山实地勘察,并上奏朝廷,请求兴建水利。

奏章一去,久无消息。

见上头迟迟不肯应允,苏轼又主动制订了一个新的方案,他缩减了经费,还把"石堤"改成了"木岸"。这样做了以后,他还不放心,又写了一封信给国史院的编修官,恳请对方去有关部门找找人,说说好话,帮自己把这件事办成。

> ……今寄奏检一本奉呈,告贡父与令侄仲冯力言之……此事决不可缓。若更下所属相度,往返取旨,则无及矣……某岂晓土功水利者乎?职事所迫……惟念此一城生聚,必不忍弃为鱼鳖也……
>
> ——苏轼《与刘贡父七首·其四》

苏轼难道是懂水利工程的工程师吗?

当然不是。他是关心这一城百姓,想拼尽全力为他们做点儿实实在在的事啊!

好在,苏轼这次的努力终于没有白费。

元丰元年(1078)二月初四,皇帝特下诏书,对苏轼进行大力表彰,并发放奖金二千四百一十万,嘉奖在徐州特大暴雨中不遗余力保卫城市的四千零二十三个徐州市民。同时,政府还拨款六百三十四万,发放米一千八百余斛,征募三千零二十人,以筑造堤坝,创建木岸。

就这样,苏轼的徐州防洪工程终于可以施工了。

这次水灾的经过,被苏轼详细地记录在《熙宁防河录》里。如果大家有兴趣的话,可以找来看一看。

今天,很多人一提到苏轼,首先想到他的东坡肉,想到他懂诗歌、爱酒茶的惬意生活,想到他游山玩水的悠然与快乐,却常常忽略了他最重要的生命底色:

> 吾侪虽老且穷,而道理贯心肝,忠义填骨髓,直须谈笑于死生之际。……虽怀坎壈于时,遇事有可尊主泽民者,便忘躯为之,祸福得丧,付与造物。
>
> ——苏轼《与李公择书》

他最重要的身份是一个有济世之心的知识分子。

他心中始终有家国天下的责任、舍我其谁的担当。

怪不得韩愈说,摩羯座的人命都不好

虽然尽职尽责,可苏轼到底还是没办法在复杂的政治斗争中保全自己。苏轼天性爽朗,但在人情世故方面,敏锐程度甚至赶不上敏静有识的亡妻王弗[10]。

元丰二年(1079),正在湖州当太守的苏轼,毫无预兆地被捕了。此案主要是由"不当言论"引发的对于过往诗文的审查,又称"乌台诗案"[11]。

这是一场北宋历史上绝无仅有、震惊朝野的文字狱。

此案虽然名为诗案,实际上,导火索却是一篇名为《湖州谢上表》的奏章。所谓"谢上表",是新任官员到任履职时按照惯例写给朝廷的感谢信。

"谢上表"属于应用文,基本上都得是谦逊而充满感恩的风格。苏轼的《湖州谢上表》大体上也是很谦逊的,"凡人必有一得,而臣独无寸长""有过无功""虽勤何补"之类的句子,这篇文章里也都有。

在谦逊和感恩的背后,到底有没有讽刺和批评呢?

据说,其中被认为有问题的是下面这几句:

"用人不求其备,嘉善而矜不能。知其愚不适时,难以追陪新进;察其老不生事,或能牧养小民。"

在"新进"们看来,这绝对不是单纯的自谦,更不是轻轻几句牢骚,而是指向明确、尖锐刺耳的战斗檄文。

于是,一场政治风暴迅速来临,拘捕令也随即下达。

被捕以后,苏轼很没有尊严地从湖州被一路带回京城,随后被关进了御史台监狱中一间特别逼仄的屋子里。这间屋子特别小,抬抬手就会碰到阴冷的墙壁;这间屋子还特别黑,只在屋顶上有一块巴掌大的天窗。

这个又小又黑的囚禁室简直就是一口深不可测的井,而命运无情地把苏轼扔进这口井里,仿佛扔一只可怜的青蛙。这一回他会死吗?他还能见到家人和亲友吗?

苏轼有点儿害怕了。

很快,对他写过的所有诗文的清查,以一种事无巨细的方式开始了:

苏轼少年成名,在当时就是人人追捧的文化偶像。这么多年来,他到底写过多少诗歌?又写过多少文章?如今,竟然都成了他的罪状。负责调查的官员寻章摘句,从早问到晚,还常常大声辱骂他,有时候甚至会刑讯逼供。

这一切实在令今天喜欢苏轼的我们,无力去想象。

负责审讯苏轼的官员中,有一个名叫李定的主审官。他本不过是个小人物,如今竟能在苏轼面前耀武扬威,便忍不住趾高气扬起来。小人一旦得志,就总想炫耀些什么。不过,朝中众多官员都知道苏轼冤屈,心里有不平之气,不愿意和他交谈。

有一天,崇政殿外,大家都在静心等待皇上的到来。

李定实在忍不住,忽然大声地对周围的同事说:"啊呀,苏轼真是个奇才啊!"人们不知道他的意思,不敢接话。

过了一会儿,大家又听见李定自言自语地说:"一二十年前写的诗和文章,一般人谁能记清楚?苏轼却能够随问随答,没有一个字的差错。这可不就是奇才吗?"说完,他故意表现出惊叹的样子。

大家暗暗地交换了一个眼神,空气里依然是死一样的沉默。

在被"李定"们审查的过程中,苏轼不得不写了很多配合审查的文字材料。这份材料牵连了许多苏轼的前辈和朋友,都是"李定"们希望借机打压的人。在两个月漫长而酷烈的审讯中,苏轼似乎并不是很确定,对方到底找到了自己的什么错误,但他也似乎根本没有什么申辩的机会,就已经被屈打成招了。

"李定"们上奏天子,说苏轼有谋反的罪行,理应被处死,其他相关的人也该被处死。

接着,就有更恐怖的消息传出来,说苏家可能要因此被满门抄斩。

这场最初不过是由一句话引发的和苏轼有关的案子,很快就变成了一派血洗另一派的大案。

苏轼是农历八月被关押起来的，转眼，秋天去了，冬天来了。御史台的监狱外，乌鸦终日在树上哀鸣。它们的叫声，让这一年的冬天更加苍凉，也更加寒冷了。

元丰二年十二月十九日。

这一天，是苏轼四十四岁的生日。苏轼一个人在狱中发呆。

太阳落山了，月亮升起来，一只乌鸦被冻得从树上掉了下来，苏轼见了，又惊讶又感伤。他觉得自己好像那只乌鸦呀！

"为什么天下非议滔滔，全都集中在我身上？难道我这么不幸，就是因为我是摩羯座吗？"[12]

他想了想，好像大文豪韩愈也是摩羯座的。

他口中喃喃，开始背起韩愈的诗。"一封朝奏九重天，夕贬潮阳路八千。欲为圣明除弊事，肯将衰朽惜残年。"苏轼叹了一口气，"怪不得韩愈说，摩羯座的人命都不好，好像还真是啊！"

过了一会儿，透过那唯一的窗子，他忽然看见窗外直立的榆槐和柏竹。看着它们那凌风傲雪的姿态，苏轼忽然不再难过了："或许现实是不能被自己左右的，但面对现实的态度，却是可以选择的！把自己的不幸归咎于星座，这太孩子气了！以后我再也不能这样想了。"

本来就因言获罪的他，还是忍不住写了几首诗，以表达自己内心的感触：

写给榆树的是：

> 谁言霜雪苦，生意殊未足。坐待春风至，飞英覆空屋。
>
> ——苏轼《御史台榆槐竹柏四首·榆》

写给竹子的是：

> 萧然风雪意，可折不可辱。风霁竹已回，猗猗散青玉。
>
> ——苏轼《御史台榆槐竹柏四首·竹》

对于自己的遭遇，苏轼最终没有怨，也没有恨。相反，他保持了一份对生活难能可贵的乐观和永不枯竭的希冀。他相信，只要立身坚强正直，任何摧残打击都会过去——况且现在已经是年底了，这多灾多难的一年就快结束了。

既然冬天马上结束，那春天还会遥远吗？苏轼相信自己一定能熬过去，那属于春天的缤纷的花朵，他一定会再次看见。

果不其然，没过多久，事情就迎来了转机。那个总是看苏轼不顺眼的王安石，虽然好斗而冷酷，但却始终保有士大夫的底线，在这一点上，他和那些毫无底线的小人是泾渭分明的。

王安石是绝不屑于与"李定"们为伍的。在神宗左右摇摆的时候，他及时挺身而出，奋力疾呼："岂有圣世而杀才士者乎？"

因为他的这声大喝，也基于对苏轼的了解与信任，最终，神宗皇帝终结了这场小人的蓄意陷害。

平生功业

他相信苏轼没有叛逆,没有谋反,决定从轻处理此事。

从元丰二年八月十八日入狱到十二月二十九日出狱,一百多天过去了,秋天也早已变成了冬天。

苏轼终于从御史台暗无天日的囚室中走到阳光下。伴随着除夕这一天不绝于耳的爆竹声,他终于获得了自由。

新的一年,如期而至。京城百姓家家户户都在欢度新年,与之形成鲜明反差的是,苏轼要到人生地不熟的黄州去了——虽然神宗皇帝并没有打算置他于死地,但反对变法的苏轼还是没能逃脱罪责,他要去黄州做"检校尚书水部员外郎、充黄州团练副使"了。

这是一个虚职,没有实际的事务要做,受到的人身限制却是实实在在的——他不能离开黄州半步。

可能会有人奇怪,为什么苏轼不辞职?

说起来,这就是古代官场最残酷的地方了。

贬谪是一个不能退出的游戏、一个不能摆脱的惩罚。除了以戴罪之身完成指定的贬谪之旅外,你别无选择。而且按照规定,被贬谪的官员接到命令后必须立刻动身,一刻都不能多留。

于是,苏轼就这样匆匆收拾了行囊,踏上了去往黄州的路。

在最困顿的地方，发现最美丽的风景

一个月后，千里投荒的苏轼终于到达了黄州。一开始，他先寄住在定慧院，安顿下来之后，又搬到了临皋亭。临皋亭的住处本来就很狭小，再加上家眷随后而至，一时之间，苏轼住得很窘迫。

好在他的乐观再次发挥了作用：他发现，临皋亭外的风景特别好看。离亭大约八十多步外，就是大江。江水滔滔，日夜拍打江岸。苏轼拿着手杖来到江边。天空浩渺，流云高去而江涛起伏。他感到一种前所未有的舒心与开阔。

无论是哪里的江山，只要内心安定，就能成为自己的家乡。

无论是哪里的风月，只要懂得欣赏，就能带来巨大的安宁。

临皋亭下不数十步，便是大江，其半是峨眉雪水，吾饮食沐浴皆取焉，何必归乡哉！江山风月，本无常主，闲者便是主人。

——苏轼《与范子丰八首·其八》

既然如此，人生还有什么样的境遇，是不能随遇而安的呢？有了这样的心态，再偏远的地方、再艰苦的生活、再困顿的境遇，就都有可观之处了。有了这样的领悟，那往日晴天一身土、雪天一身泥的黄泥路，也变得充满趣味。同样，一场让人狼狈的大雨，也不会让他和同行人一样心生抱怨了。

> 莫听穿林打叶声，何妨吟啸且徐行。竹杖芒鞋轻胜马，谁怕？一蓑烟雨任平生。　料峭春风吹酒醒，微冷，山头斜照却相迎。回首向来萧瑟处，归去，也无风雨也无晴。
>
> ——苏轼《定风波》

秋天来了，江水涨起来，千里水面，浩然无边。遇到风和日丽的好日子，对岸的崖壁就红得特别耀眼，特别好看。

这样的风景，苏轼怎么忍心辜负？

他常常一个人划船到那里，在沙滩上漫无目的地散步。沙滩上的石头大大小小，五颜六色，比蓝天、白云、红崖还要鲜艳夺目，有的还有特别可爱的花纹。这些小石头满沙滩都是，一个人根本捡不过来。苏轼想了一个办法，他准备了一大堆好吃的，请小朋友们一起到沙滩上捡。孩子们看到那么多好吃的，眼前又有那么多五颜六色的石头，高兴极了。在他们的帮助下，苏轼一共收集到了二百九十八颗可爱的小石头。

> 齐安小儿浴于江，时有得之者。戏以饼饵易之。既久，得二百九十有八枚。大者兼寸，小者如枣、栗、菱、芡，其一如虎豹，首有口、鼻、眼处，以为群石之长。又得古铜盆一枚，以盛石，挹水注之粲然。
>
> ——苏轼《怪石供》

一个月白风清的夜晚，苏轼越过丛生的草木，站在鹘鸟的窝巢旁边，凝视着夜空中灿烂的星河，倾听着一声又一声拍岸的惊涛。这一刻，万里江山奔赴眼底，千年喟叹涌上心头。这一刻，苏轼想到雄姿英发的周瑜，也想到气韵沉雄的曹操。

他想，他们的生命虽然也是短暂的，但却发出过那么耀眼的光辉。人生如此，已然值得。但是，此刻孤单零落的他不禁想问："自己生命的价值与意义又在哪里呢？"自己那么有才华，那么有热情，那么努力，对理想的追求一刻都没有停歇过，可是如今又如何呢？

他感觉到一种来自时间和空间的巨大压迫。他现在四十多岁，正该是建功立业的盛年，可在黄州又能有什么作为呢？

他想起许多许多年前读《后汉书》时范滂说的话。那时候，范滂马上就要死了，面对周围站着的因感佩他的德行而前来送别的人，范滂对儿子说了一句催人泪下的话：

"吾欲使汝为恶，则恶不可为；使汝为善，则我不为恶，而人生（下场）亦如此。"

此时此刻，苏轼有些茫然。这句多年前熟读成诵的话，难道说的不也正是自己的命运吗？

不知不觉，苏轼来到了赤壁的最高处。

他想起了元丰四年（1081）黄州的久旱和后来猝不及防的暴雨，想起了根叶烂坏的庄稼，想起了全家人即将忍饥挨饿的未来。他甚至想起了聪慧早逝的妻子王弗，想起了未能一展抱负便憾然离世的父亲，想起了一生操劳却没能享半日清福的母亲，想

平生功业

起了远在他方、宦海沉浮的弟弟，想起了自己似乎就要终老黄州的人生……

"官场的得与失、物质的丰与简，都可以不在乎。可是，一个知识分子为了国家和生民奉献一生的热情，难道注定就无处倾注了吗？一个人的独立和自由，难道就注定是求之不得的梦想吗？难道这样被摧残、被打击、被束缚的日子，就是生活的全部了吗？"想到这里，苏轼再也无法控制自己，发出了一声痛苦的呼喊："啊——"

大江滔滔，虽沉默不语，却千年不竭。明月缺而复圆，周而复始，万古不改。他凝视着眼前的一山一水、一木一石。清风从山林中从容不迫地吹来，自然万物和他如此亲近。

忽然之间，草木震动，山鸣谷应，风起云涌。

苏轼一下子愣住了。他以前总是忙碌于具体事务，从来没能意识到，人和大自然之间竟然可以有这样神奇的呼应。

"啊！"他又呐喊了一声，与上次不同的是，这是忘我的呼喊，是原本局促的灵魂对时空限制的勇敢超越，是一次生命境界的扩展与飞升。从此以后，人生道路上的种种困难，再也不是命运对弱者的摧折，再也不是生命个体一次次无力抗拒的打击。

苏轼在这一刻豁然开朗了。回想四十多年来命运的给予，他感到一种从未有过的平和与安宁、通透与洒脱、超然与自由。

赤壁是苏轼在黄州最喜欢的地方，也是苏轼三咏赤壁，写作

"一词二赋"的地方,一词是《念奴娇·赤壁怀古》,两赋是前、后《赤壁赋》。

三国时期,曾发生过一次著名的赤壁之战。当然,这个赤壁并不是苏轼和孩子们一起捡石子的赤壁。不过苏轼并没把这件事太放在心上,于是在作品中,便半真半假地把黄州的赤壁当作古战争之地,借古抒怀了。

后来的人们一样清楚地知道,此赤壁非彼赤壁,这里根本不是周瑜和曹操对决的地点,但还是发自肺腑地喜欢他的《念奴娇·赤壁怀古》,喜欢他的前、后《赤壁赋》。

因为太喜欢苏轼了,人们还专门创造了"文武赤壁"的概念,用来区分"历史的赤壁"和苏轼创造出来的"文学的赤壁"。一代又一代的中国人从做中学生的时候就会背:

大江东去,浪淘尽,千古风流人物。故垒西边,人道是,三国周郎赤壁。乱石穿空,惊涛拍岸,卷起千堆雪。江山如画,一时多少豪杰。　遥想公瑾当年,小乔初嫁了,雄姿英发。羽扇纶巾,谈笑间,樯橹灰飞烟灭。故国神游,多情应笑我,早生华发。人生如梦,一尊还酹江月。

——苏轼《念奴娇·赤壁怀古》

苏子曰:"……盖将自其变者而观之,则天地曾不能以一瞬;自其不变者而观之,则物与我皆无尽也,而又何羡乎!且夫天地之间，物各有主，苟非吾之所有，虽一毫而莫取。惟江上之清风，与山间之明月，耳得之而为声，目遇之而成色，取之无禁，用之不竭，是造物者之无尽藏也，而吾与子之所共适。"

——苏轼《赤壁赋》

那一轮明月，照过梦中的短松冈，照过八月十五的超然台，如今又照在中元节后的黄州赤壁，给苏轼以新的顿悟和灵感。

十年过去了，一百年过去了，一千年也过去了。时间之河滚滚流逝，岁月的浪花带走了数不尽的英雄人物。三国时期的刀光剑影早已黯淡，赤壁之战的鼓角铮鸣也渐渐远去。那曾经火烧连营的战场，也早看不见当年战争的痕迹。

黄州其实没什么名山大川，赤壁充其量就是一个小土堆，赤壁之下，也不过只是一条再普通不过的江水，但苏轼有升华一切的眼光。

他说："君不见武昌樊口幽绝处，东坡先生留五年。春风摇江天漠漠，暮云卷雨山娟娟。丹枫翻鸦伴水宿，长松落雪惊醉眠。"（苏轼《书王定国所藏〈烟江叠嶂图〉》）

唯有在苏轼的追忆里，这样一个不起眼的地方，它的春夏秋冬才有如此诗意的美感，也唯有他这份苦中作乐的旷达，才成就了不朽的文学经典。

以后请叫我"东坡居士"

我们都知道苏轼之所以叫苏东坡,是因为他自号"东坡居士",但很少有人知道"东坡"的来历。

东坡本是一块无人耕种的荒田。这块田本来也不是苏轼的。

元丰四年,也就是苏轼到黄州后的第二年,好朋友马正卿实在不忍心看苏轼饿肚子,于是想方设法为他申请了这块田。

这里四周山坡起伏,本身是一块大约五十亩的平地。

苏轼第一眼看见它时,就决定为它取一个平实却不平凡的名字。

"你打算送它一个什么名字?"马正卿问。

"东坡。以后请叫我东坡居士。"

"是因为它在黄冈东城门外吗?"

马正卿有点儿说不出的失望:他的朋友苏轼可是大文豪啊!他的想象力和文采都去哪里啦?难道是和袋子里的钱一起消失了吗?这时候马正卿还不知道,"东坡居士"这个名号日后会有多么大的影响力。

苏轼摇摇头:"也对,可也不全对。你再想想。"

马正卿这下总算想起来:大意了大意了!大文豪白居易担任忠州(今重庆忠县)刺史的时候,就给忠州城外的一块地取名东坡。

白居易的东坡很美，不仅有一条潺潺流动的小溪，溪水旁边还有一个可以看风景的小台子。

他喜欢能开花的树。桃杏梨李石榴树，紫薇枇杷黄桷兰，只要可以种，就通通买来种。种的时候只管随心所欲，树种完了，不知道有多少行，也不知道具体有多少树——估摸着得有个三四千棵吧！

春天来了，树长高了，花开放了，有红色的，也有白色的。红色的艳艳如晚霞，白色的皑皑似初雪，好看极了。蜜蜂来了，开心得不肯离开，各种各样珍奇的鸟儿也一只接一只地飞来玩耍。也许是当地人对美景太习以为常了，自从这片林子开花以后，整个春天都没人来过。

没人来就没人来吧，一个人更自在。白居易就一个人在树下的绿荫里赏花，一个人喝酒，一杯又一杯；一个人写诗，一首又一首。

粉红的、洁白的落花轻轻落入怀里，惹得他又意外又喜欢，于是好句子就一个跟着一个，成群结队地来了：

朝上东坡步，夕上东坡步。东坡何所爱？爱此新成树。
种植当岁初，滋荣及春暮。信意取次栽，无行亦无数。

——白居易《步东坡》

白居易写完了又一个人吟唱,他一边喝酒一边唱:"红者霞艳艳,白者雪皑皑。游蜂逐不去,好鸟亦栖来。"

在春风和诗歌中,独饮寂寞的白居易在东坡上微微地醉着。直到要离开忠州的时候,这股子醉意都还没散去呢!

三年留滞在江城,草树禽鱼尽有情。
何处殷勤重回首?东坡桃李种新成。
花林好住莫憔悴,春至但知依旧春。
楼上明年新太守,不妨还是爱花人。

——白居易《别种东坡花树两绝》

"东坡这个名字好,你现在的情况确实和白居易差不多。"马正卿这才明白"东坡居士"背后苏轼的心思,他这是要致敬白居易啊!

苏轼指着眼前的荒田,吟了两句诗,算作对朋友的回应:"哈哈哈!出处依稀似乐天,敢将衰朽较前贤!就是图个开心嘛!"

马正卿心有戚戚。生活已经够清苦的了,自个儿要是开心不起来,这日子可还有什么盼头?苏轼能把眼中的黄州东坡,看成诗歌里的忠州东坡,这就是自个儿给自个儿盼头——而且是一个很风雅的盼头呢!

没错,文学是人类的避难所,而且被无数次地证明,是最安宁的那个;文学也是人类的精神家园,而且也被无数次地证明,是最温暖的那个。

一个艳阳高照的晴天,苏轼一边捡着地上的砾石,一边谋划着要怎么改造这块荒地——现在这里太荒凉了,没法儿为它写诗。不过,这块地并不好种,因为眼下正好赶上了旱灾。

好在苏轼不怕困难——在徐州的时候,那么大的暴雨,他不都战胜了吗?在他看来,只要干劲儿足,其他的都是小事情。

他开始兴致勃勃地计划起来,想象着接下来要种些什么——此东坡非彼东坡,他得有自己的想法和创意!

远处那片低平的湿地上,要种植一片粳稻。

东面平地上要种一片枣树和栗树。朋友们送给他的果树苗马上就要到了,到时候都可以种起来。

"哦,对了,还可以再种一片竹林!这样,春天到来的时候,就可以吃到刚刚破土而出的竹笋了。嫩嫩的竹笋要是再配上刚出水的肥鱼,啧啧,那味道,甭提有多么鲜美了……"

苏轼不知不觉,开始琢磨起美食来。

"等等,一旦种上竹子,那旁边的枣树和栗树可要怎么办呢?竹子要是长起来,可是会把土地、营养和水分都抢走呢!算了,这样的话,还是忍痛割爱吧……"苏轼犹豫了好久,最终才下了决心,放弃了种竹子、吃竹笋的想法。

土地整理过一遍之后,苏轼开始带着家中的仆人放火烧荒。很快,火舌欢快地跳起来,地上的枯草也毕毕剥剥地发出声响。

过了一会儿，仆人突然吃惊地叫了起来。

"您看那是什么？"他指着远处火苗燃尽的地方。

大家跑过去看时，竟然发现了一口水井。

可还有什么比大旱之时发现一处水源更让人开心的吗？主仆二人你看看我，我看看你，不禁会心大笑起来。

为了种好这块地，苏轼每天早出晚归。开垦的工作比想象中要慢得多。秋天马上就要来了，再种稻子已经来不及了，苏轼就先种上了麦子。

麦子种完，他就再接再厉种上了心心念念的果树。

麦子渐渐长起来，整片农场绿成了一片。麦子渐渐熟了，绿色的土地成了一片金灿灿的麦田。

苏轼抹了一把汗珠儿，他觉得自己不那么像白居易了。他觉得现在的自己更像陶渊明：天天种庄稼，摘果子，他的身体更健康了，内心也更真淳、更放松、更快乐、更纯净了。

苏轼带着农夫们一起干活儿，一起唱歌，一起等待秋收的欢喜……仔细听，他们唱的歌好像还挺熟悉：

噫！归去来兮。我今忘我兼忘世。亲戚无浪语，琴书中有真味。步翠麓崎岖，泛溪窈窕，涓涓暗谷流春水……

——苏轼《哨遍·为米折腰》

原来，他给陶渊明的《归去来兮辞》谱了曲子，没事就唱。

朋友听说苏轼在经营农场，贴心地送来橘子树幼苗。苏轼想象着橘子成熟的情景，很高兴。

屈原最喜欢橘子，也喜欢种橘子树。于是，一种和古人心灵相通的快乐，就这样浮上心头。

他越想越开心，又情不自禁地想到了吃。"既然有了橘子，自己又住在江边，似乎还可以再研发一道奶汁鲫鱼汤来尝尝……"

"取新鲜的鲫鱼，水冷时入锅，撒上少许盐，盖上菘菜菜心，再丢上葱白数段。等到鱼肉半熟时，放入生姜、萝卜汁，和一点儿自己酿的酒。最后，等鱼汤变白时，再将切成丝的橘皮撒在上面。嘿！一道美味就成了。"

鱼汤是奶白色的，菜心是翠绿色的，橘皮是橘红色的。若是再把这道鱼羹放进一个美丽的食器里，岂不就色香味俱全了吗？啊呀呀，单单是想一想，就觉得好好吃啊。

我把苦难酿成酒

元丰五年（1082）正月，一个叫王天麟的同乡来看望苏轼。

"这是什么酒？"王天麟喝到微醺时，情不自禁地举起杯子端详，"你不是常常抱怨黄州的酒不好喝吗？怎么今天的酒这样好喝？"

苏轼得意了："那可不！你喝的可不是一般的酒。"

原来，爱喝酒的苏轼自从到了黄州，总是觉得本地的酒没什么滋味。朋友们知道了，就纷纷把自己得到的好酒送过来，让他解馋。苏轼的人缘好，朋友多，送来的酒也多。

有一天，苏轼灵机一动，心想："也不知道把各家的酒调配在一起，会是什么味道？"他说干就干，很快调配了一款独一无二的酒。王天麟喝的正是这款酒。

"这酒这样好喝，可有个名字吗？"

苏轼看了看堂屋四壁的江山雪景图，灵光一动。

"就叫它雪堂义樽吧！"

无数的远方,无数的人,都和我有关

就在喝酒的时候,苏轼听王天麟说起了一个令人痛心的现象——溺婴。

"溺婴?"

"嗯,就是小孩子刚出生不久,趁着他们还没睁眼,父母就把他们溺死在水盆里。老百姓基本重男轻女,被杀害的大多数都是女婴。"

"啊!"苏轼听了,不免叹息。

无论在哪里,老百姓的日子都是最不容易的。

这"溺婴"的陋俗和密州饥荒时弃婴的情形,不过都是一回事罢了。

若不是生活所迫,哪里有父母会忍心杀掉自己的骨肉?不等王天麟细说,苏轼已估摸得八九不离十了。

"得做些什么呀?"苏轼的眼睛又湿润了。

王天麟摇摇头:"不过是一起喝酒的时候说说罢了。岳鄂一带的风俗,从来如此,并不是一天两天,你我又做得了什么呢?"

"从来如此的,便就是对的吗?"苏轼若有所思。

"那倒不是。但凡能救的,我也都会去救。但凡听说附近谁家已经有了几个孩子可又生下女儿的,我就送去衣服、钱粮,免得他们……"

"父母爱子女是天性。虎毒尚且不食子，何况人呢？"

"是。这些百姓但凡有点救济，能留下孩子抚养，不过十几天就能对孩子产生感情。这时候就是有人要把孩子抱走，他们也不干了……只可惜我的力量有限，救不了几个孩子。"

苏轼这才明白，刚才王天麟之所以说出那样的话，并不是真的无动于衷，而是因为要救的人太多，自己的力量又太有限，才深感无奈。

酒喝完了，王天麟要回武昌了。苏轼的内心却久久得不到平静。鲜美的赤壁鱼羹、醉人的雪堂义樽，顿时都没了往日的滋味。

"溺婴"现象由来已久，改变起来并不容易——王天麟说的都是实情。但苏轼没办法只把它当作酒后的谈资。他给当地的地方官朱寿昌写了封长达千字的信，希望对方挺身而出，为那些来不及看看这个世界的女婴做些什么。信写完后，他又在黄州组织了一个名叫"育儿会"的慈善机构。接着，又以"育儿会"的名义请求本地豪门大户捐款，对贫困人口施与实物救助。

不仅如此，苏轼还拿出自己本就不多的钱，用来救助百姓。事实证明，王天麟说的是对的，也许现实太残酷，也许恶习太深重，他们能改变的确实很有限。而太守朱寿昌不久就离开了鄂州，这件事也就不了了之了。

可，哪怕只是凭着自己的力量再救下一个孩子呢！对于这个孩子而言，这就足够了。

平生功业

我把生活写成诗

二月来了,东坡上大雪纷飞。经过漫长的忙碌,农场建好了,果园建好了,房子也建好了。一家人其乐融融,苏轼安心居住在黄州的梦想,马上就可以实现了。

这里虽然很简陋,但靠着自己的双手创造出这一切的苏轼,心里感到充盈而安适。

他拿起画笔,在空无一物的屋子里画满了漂亮的雪景——

这里的景色本来就美如绢画,此刻,玉树琼林之上又有万点飞白,推开窗子就能看到。难道这样美的景色,这样愉悦的感受,不该用艺术的方式永远留住吗?

苏子得废圃于东坡之胁,筑而垣之,作堂焉,号其正曰"雪堂"。堂以大雪中为之,因绘雪于四壁之间,无容隙也。起居偃仰,环顾睥睨,无非雪者。苏子居之,真得其所居者也。

——苏轼《雪堂记》

朋友们来看望他,看见墙上的壁画,个个叹为观止。

苏轼听了夸赞,也很高兴,索性写了"东坡雪堂"几个字,做成匾额悬挂在门上。

"啊!如果最初的梦注定不能实现,那一辈子在东坡做个果园老农,像陶渊明一样快乐地隐居,应该也很美好吧?"

苏轼退后几步,一边端详着门上的大字,一边默默感慨起来。

梦中了了醉中醒。只渊明,是前生。走遍人间,依旧却躬耕。昨夜东坡春雨足,乌鹊喜,报新晴。

雪堂西畔暗泉鸣,北山倾,小溪横。南望亭丘,孤秀耸曾城。都是斜川当日境,吾老矣,寄余龄。

——苏轼《江城子》

乌台诗案的折磨、被贬黄州的苦痛,在苏轼的生命中非常关键。从此以后,一位被爱他的人们以"苏东坡"称之的文学家,才真正出现在这个世界上:

他以忘躯泽民的价值追求为基础和前提,以密州为起点,以黄州为高峰,最终超越了人生的种种苦难,实现了精神上的超拔与自由。这样的人物所创造出来的作品,是文学世界中价值连城的珍宝。

黄州，带不走的只有你

元丰七年（1084），苏轼被贬黄州的第五个年头，属于他的春天终于姗姗而来。

还记得那个二十岁即位的少年皇帝宋神宗赵顼吗？即位之后的这十几年里，神宗经历了熙宁变法的失败、王安石的罢相，经历了朝臣的反对、元丰年间的制度革新，也经历了宋和西夏多年的征战……这些经历共同塑造和改变了他，他变得冷静了，理智了，对苏轼的态度也自然而然地改变了许多。

于是，经过一段漫长而慎重的思考，神宗终于下定决心，排除他议，重新任用老臣苏轼。

元丰七年的春天，神宗特授苏轼检校尚书水部员外郎、汝州团练副使，把他从偏远的黄州迁移到了京城附近。

自元丰三年（1080）二月到达黄州，到元丰七年四月离去，苏轼在黄州一共住了四年零两个月。

苏轼感到既快慰又感慨，谁会想到有这一天呢？

他本来以为这辈子就终老于此了呢！为了这苦痛但又令人怀念的一切，他满含深情，写下一首《满庭芳》：

归去来兮，吾归何处？万里家在岷峨。百年强半，来日苦无多。

坐见黄州再闰，儿童尽、楚语吴歌。山中友，鸡豚社酒，相劝老东坡。　云何？当此去，人生底事，来往如梭！待闲看，秋风洛水清波。好在堂前细柳，应念我、莫剪柔柯。仍传语，江南父老，时与晒渔蓑。

平生功业

相逢一笑泯恩仇

从黄州到汝州的路上,四十九岁的苏轼在金陵见到一个特别的老人。

这个人如今不问政治,每天骑一匹健驴,带一两个童子,整日漫游在金陵的名山古刹,闲了就和和尚们谈谈佛法,吟诵吟诵诗歌。听说苏轼来了,他骑着驴子,早早到江边等着。

苏轼远远看见他的身影,心中霎时间百感交集。

他来不及更换正式的官服,便匆匆走出船来,慌乱之间赶忙作了一个揖:"轼今日敢以野服见大丞相!"

"呵呵,礼岂为我辈设者!子瞻快不要行礼了吧!"对面,许久未和苏轼见面的王安石,同样穿着随意的便服,缓缓下得驴来。曾经意见相左的两个人,终于相视一笑。

过往的是非与争战,也就在这一笑之间,烟消云散。

接下来的一连好几天,苏轼与王安石朝夕相处,日夜以对。两个人一起吃好吃的,一起到各处游玩。

他们都是饱经忧患的政治家,又都是才华横溢的文学家,相处起来有难以言说的默契和愉快。

八月初秋,离别的时刻终于到来了。

苏轼上船以后,王安石目送良久,直到江上的行船再也看不见了,才依依不舍地转过身,对身边的人说:"不知道要过几百年,人世间才能有一个苏轼这样的人物!"

而苏轼这边呢,也因为这次相会,波动的心海久久难以平复。离开金陵的第二天,还在船上的他就忍不住给王安石写信表白心迹。在信中,他这样说道:"某游门下久矣,然未尝得如此行,朝夕闻所未闻,慰幸之极。已别经宿,怅仰不可言……"

不因反对而反对

苏轼离开黄州以后,整整一年时间,都带着全家老小一直在长江、淮河一带辗转,生活其实很不安定。最终他主动请求,要到常州居住。神宗同意了。

这对苏轼来说,是一件难得的喜事。

他以为,人生至此,或许已不必有什么奢求,能够安居一方,衣食无忧,时常写诗作画,饮酒煮茶,在江南的山水中度过些美好的时光,就已经是奔波半生之后最好的归宿了。

谁知道,没过多长时间,一件无论如何也预料不到的大事发生了。元丰八年四月一日,年仅三十八岁的神宗猝然驾崩。即位的太子赵煦,和父亲登基时候比,更加年幼——这时候,他还只有九岁。宣仁太皇太后只好垂帘摄政。

宣仁太皇太后是位仁厚而坚韧的女性。她经历过丈夫宋英宗、儿子宋神宗的两朝政事,对狂飙突进的改革带来的混乱,有着深刻的记忆,因此,也格外向往公公宋仁宗时期的太平岁月。

她执掌国政以后,顿时感到恢复旧法的迫切性。

因此,她很快起用了一批反对王安石变法的老臣,其中自然包括了正在潜心编纂《资治通鉴》的司马光。随着朝中局势日渐明朗,苏轼也连连改任,最终几经拔擢,受命为起居舍人。按照宋朝的官员制度,起居舍人掌管的是机要政务,是皇帝身边的近臣。

司马光一直和王安石政见不合,政治主张也没什么施展的机会。现在得到了朝廷的重任,他立刻大刀阔斧,把王安石熙丰年间的新法都废除了。

决定过于绝对化,往往就会出现问题。

就拿"免役法"来说吧。这虽然是王安石推行的新法,但经过十几年的实践,比起从前施行的"差役法",确实是一个更完善的制度。但司马光不管这些,凡是新法,他都要废除。换句话说,司马光虽然是一个正直的人,但此时此刻,因为成见、自尊和执拗,竟俨然变成了第二个王安石。他坚持自己的主张,谁的话也不肯听。

平心而论,十几年前的苏轼,对"免役法"的反对,其实比谁都激烈。不过,随着阅历的增多、心智的变化,尤其是经过了多年在地方的历练,他的想法已经发生了微妙的变化:"免役法"实行了这么多年,老百姓已经适应了,如今又要狂风暴雨式地全盘改变,这完全没有必要。

衡量一个政策实行与否的标准,难道不应该是优劣而不是新旧吗?没错,他也反对过"免役法",但这并不意味着,他现在会和重新手握权力的司马光一样,为反对而反对!

法相因则事易成,事有渐则民不惊。

这是他一贯的主张,他反对的是任何人一拍脑门的决定、仓促上马的工程、朝令夕改的法令。

这和新法、旧法无关,也和当政的人是王安石还是司马光无关。

苏轼执拗地把自己的想法一五一十地讲给司马光听。

可惜,司马光越听心情越差,脸色也越来越难看了。

但做官是为了给人民谋福利,替国家谋发展的,不是为了让某个人开心的。

苏轼只当没看见。

他也并没有因此而"收敛"一些。

虽然,这样的举动无疑为自己的前行之路插满了荆棘。但他疾恶如仇,绝不轻易妥协,因此认真做了自己应该做的一切。但凡朝中举措有失当之处,他依然不遗余力地批评。

他批评元丰年间司农少卿治水期间浪费国帑,牺牲民命;他弹劾左右二相和吕惠卿等宵小之人……

他太不圆滑,太不世故,出言太过直率,而做事太过刚勇,树敌太多。不知道此时此刻的苏轼,可还记得那篇《名二子说》吗?凡此种种,难道不正是许多年前,父亲苏洵给他取名字时深深为之忧虑的吗?

木秀于林，风必摧之

如果说黄州之前，苏轼的痛苦来自"多言"带来的祸患，那么这一次，他的痛苦则来自太过顺遂的"升迁"。

大概是太皇太后对他青眼有加吧。

被任命为起居舍人后，苏轼很快升职为三品翰林学士，不久又得以"侍读经筵"——也就是教育哲宗皇帝读书。升官升到这个地步，一个做臣子的，已经极尽儒臣的尊荣与显耀。

在一个复杂的政治环境中，太优秀正直反而不一定是件好事。正因为获得了太多恩宠，苏轼很快就得罪了一批人。

他的官做得越大，别人就越看不惯他。这样的现实让屡屡被人攻击、责难甚至陷害的苏轼更加痛苦了。

以前，虽然大家也抬杠，也辩论，也常常有意气用事、剑拔弩张的时刻，但归根结底，大家只是为做事方式不同而争吵，不管怎么吵，也不管怎么骂，双方为的都是国家的利益、人民的福祉。

如今的情况却迥然不同。这些人并不在意什么政治立场、道德原则，他们争来争去，为的都是些不值一提的蝇头私利罢了。

于是在入朝四年后的元祐四年（1089），不堪与朝中市侩为伍的苏轼，做了一个艰难的选择——他决定，再次离开京城。

早知道空谈误国,不如踏踏实实去做些什么。

就这样,苏轼开启了人生中第二次治理地方的官宦生涯。他回到阔别十五年的杭州,再次投入到具体的事务之中。他疏浚河道,理水救旱;衣不解带地处理疫情,建立公共医疗设施,发放药品,治六井,开西湖。

人们称赞好官员时,有时会说他们"为官一任,造福一方"。为了工作,常常忘记回家吃饭的苏轼,正是这样一位令人感佩的父母官。

治理西湖不是一件容易的事,人生能够得偿所愿的时刻也并不多。因此,当西湖美景重现在眼前的时候,苏轼体会到了一种巨大的满足感。他曾经写过一首《南歌子》,用来表达自己对杭州与西湖的美好期待:

> 古岸开青葑,新渠走碧流。会看光满万家楼。记取他年扶路、入西州。佳节连梅雨,余生寄叶舟。只将菱角与鸡头。更有月明千顷、一时留。

通过不懈努力,这个关于杭州和西湖的梦想,真的实现了。

不写诗了,要抗洪救灾!

明朝有一位大名士叫杨慎,毛宗岗评本《三国演义》的开篇词《临江仙》[13]就是他写的。杨慎打心眼儿里喜欢苏轼,也由衷地敬佩苏轼所做的一切。他夸赞苏轼说:

"宋之世,修六塔河、三股河……糜费百十万之钱谷,漂没数十万之丁夫,迄无成功……东坡杭湖、颍湖之役,不数月之间,无糜百金而成百世之功,其政事之才,岂止十倍时流乎?"(〔明〕杨慎《升庵诗话新笺证》)

能得到如此赞誉的人,古往今来,能有几个?

文学家苏轼的世界,比我们想象中广阔许多。

苏轼第二次在杭州,大约只待了一年半的时间。这一年半里,他特别忙碌,也特别辛苦,没有办法像在黄州时一样尽情写诗了。诗人苏东坡、画家苏东坡和书法家苏东坡,为了自己对现实世界的责任,不得不暂时放弃了对精神世界的追求。

在杭州,他遇上了一场史无前例的大水灾。

那是在元祐五年(1090),苏轼五十五岁那一年。

夏天刚到,一场大雨就轰轰烈烈地下了起来。太湖水位一下子暴涨,到处沟满河平,两岸的农田也都被淹没了。房屋被暴雨冲倒，村庄被泡在水里，数不清的人都被滚滚浊流冲走了……

书房中的苏轼忧心忡忡。诗歌肯定是无心再写了，茶也没什么兴致喝了。几个朋友要他写的字，这会儿更是怎么都落不下笔。精神世界里的清风明月再美好，都无法阻止他为暴雨中的城市和灾民而担忧。

天潮潮，地湿湿，眼前是一道遮蔽千里的雨幕和满目骇人的昏暗。大雨排山倒海，一刻不停地倾泻着。

雨声如乱石，如惊涛，仿佛要把屋檐上的每一片瓦都打碎。

苏轼听得目瞪口呆，是整个钱塘江的水被掀翻了，今夜一股脑儿都飞到了江南上空吗[14]？

"今年这是怎么了？要是风浪再大一些，把堤坝冲毁了，那农田可要怎么办？辖区内的七州百姓要怎么办？"

苏轼越想越坐立不安，他立刻饱蘸了笔墨与血泪，挥毫写下《奏浙西灾伤第一状》，痛陈水患之重，恳请朝廷采取赈灾措施。

奏请呈上的十天之后，目睹了更多灾难的苏轼，忍不住又手书奏章一道，急送京师。

> ……乞备录臣奏，下户部及本路提、转、铃辖司相度……未蒙施行。今月二十一日、二十二日、二十三日，皆连昼夜大风雨，二十四日雨稍止，至夜复大雨。窃料苏、湖等州风涛所损，必加于前，若不早作擘画，广行收籴常斛斗准备，则来岁必有流殍之忧。
>
> ——苏轼《奏浙西灾伤第二状》

奏章送出去了。

苏轼看着大雨之中信使的背影，想到朝廷的办事效率，深深叹了一口气。

江南，江南。千百年来的文人墨客没有一个不曾体会过这里的美好，人人都心甘情愿地写下了最美丽的诗。

唐人韦庄说，"春水碧于天，画船听雨眠"；皇甫松说，"闲梦江南梅熟日，夜船吹笛雨潇潇"；白居易更是连写三阕小词，怀念"山寺月中寻桂子，郡亭枕上看潮头"的经历，赞叹"日出江花红胜火，春来江水绿如蓝"的美景，重温"吴酒一杯春竹叶，吴娃双舞醉芙蓉"的感受。

可就是这样一个温柔、婉约的江南，此时却像一瓣洁白的玉兰，猝然零落在泥土里。曾经媚眼如丝、风情万种的她，如今却在风雨的打击下，危在旦夕。

苏轼眉头紧皱，提醒自己不要再想这些——灾情当前，需要做的事情还有很多，他没有时间多愁善感。

他当机立断，再度拿起那原本应该写诗画画的笔，一封封地给有关部门写信，请他们一起制订救灾方案。接着，他又连上四封奏折，急请朝廷处理灾区日益棘手的粮食问题。

这样就够了吗？不，这样还不够。

苏轼又想，水患这么严重，真的只是因为降雨量太大吗？他的答案是否定的——暴雨固然是起因，但洪水涨起来以后无处可去，也是十分重要的原因。假如泄洪通道畅通，以后就算是再发

平生功业

大水，也不至于像现在这样泛滥成灾了。

于是，他邀请了几个官员，和他一起从浙江上游一个叫作石门的地方开始，沿着山体一路考察。

最终，他们在实地勘察的基础上，确定了石门河水利计划：这条河一旦开凿完成，将永避钱塘之患。

计划制订好了，这还不够。计划要想有用，必须真正落地才可以。为了让这有用的计划切实落地，苏轼找人详尽地进行了工程预算。一切做好后，他又上一封奏折，附上详尽的调查报告、工程地图，请求朝廷拨款。

不，这样也还不够。苏轼又走出杭州，亲自到太湖、松江一带考察地形地貌，再次听取了水利专家的治理意见，又上《进〈单锷吴中水利书〉状》，奏请朝廷能够派遣精通水利的官员，完成一件百年来都没能解决的水利工程——这工程或许并没有那么迫在眉睫，但却真正是一件功在当代、利在千秋的事！

苏轼是这样一个人：他忠义许国家，一心永不回。他对于国家和人民的爱，也始终深沉无私，热烈纯粹。因此，即便付出了如此多的心血，花费了如此多的口舌，他也觉得这件事应该做，也值得做。遗憾的是，这件事被朝廷一拖再拖之后，最终还是搁置了。

苏轼离开杭州时，江南水灾刚结束不久。灾难之后，重建的工作既复杂又艰辛，苏轼当然不能放心。

他于是一边走，一边认真考察。这一看不得了。去年他不是就已经预见到了今年粮食价格的波动吗？去年他不是就已经上奏朝廷，申请了一百万贯拨款平稳物价吗？

当时他还因为申请被批准了而高兴呢，谁知现在一看，根本不是那么回事儿！原来，这笔钱虽然朝廷拨了，但负责具体事务的发运使却没有花！这人说，米价太贵了，不如就省了吧。

苏轼很想问问他："既然如此，这一百万贯又去了哪里呢？"但很快他就意识到，发运使和这被私吞的一百万贯或许都不是问题的关键。问题的关键在于：如今，国家和政府不能防患于未然，却要无数老百姓为此付出一生中最沉重的代价。一百万贯钱或许还有追讨回来的那一天，可是如今饿殍载道、流民四起的情景，却已是无可挽回的人间悲剧。

苏轼悲痛至极，上书《再乞发运司应副浙西米状》，怀着沉痛的心情报告他见到的灾难。虽然他已经不是杭州的行政长官，也不再需要为这里的灾情负责，但正如他自己说的那样，他做不到无视深水中的老百姓，也做不到给继任者添麻烦。

因为太皇太后的赏识，离开杭州后，苏轼便又被召回朝廷。

虽然苏轼连上七封奏章，请求继续担任地方官，但都被太皇太后拒绝了。

眼看圣命难回，盛情难却，苏轼只好重新回到京城。

他想："那也正好，既然来了，就不要浪费这个机会，索性把江南的水患、米价和真正管事儿的人说一说！"

后来，苏轼终于把他想说的话，说给了赏识他的太皇太后。

太皇太后听了,很是感动,马上批下了粮食和款。

眼看这件事就要落实,没想到苏轼还来不及高兴,三个官员就提出了异议。

他们睁着眼睛说起了瞎话:"您千万不要相信苏轼,他是在谎报灾情!"

原来,那些反对苏轼的人,不仅置千万生灵于不顾,反而一心想着要借这个机会陷害苏轼。

事情的发展就这样出现了一百八十度的大转弯:朝中争议的重点,很快从"如何救灾"变成了"苏轼是否该论罪贬谪"。

眼看大家吵得鸡犬不宁,太皇太后也只好妥协。

八月初五,回到京城不久却已身心疲惫的苏轼,终于得到了久违的平静——他要去颖州做地方长官了。

仍然爱他护他的太皇太后送来了礼物——对衣一袭、金腰带一条、银鞍辔马一匹。

苏轼看着它们,不知道为什么,忽然想起小时候和弟弟一起读书的日子——也许,上了年纪的人,都爱回忆往事吧。

那时候,他和弟弟一起离开家乡眉山,相伴到京城准备考试。那一年他只有二十六岁;弟弟就更加年轻了,只有二十三岁。

两个人在京城不认识什么人,也没有什么钱,于是就一起住在怀远驿站里。他们相互督促,日夜苦读。

忽然就有一天,秋风透过薄薄的窗户,吹动了案头的书。原本闷热的天气骤然转凉,原来,就在他们忘情读书的时候,秋天早已经不知不觉地来了。

两个人就都放下手里的功课,细听那秋风。

不一会儿,秋雨也来了。他们把窗子打开,风声和雨声一下子大了,二者相依相伴,淅淅沥沥、萧萧飒飒地从山林间奔腾而来。

暗夜之中,他们忽然感受到了骤至的清秋和一阵生命的凄然。

人生是一条不能回头的路。兄弟二人于雨夜风吟之中一起心无旁骛地读书备考。这样的日子无论多么温馨快乐,也终将过去。这骤然而至的清醒,让他们忍不住叹息起来:

许多年后,如果某天回忆起此风此雨、此情此夜,无论是兄弟中的哪一个,都一定会倍加感慨吧!

时间过得可真快。那个预料中许多年后感慨往事的瞬间,就这样没有征兆地来临了。

不知不觉间,整整三十年过去了。

三十年里,他和弟弟可以相见的日子果然少之又少。为了少时以身许国的理想,为了种种不得不担负的责任,二人常常聚少离多,天各一方。可是到头来呢?他那么辛勤地读书,为了考试千里奔波,以为可以追求到真理,可以拥有改变世界的力量,可以让人们因为他的努力而过得比以往更美好。他那么用心,那么用力,可除了疲惫与白发,又获得了什么?

明年的春天,他可以和弟弟一起回眉山吗?就像两只鸥鸟,飞入烟波尽头的山林一样?毕竟,他们都已经这样老了。

苏轼一边想着,一边叹了口气。他是真的想念弟弟了,那如今已经五十三岁的、和自己一样老去的弟弟。

元祐六年(1091)八月,苏轼到达颍州,次年二月又到扬州。他后来曾短暂地回到京城做官,又因陷入群小围攻,再次离开京城,到定州担任地方官。

闪亮的摩羯星

注 释

1. 在中国古代，人们对解释不了的自然现象持迷信观点。因蝗虫与虾外形相似，汉代有"虾化蝗虫"之说，宋代有多处"虾蝗互化"的记载。"柳絮入水化浮萍""腐草为萤""鹰化为鸠"等说法均为古人对未知现象的浪漫阐释。

2. 在科技不发达的古代，人们应对自然灾害的方法非常有限。古人相信君权神授、天人感应，认为干旱与政德有关，只要统治者诚心反省，祈求降雨，便能感动上天。因此，每逢干旱，皇帝和地方官便会带头求雨。随着社会进步，人们现在已经认识到降雨本身与是否求雨并无关联。

3. 苏轼曾呈《上文侍中论强盗赏钱书》，其中说密州"风俗武悍，特好强劫，加以比岁荐饥，椎剽之奸，殆无虚日。"可见密州治安混乱的情况，早已有之。

4. 王弗去世后第三年，苏轼迎娶了第二任妻子王闰之。王闰之是王弗的堂妹。闰之夫人陪伴苏轼走过了一生中最坎坷的岁月。

5. 苏轼在散文名篇《超然台记》中描述了超然台的样子："而园之北，因城以为台者旧矣，稍葺而新之。时相与登览，放意肆志焉。南望马耳、常山，出没隐见，若近若远，庶几有隐君子乎？而其东则庐山，秦人卢敖之所从遁也。西望穆陵，隐然如城郭，师尚父、齐桓公之遗烈，犹有存者。北俯潍水，慨然太息，思淮阴之功，而吊其不终。台高而安，深而明，夏凉而冬温。雨雪之朝，风月之夕，予未尝不在，客未尝不从。撷园蔬，取池鱼，酿秫酒，瀹脱粟而食之，曰：'乐哉游乎！'"

6　苏轼赴任登州后，到任五日即被朝廷召回京中。

7　苏轼《再过超然台赠太守霍翔》："……山中儿童拍手笑，问我西去何当还。十年不赴竹马约，扁舟独与渔蓑闲。重来父老喜我在，扶挈老幼相遮攀。当时襁褓皆七尺，而我安得留朱颜……"

8　《宋史·苏轼传》："河决曹村，泛于梁山泊，溢于南清河，汇于城下，涨不时泄，城将败，富民争出避水。轼曰：'富民出，民皆动摇，吾谁与守？吾在是，水决不能败城。'驱使复入。轼诣武卫营，呼卒长，曰：'河将害城，事急矣，虽禁军且为我尽力。'卒长曰：'太守犹不避涂潦，吾侪小人，当效命。'率其徒持畚锸以出，筑东南长堤，首起戏马台，尾属于城。雨日夜不止，城不沉者三版。轼庐于其上，过家不入，使官吏分堵以守，卒全其城。"

9　后来，朝廷表彰苏轼，这样评定苏轼几十天不眠不休的功劳："昨黄河水至徐州城下，汝（苏轼）亲率官吏，驱督兵夫，救护城壁，一城生齿并仓库庐舍，得免漂没之害，遂得完固事。河之为中国患久矣，乃者堤溃东注，衍及徐方，而民人保居，城郭增固，徒得汝（苏轼）以安也。"

10　苏轼《亡妻王氏墓志铭》："从轼官于凤翔，轼有所为于外，君未尝不问知其详。曰：'子去亲远，不可以不慎。'日以先君之所以戒轼者相语也。轼与客言于外，君立屏间听之。

退必反复其言曰：'某人也，言辄持两端，惟子意之所向，子何用与是人言。'有来求与轼亲厚甚者，君曰：'恐不能久。其与人锐，其去人必速。'已而果然。"

11 苏轼的案子最终由御史台审理，这里柏树森森，乌鸦众多，所以又称"乌台"，即"乌鸦之台"。

12 苏轼《东坡志林·命分》："退之（即韩愈）诗云：'我生之辰，月宿直斗。'乃知退之磨蝎为身宫，而仆乃以磨蝎为命，平生多得谤誉，殆是同病也。"原来，韩愈写过一首《三星行》诗："我生之辰，月宿南斗。牛奋其角，箕张其口。牛不见服箱，斗不挹酒浆。箕独有神灵，无时停簸扬。"意思是说，我出生之时，恰值月在斗宿，牵牛星耸动其角，箕星大张其口。不见牵牛星拉豪车，不见斗宿装美酒，唯有箕宿显神灵，致使自己颠簸一生。按唐宋时的占星学，二十八宿的斗宿正好对应黄道十二宫的摩羯宫，月亮所在的星宫为身宫（相当于月亮星座），可知韩愈的身宫正是摩羯。苏轼读了韩氏《三星行》诗后，念及自己的生辰年月与半生命运，不禁心有戚戚焉。苏轼的朋友马梦得也是摩羯座，苏轼也曾一边嘲弄他一边自黑："马梦得与仆同岁月生，少仆八日。是岁生者，无富贵人，而仆与梦得为穷之冠。即吾二人而观之，当推梦得为首。"取笑马梦得比他还要倒霉。

13 杨慎《临江仙》："滚滚长江东逝水，浪花淘尽英雄。是非成败转头空。青山依旧在，几度夕阳红。白发渔樵江渚上，惯看秋月春风。一壶浊酒喜相逢。古今多少事，都付笑谈中。"

14 苏轼《有美堂暴雨》中有"天外黑风吹海立，浙东飞雨过江来"的句子。

东坡赋

望江南 超然台作

苏轼【1076年,41岁】

春未老,风细柳斜斜。

试上超然台上看,半壕春水一城花。

烟雨暗千家。

寒食后,酒醒却咨嗟。

休对故人思故国,且将新火试新茶。

诗酒趁年华。

临江仙 夜归临皋

苏轼【1082年,47岁】

夜饮东坡醒复醉,归来仿佛三更。
家童鼻息已雷鸣。
敲门都不应,倚杖听江声。

长恨此身非我有,何时忘却营营。
夜阑风静縠纹平。
小舟从此逝,江海寄余生。

鹧鸪天　林断山明竹隐墙

苏轼【1083年,48岁】

林断山明竹隐墙。

乱蝉衰草小池塘。

翻空白鸟时时见,照水红蕖细细香。

村舍外,古城旁。

杖藜徐步转斜阳。

殷勤昨夜三更雨,又得浮生一日凉。

定风波 南海归赠王定国侍人寓娘

苏轼【1086年,51岁】

常羡人间琢玉郎,
天应乞与点酥娘。
尽道清歌传皓齿,
风起,
雪飞炎海变清凉。

万里归来颜愈少。
微笑,
笑时犹带岭梅香。
试问岭南应不好,
却道:
此心安处是吾乡。

临江仙 送钱穆父

苏轼【1091年,56岁】

一别都门三改火,
天涯踏尽红尘。
依然一笑作春温。
无波真古井,
有节是秋筠。

惆怅孤帆连夜发,
送行淡月微云。
尊前不用翠眉颦。
人生如逆旅,
我亦是行人。

万里归来

1094—1101 年 | 59—66 岁

  黄州的苏轼吟啸徐行,拉着儋州的苏轼,又向着密州的苏轼走去。

  他们走向那个眉州的小小少年,一起静静地听着少年对母亲说:"妈妈,要是我长大了也想做范滂这样的人,要是我为了守护心中的道义蹉跎了一生,您会理解我吗?"

  几个苏轼相视一笑。他们知道,这个满腔热血的眉州少年,最终没有辜负当年对自己的承诺,也没有违背在母亲面前许下的誓言。

如果梦想和现实注定相互违背

没过多久,太皇太后去世。哲宗亲政之时,还是一个十七岁的年轻人。

哲宗执政后,立刻改了年号。"元祐九年"从此变成了"绍圣元年"。"绍"的意思是继承。明眼人一看就懂,这是年轻的哲宗在向神宗致敬,同时也是在向天下宣告自己的政治誓言:从今天开始,我要像父亲一样,开始改变世界的征程。

哲宗的理想固然美好,但在复杂的朝堂之上,引发的却是一场新的政治"洗牌"运动。

宋朝一浪比一浪强劲的党争,此时已势不可当。总是仗义执言的苏轼,再次成为众矢之的。

"说吧!是不是你心怀不满,讥斥先朝?"

他们一个个轮番上阵,气势汹汹。

那已经轮回过多少次的争斗,就这样毫无预兆地又迎来了新的高潮。没过多久,苏轼也等来了哲宗对他的处置:

从定州改到英州,又从英州改到惠州。

英州在广东,惠州也在广东,二者都在大庾岭之外,距离京城有万里之遥。对于当时的苏轼而言,都算得上最遥远也最荒凉、最凶险也最陌生的地方。

宋朝不杀大臣，对臣子最重的惩罚，就是贬谪到大庾岭外的南方。但实际上，从宋仁宗天圣年间以后，就已经没有臣子因为犯错而过岭了。从京城通往大庾岭的路上，遍布荆棘，已经六十多年没人走过了，而如今又因党派之争开始有官员陆续走上这条路，早已名满天下的苏轼也没能幸免。

苏轼曾经用八年的时间，耐心教导当今圣上。一方面，这样的师生之谊，让苏轼一贬再贬的遭遇，更令人格外痛心；另一方面，那些心肠冷漠之人想的却是，哲宗会不会有一天突然念旧，再把苏轼召回来？

得不到答案的他们，日夜悬心，吃不下饭，睡不好觉。最终，他们决定，要想办法在哲宗回心转意之前，让苏轼永远都不可能再回来。

与此同时，他们还把一个残酷的人生命题抛给了苏轼——"如果从此之后再也不能回来，如果从此以后现实和梦想注定相互违背，你要怎么办？"

这一次，苏轼不再像以前那样认真辩白了，他再次为自己写起了诗。他说：怕什么？瘴海炎陬，去若清凉之地。

身如柳絮随风摆，历劫沧桑无聊赖。他得到过最大的荣誉，也受到过最深的毁谤，成功过也失败过，快乐过也痛苦过，奋斗过也放弃过……如果人生大风大浪都经历过，功业荣名还有什么不能放下？如果心里天地宽阔，天涯海角还有什么地方不能去呢？

苏轼淡然一笑，他看一眼大庾岭上的梅花，从此，越走越远。

万里归来

热粥咧!大麦仁豌豆粥!

走着走着,苏轼和一路同行的小儿子苏过,不知不觉就走到了汤阴县。放眼望去,北方的土地一片荒芜。

长路漫漫,到处都是灰扑扑的尘土。

这里去年秋天干旱,今年夏天多雨,庄稼都长得差极了。再加上此时又是"青黄不接饿断肠"的四月,一连好几天,苏轼父子都没吃到一口饭食。

一天早晨,饥肠辘辘的他们从旅社里醒来。这时,外面忽然传来一声温暖的叫卖:"热粥咧!大麦仁豌豆粥!"

苏轼听了,不禁食指大动,赶紧让苏过买了来吃。

不一会儿,粥买回来了。苏轼高兴地拿了调羹,父子俩一人一个,头对着头,分食眼前那碗粥。

"咦!这碗粥好稀啊!"

苏过一边说,一边去数清水粥里面的豌豆粒。

"话不是这么说,"苏轼一笑,"这粥很新鲜,用的是今年的麦仁。"

"您怎么看出是今年的麦仁?"

"这你就不懂了吧,你看这碗粥里的麦仁,又瘦又小——"

"又瘦又小?那您还说它新鲜?"

"我还没说完呢!你接着听——今年汤阴干旱,麦仁缺水,长不大。这碗粥里的麦仁,这么瘪小,可见店家用料新鲜嘛!"

"原来是这样……"苏过一时呆住。苏轼却像品尝什么山珍海味一样,喝了一大口。

"嗯,玉食谢故吏,风餐便逐臣。好喝!你快尝尝……"

苏过见父亲如此,便也哈哈一笑,继续喝起粥来[1]。

总之,这世界上大概没有人比苏轼更善于苦中作乐了。一碗再寡淡不过的清粥,在他的眼里,也可以是美味——他总是能发现清寒生活的可取之处,并且打心眼儿里愿意认真享受它。

好朋友参寥来关心他,担心他生活太辛苦,身体吃不消。他就以诙谐的语气在信中和对方调侃:

亲爱的参寥:

见信如晤。

什么?你说岭南有瘴气,容易生病?

呵呵。在北方生活人一样也会生病。只要生病,就有可能病死。既然如此,又何必在意是因为什么而生病的呢?

什么?你说化外之地的医疗条件不好?没有好大夫?

呵呵。你不知道么?越是名医,死在他手里的人越多——因为看的病人多嘛!

你的老朋友 苏轼

参寥读了他的信,不由展颜一笑:这下放心了。即便是六旬老翁,即便是万里远行,苏轼也能如此苦中作乐,又何惧之有呢?自己不用担心这位朋友了。

弟弟苏辙问他吃得怎么样,能不能习惯。

他就兴高采烈地分享起吃羊蝎子的经验。

亲爱的子由:

你在远方还好吗?

什么,你担心我这里没好吃的?怎么会呢!

这儿菜市场上,有一户与我相熟的屠夫。每天,他都会杀一只羊,把羊肉卖给当地的大户人家。他会把剔完肉的羊脊骨专门留给我。

他对我很好,所以骨头上常常会带一点点肉。把新鲜的羊脊骨买回来,热水煮了,捞出来晾干,用酒腌了,薄薄地撒上一点盐,然后架上火,烤到微焦,等肉泛起金黄色,香香地吃下去,你知道吗?那简直太美味了!大鱼大肉吃惯了的人,哪里能体会到这种乐趣呢?

好了,不说了,再说,家里的小黄狗就要眼红了。

想你的哥哥　子瞻

苏轼在惠州的家中种菜。

他向当地一个姓王的参军借了半亩地,种上了芥蓝和白菘。

半夜肚子饿了，没什么可吃的，他就到园子里，趁着蔬菜还没有长老，嫩嫩的，摘下来就吃。因为正值雨季，所以和吃豌豆那次不同，这次他吃到的是真正鲜美的食材了：拿到厨房清洗时，他还能闻到菜里淡淡的泥土味儿，还能摸到凉凉的露水呢！

苏轼跟朋友们说："以前我爱吃肉，如今看来真是孤陋寡闻，并不知道人间真正的美味是什么。有这么好吃的蔬菜，干吗还吃肉呢？我以后只吃这个啦！"

他徒步上山，去松风亭看风景。

结果山路太陡峭了，走到实在走不动的时候，他便坐在路边休息。他一边休息，一边想：

"既然停下来了，不如就看看风景呗！"苏轼往上看，烟霭四浮，风吹云动；往下看，满目青松，碧色无边。

哎呀，他是要去哪儿来着？他忘记了目的地，却想明白了一个道理。他是出来看山水的，为什么一定要到松风亭不可呢？此时此刻，他不是已经在山水之间了吗？

想到这里，苏轼脱口而出："此间有什么歇不得处？"只要有一颗苦中作乐的心，只要能做一个随遇而安的人，此间又有什么歇不得处？既然千里迢迢来到此地，为什么不趁这机会好好吃荔枝，好好写诗，做一个开心快乐的岭南人[2]？

从此，他修桥、施药，为横尸荒野的人修建坟墓；他读书、酿酒，他看中了美丽的江上风景，在白鹤峰上买了一块空地，给自己盖了一个小房子，建了一个小院子。

万里归来

这一次,他真的准备在这里度过自己的余生——他相信并且希望,自己从此可以安安定定地生活,再也不用东奔西跑了。

他自己买木料,自己监工,细心地为自己造屋。院门边,终于种上了他心心念念的橘子树,这一次,他终于可以向屈原遥遥致意了[3]。院子里则种了一棵好大的荔枝树,这样以后他就可以自由自在地吃荔枝了。这样好的东西,在北方怎么有机会吃得到呢?"从此以后,我一天吃五顿,一顿来它六十个!"

正厅设计得很宽阔。左边是起居室,有一排竹篱笆,篱笆间开满了五颜六色的花;右边是他的书斋,这儿有一个美丽的名字"思无邪斋",还有一个敞阔的大窗子。

窗子外,是绵延数百里而一览无余的景色。仔细看,窗外宛然一幅美得惊心动魄的绢画,简直令人如痴如醉!山岚和云霭是半透明的冰种翡翠色,从白鹤峰的东面飘到西面。山鸟扑棱一声,掠过远山淡影,向着天边的远日悠然而去,只留下一两粒小小的黑影子……

书斋后面有道门,推开,是一座清香满径的药园。

古代的文人常常也是半个医生和一个养生专家,苏轼更是如此。为了制药方便,他索性不种花了,而是在园子里种上人参、枸杞、甘菊、薏苡、地黄……

荣华与声名早已风流云散,只有他一个人在这里,孤独又落寞。他早已经花光了所有的钱,他的妻子王弗、王闰之早已不幸去世,连善解人意的朝云也走了[4],儿孙这时候一个也不在身边,以前的老朋友都隔着万里之遥，连个消息都没有——命运就这样把他曾经拥有的一切都带走了。

但这样的不幸没有让苏轼倒下。

没人陪他，他就自己陪自己。他一个人在这里努力地生活着，认真锻炼身体，快乐结交新朋友。他喝酒、唱歌、写诗，把美好、清丽的生活片段写成了永不磨灭的文字。

> 予在白鹤新居，邓道士忽叩门，时已三鼓，家人尽寝，月色如霜。其后有伟人，衣桄榔叶，手携斗酒，丰神英发如吕洞宾者，曰："子尝真一酒乎？"就坐，三人各饮数杯，击节高歌合江楼下，风振水涌，大鱼皆出。袖出一书授予，乃真一法及修养九事。末云九霞仙人李靖书。既别，恍然。
>
> ——苏轼《记授真一酒法》

他还是之前的那个苏轼，能为百姓做什么就不遗余力地做什么。但他跟以前相比又有一些不同——对于人生，他有了更为通透的领悟。他学会了在不如意之时接受，在不美好之处满足，他学会了在失败之中安慰自个儿，成就自个儿，也学会了在人生的苦痛中发现些许会心之处。

他明白了"随遇而安"和"逆来顺受"可以不是贬义词，甚至可以不是命运对一个人的束缚。

他真正明白了这两个词的意思：这是要一个人透过黑暗看到

光明，走过曲折学会通透，经历琐碎而领悟超脱，最后在和困难狭路相逢时，收获旷达与自由。那个命运假借政敌之手抛给苏轼的问题，他就这样洒脱地回答了。

不仅如此，他还以一个轻松的姿态，将一个沉甸甸的问题，留给了我们：

"如果有一天，你也陷入了困顿，你能像我这样旷达吗？"

白鹤峰上的家刚建成没多久，苏轼的汗水还没有褪去，更大的晴天霹雳来了——他被流放到海南儋州[5]去了！

这下真的一无所有了

苏轼别无他法。他本来一心想着在岭南老去。

可仅仅住了两个多月,他又要被命运逼迫着和这里说再见了——除却梦中,以后终生不复相见。

七月二日,苏轼登上海南岛——满朝臣子中有这样遭遇的,只有他一个人。

和以前不一样的是,苏轼这次是真的到了绝境。

吃饭没有肉,生病没有药,睡觉没有地方,出入更加没有朋友了——连当地的话都听不懂,哪里来的朋友呢?

生活中的困难也不必细数了,总之不过四个字概括:要啥没啥。

> ……但黎蜑杂居,无复人理。资养所急,求辄无有。
> ——苏轼《答程全父推官六首·其一》

> 此间食无肉,病无药,居无室,出无友,冬无炭,夏无寒泉,然亦未易悉数,大率皆无耳。惟有一幸,无甚瘴也。
> ——苏轼《与程秀才第一简》

万里归来

这下苏轼真的一无所有了——这里太远了,连书都没有。当地官员还为难他,特意"照章办事",说被流放来的官员没有权利住官家的房子,毫不留情地把他从客舍中赶了出来。苏轼只好四处流浪。他到处走到处看,偶然在城南的一个污水池边,发现一片风景萧然的桄榔林。

"幸好还有这么一片林子!这真是太好了!"

苏轼拍了拍肚皮。

"幸好"这个词就像一个无坚不摧的宝剑,任何不开心的事在它面前,都能迎刃而解:被人赶出去无家可归,没关系!幸好有这么一片林子;在海南一穷二白,快要活不下去了,没关系!幸好这个地方没有瘴气。

"是挺好的,林子就是我们的家,天地就是我们的床啦!"

经过了这么多的人生变故,苏过早已成了另一个苏轼,也早学会了父亲的"幸好"哲学。

在哪儿睡,睡多久,他和父亲一样,早已不甚在意。没有地方住又怎样呢?幸好他们父子还始终在一块儿嘛!

"睡在外面,其实还更要凉快呢!幸好海南岛的天气永远都这么热……"苏轼说。不过,他的话还没说完,就已经隐隐听见了儿子的鼾声……

就这样,苏轼和苏过一起在林下坦然高卧了好几天。

海南岛上天气这样好,本来就无处不可以安眠。更何况,他们还有笔,还有诗。

海南岛上终日无人，生活既清苦又寂寞。苏轼因此更加勉励自己认真创作，也更加认真地做学问，编著《易传》《书传》《论语说》三书。

他深深地相信：每个人都会老去，唯有他投注于文学与儒学中的心血，能帮助自己经受住时间的摧残，在更广阔的维度上实现生命的不朽。

万里归来

九死南荒吾不恨，兹游奇绝冠平生

元符三年（1100），正月初九。大局突变，哲宗皇帝步父亲的后尘，不幸英年早逝。他的生命比父亲还短暂，去世时，年仅二十四岁。哲宗去世后不久，宋徽宗即位，随即大赦天下。罪臣苏轼，终于离开居住了三年的海岛，重返中原故土。

六月二十日晚上，苏轼登上了回乡的渡船。椰子林和沙滩，一点点远去。桄榔林下那座简陋的屋舍，也早已看不见了。

一阵迅疾的雨下过，几点星光点缀在万米高的苍穹之上。天空是最纯粹也最深沉的蓝色，而银河是一条淡得看不见的带子。颜色最深的云从海岛的一边流动到另一边。

一轮澄明的月亮，静静地挂在这个离别的夜晚。

苏轼心念一动，写下来一首平和又激动的诗：

参横斗转欲三更，苦雨终风也解晴。云散月明谁点缀，天容海色本澄清。空余鲁叟乘桴意，粗识轩辕奏乐声。九死南荒吾不恨，兹游奇绝冠平生。

——苏轼《六月二十日夜渡海》

苏轼感觉到一种从未有过的满足与安宁：一生得失如此，还有什么可遗憾的呢？正是那些曾经遭受的一切，让他在这一刻看到了绝大多数人终其一生也看不到的美景[6],让他拥有了绝大多数人一辈子也体会不到的心情。

咸湿的海风吹过海面,苏轼转过身,看向远处天水交接的地方,忽然想起许多年前在黄州的一段经历。

那好像是一个春天,他与友人在沙湖道途中遇到一场雨。因为没有雨具,别人都觉得很狼狈,只有他浑然不觉,坦然在雨中走着——过了没多久,天就晴了,就像现在一样。他记得,当天他创作了一首叫作《定风波》的诗。那时候的自己多年轻啊!苏轼心想。记忆深处那个竹杖芒鞋的自己,忽然变得清晰起来。

儋州的苏轼会心一笑,缓缓迎了上去。黄州的苏轼吟啸徐行,拉着儋州的苏轼,又向着密州的苏轼走去。密州的苏轼年轻些,他步子虽然不如那两个苏轼从容,却更加轻盈、欢快。

他拉着他们,走向那个眉州的小小少年。几个人一起静静地听着少年对母亲说:"妈妈,要是我长大了也想做范滂这样的人,要是我为了守护心中的道义蹉跎了一生,您会理解我吗?"

密州、黄州、儋州的几个苏轼相视一笑。他们知道,这个满腔热血的眉州少年,最终没有辜负当年对自己的承诺,也没有违背在母亲面前许下的誓言。

宋徽宗建中靖国元年七月二十八日,苏轼于南渡北归的路上,病逝于常州,终年六十有六。那颗中国文化史上光照千古的摩羯星,就这样离开了人间,回到了它的星轨上。

注 释

1 后来苏轼写信给自己的朋友,夸赞苏过"超然物外"的心境,欣慰地说:"非此父不生此子也。"

2 苏轼在惠州作《食荔支二首·其二》:"罗浮山下四时春,卢橘杨梅次第新。日啖荔支三百颗,不辞长作岭南人。"

3 屈原少年时作《橘颂》,称赞橘树"苏世独立,横而不流兮",并有"置以为像兮"一句,意思是要把橘树种在园中,作为自己的榜样。

4 朝云是苏轼的侍妾。宋朝的《梁溪漫志》中有《侍儿对东坡语》一则,记录了苏轼和朝云的一次对话:"东坡一日退朝,食罢,扪腹徐行,顾谓侍儿曰:'汝辈且道是中有何物?'一婢遽曰:'都是文章。'坡不以为然。又一人曰:'满腹都是识见。'坡亦未以为当。至朝云,乃曰:'学士一肚皮不入时宜。'坡捧腹大笑。"朝云日后为苏轼诞下一子,取名苏遁。苏遁出生时,苏轼像父亲当年写《名二子说》一样,为儿子写了一首《洗儿》诗:"人皆养子望聪明,我被聪明误一生。惟愿孩儿愚且鲁,无灾无难到公卿。"此诗写于苏轼四十八岁时,从中不难读出苏轼饱经忧患后的感慨。不幸的是,后来这个孩子在苏轼流放途中因病去世,去世时不满周岁。朝云为此大受打击,不久病逝,去世时不过三十五岁而已。

5 苏轼本人亦有诗《自题金山画像》自述平生经历:"心似已

灰之木，身如不系之舟。问汝平生功业，黄州惠州儋州。"

6 许多许多年后，人们用大数据把苏轼去过的地方在地图上都标了出来，然后惊讶地发现：苏轼在交通极不发达的古代，足迹已遍及大半个中国。

东坡赋

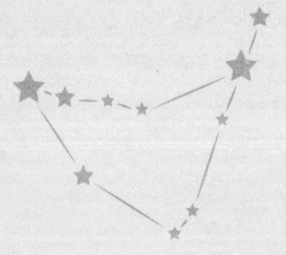

蝶恋花 春景

苏轼【一说1094年，59岁】

花褪残红青杏小。
燕子飞时，绿水人家绕。
枝上柳绵吹又少，
天涯何处无芳草。

墙里秋千墙外道。
墙外行人，墙里佳人笑。
笑渐不闻声渐悄，
多情却被无情恼。

纵笔

苏轼【1097年，62岁】

白头萧散满霜风，
小阁藤床寄病容。
报道先生春睡美，
道人轻打五更钟。

自题金山画像

苏轼【1101年，66岁】

心似已灰之木，
身如不系之舟。
问汝平生功业，
黄州惠州儋州。

苏轼——生平年表

1036 宋仁宗景祐三年,1岁
农历十二月十九日,苏轼出生于四川眉山。父亲苏洵二十八岁,母亲程氏二十七岁。

1039 宝元二年,4岁
这一年的农历二月二十日,弟弟苏辙出生。

1043 庆历三年,8岁
范仲淹时任参知政事,开始主持庆历新政。

1045 庆历五年,10岁
范仲淹、韩琦、富弼、欧阳修等大臣相继被排斥,庆历新政失败。

1046 庆历六年,11岁
范仲淹作《岳阳楼记》。

1047 庆历七年,12岁
祖父苏序去世,父亲苏洵返家居丧,从此亲授苏轼、苏辙二人读书。

1049 皇祐元年,14岁
苏洵为苏轼、苏辙正式取名,作《名二子说》。

1054 至和元年,19岁
苏轼娶四川青神县进士之女王弗(时十六岁)。

1056 嘉祐元年,21岁
苏轼及其父兄离开四川,赴京应试。

1057 嘉祐二年,22岁
苏轼、苏辙同科进士及第,受到主考官欧阳修赏识。四月,母程氏逝于家乡,父子三人闻讯后回四川奔丧,兄弟二人守丧三年,共二十七个月。

1059 嘉祐四年，24岁
苏轼服丧期满，苏轼及其父兄携眷再次离开家乡，奔赴京城，一路沿岷江、长江行船东下，三人途中作诗文集《南行集》，苏轼作序。

1061 嘉祐六年，26岁
苏轼与苏辙一同参加"贤良方正能直言极谏"科制策，二人皆成绩优异。苏轼入三等，除大理评事，签书凤翔府判官。

1065 宋英宗治平二年，30岁
凤翔签判任满，苏轼转殿中丞判闻鼓院，除直史馆，参与撰史。五月，妻王弗逝于汴京。

1066 治平三年，31岁
父苏洵逝于汴京，苏轼、苏辙兄弟因丧事，再次返回四川。

1068 宋神宗熙宁元年，33岁
新即位的宋神宗召见王安石，酝酿变法。苏轼葬妻王弗，合葬父母，娶王弗堂妹王闰之为妻，离蜀赴京。

1069 熙宁二年，34岁
秋，苏轼为国子监考试官，策题讽刺王安石。冬，苏轼权开封府判官，作《上神宗皇帝书》，全面驳斥新法。

1070 熙宁三年，35岁
判大名府韩琦言"青苗法"害民。苏轼《再上皇帝书》，要求罢免王安石。

1071 熙宁四年，36岁
六月，得通判杭州差遣，离京赴任。

1072 熙宁五年，37岁
在杭州通判任。欧阳修卒。

1074 熙宁七年，39岁
在杭州通判任。纳侍妾朝云。九月，差知密州，离杭赴任。十一月至密。此年大旱，流民多入京，郑侠上《流民图》。王安石罢相，知江宁府，吕惠卿任参知政事，继续施行"新法"。

1075 熙宁八年，40岁
在密州知州任。此年王安石复相，吕惠卿罢。颁行《三经新义》。

1076 熙宁九年，41岁
在密州知州任，十二月离任。此年王安石再罢相，知江宁府，神宗亲自主持续行"新法"。

1077 熙宁十年，42岁
四月至徐州。七月，黄河决堤，苏轼亲率军民筑堤抗灾。

1079 元丰二年，44岁
三月移知湖州。七月，自湖州任上被拘捕入京。八月至京，系于御史台狱。十二月结案出狱，史称"乌台诗案"。

1080 元丰三年，45岁
二月，至黄州，寓居定惠院。

1081 元丰四年，46 岁
贬居黄州，开始经营东坡。自号"东坡居士"。

1082 元丰五年，47 岁
贬居黄州。筑成东坡雪堂。于秋、冬两次游赤壁，作前、后《赤壁赋》。

1084 元丰七年，49 岁
特授检校尚书水部员外郎、汝州团练副使。

1085 元丰八年，50 岁
三月，宋神宗驾崩，哲宗即位，太皇太后高氏垂帘听政，苏轼被重新起用，司马光主持政事。

1087 宋哲宗元祐二年，52 岁
苏轼任翰林学士。八月，兼侍读。

1090 元祐五年，55 岁
苏轼在杭州知州任，疏浚西湖，筑长堤。

1091 元祐六年，56 岁
八月苏轼以龙图阁学士知颍州。

1092 元祐七年，57 岁
苏轼自颍州知郓州，改扬州。

1093 元祐八年，58 岁
苏轼自请外任，除知定州。八月，继室王闰之去世。九月，哲宗亲政。

1094 绍圣元年，59 岁
苏轼在定州知州任。宋哲宗恢复新法，罢免元祐党人，召回新党人物。四月，知和州，又改英州。六月，被贬至惠州。

1096 绍圣三年，61 岁
七月，侍妾朝云卒。

1097 绍圣四年，62 岁
被贬海南。

1100 元符三年，65 岁
正月，宋哲宗逝世，宋徽宗即位。十一月，诏苏轼复朝，苏轼北归。

1101 宋徽宗建中靖国元年，66 岁
正月，苏轼过南岭。七月二十八日，逝于常州。

巨匠与少年

欧阳修
甘当伯乐的千里马

万君 —— 著

人民日报出版社
北京

图书在版编目（CIP）数据

欧阳修：甘当伯乐的千里马 / 万君著. —北京：人民日报出版社，2023.2
（巨匠与少年；2）
ISBN 978-7-5115-7711-5

Ⅰ.①欧… Ⅱ.①万… Ⅲ.①欧阳修（1007-1072）—生平事迹—青少年读物 Ⅳ.①K825.6-49

中国国家版本馆CIP数据核字（2023）第006645号

书　　名：	欧阳修：甘当伯乐的千里马
	OUYANGXIU: GANDANGBOLE DE QIANLIMA
著　　者：	万　君
出 版 人：	刘华新
选题策划：	鹿柴文化
特约编辑：	王晓彩　吴云霞
责任编辑：	张炜煜　白新月　霍佳仪
封面设计：	时谷设计
封面插画：	章　漫
出版发行：	人民日报出版社
社　　址：	北京金台西路2号
邮政编码：	100733
发行热线：	（010）65369509　65369527　65369846　65369512
邮购热线：	（010）65369530　65363527
编辑热线：	（010）65369514
网　　址：	www.peopledailypress.com
经　　销：	新华书店
印　　刷：	北京永诚印刷有限公司
法律顾问：	北京科宇律师事务所　010-83622312
开　　本：	880mm×1230mm　1/32
字　　数：	410千字
印　　张：	20.75
版　　次：	2023年7月第1版
印　　次：	2023年7月第1次印刷
书　　号：	ISBN 978-7-5115-7711-5
定　　价：	158.00元（全4册）

愿你把伟大的人生都看遍,成长为闪闪发光的少年!

前 言

时代和个人的关系是怎样的？这个问题当然仁者见仁，智者见智。但或许我们最不该错过的，是欧阳修的答案。

小时候的欧阳修特别喜欢韩愈的文章。但在他生长的时代，偏偏韩愈的文章早就不流行了。

什么样的文章是好文章？对于古人来说，这并不仅仅是一个文学问题，更是一个前途问题：毕竟他们参加考试，不像我们今天语数外理化生史地政齐头并进，而是只考文章写作——而欧阳修对好文章的标准，和当时出题人、判卷人不一样。

后来的情况，大家并不陌生。"唐宋八大家"（指唐代的韩愈、柳宗元和宋代的欧阳修、苏洵、苏轼、苏辙、王安石、曾巩）中的"宋六家"，年代最早的正是欧阳修。

欧阳修生于1007年，比韩愈足足晚生了二百三十九年；接下来的"三苏"、王安石、曾巩又都可以算是他的学生。也就是说，欧阳修靠一己之力，承唐启宋，延续了一个本来已经中断了二百多年的文学传统。因为他，时代的风气奇迹般地发生了转折；而他也在时代的成就下，得到了最大的回报。二者之间相互影响，亦相互成就。"故本朝以儒立国，而儒道之振，独优于前代。"（《宋史·陈亮传》）事实也的确如宋人陈亮所说，宋朝以儒立国，知识分子在国家统治中的地位远远超过其他任何朝代。

虽然天才和大师偶尔会如孤星一般闪过，但更多的时候，他们总是成群结队而来，闪耀如星河。欧阳修所处的时代，前有晏殊、范仲淹，后有司马光、王安石、苏轼……

他们共同成就了一片文学的星河。

人总要抬头看看夜空中最亮的星，总要抬头看看浩瀚的星河。而这，就是我们今天依然阅读和了解欧阳修的理由。

目 录

一 随州生活

- 001 随州生活
- 002 欧母画荻
- 005 父亲二三事
- 008 叔叔欧阳晔
- 010 发小李尧辅
- 012 素未谋面的昌黎公
- 016 公元1023年的"考场作文题"
- 018 第一次落榜
- 020 坚持自己还是迎合世界?

二 洛中才俊

- 025 洛中才俊
- 026 第二次落榜
- 028 优雅、精致的士大夫生活
- 030 状元的新衣
- 033 初见梅尧臣
- 038 洛阳,洛阳,我把最好的青春送给你
- 041 欧阳修和他的朋友们
- 044 金钗、《临江仙》和"欧阳逸"
- 054 初见黄河
- 056 王曙来了,好日子再也没有了!
- 061 人有人样子,文有文样子

| 063 | 月上柳梢头，人约黄昏后 |

三

075	"六一风神"
076	我从未见过如此厚颜无耻之人
080	第一次被贬
084	先做好一个县令
088	庐陵事业起夷陵
090	"六一风神"
093	回京编书，离开夷陵

四

109	醉翁亭记
110	庆历新政来了
120	又到滁州去了

五

131	一代文宗
132	平山堂上欧公柳
139	苏洵、苏轼、苏辙，统统到我这里来！
143	再见，爸爸！

| 154 | 欧阳修生平年表 |

欧阳修

欧阳修(1007—1072),字永叔,号醉翁,北宋政治家、文学家。官至参知政事,文为一代大宗。曾经历过两次被贬:一次被贬为夷陵(今湖北宜昌)县令;一次被贬为滁州(今安徽滁州)太守。在滁州任职期间,被称为"六一风神"的散文风格渐趋成熟。宋仁宗嘉祐二年(1057)二月,欧阳修以翰林学士身份主持进士考试,录取苏轼、苏辙、曾巩等人,北宋文风从此转变。"一代文宗"的称谓,在当时已称之无愧。欧阳修逝世于宋神宗熙宁五年(1072),谥号"文忠",享年六十六岁。

一

随州生活

1007—1025 年 | 1—19 岁

一本无意中发现的书,像一把奇妙的钥匙,就这样开启了一扇通往新世界的大门;一道足以照亮整个少年岁月的光,也在这个再平常不过的夜晚,映入欧阳修的双眸。从这以后,他学习更勤奋,也更刻苦了。

欧母画荻

湖北，随州[1]。

水边的沙滩上，年轻的母亲带着小男孩在玩耍。男孩只有四岁，瘦瘦小小，看上去并没什么特别。

他跑来跑去，一会儿在滩涂地上抓螃蟹，一会儿从草丛中捡水鸟蛋，一会儿挖沙子，一会儿又揪了一把荻草，染了一手青草汁……简直片刻不肯安闲。

"妈妈！我爸爸叫什么名字呀？他去哪儿了？"小男孩玩着玩着，随口问道。他还小，并不明白这个问题对母亲的杀伤力。他这么问只是因为有点儿奇怪：为什么别人都有爸爸，而自己就只见过叔叔，没见过爸爸呢？

"你爸爸叫欧阳观，是个很厉害的人……"

男孩一边堆着沙子，一边听妈妈说话。他还小，没有想到要去注意一下母亲的脸色——六十年后，当此情此景再次浮现，白发苍苍的他才明白，这一刻，可能是三十岁的母亲最难过也最坚强的一刻。

"爸爸是做什么的呀？"

"他呀，是个大法官，可气派，可厉害了！"

"法官是干吗的呀？"

"抓坏人,判案子啊!替老百姓主持正义。"

"法官怎么判案子呀?"

"这说来可就话长了。爸爸的故事可多啦!你都要听吗?"

"都要听啊!"

"那可要听上好长好长时间,你还要听吗?"

"要!我还要听你身上长白毛毛² 的故事呢!"

"白毛毛的故事已经讲了很多遍了。妈妈还是讲爸爸判案子的故事好不好?"

"好。"

"那你可要认真听啊!"小男孩点点头,叼着一根荻草走了过来。撒了这长时间的欢,他终于肯乖乖听故事了。

这个无忧无虑的小男孩不会想到,母亲接下来讲的故事将会如此清晰地印在他的记忆中,并在未来足足影响他一生。

"想听故事,得先学会写自己的名字。"母亲从小男孩手里拿过荻草,一笔一画地在沙地上写下"欧阳修"三个大字……³

真宗大中祥符三年(1010),欧阳修刚满四岁,父亲欧阳观就去世了。欧阳观是在江苏泰州担任军事判官的时候去世的,时年五十九岁。欧阳修的母亲是郑夫人,丈夫离世时,她才三十岁。

长大之后的欧阳修也不是没有疑惑:"为什么母亲和父亲的年纪差了如此之多?为什么他们两个生自己的时候又这样晚?"

再往后,他陆陆续续地知道了一些家里的事,也大约明白了父母晚婚晚育的缘故:原来,足足比父亲小了快三十岁的母亲,是父亲娶的第二个妻子。在母亲之前,父亲还娶过一任妻子,也有过一个儿子。有一天,不知道为什么,父亲忽然写了休书,将前妻和儿子统统赶出了家门。邻居知道了这件事,都觉得匪夷所思,也觉得父亲寡薄无情。然而无论人们如何猜测,那个出妻舍子的真正原因,父亲从没和任何人说起过。

母亲其实很喜欢谈论父亲。可唯独这些,她从来没在欧阳修面前提起过。那些晦暗不明的往事,好像被母亲小心翼翼地藏在一个永远也不会打开的匣子中,又放进了黑暗的储藏室里。而匣子里装着的,是他终其一生都无法再了解的父亲。

父亲二三事

不过,那倒也并不是父亲的全部。父亲的过往里,并不只有混沌不可知的一面。更多的,是他身上令欧阳修崇敬的品质。

欧阳观从小勤奋好学。他不是一个有天分的人,成绩并不突出。不过他肯吃苦,也能耐得住性子读书。所以四十九岁那年,到底还是考中进士了——仔细想想,单单是这股不放弃的劲头,就很值得儿子敬佩。

其实,他并不是什么威风凛凛的大法官,而是一个瘦弱多病、每天工作到深夜的小官员。这个普通的父亲也有不普通的地方,那就是他心中始终保持的仁爱与善良,以及即便是面对死刑犯也坚决没有丧失的同理心。

母亲曾经反复说起父亲生前的几件小事:

一次,一个有钱人看中一块地,借故和土地的主人打起了官司,想把那块地据为己有。判决之前,那人趁着夜深人静,偷偷送来好大一笔财物。父亲拒绝了这份厚礼,说:"您富,那个人穷。他不像您,拿得出这么多钱。我要是收了您的东西,他可要怎么办呢?将心比心,您要是他,不难过吗?"

还有一次,夜深了,父亲在昏黄的灯光下查阅卷宗——他是高度近视，离得稍稍远些就看不太清书上的字，因此后背佝偻着，脑袋也几乎埋进了书堆里，看上去劳累极了。母亲想去提醒他休息一下，还没开口就看见他拿起一个卷宗又放下，放下之后又拿起，一边犹豫一边叹气。

母亲走过去，询问到底发生了什么事。

"没什么，就是理清了一件该判死罪的案子。"

"既然都理清楚了，干吗还叹气呢？"

"因为我看来看去，都找不到一个免他死罪的理由。"

"为什么要给死刑犯找活路？坏人死不是应当的吗？"

"死刑犯的生命也是生命。再说，这世界上冤假错案多得是，想借法律之手害人的也有的是。我不替他们争取活下来的机会，怎么能行呢！"

欧阳观去世得早，那些和父亲相处的点点滴滴，欧阳修早就记不清。如果没有母亲对往事的珍藏与不厌其烦的讲述，欧阳修将永远不会记得父亲的模样。

是母亲让欧阳修认识到了父亲的崇高，也让他感受到了法律的温度。他也因此明白，世界上不存在非黑即白的事实，也不存在非善即恶的人。一个尽职尽责的执法人员，也不是只要竭心尽力就够了，他还得在维护法律制度和尊重生命权利之间，一次次艰难地找到平衡。

"那天，他说完这些话，正看见奶娘怀里的你，就有点伤感。他说，他已经五十多岁了，身体又不好。说不定哪天脱了鞋，第二天就穿不上了。他还嘱咐我，'你一定要记得把这些话都告诉儿子啊！'"说到这里，母亲红了眼眶。

"你一定一定要对得起你父亲，要争气呀……"

每当母亲说到这里，欧阳修都要拼命忍住眼眶里的泪水。他已经是个大男孩了，不想当着母亲的面哭。

叔叔欧阳晔

时间过得很快,欧阳修逐渐长大了,对父亲的怀念也越来越浓烈。他试图通过母亲的话和脑海中记忆的残片拼凑出一张具体的面容。但很遗憾,他从来没有成功过。毕竟父亲去世的时候,他还太小,什么都记不住。

他问母亲:"爸爸长什么样?为什么我现在一点印象都没有了?"母亲冲他一笑:"你叔叔什么样,你爸就是什么样。"

下次见到叔叔,欧阳修果然忍不住多看了几眼。后来,他又长大了一些,这才明白,母亲的话其实有着更深的意涵。原来,父亲和叔叔不光是长得像,行为风范更像。

欧阳晔在鄂州当地方官时,百姓因为抢夺船只打架斗殴,引发了一场命案。案子发生后很久,官吏们都没能找出真凶。嫌犯倒是捉了不少,一直关在监狱里。

欧阳晔觉得这不是办法,就亲自去审案子。他先是装作若无其事的样子来到羁押的地方,让大家去掉刑具,坐在院子里好吃好喝,自己只是在一旁静静看着。待大家吃饱喝足,他谁也没审,反而说:"没事了,你们都回去吧。"

刚刚饱餐一顿的人们你看看我,我看看你,都不知道长官葫芦里卖的什么药,只好晕头晕脑地往回走。就在这时,欧阳晔忽然指着其中的一个,大喝一声:"你留下来,不要走!"

那个人转过头来时,已经是面如死灰。

欧阳晔盯住他的眼睛:"人是你杀的!"

那人死活也不肯认罪:"凭什么说人是我杀的?我不服气!"

"大家都是用右手拿筷子,只有你是左撇子。我去查验过,伤口正在死者的右肋。凶犯如果不是你,又会是谁呢?"

那人终于无话可说,立刻认罪服法。

日后,同僚们谈起欧阳晔的敏锐与智慧,没有不称颂的。[4]

发小李尧辅

欧阳修的籍贯在江西吉安,实际上他出生在四川绵阳,成长在湖北随州——他在绵阳长到四岁时,父亲过世,母亲便带着他和妹妹到随州投奔了叔叔欧阳晔。从四岁到二十二岁,欧阳修的生活都是在随州度过的。

随州不是东京开封,也不是西京洛阳,文化氛围一点儿也不浓厚。叔叔欧阳晔也只是个审案子的办事员,不是什么高官贵族。他当然能保证欧阳修每天不为生计发愁,也能在诗文方面给侄子提点儿建议,但除此之外,能提供的精神食粮真就不多了。

坦白地说,生长在这样一个地方和家庭的人,本是没机会成长为一代文豪的。

八到十四岁是一个人培养阅读习惯的黄金时期。处于这个阶段的欧阳修,却在很长一段时间里,在随州找不到什么可读的书。

一向对贫苦生活淡然处之的母亲,这时候也不免为家里没有藏书而发愁。没想到欧阳修早已看出母亲的心事:"虽然我们家没书,但我可以去李尧辅家里借。您放心好了。"

李尧辅是欧阳修的发小,两个人经常相约一块读书,一块玩耍。和欧阳修一样，李尧辅也很爱学习。他家境优裕，家中不仅有一个大花园，还有许多藏书。李尧辅告诉欧阳修："想玩儿的时候，尽管去花园玩儿；想看书时，尽管去书房看就是了。"

母亲听欧阳修如此说，这才放了心。

素未谋面的昌黎公

从此以后,欧阳修常常去找李尧辅。他们读书读累了,就找几个小伙伴一起到花园里玩捉迷藏。

有一天,等大家刚一藏好,欧阳修就立刻在花园里找起来。紧接着,他意外地发现了一面藏着一大筐书的夹壁。

"大家快出来啊!看我发现了什么!"欧阳修兴奋地大叫起来。

小伙伴们从四面八方聚拢过来,齐力抬出筐子。

"这些书都不要了吗?"他们问李尧辅。

李尧辅把半个身子伸进筐里,翻检了一会儿,下了结论:"这筐子上满是尘土,书都是旧的、破的、虫蛀了的,应该都是爸爸不要的。"

大人不要的废品,无疑就是孩子的宝藏了。小伙伴们开始七手八脚地翻起来。欧阳修自然也不例外。他一连翻了好几本,都没有发现自己喜欢的。忽然,一本《昌黎先生文集》闯入他的视线。

"昌黎先生是谁?怎么我从来没听说过?"欧阳修一下子对这本残破不全的书产生了好奇心——虽然它只剩下六卷,好多页都是脱落之后重新装订的,连顺序都是错乱的。

没多久，李伯伯发现了孩子们翻箱倒柜的行为，索性正式把书送给了欧阳修。欧阳修激动地把这本书带回家中，一读之下立刻被作者吸引了：这是个什么人呀？他的文章境界太开阔、力量太浑厚、气势太浩大了！入迷的欧阳修一直读到夜深，仍意犹未尽。

一本无意中发现的书，像一把奇妙的钥匙，就这样开启了一扇通往新世界的大门；一道足以照亮整个少年岁月的光，也在这个再平常不过的夜晚，映入欧阳修的双眸。

从这以后，他学习更勤奋，也更刻苦了。

母亲郑夫人什么都没有说，却把一切都看在了眼里。她有一种预感，这个孩子，以后一定会成大器的！

叔叔欧阳晔也注意到了欧阳修突飞猛进的写作水平。他一直都很喜欢这个早慧而敏感的侄子，也早就发现这孩子虽然年龄小，文章却已经写得很老到。

于是，终于有一天，在看过欧阳修的文章后，欧阳晔很欣慰地对郑夫人说："您以后不用再为修儿担心了。日后光大我欧阳氏门楣、成就一代文学事业的人，必然是他了。"

母亲听了，半天没有说话。回到独居的房间，她偷偷掉了眼泪。

波斯诗人萨迪说，一个人不论活多大年纪，最初的二十年都是他一生中最长的一半。用这句话来形容童年对欧阳修产生的深远影响，再合适不过了。

欧阳修在日后漫长的岁月里，一直和二十岁前一样执着地做着三件事：努力拼凑父亲的模样，尽力完成母亲的希望，以及步履不停地追随"昌黎先生"这位人生的榜样。

春去秋来，斗转星移。那些和母亲在沙地上练字，和李尧辅在李家花园中诵书的时光，转眼就过去了。

风声雨声读书声，声声入耳；家事国事天下事，事事关心。虽然直到明代，这副对联才被顾宪成题在东林书院，但却是古往今来所有有志少年的生动写照。

十七岁的欧阳修自然不是例外。虽然一直在随州小城闭门读书，他的视野却并不狭窄，更不闭塞。对当下生活的时代，他早已有了自己的理解：

"天子重英豪，文章教尔曹。万般皆下品，唯有读书高。"[5] 大宋无疑是一个令读书郎最心潮澎湃的时代——可还有哪朝哪代的文人士大夫，地位像现在这样高呢？

也正因如此，十几岁的欧阳修也同样相信，他所生活的时代，就是最好的时代。

太祖虽然是在马上得的天下，但这位大宋王朝的奠基者却是一个酷爱读书的人，他深知"马上得之，不能马上治之"的道理，对文臣的重视程度很高。太宗、真宗作为继承者，也同样重视文化建设和人才选拔：太宗太平兴国二年（977）至七年（982），《太平御览》《太平广记》《文苑英华》三部国家级重点文献的编纂工程陆续启动，一时之间，天下名士齐聚京师，开始夜以继日地整理皇家收藏的海量文献。

太宗太平兴国三年（978），此时距离建国还不到二十年，国家藏书的数量便已经从一万三千卷激增到八万卷。真宗景德二年（1005），又开启了更大规模的《册府元龟》编纂工程。

在这样的背景下，一方面，搜集、整理和出版各类经典作品，成为北宋一代的学术风潮；另一方面，学者们无不日夜奋斗，希望能够著书立说，在文化发展史上留下自己的姓名。

此外，大兴科举、选拔才俊更是这个时代里确定下来的基本国策。和唐代相比，开科考试的次数和录取人数都有大幅度提升；弥封（又称"糊名"）、誊录等新制度的增加，又尽可能地保证了寒门学子与豪族子弟公平竞争的机会。

以读书为利器，改变命运、实现理想，这是以前寒门子弟想都不敢想的事。对于千万个出身平凡的少年来说，生在此时，正是生逢其时。而欧阳修，必将是这万千学子中最优秀的那一个！

公元1023年的"考场作文题"

仁宗天圣元年（1023）秋，经过认真准备，欧阳修信心满满地坐在随州乡试的考场里。

今天我们写考场作文，不过写些《值得》《最懂我的人》之类的文章。当年欧阳修拿到的考卷上，写作要求可是刁钻太多了。

不信？那咱们就来看看他的考题——《左氏失之诬论》。

这个题目需要考生完成下面几件事：

平时读《左传》到烂熟于胸的程度；考场上能在脑海中快速提取出和题目相关的史料，即《左传》中"失之诬"的部分，也就是其中与鬼神相关的内容；能对此有独立的思考，并行之成文。坦白说，每一件事完成起来都很难。

欧阳修看了题目，心头暗暗一喜："越是难题，越是能看出我的水平啊。"

几乎是立刻，《左传》中神异奇幻的事开始在欧阳修脑海里鱼贯而出：鲁昭公八年的春天，晋国有块大石头突然说起话来；鲁庄公十四年的夏天，郑国都城门边，有两条大蛇相互缠斗，城外的蛇咬死了城内的蛇；鲁庄公三十二年的秋天，有神灵在莘地降临；鲁文公二年的秋天，太庙祭祀时，刚刚去世的鲁僖公和早已过世的鲁闵公,二人的鬼魂竟然一大一小地出现在众人面前……

欧阳修略一思索,写道:

石言于晋,神降于莘;外蛇斗而内蛇伤,新鬼大而故鬼小。

他用极其俭省的语言,高度概括了《左传》中四个和神鬼灵异相关的故事;而且下笔有力,语言奇警。

文章写完之后,欧阳修越想越得意。可谁知道,放榜的时候一看:什么?他居然落榜了!

随州生活

第一次落榜

欧阳修惊呆了,自己的文章明明写得很好,为什么结果却是这样呢?人生中第一次落榜的这天晚上,欧阳修失眠了。

他辗转反侧,不知何时,又想起了什么似的,再次披了衣服站在窗前,呆呆看着旅社的外头。

残月疏星,秋虫唧唧,仿佛一起见证着他失败的苦痛,嘲笑着他所有的委屈和不甘。欧阳修沉思良久,收回了视线。他沉默地打开随身携带的小书箱。那本十岁时就奉若至宝的《昌黎先生文集》依旧待在书箱一角,静静地守护着他。

他看着这个曾被人丢弃的、灰头土脸的、残缺不全的"朋友",眼泪一下子充溢了眼眶。他含着眼泪重新读起书来:

世有伯乐,然后有千里马。千里马常有,而伯乐不常有。故虽有名马,祗辱于奴隶人之手,骈死于槽枥之间,不以千里称也。

马之千里者,一食或尽粟一石。食马者不知其能千里而食也。是马也,虽有千里之能,食不饱,力不足,才美不外见,且欲与常马等不可得,安求其能千里也?

策之不以其道,食之不能尽其材,鸣之而不能通其意,执策而临之，曰："天下无马！"呜呼！其真无马邪？其真不知马也！

——〔唐〕韩愈《马说》

难道真的是自己的文章写得不好吗？

"别人说我错了，我就一定错了吗？"

这句发自内心的声音是那样微弱，微弱到这个世界上没有任何人倾听；可这声音又是那样强大，强大到即使这个世界上没有一个人倾听，也足够让发声者走出自我怀疑和否定的泥沼，重新获得内心的从容与坚定：

"最好的文章就是昌黎先生的文章。现在人人都学习'时文'[6]，而把古文丢在一边，绝对是错的。我欧阳修就是要坚定不移地追随韩公的足迹，写出韩公那样的文章，就是要让天下所有的读书人都知道，好文章到底长什么样子！"

十七岁的欧阳修蜗居在一个小旅馆中，清瘦、弱小、萎靡、暗淡，甚至还有点儿丑陋。旅馆之外的随州城再小，此刻也没有人知道他的姓名。几百里之外的京师，那些位高权重的主考官，正在用各种各样的方式告诉普天之下的年轻人：要想出人头地，就要写出我们称赞的文章。

坚持自己还是迎合世界？

如果你是欧阳修，你会怎么办呢？

如果你要坚持自己，那必须付出巨大的代价。理想就暂且不提了，只说说家里的情况：妈妈和叔叔都还等着你金榜题名、光耀家门呢！你忍心让他们失望吗？

随州落榜的晚上，或许是欧阳修一生之中最漫长的夜晚。最终，这个十七岁的年轻人做了一个艰难的决定："该批判的，我一定会批判；该反对的，我也一定会反对。但是，这事急不来。我会暂时低下头颅，学习现实的规则和标准，先利用别人的游戏规则赢得胜利，再为整个游戏重新制定规则！"

打一个不恰当的比方吧。有这么一位同学，一点儿也不认同自己的语文老师，他考试交了白卷。与此同时，另一位同学虽然也不认同自己的老师，但区别在于，这位同学的卷子全部填满了，并且取得了满分。

同样都是"不屑与反对"，你认为老师更服气谁？

考试落榜了，欧阳修感到很挫败。他当然不是那种自以为了不起的无知少年，所以很快认清了现实。实际上他根本没发出什么不逊的言辞,相反,他说得雅正极了。

从中可以读出的,是一代文学宗师的得体与坚定。

予亦方举进士,以礼部诗赋为事。年十有七,试于州,为有司所黜。因取所藏韩氏之文复阅之,则喟然叹曰:"学者当至于是而止尔。"因怪时人之不道,而顾己亦未暇学,徒时时独念于予心,以谓方从进士干禄以养亲,苟得禄矣,当尽力于斯文,以偿其素志。

——欧阳修《记旧本韩文后》

随州生活

注　释

1. 随州，今湖北随县。欧阳修是吉州（今江西吉安）永丰人，宋真宗景德四年（1007）出生于绵州（今四川绵阳），在湖北随州长大。

2. 欧阳修《归田录》中记载，欧阳修的母亲郑夫人说，她曾经做过一个梦。梦中一位仙人驾着五彩祥云，把一个满身毫毛的男婴送到她的怀中。不久之后，她就怀孕了。怀孕期间，她全身也长出了无数白毫。直到孩子（也就是欧阳修）降生后，她身上的白毫才脱落。

3. "欧母画荻"在宋代以后成为一个经典教育案例。母亲郑夫人也因为对欧阳修的悉心教导而名列中国古代"四大贤母"之中。

4. 关于欧阳晔，〔明〕冯梦龙《智囊全集》中记载了这样一个破案故事："欧阳晔治鄂州，民有争舟相殴至死者，狱久不决。晔自临其狱，出囚坐庭中，出其桎梏而饮食。讫，悉劳而还之狱，独留一人于庭，留者色动惶顾。公曰：'杀人者，汝也！'囚不知所以。曰：'吾观食者皆以右手持匕，而汝独以左。今死者伤在右肋，此汝杀之明验也！'囚涕泣服罪。"

5 出自宋哲宗元符三年（1100）进士汪洙的《神童诗》。《神童诗》里还有另外几句，日后流传甚广："久旱逢甘雨，他乡遇故知。洞房花烛夜，金榜题名时。""朝为田舍郎，暮登天子堂。将相本无种，男儿当自强。"

6 欧阳修重古文（即先秦两汉时期的散文），轻时文。所谓"时文"，指的是当时考场流行的文章。欧阳修的那个时代，人们对语言的美感有过度的追求，因此往往会出现以辞害意的情况，即对于形式的追求妨害到了思想和感情的表达。

洛中才俊

1026—1035 年 | 20—29 岁

光阴流转,暮去朝来。不知不觉间,他们已经一起看过了风光旖旎的山水,赏尽了姹紫嫣红的牡丹,听过了丝竹笙歌,也走遍了古寺名园。春秋冬夏,相约一起玩耍;天南海北,从此无话不谈。

第二次落榜

天圣四年（1026）秋天，二十岁的欧阳修再一次参加了随州乡试。

这一次，他终于顺利通过，拿到了第二年春天在京城汴梁参加礼部考试的"入场券"。精心准备了半年之久的欧阳修兴冲冲地参加了考试。

然后，没中。

啊？

不是想通了吗？

为啥又没中呢？

此时此刻的欧阳修，早已不再是之前那个受了打击就不知所措的男孩子了。对于这次的失败，他已经能用冷静的眼光看待了：他三更灯火五更鸡，废寝忘食，学习不可谓不努力，可为什么成绩还不好？归根结底，这是因为随州这个地方封闭落后，离文化中心太远了。

欧阳修这么想是有道理的：

（随州）虽名藩镇，而实下州，山泽之产无美材，土地之贡无上物。朝廷达官大人自闽陬岭徼出而显者，往往皆是，而随近在天子千里内，几一百年间未出一士，岂其庳贫薄陋自古然也？

——欧阳修《李秀才东园亭记》

当年，白居易被贬到江州，为什么在听到琵琶曲的那一晚那么震撼、那么心动？最直接的原因，不就是因为在偏僻的江州，根本听不到京都最高雅、最流行的乐曲吗[1]？同样地，李贺在长安才能听到国手李凭弹箜篌[2]；陈子昂也只有到了京都，才能千金买胡琴，当着众人摔碎，然后捧出自己的文章让京城的文化人满座皆惊[3]……

所以，他想明白了！

与其在随州闭门读书，不如离开这里，外出游学去！

优雅、精致的士大夫生活

天圣六年(1028),二十二岁的欧阳修带着那本《昌黎先生文集》上路了。第一站是三百里路之外的汉阳城。

之所以要跋山涉水来到这里,是因为欧阳修听说汉阳知军[4]胥偃是一个有品格的文化人,所以就想把自己的诗文和自荐信呈给他。

欧阳修的选择是对的:胥知军很快给他回了信,不仅邀请他到府上赴宴,还叫他从客馆搬到知军府住下,以便专心读书。

半年后,胥偃调任京城,把欧阳修也带了去。通过胥偃的引荐,欧阳修很快结识了京城的一些名公巨卿、文人雅士。如此才华横溢的青年才俊,自然得到了很多人的欣赏。

这不正是这位随州少年之前梦寐以求的生活吗?

欧阳修很快就融入了家家宴饮、处处笙歌的京都,适应了优雅、精致的士大夫生活。

他沉醉在这浓郁的文化氛围和前所未有的新鲜体验中,和这位公子高谈阔论,和那位诗人吟诗论画。在这个昔日的随州少年身上,时间以不可思议的速度催生出了一系列变化。

此时的欧阳修衣着考究、举止得体,看上去容光焕发。他轻而易举就能成为聚会的中心,宴席上,人人都想和他结交,都称赞他是一个不可多得的才子。

一次,大家在郑工部的家里举办文化"沙龙",雅集吟诗。暮春三月,酒过三巡,大家照例要比赛写诗。欧阳修略一沉吟,便当场完成了一首诗。

欧阳修写一句,就有人高声诵一句。等他写完,在场的所有人便对今天赛诗会的结果了然于心了。

"第一名有了!永叔这首诗写得精美绝伦、无懈可击!"

"好的诗歌能捕捉到周遭世界极其细微的变化,好的诗人必须有非常敏锐的观察力。永叔兄足以当之!"

"不止如此,你们看,这首诗用字多么讲究,对仗多么工整,简直是艺术品!"

周围人你一言我一语地闲谈着。评点完毕后,所有人都默契地举起杯子,一起把酒敬给场上最有才华的人。毋庸置疑,这个人只能是欧阳修。

欧阳修享受着眼前的荣光,整个人兴奋极了。回想随州乡试的挫败,他心想:"我以前真是井底之蛙,也真是孤陋寡闻啊。"

状元的新衣

天圣七年（1029）春，欧阳修参加了广文馆的考试，一举夺魁。同年，他又在国学解试中名列第一。

年少初登第，平地一声雷。第二年，他又参加了礼部举办的，由资政殿学士、著名文学家晏殊担任主考官的"省试"，又是一举夺冠[5]。一年之内，欧阳修由监元、解元而至省元，风头一时无两。

镶嵌在暗淡天幕中的小星星，终于开始散发出越来越耀眼的光芒。从随州小旅馆中一路走到京城的欧阳修，也终于凭借着才华，把自己的名字刻在了人们心上。

很快，真正的终极考试来了。

那是在天圣八年（1030）。这一年参加殿试的考生里，状元只有一个。这一年参加殿试的考生里，自然也就只有一个人，会以状元的身份被历史记住。而在自信满满的欧阳修看来，这个独一无二的状元郎，是非他莫属的。

殿试的时间很快就到了。拿到题目后，欧阳修再次一挥而就——经过刻苦的作文训练，经过恩师胥偃的提携，经过两年京城文化的熏染，欧阳修气冲斗牛，把笔一挥，行云流水一般完成了文章。

"妥了。"

未下考场，欧阳修便已成竹在胸。

考试结束后，他立刻给自己置办了一套体面的"礼服"。他已经预想到了，在"一举成名天下知"的高光时刻穿上这一身华服，一定是一份美好的回忆。

礼服送来了，既合身又好看。欧阳修小心翼翼地收了起来。殿试唱名就在第二天，衣服可千万不能皱啊！

当天晚上，几个好朋友聚在一起喝酒。欧阳修有点儿醉了，一不小心竟把衣服的事说了出来："明天是个大日子，我衣服都准备好啦！"

朋友们跟着起哄："那还等什么？快拿出来给我们开开眼哪！"

醉意中，一个叫王拱辰的同学站了起来。王拱辰只有十九岁。所有同学中，他年纪最小，个子却最高。

王拱辰一直是大家的开心果。考完试，他也放松了，也有点儿喝醉了："大家都别动！我去给永叔哥哥拿衣服！"过了一会儿，王拱辰大摇大摆地穿着欧阳修的礼服出来了。

王拱辰是个大个子，欧阳修是个小个子。宽袍大袖到了他身上，看上去滑稽极了。原来，调皮的王拱辰趁欧阳修不注意，顺势把他的新袍子穿在自己身上了。同学们哈哈大笑，王拱辰看

洛中才俊

大伙儿都被逗笑了,更加得意:"为状元者当衣此!"

大伙儿听了,更是笑得前仰后合。欧阳修看着笑成一团的同学,本来想说点儿什么,最终还是把嘴闭上了。

第二天,殿试唱名,打遍天下无敌手的欧阳修,这一次居然名列第十四。至于那年金科状元的名字,则如同命运和欧阳修开的一个巨大的玩笑:天圣八年殿试的状元不是别人,正是王拱辰,那个头一天误穿了他状元衣的小弟兄。

虽然留有遗憾,但二十四岁的欧阳修毕竟进士及第了。一向待他如己出的胥偃老师,对殿试第十四名的成绩挺满意,将女儿许配给了这位新科进士。于是乎,昔日的大恩师就成了今日的老泰山[6]。一时之间,好事成双。接着,欧阳修也顺理成章得到了第一个官职——西京留守推官。

当时,西京洛阳是仅次于首都汴梁的城市。能去那里做官,是欧阳修继中举、订婚之后的第三件好事。

初见梅尧臣

洛阳伊水河畔的午桥庄,有一座园子,名叫绿野堂。

绿野堂本是唐朝宰相裴度的别墅。当年建成之后,裴度请好朋友们为它写诗。

姚合挥笔写下:"曙雨新苔色,秋风长桂声。携诗就竹写,取酒对花倾。"刘禹锡也来助兴:"蔼蔼鼎门外,澄澄洛水湾。堂皇临绿野,坐卧看青山。"白居易最后奉上诚意之作:"远处尘埃少,闲中日月长。青山为外屏,绿野是前堂。"

可能是因为绿野堂太美,也可能是大文豪白居易诗兴大发,他紧接着又写了一首:

绿野堂开占物华,路人指道令公家。令公桃李满天下,何用堂前更种花?

——〔唐〕白居易《奉和令公绿野堂种花》

白居易比姚合和刘禹锡机智多了:他不仅夸了绿野堂的上万棵奇花异树,还夸了裴公,说他桃李满天下,是一代文宗。

天圣九年(1031)农历三月初三。

自王羲之写《兰亭集序》六百多年后[7],自裴度和"刘白"等

洛中才俊

人优游绿野堂约二百年后,在一个修禊日[8],欧阳修在命运的安排下一个人来到这里。

旧时的亭台楼榭早已毁于战火,奇花异树也已了无痕迹。眼前的绿野堂只剩绿野。唯一能让人依稀想见当年西京盛事的,只有那亘古不变的伊水清波和当年裴度种下的一片竹林。

今日可还有像王羲之、裴度那样能够招纳群贤、共谈诗文的一代文宗吗?

欧阳修正在感慨,绿林中忽然传来清朗的吟哦之声:

修禊洛之滨,湍流得素鳞。多惭折腰吏,来作食鱼人。水发粘篙绿,溪毛映渚春。风沙暂时远,紫线忆江莼。

——〔宋〕梅尧臣《上巳日午桥石濑中得双鳜鱼》

欧阳修忍不住侧耳倾听:是谁在这里捉了两尾好鳜鱼?还这样有才华,随口作成一首诗?这首诗清新脱俗,完全不像时下流行的"西昆体"那样面目可憎。

欧阳修不由得隔着竹林大声问道:"对面的食鱼人是谁?吉安折腰吏欧阳永叔隔溪请见。"

竹林里先是沉寂了一会儿。不多久,一个气秀色和的年轻人缓步出现,笑吟吟地吟道:"春风午桥[9]上,始迎欧阳公。"[10]欧阳修略一沉思,回道:"逢君伊水畔,一见已开颜!"梅尧臣不禁莞尔:"在下梅尧臣,叫我圣俞[11]就好。"

欧阳修一见之下,便喜欢上了这个比自己年长几岁的年轻人。两个人从方才的鳜鱼诗聊到当下的文化风气,又从文化风气聊到了香山[12]的美景。

"以前读香山居士的诗,就觉得山上风月无限。择日不如撞日,永叔兄,不如现在我们就一起去走走吧?"梅尧臣忽然提议。欧阳修和他一样,亦有相见恨晚之意。两个人一拍即合,于是便一起去爬了香山。

乐莫乐兮新相知。香山之旅后,双方还不尽兴。毕竟诗也没有谈够,酒还没有喝上,而刚捉到的两条好鳜鱼,若是不和好朋友一起吃,又有什么滋味呢?两个人一商量,便一同回到梅圣俞家里。这一聊,可又没了尽头:

"你知道吗?洛阳除了裴度的绿野堂,还有白居易的旧宅呢!"

"我当然知道!那里现在舍给普明寺的僧人做庙宇了。香火还很旺。"

"嗯,今天肯定来不及了,改天一起去。"

"非有清胜,不可以消烦炎。要去,最好趁最热的时候去,寺里最是凉快。"

"嗯,不过到时候没有酒,也不快活。"

"非有清吟啸歌,不足以开欢情。填词唱歌也得安排上。"

"到时候我们把诗都刻在普明寺的墙上!"

"好!等以后老了,我和你再去慢慢读。"

"那普明寺之约就这么定下了。你可千万不能反悔呀!"

…………

人和人之间的关系就是这么奇妙。有人白首如新，有人倾盖如故。很幸运，欧阳修和梅尧臣就是后者。从此以后，二人无一日不相从，至终生而不厌倦。

一辈子能有一位这样的知己，便已足够令人神往。更何况他们两个，一个是影响一代风气的文坛盟主，一位是有开创之功的著名诗人呢？

实际上，竹林下的相见不仅仅是他们一生友谊的开始，同样也标志着：那个由欧阳修主导的文学盛世，已经悄然降临了。

未来还远，我们先说眼前。自从离开了随州的老朋友，欧阳修再也没和人这么畅快地聊过天了。正所谓，同声相应，同气相求。新的文坛盟主终于找到了灵魂共振的感觉。

今天的读者或许对于"唐诗宋词"这个组合不陌生。但其实，如果说"唐诗"是诗歌版图上的珠穆朗玛峰，那么"宋诗"则完全可以说是版图上的乔戈里峰，绝对有足够的实力与第一高峰并峙。换句话说，唐诗固然是中国文学史上的明珠，可宋诗其实同样也是中国文学史上的美玉啊。而欧阳修的好朋友梅尧臣，正是一个托举宋诗高峰的巨人。

梅尧臣的诗好到什么地步呢？

南宋诗人刘克庄称梅尧臣为宋诗的"开山祖师"。宋末诗人方回则说："宋诗孰第一，吾赏梅圣俞。"

空口无凭，我们还是来欣赏欣赏梅尧臣的作品吧：

适与野情惬，千山高复低。好峰随处改，幽径独行迷。霜落熊升树，林空鹿饮溪。人家在何许？云外一声鸡。

——〔宋〕梅尧臣《鲁山山行》

对于想干大事的欧阳修来说，能在青年时代遇见梅尧臣这样心灵相契的挚友，实在是他一生莫大的幸运。

洛中才俊

洛阳，洛阳，我把最好的青春送给你

天圣、明道年间的洛阳，是属于文学的黄金时代。当时的西京留守是钱惟演老前辈。

钱老是旧国的王孙，是吴越王的儿子，在时下最风靡的"西昆体"诗歌流派中，他是举重若轻的骨干诗人——欧阳修反对的，就是这一派的写作风气。不过，欧阳修反对的仅仅是"西昆体"这种文学样式，对于钱老这个出身高贵、举止优雅的文坛前辈，他一直都是心怀感念的。

钱惟演酷爱读书，一辈子走到哪儿就读到哪儿，即便是上厕所的时候也一样。

后来，欧阳修整理出一个很著名的"三上"写作法[13]，就是从钱老前辈这里获得的启发。

钱老藏书颇丰。虽然比不上皇家图书馆，但也少不了太多。他是文学与诗歌上的前辈，也是欧阳修的行政长官。对于有梦想的年轻人，他从来都是关心、爱护的。

欧阳修一直记得这样一件小事：

有一年冬天，白日无事，欧阳修约朋友谢绛[14]一起去爬嵩山。到了龙门，突然下起雪来。

雪越下越密，天地间只剩纯净的白色。两个人一边聊天，一边看雪，正享受着无边的安然与宁静，谢绛忽然一拍大腿："坏了！今天下午还要开会！钱老主持！得，真忘一个干净！"

欧阳修这才想起来开会这回事，只是他们现在身在龙门，一时半刻怎么赶得回去？如果是平时小领导主持的会议，不去也就罢了。今日却是钱老端坐衙署，组织大家商议公事。他们两个资历最浅的要是面儿都不露，是不是显得太没有礼数了？

两个人正发愁，伊水河对岸忽然出现了一个红衣丽服的"伊人"。她骑着马，冒雪渡水，越走越近。

少女不是一个人来的——她的身后还有一小支队伍，队伍里有钱老府上最好的厨子、处理好的食材、准备好的炭火、陈年的佳酿和可供写诗的笔墨。

这少女是一个歌伎，她有一副极清丽的嗓子。钱老平时最喜欢听的，就是她唱的歌。

"你你你……你们是来找我们的吗？"谢绛惊讶得都口吃了。那歌伎嫣然一笑，款款下了马："好山好水处，二位必有佳篇。若是无歌无酒，岂不是太遗憾了吗？这话可不是我说的，是钱公说的。"

说着，队伍中不知从哪里多出来一个小吏。"钱公说，登山一次不易，二位尽可在山上多玩儿一会儿再回。"

谢绛几乎不敢相信自己的耳朵。那小吏看出他的心事，又说："放心，府里公事简易，钱公特意嘱咐，二位不必急忙赶回去。"说完，便独自踏雪离开了。

洛中才俊

天地一白,龙门夜雪。欧阳修和谢绛的酒喝了一杯又一杯,诗也写了一首又一首。那女孩的清歌把龙门的月唱圆了也唱亮了,更唱得这轮山月在欧阳修的记忆里,无比温柔皎洁。

钱惟演虽然没有写出欧阳修最激赏的诗歌,却深深懂得欧阳修的个性与才华。才子千千万,以前有许多,以后也自然会有许多。但是,像欧阳修一样的大文豪,几百年也出不了一个。

钱惟演的宽容,让年轻的欧阳修突然感受到被理解和被尊重、被期待和被爱护的温暖。这种复杂又美好的情绪,他可从来没有体验得这么深刻过。

欧阳修和他的朋友们

能在青年时代遇见钱惟演这样爱惜才俊的前辈,是欧阳修的幸运。也正因如此,欧阳修才得以结识一大批洛中才俊。

古人说,"独学而无友,则孤陋而寡闻"。

幸运的是,在洛阳的三年时光里,欧阳修的身边终日围绕着一批个性鲜明、才华横溢的人。这些人包括但不限于古文家尹洙尹师鲁、名将富弼富彦国、大词人张先张子野、钱惟演的儿子钱暄,以及张汝士、杨愈、杨辟、张谷、张太素、孙长卿、孙祖德、王顾、张亢、张至、王复、王尚恭、王尚喆等人。

大家共同组成了一个人才济济的文化团体。和他们朝夕相处、飞觞论诗的每一天,欧阳修都在超越旧日的自我。

所谓的"四美具,二难并"[15],既令人神往,又难求难得。得有一个特别服众的,大家愿意以他为中心的人做"贤主",得要有料、有趣的"嘉宾"围绕在身边,还得有良辰美景、赏心乐事,这样才能在正好的年纪、正好的时节、正好的环境里最尽兴。这六要素每一样都不容易满足,可一旦满足,就必定是青春中最美好的盛事。

巧了,欧阳修和朋友们,此时都二十多岁,正在人生的好时刻,正在文化名流钱惟演身边,正在牡丹花开甲天下的洛阳

洛中才俊

城。无论是龙门山、还是菩提寺,无论是上林苑、还是金谷园,处处都可去,四季皆可赏。更难得的,是大家有共同的文学品位与爱好。

洛中三年,名副其实,是最理想不过的"二并四具"。

光阴流转,暮去朝来。不知不觉间,他们已经一起看过了风光旖旎的山水,赏尽了姹紫嫣红的牡丹,听过了丝竹笙歌,也走遍了古寺名园。春秋冬夏,相约一起玩耍;天南海北,从此无话不谈。

为官的清闲不易得,知音的默契再难求。欧阳修以前不知道,但现在明白了。他在最好的地方、最好的时间,遇到了最好的人,也拥有了最不遗憾的青春。这是有宋一代最繁荣昌盛的时期,也是欧阳修一生当中最美好的华年。

许多许多年后,欧阳修再没机会去洛阳看牡丹,昔日的好友四散飘零,也都渐渐归于尘土。当年迈的他不得不独自一人追忆这段时光时,他总是会一遍又一遍地重温洛中好友之间这份亲密的感情,以及彼此在文学艺术上的相互激励。

昔在洛阳,与余游者皆一时豪隽之士也。而陈郡谢希深善评文章,河南尹师鲁辩论精博。余每有所作,二人者必伸纸疾读,便得余深意;以示他人,亦或时有所称,皆非余所自得者也。

——欧阳修《〈集古录目序〉题记》

他说:"于时一府之士,皆魁杰贤豪,日相往来,饮酒歌呼,上下角逐,争相先后以为笑乐。"他又说:"其后去洛来京师,南走夷陵并江汉,其行万三四千里,山砠水厓,穷居独游,思从曩人,邈不可得。然虽洛人,至今皆以谓无如向时之盛。然后知世之贤豪不常聚,而交游之难得,为可惜也。"

"贤豪不常聚,而交游之难得为可惜。"

这句后来被写在张先墓志铭上的话,说得真是感人。有时候,人的运气就是那样好,一开始就能遇到最好的人,一起经历最好的时光;然而有时候,人的运气也是那样坏,太早遇见最好的人,往后只能无可奈何地在下坡路上一直走。

那些人,那些事,就只能留在回忆中。

金钗、《临江仙》和"欧阳逸"

天圣九年夏。

一天,梅尧臣与尹洙、杨愈、王复、张先、王顾、张汝士几个朋友一起纳凉聊天。"一二三四五六七……"梅尧臣暗暗数过后心里一动,"等会儿欧阳修来了,正好是八个人呢。"

当年,白居易在洛阳和八位好友雅集,成就了一场文坛盛世。今天既然有如此巧合,为什么不索性乐上一乐,效仿一下盛唐的雅事呢?

梅尧臣把自己的想法说出来后,人人都觉得有意思。一阵认真的讨论之后,除了欧阳修,每个人都得到了自己的"雅号"。

尹洙辩论精博,得名"辩老"。杨愈才思俊发,得名"俊老"。王顾明哲聪慧,得名"慧老"。王复深沉淡泊,得名"循老"。梅尧臣志洁文清,得名"懿老"。张汝士沉静慎言,得名"晦老"。张先不动声色,得名"默老"。

"欧阳修怎么办?"尘埃落定后,忽然有人问。

"只能缺席审判了!"不知是谁喊了一嗓子。

几个朋友听了哈哈大笑。欧阳修的"雅号",他们几乎立刻就想好了。

一致通过之后,大家请梅尧臣将结果转达给欧阳修。

梅尧臣先吓了一跳:"这样好吗?他会不会生气?"他们愈发笑不可止:"这就管不了了,问起来就说是你的主意!"梅尧臣想了想,觉得是自己多虑了:欧阳修为人潇洒,不拘小节。况且大家不过是为了一笑。于是,欧阳修很快就收到了梅尧臣送来的信,当然,也看见了自己的雅号——"逸老"。

逸老?欧阳修差点跳起来:"这是什么雅号?也太不雅了吧!你们真的不是在取笑我吗?"欧阳修赶紧写信给梅尧臣,要把"逸老"改成"达老"。"逸"的意思是放浪纵逸,而"达老"则表示超脱达观。自己要当"达老",决不当"逸老"!

信的末尾,欧阳修还不忘叮嘱好朋友把来往的信件都烧掉。"这样,以后的人就会以为,'达老'不是我死乞白赖要来的,而是你们一开始就给我的。千万记得啊,所有的信都要阅后即焚哦!"

可惜,二十多岁的时候,欧阳修到底没那么自信,面对朋友的玩笑,也没能做到毫不在意。如果他能再自信通达一点,也许反而会觉得"逸老"这个名号真的还挺传神的呢!

然而梅尧臣并没听他的话。这些信件都保存得好好的。别说当时的人了,就连今天的读者,都能很容易读到。这情况大概就相当于,这边欧阳修再三叮嘱要梅尧臣删掉聊天记录,那边梅尧臣不仅没删,还截图发了朋友圈吧!

洛中才俊

聪明的读者或许已经看出来了，无论是好朋友们的玩笑，还是欧阳修的敏感，都在暗示我们，这件事背后或许另有隐情——

夏天窗外的池塘里，荷花开得亭亭玉立。刹那间，风吹过来，偌大的荷叶你挤着我，我挤着你。荷叶的正面是深绿色，背面是浅绿色。深绿和浅绿都弱不禁风，一会儿你扶着我倒向东，一会儿我拉着你倒向西。整个池塘瞬间被风吹乱了。

欧阳修看着眼前的景色，红着脸把手中的信封上了，他当然忘不了去年夏天的事：

不知哪儿的云彩飘过来，惹起一阵薄薄的雨和微微的凉意。不一会儿，雨停了，夕阳仍在，一道漂亮的彩虹挂在了天边。

"景色这么美，正该写诗。"正在大宴宾客的钱惟演说。自然，他想起了欧阳修。要写诗，才子不在场怎么能行？

钱惟演左看右看，可是怎么也看不到这个年轻人的影子。

"哎，欧阳修呢？"钱老这么一问，众人也就跟着四处寻找。这一找不要紧，所有人都发现欧阳修根本就没来。

谢绛心细，他看了又看，发现不仅欧阳修没来，那个唱歌最好听的歌伎竟也没来。

他不在？她也不在？这未免也太巧了吧！

谢绛正在瞎想，欧阳修若无其事地从小门进来了。没多久，那歌伎低着脖颈，也匆匆从后门进来了。

谢绛心里一嘀咕：完了，这俩准是有什么事儿！谢绛正在担心，那边钱公也发现了偷偷溜进来的两个人。

"你怎么才到？"

明明都迟到了，偏心的钱公却给欧阳修留了面子，只看着那歌伎发问。本来大家不知道她也没来，结果老爷子一问，所有人立刻都成了谢绛，心里有一万个小人儿在探头巴脑。

大家天儿也不聊了，酒也不喝了，都支棱起耳朵听歌伎怎么说。

"还有，你头上的金钗，怎么来时在，现在没了呢？"钱公继续"为难"她。那少女沉默了一会儿才开口解释："我今天中暑了，身体不舒服。中午时间长，就在凉亭睡着了，醒来金钗就丢了。"大家听了，心想女孩真是老实，这谎话说得可不高明。

轮到为难欧阳修了。钱公微微一笑，"既然这么说，下次注意就是。欧阳推官素来能诗善赋，你得让他根据你方才所说写一首小词。要是写好了，金钗我再送你一对。你迟到的事，我也不追究了。"

大家又忙把目光转向欧阳修。这边钱公话音未落，早有仆人给欧阳修捧上了文房四宝。

惊魂未定的欧阳修看了看钱公，又看了看自己心爱的姑娘。此时此刻，辩解是无益的，唯有写一首好词才能救得了她。

他略一思索，提笔写道：

柳外轻雷池上雨，雨声滴碎荷声。小楼西角断虹明。阑干倚处,待得月华生。

燕子飞来窥画栋,玉钩垂下帘旌。凉波不动簟纹平。水精双枕,傍有堕钗横。

——欧阳修《临江仙》

还是老规矩,他写一句,就有人在旁边念一句。最后一句念完,半天没人说话。大家都觉得这首词写得太好了。

好在哪里呢?

首先,我们一起来看看词里面都说了些什么,又是怎么说的。其实,写词和拍照片有点类似。比如,一个房间里有大大小小一百个物件,但是取景框只有那么小,因此这一百件物件不可能全部呈现出来。拍照片的人必须自己找角度、找光线、找重点。显然,透过一张照片,我们看到的不是真实的客观世界,而是一个被拍摄者观察到的、筛选过的主观世界。

调动全部感官去感知世界,凝固那些稍纵即逝的体验瞬间:这是诗歌创作的本质。相应地,还原作者丰富的感官感知,重温那些稍纵即逝的体验瞬间:这是诗歌鉴赏的本质。换句话说,那些读者听到的、看到的、闻到的、想到的一切,就好像是一尾被速冻了的鲤鱼。而好的诗歌阅读者则要能破冰解冻,有让这尾鱼重新跃动起来的能力。

欧阳修无疑是一个好作者,他留给我们的瞬间是极其细腻鲜活的。接下来,让我们努力跟上他的脚步,做一个好读者吧。

《临江仙》主要呈现了对三件事物的细致感知。

第一是"声音"。"柳外轻雷池上雨,雨声滴碎荷声。"欧阳修在这两句中呈现的声音是极为丰富的。

雷声在"柳外","柳外"既可以是"房间之外",也可以是"庭院之外",总之,"柳外"是远处的声音。远处的雷声响起来,这是在提醒我们:马上要下雨了。很快就听见雨点落进池水的声音,这声音是细细密密的。夏天的雨来得快,去得也快。天虽然晴了,可集聚在荷叶中心的雨还在。等到荷叶开始摇摇摆摆,乃至无法承受其重量时,雨珠才"滴答"一声,落进水里。这声音是滴滴答答、时有时无的。

首先,这三个声音具有时间上的先后关系。它们各有特点,而且雷声昭示了雨声,雨声又引发了荷声。再者,这声音还有远近、大小、密疏的区别,是有层次的。而描述这么多听觉的丰富感受,欧阳修只用了十三个字。

不妨拿《临江仙》和蒋捷的《声声慢》做一比较。

黄花深巷,红叶低窗,凄凉一片秋声。豆雨声来,中间夹带风声。疏疏二十五点,丽谯门、不锁更声。故人远,问谁摇玉佩,檐底铃声?

彩角声吹月堕,渐连营马动,四起笳声。闪烁邻灯,灯前尚有砧声。知他诉愁到晓,碎哝哝、多少蛩声!诉未了,把一半、分与雁声。

洛中才俊

同样是写雨，蒋捷写得也很细腻：雨声、风声、更声、铃声、角声、笳声、砧声、蛩声、雁声，九种声音汇总成秋声，妙极！但蒋捷的词很直白，欧词则要含蓄得多。

所以，读《临江仙》需要阅读者调动更多的生活经验，需要花更多的时间和心思琢磨、体味。这无疑是一种更高级、更有艺术感的写作。更何况欧阳修写的，也不仅仅只有声音。

欧阳修第二表现的是"光影"。"小楼西角断虹明。阑干倚处，待得月华生。"这几句描绘的光，包含了夕阳、彩虹和初月。在光影的变化和推移里，又自然而然地包含了时间的流逝。

第三则表现的是"场景"。"凉波不动簟纹平。水精双枕，傍有堕钗横。"这几句读完，仿佛有一个空镜头，淡淡扫过一个华美绮丽的房间。这个空镜头绝非一览无余，而是跟着燕子"飞来"的动作推进，是隔着帘幕的"窥视"，是若有若无看到的一角。从这一角里看到的是簟席，是水精双枕。双枕之间，藏着一支金钗。

这房间清凉而空静。清凉的感觉，是由"玉钩"的凉、"簟席"的凉以及"水晶"的凉共同带来的。空静的感觉，又是由"垂""不动""平"和"横"共同营造的。

可是，这首词只是在写声音、光影和场景吗？就没有人的存在吗？如果没有人的存在，又是谁在感知一切呢？

所以实际上，欧阳修是在用很隐秘的方式写出了这个人。他说，"阑干倚处，待得月华生"。仔细咀嚼诗句，是不是可以看到一个似有若无的剪影，一个斜倚栏杆、默默等待的人？等到月亮升起来，又会发生什么呢？

而这，正是这首小词留给人们的想象空间。

欧阳修写的虽然是所谓的"艳词"，但他的"艳词"并不俗艳，反而具有含蓄蕴藉的古典之美。他没有直接写众人想象中的一场约会和欢好，而是描绘了静物与场景："水精双枕，傍有堕钗横。"他没有张扬，没有呐喊，只有暗示，只有不动声色的微微点染。

水精双枕上，真的有人午睡和小憩吗？说有，可是这里明明空无一人。说没有，那从枕下隐隐露出的金钗又是怎么回事呢？

坦白地讲，欧阳修写的并不是歌伎的"借口"，而是所有人想象中的秘密约会。

从这一点来说，欧阳修确实是个爽快豪放不扭捏的人。你们既然想让我写这个，我就写这个呗！可是他笔下的幽会画面，既不低俗，也不暴露，而是高雅又精致，含蓄又克制。金钗在这里带来了无限的联想和想象。它的存在暗暗点醒了画面之前发生的事，又表达了主人公心中的余波与回味。

我们可以和其他人的作品再比一比：

玉炉冰簟鸳鸯锦，粉融香汗流山枕。帘外辘轳声，敛眉含

洛中才俊

笑惊。柳阴轻漠漠,低鬓蝉钗落。须作一生拚,尽君今日欢。

——〔唐〕牛峤《菩萨蛮·玉炉冰簟鸳鸯锦》

唐人牛峤的这首词也好,女主人公的情感浓稠而缠绵,热烈而深情。有一种"生命燃尽在此刻"的态度,令人敬佩。

——窗扉面水开,更于何处觅蓬莱。天香满袖人知否,曾到旃檀小殿来。

——〔宋〕苏轼《韩康公坐上侍儿求书扇上二首(其二)》

苏轼的这首词比牛峤的更蕴藉些,殿上香气犹存,让人不禁联想美人的踪迹。待过的屋子都这么香了,那人该有多美啊!但和欧阳修的比,论场景的精微、用词的工巧、情感的细腻,这两首词都略显逊色——还得数欧阳修这首《临江仙》最符合宋人的审美趣味:这首词多么体物入微、含蓄节制、优雅精美啊。

词写得这样好,歌伎果然得到一副新的金钗。而欧阳修也因此在第二年的夏天,光荣得到了"逸老"这个称呼。

去年夏天逞才纵情的记忆和今年收到的"一字评",在欧阳修心里引起了巨大的波澜。

从今人的角度来看,这些恰恰说明了欧阳修的天真,说明他骨子里有自己的傲气与纯朴,有自己的颓废和无所谓,还有别人不理解的洒脱不羁:这共同形成了他整体的气质。

一有什么风流韵事,大家不管真假,就都放在某个人的身上。这一定能说明其风流成性吗?不,可能只是说明这个人对自己、对他人都很坦荡,也没那么在意自己在别人眼里是不是"坏人",所以才会被开玩笑吧。

仁宗明道二年(1033)三月。胥夫人产后因病去世。

这让欧阳修感到悲喜交加。他得到一个儿子,失去了一个妻子。整个夏天和秋天,他都沉浸在失去爱人的悲痛和生命得到延续的欣慰里——因为这些经历,二十七岁的他,终于不再是一个少年,而是一个男人了。

初见黄河

明道二年,宋仁宗嫡母章献刘太后、生母章懿李太后祔葬真宗永定陵。按照朝廷的安排,欧阳修需要前往巩县参与陪祭活动。就这样,生在南方、长在南方的欧阳修,第一次见到波澜壮阔、径流万里的黄河——在此之前,他只在中国古老的典籍中读到过。

《巩县初见黄河》[16],是一首气势磅礴的七言古诗,共七十句,四百九十字。这首诗并不是很容易读下去,所以自然也没有他的名句"人生自是有情痴,此恨不关风与月"流传得广泛。

但是,不同的人生阶段应该有不同的追寻:巩县不是一个普通的地方,它是唐代著名诗人杜甫的诞生地。

因此说,欧阳修在巩县初见黄河,最重大的意义不是他看到了一个怎样壮阔的风景,而是他的心中开始有了更强的社会意识和国家责任感:

黄河自古是水患频发之地。此时此刻,滔滔黄河水背后,那些更为沉重的社会问题和民生苦难被欧阳修看见了,担心了,思考了,表达了——和曾经站在这同一条河边的杜甫一样。

年轻人因为获得爱情而快乐,又因为失去爱情而忧愁。但如果到了一定的年纪,还只徘徊和沉湎于个人的情爱,而没有对广阔世界的关注,一个人的身上一定会缺少认知上的成长和思想境界上的进步。作为一个文学家,笔下则会缺少那种伟大作品所必有的厚重与力量。

天下没有不散的筵席。明道二年冬天,因为某些政治原因,钱惟演老前辈不再担任西京留守。而离开洛阳后,他要去的地方竟然是随州。

一个王子皇孙、文坛巨佬,离开繁华的西京到偏远的随州去,只意味着被贬谪和失宠。

钱惟演在随州过得并不开心。

他有一首很著名的词,就是在随州写的:

城上风光莺语乱,城下烟波春拍岸。绿杨芳草几时休,泪眼愁肠先已断。情怀渐觉成衰晚,鸾镜朱颜惊暗换。昔年多病厌芳尊,今日芳尊惟恐浅。

——〔宋〕钱惟演《玉楼春》

随州正是欧阳修出生的地方。不得不说,有时候命运真的很奇妙。

王曙来了，好日子再也没有了！

接替钱惟演来做这帮年轻人上司的，是一个叫王曙的老干部。王曙品行端方，个性谨严，在管束下属方面十分严格。他很在意考勤，无论工作繁忙还是清闲，所有人必须按时到岗，绝不能迟到早退。一旦做了他的下属，那种忘了开会还能收到美酒美食，甚至还能和红颜知己对谈的日子，就再也没有了。

自然，那些被钱惟演"惯坏"的年轻人很不适应王曙的严厉作风，他们时不时地就来个"故态重演"，把王曙气得够呛。

"你们太自由散漫了！想想寇莱公的晚年为什么是悲剧吧！"实在被逼急了，王曙就板着脸训斥他们。

年轻人知道犯了错，一个个大气都不敢出。

王曙继续说："因为他老人家喝酒！纵乐！所以才被贬而死！"大家继续眼观鼻、鼻观心，并不吭声。只有欧阳修不管三七二十一，一脸叛逆地辩驳起来："我看莱公之祸，不在喝酒，而在他老不知退。年纪大的人做的事，就一定都是对的吗？"

王曙这时候已经七十多岁了，年高位重，平时大家对他很尊敬。再加上他正投入地讲道理，根本没料到会有人反驳，因此十分错愕，愣了半天都没有说话。一直沉默不言的年轻下属们见状，想笑又不敢笑，可给憋坏了。

没过几天,一个逃兵被抓住送到了推官厅。王曙把这个案子交给了欧阳修。

按理,士兵潜逃应该判死刑。王曙也觉得应该这么处理。结果,时间过去很久,始终没等来欧阳修的裁决。王曙一向很讲究办事效率,这个案子明明不复杂,欧阳修却拖拖拉拉,他就很不高兴地把欧阳修叫过来斥问道:"那个人的案子为什么还没判决?"

"我认为应该复审。"欧阳修说。

王曙想到上次这个年轻人讽刺自己时的样子,越发生气:"案子一日不断就堆积如山,像你这样缩头缩脚可不行呀!"

没想到他的声音一大,欧阳修反而更硬气了:"这案子要是您来判,您杀了他都行。现在既然您已经让我负责,那就按我的规矩来。"几句话又把王曙弄得下不来台。这老爷子是真没想到,欧阳修会这样有个性。

几天后,这位士兵的服役地发来公函。王曙一看,又吃惊又懊悔。原来,这名士兵并非逃兵,只是家中有急事,口头请假后没来得及拿公文。

仁宗景祐元年(1034)春天,欧阳修任职期满,要离开洛阳去京都了。离别的时候,欧阳修回首这三年的经历,写下了那首著名的《玉楼春》:

> 尊前拟把归期说，未语春容先惨咽。人生自是有情痴，此恨不关风与月。离歌且莫翻新阕，一曲能教肠寸结。直须看尽洛城花，始共春风容易别。

在洛阳与好友朝夕相处，虽然也有无与伦比的乐趣，但一个年轻官员的仕途路，到底还是指向京都——这一年的四月，朝廷选拔文才杰出的人入职馆阁，参与国家重点图书项目的编纂工作，欧阳修光荣入选。

所以欧阳修与洛阳的离别，不是风烛残年的生离死别，也没有"醉不成欢惨将别，别时茫茫江浸月"的中年哀感[17]。

相较而言，欧阳修写给洛阳的诗，有点像优秀毕业生写的临别感言。离别难免让人伤感，但毕业季的离别是成长之路必经的一站，其情感本质是，怀着对美好前程的盼望，对一段青春说再见……

入选是入选了，试还是要考的。欧阳修又到京城住了下来，和其他被推荐而来的年轻人一起备考。复习到怀疑人生的时候，大家也会想点儿办法放松一下。有时结伴出游，有时也会坐下来和朋友聊聊天。

"你说我能不能考上呢？"一次，朋友丁宝臣问。

"一定能考上的！咱们这么努力。"

"我能不能考上不一定，但你肯定行。"

欧阳修笑了："我怎么就一定行啊？"

丁宝臣说："你多牛啊！你当年的战绩我可没忘。"

"别，好汉不提当年勇。"欧阳修知道他说的是自己连考了几次第一的事。

"不提就不提，那我跟你说个新鲜事儿。我昨天做了一个梦。我梦见你了。你猜咱俩干啥了？"

"咱俩还能干啥啊？"

"我梦见和你一起给禹王神像进香来着。"

欧阳修听后吃了一惊，请他继续讲下去。

丁宝臣见欧阳修来了兴趣，便详细地介绍起这个梦来。

他梦见自己和欧阳修一起给禹王神像进香。欧阳修刚一下拜，禹王神像竟然就活了。这个活过来的禹王神，还给欧阳修回了个礼，并邀请欧阳修一起上神台就座。

"他在你耳朵边说了好一会儿的话呢！"丁宝臣说。

"说的啥呀？"不知不觉间，欧阳修已经听得津津有味。

"我没听清。不是说梦里既没有颜色也没有声音吗？"

"要是能听清就好了，说不定是过几天考试的题。"

"想得美！不过你接着听我说呀。咱们上完了香，出了大殿，门口有一匹石马，这匹马只有一只耳朵。它也忽然醒过来了！它和你叽叽咕咕，也说了好长时间的话呢！"

欧阳修听了啼笑皆非。"你确定是马不是羊吗？羊见了属羊的人[18]，或许会亲切些。"

"骗你干吗？肯定是马！你知道这说明什么吗？"

"说明什么？"欧阳修听"说书"听入了迷。

"说明神像和神马也礼待馆阁的大学士啊！"丁宝臣笑着说。

千里来龙，终于在此处结穴。敢情前面那一堆"瞎话"，都是为了这句话而铺垫的。欧阳修先是一愣，然后哈哈一笑。学习的疲惫也就跟着一扫而光了。

经过两个月的备考，欧阳修很顺利地通过了学士院的考试。后来有人问欧阳修："你知道你为什么能入选三馆秘阁吗？"

"还能是为什么？当然是因为我优秀呗！"

也是直到这时他才知道：原来推荐他的不是别人，正是那个老是被自己气到没脾气的王曙。

欧阳修这才明白，原来爱护一个人的方式有许多种。那个允许你上班溜号、纵情快乐的老前辈是爱护你的；那个总是板着脸，这也看不惯你、那也看不惯你的老前辈，也是爱护你的。

人有人样子，文有文样子

景祐元年闰六月的二十八日，欧阳修获得任命，担任宣德郎、大理评事、监察御史、镇南军节度掌书记、馆阁校勘[19]。

自宋建朝以来，图书的收集、整理就是一项重要的文化工程。不幸的是，真宗大中祥符八年（1015），荣王宫失火了，火苗在大风的作用下蔓延到不远处的崇文院。很多收藏于此的文献典籍在大火中毁于一旦。

这是当时文化史上的一个悲剧，更是许多人心头的一大痛。十几年过去了，伤痕累累的崇文院终于迎来了新的生机——欧阳修入职馆阁时，宋仁宗刚刚重建了崇文院，并下令对图书进行新的整理、审编工作，从此"定其存废，伪谬重复，并从删去，内有差漏者，令补写校对"（〔宋〕王应麟《玉海·庆历崇文总目》）。

以欧阳修为代表的年轻学者，在仁宗的授意下，正式开始了这项浩大烦琐的工程。他们仿照唐代《开元四部录》的体例，编成《崇文总目》。

《崇文总目》全书共六十六卷，分四部四十五类，共收书三万零六百六十九卷，蔚为一代之大观。

洛中才俊

当年那个随州少年所敬仰的，属于这个时代的盛事，如今终于张开双臂，接纳了他。他终于有机会看遍三馆秘阁里的书了。可奇妙的是，最令他难忘的，仍旧是十岁那年捡来的《昌黎先生文集》——那本被人丢弃的、灰头土脸的、残缺不全的书。是时候了，他想，如今的他终于有能力开始追寻当年的梦想了。

某闻《传》曰："言之无文，行而不远。"君子之所学也，言以载事，而文以饰言，事信言文，乃能表见于后世。

——欧阳修《代人上王枢密求先集序书》

编纂《崇文总目》期间，欧阳修开始致力于散文的写作，一有机会就和朋友们交流切磋，进行散文创作的理论探讨。

也就是在这个过程中，欧阳修不断地确立了自己的文学主张：只有对国家、人民、社会保持关注和关心，才是散文创作最宝贵的精神内核和思想基础。也只有满足了这个前提，优美的语言、文学的技法才拥有价值和意义，文章才能成为不朽的佳篇。

月上柳梢头，人约黄昏后

景祐二年（1035）。

七月，先是从襄阳城传来噩耗，妹夫张龟正不幸病逝。欧阳修请了假，赶去帮妹妹处理丧事。丧事结束后，妹妹和妹夫前妻生的女儿也一起跟他回来了——虽然这个七岁的小女孩和妹妹并没有血缘关系，可既然父亲去世了，继母又要离开，她一个人要如何生存下去呢？欧阳修此时把她带走完全是出于一片好心。

大家要记住这个女孩，因为她长大以后还会出现在我们面前，以一种出人意料的方式。

他们回来已经是九月份了。这时，欧阳修的继室杨夫人[20]又卧床不起，很快便不幸离世了。

这是欧阳修人生中第二次痛失爱人。他伤心不已，也生了一场大病。

这一病，就病到了景祐三年（1036）的上元节。

古代的上元节又叫元夕，大致相当于今天的元宵节。在北宋时期的汴京，这个节日非常隆重、盛大、繁华。古时女子不能随意出门，城中晚上亦有宵禁。唯独上元节这天，男女老少可倾城出动，尽情赏灯游玩，因此留下了无数和爱情有关的佳话。

有些记忆虽然美好,但在特定的时候又会带来巨大的痛苦。就比如,当那个曾经一起在上元节赏灯的人去世之后。

就在去年,他和杨夫人还是新婚燕尔,是你侬我侬的年轻夫妻。上元节那天,他在崇文院值晚班,和夫人提前约好下班后在宫城南面的宣德门会面,然后一起去逛街。

锦街天陌,帝都元夕。汴梁城里火树银花,繁华的街市亮得如同白昼。宝马香车络绎不绝,杂耍队、舞队、乐队齐聚街头,簧管笙声此起彼伏,行人欢歌笑语,相与嬉戏。

欧阳修悄悄拉起了妻子的手,走在热闹的街市里,一起欣赏着花灯。

如今,手心的温热犹在,可是妻子已经香消玉殒。没有了妻子的上元节依然花灯如昼,游人如织,到处充满了笑声和欢乐。可是笑声和欢乐都是别人的,和他又有什么相干呢?

他再也没有心情和力气继续看灯了。

欧阳修把正月十五的热闹和喜庆关在门外,一个人沉浸在回忆的伤感里。他唯一能做的,就是一边流泪,一边为妻子写下一首流传千古的小词:

去年元夜时,花市灯如昼。月上柳梢头,人约黄昏后。 今年元夜时，月与灯依旧。不见去年人，泪湿春衫袖。

——欧阳修《生查子·元夕》

词写完了，正月过去了，欧阳修迎来了他的三十岁。

洛中才俊

注　释

1　〔唐〕白居易《琵琶行》:"我从去年辞帝京,谪居卧病浔阳城。浔阳地僻无音乐,终岁不闻丝竹声。"

2　〔唐〕李贺《李凭箜篌引》:"吴丝蜀桐张高秋,空山凝云颓不流。江娥啼竹素女愁,李凭中国弹箜篌。"

3　〔唐〕李亢《独异志》:"陈子昂,蜀射洪人。十年居京师,不为人知。时东市有卖胡琴者,其价百万。日有豪贵传视,无辨者。子昂突出于众,谓左右:'可辇千缗市之。'众咸惊问曰:'何用之?'答曰:'余善此乐。'或有好事者曰:'可得一闻乎?'答曰:'余居宣阳里。'指其第处:'并具有酒,明日专候。不唯众君子荣顾,且各宜邀召闻名者齐赴,乃幸遇也。'来晨,集者凡百余人,皆当时重誉之士。子昂大张宴席,具珍羞。食毕,起捧胡琴,当前语曰:'蜀人陈子昂有文百轴,驰走京毂,碌碌尘土,不为人所知。此乐贱工之役,岂愚留心哉!'遂举而弃之。异文轴两案,遍赠会者。会既散,一日之内,声华溢都。"

4　知军:管理该地区军民政事的行政长官。

5 进士科一般分为三级考试，第一级是州试，或称郡试、解试，登榜者即举人，其第一名称解元；第二级为省试，或称乡试，只有举人才有资格参加，中第一名者为会元或省元；第三级是由中央礼部在京师举行的会试，即礼部考试；宋太祖开宝六年（973）在会试后又举行了由天子主持的殿试，或称廷试、御试，其第一名称状元，第二名称榜眼，第三名称探花。宋初又以最年轻的进士称探花，如寇准。其他合格者均为进士。

6 所谓"黄河为母，泰山为父"，中国古代称岳父为"泰山"。

7 王羲之的名篇《兰亭集序》写于晋穆帝永和九年（353）三月三日。

8 修禊日：农历三月上旬的巳日，三国魏以后固定在三月初三。这一天曾经和祭祀相关，后来演变为古人的节假日，他们会在水边嬉戏，在郊野踏春，以驱除不祥。《兰亭集序》有："永和九年，岁在癸丑，暮春之初，会于会稽山阴之兰亭，修禊事也。"

9 《宋史·张齐贤传》："归洛，得裴度午桥庄，有池榭松竹之盛，日与亲旧觞咏其间，意甚旷适。"

10　出自梅尧臣《渦口得双鳜鱼怀永叔》，这首诗是梅于十九年后怀念旧日友朋的深情之作。

11　梅尧臣，字圣俞。古人平辈之间多以字相称。

12　此香山是洛阳的香山。白居易晚年号"香山居士"，即与此香山有关。

13　欧阳修《归田录》："钱思公虽生长富贵，而少所嗜好。在西洛时，尝语僚属言：'平生惟好读书，坐则读经史，卧则读小说，上厕则阅小辞。盖未尝顷刻释卷也。'谢希深亦言：'宋公垂同在史院，每走厕必挟书以往，讽诵之声琅然闻于远近，其笃学如此。'余因谓希深曰：'余平生所作文章，多在三上，乃马上、枕上、厕上也。'盖惟此尤可以属思尔。"

14　谢绛，字希深。

15　"四美"指良辰、美景、赏心、乐事；"二难"指贤主、嘉宾。

16　《巩县初见黄河》（节选）："盖闻河源出昆仑，其山上高大无际。自高泻下若激箭，一直一曲一千里。湍雄冲急乃迸溢，其势不得不然尔。前岁河怒惊滑民，浸漱洋洋滢不止。滑人奔走若锋骇，河伯视之以为戏。呀呀怒口缺若门，日啖

薪石万万计。"

17 〔唐〕白居易《琵琶行》:"浔阳江头夜送客,枫叶荻花秋瑟瑟。主人下马客在船,举酒欲饮无管弦。醉不成欢惨将别,别时茫茫江浸月。"作此诗时是唐元和十一年(816),白居易四十四岁,被贬谪为江州司马已两年。诗歌最后有:"座中泣下谁最多?江州司马青衫湿。"此句流露出作者被贬谪后内心的失落。

18 欧阳修属羊。

19 前几个为虚衔,馆阁校勘才是实际职务,负责宫廷图书的校对工作,是馆职中品级最低的职位。宋初以史馆、昭文馆、集贤院为三馆,后又建秘阁,合称馆阁,共置于皇家藏书处崇文院中,用以修史、藏书、校书。设修撰、校理、校勘等职位,统称馆职。

20 景祐元年腊月,欧阳修迎娶了谏议大夫杨大雅的女儿。

醉翁吟

小圃

欧阳修【1029年，23岁】

桂树鸳鸯起，兰苕翡翠翔。
风高丝引絮，雨罢叶生光。
蝶粉花沾紫，蜂茸露湿黄。
愁酲与消渴，容易为春伤。

浪淘沙 把酒祝东风

欧阳修【1032年,26岁】

把酒祝东风,且共从容。
垂杨紫陌洛城东。
总是当时携手处,游遍芳丛。

聚散苦匆匆,此恨无穷。
今年花胜去年红。
可惜明年花更好,知与谁同?

踏莎行 候馆梅残

欧阳修【1033年,27岁】

候馆梅残,溪桥柳细。
草薰风暖摇征辔。
离愁渐远渐无穷,迢迢不断如春水。

寸寸柔肠,盈盈粉泪。
楼高莫近危阑倚。
平芜尽处是春山,行人更在春山外。

"六一风神"

1036—1042 年 | 30—36 岁

夷陵是一个美好的地方。"水至此而夷,山至此而陵。"有江山之胜的夷陵,足够让沦落天涯的欧阳修仍然可以拥有发自内心的快乐;这里屈原来过,白居易也来过,他欧阳修也来过。这不就够了吗?只要来过、看过、感受过、记录过,无论是洛阳还是夷陵,日子就都没白过。

我从未见过如此厚颜无耻之人

欧阳修初入馆阁之时，正是一代名臣范仲淹和宰相吕夷简针锋相对的时期。

吕夷简为政日久，又很得仁宗的依赖。范仲淹看不惯吕夷简老是拉帮结派，在朝廷里到处安插自己人，便常常引经据典，建议仁宗不要什么事儿都听宰相的。

气得吕夷简立刻上奏章弹劾范仲淹，说他越职言事，离间君臣。范仲淹是一员猛将，从来不甘示弱，说的话也越发尖锐激烈。气得吕夷简直接提出辞职，态度坚决地要和自己辅政十多年的仁宗"分手"。

仁宗离不开吕夷简，权衡再三，只有忍痛罢免了范仲淹。见吕夷简赢得了官家的心，想来巴结讨好的小人也冒了出来。很快，殿中侍御史韩渎就提出，要立刻严查范仲淹同党！不仅如此，还要张榜朝堂，警告百官不能像范仲淹一样不知深浅！

这个提议正中吕夷简的心思。

于是，韩渎的奏请以迅雷不及掩耳之势得到了批准。这些事已经足够让十分崇敬范仲淹的欧阳修郁郁不平了。

没想到还有更过分的——吕夷简在朝堂上立了一块"朋党榜"，把范仲淹和他很多朋友的名字都写上去了！

金銮殿上,谏官御史日日盈朝。范仲淹以一言触怒宰相,本该由他们挺身而出,据理力争。可事实是,没有一个人敢站出来说句公道话。不仅如此,连范仲淹的饯别宴,他们也不敢去了。

恰恰这时,欧阳修的老朋友,太子中允、馆阁校勘尹洙,主动上书说:"范仲淹既是我的老师,也是我的老友!要追查范党,不能不算我一个!"说完这话,尹洙就得到了成全——他马上被贬到郢州去了。尹洙的举动深深触动了欧阳修的心。

"尹洙已经用自己的行动表达了对范公的支持,我也该做些什么了吧?"他想。

机会很快来了。一天,欧阳修参加一个小圈子的聚会。酒过三巡,三三两两聚在一起小声聊天。虽然不能字字听得真切,但大概也能猜到,不少人聊的正是眼下朝中的新闻。

"要我说,范希文就是欠一收拾。不待见吕相就算了,你拿他比大奸臣王禹是什么意思?还跟官家说,就是因为汉成帝相信了王禹,才落得篡位的下场。这是什么话?是说咱们官家是亡国之君吗?"

说出这话的不是别人,正是谏官高若讷。

欧阳修这个人,外表温润随和,一般人在意的事,他都无所谓,玩笑的尺度再大,他也能开得起;但一旦触犯了底线,他反而能为常人所不能为,态度比谁都坚决,常能出其不意。从之前的几件事中,他这些特点其实已经表现得很明显了。

该说话时噤若寒蝉，不该说话时倒是"阴阳怪气"的。以欧阳修的脾气和秉性，连王曙的几句重话都忍不了，看到高若讷这副做派，又怎么受得了呢？

"您这么看不惯，范公被重用时怎么不大声反对？反而在官家面前屁也不放一个？"欧阳修气得几乎要把条案掀翻，声音也大得吓人，"高司谏，您可知道世界上还有羞耻二字吗？"

中国人向来讲究场面的和气，眼下酒喝得正恰到好处，忽然一声怒喝从天而降，人人都吓了一跳。欧阳修又摆出了一副不容冒犯的架势，哪个还敢说话呢？

"屁股坐在劝谏官的位置上却一言不发，我看，您喝完今天的酒，明天就该去辞职。别挡着能干这事儿的人！"[1]

"你是范仲淹的什么人？"高司谏为官多年，从未见过如此刚猛的后辈，此刻是又惊又尬。欧阳修则梗着脖子，昂首冷笑："我欧阳修自然也是范党！该是朋党榜上的一个！"

然而，这次拍案而起并不只是口舌之战这么简单。当天晚上，胸中的浩然之气催动着欧阳修在酒宴上的未尽之言，让他久久不能入睡。最终，意气难平的欧阳修翻身而起，挥笔写下一篇千古檄文。这就是散文名篇——《与高司谏书》[2]。

这篇文章有理有据，淋漓痛快地怒骂了高若讷一顿。欧阳修写完之后便派人连夜送到高司谏的府上。

欧阳修当然清楚这么做的后果会是什么。

他端坐在椅子上，以一种前所未有的平静等待着。

天资刚劲，见义勇为，虽机阱在前，触发之不顾。放逐流离，至于再三，志气自若也。

——《宋史·欧阳修传》

无论是接下来被贬夷陵，还是日后被贬滁州，他都是这样一个天资刚劲、志气自若的欧阳修。但凡他觉得对的事，哪怕明知是个陷阱，跳下便会伤筋动骨，他也决不逃避。

"六一风神"

第一次被贬

景祐三年五月二十一日，欧阳修毫无意外地收到了贬谪令。三十岁的欧阳修被贬到了夷陵，开启了一段崭新的人生。

夷陵距离京城汴梁很远。在当时，陆路要走一千六百余里，水路则要走五千五百九十余里。五月暑热，马匹车辆一时置办不到，再加上是举家搬迁，欧阳修无奈之下，只好选了漫长但舒适一些的水路。

可是五千五百多里的水路，又能舒适到哪里去呢？这一路上山高水远，又是一条贬谪之旅，必然有许多令人难以忍受的辛苦。不过，正是因为路上的时间太长了，所以有了很多和梅尧臣、尹洙、谢绛等好朋友们写信、回信的空闲。

亲爱的永叔兄：

听说你这个愣头青被贬到夷陵去了。听到这个消息的时候，我一点儿都不觉得意外——没错，这是我兄弟能干出来的事儿！我也没什么能送你的，就给你写首歌好了。

水至此而夷／山至此而陵／所以这个地方叫夷陵／它在湖北的宜昌／而不是宜宾／或许它要等你去了以后才出名／你为了梦

想,从洛阳来到东京／却还是那个愣头青

水至此而夷／山至此而陵／所以这个地方叫夷陵／听说那里很偏僻／听说从京都去／要山山水水五千里

听说那里很多雾／路很窄,人和猪住在一处／听说那里没瓦屋／街上只有咸鱼铺

如果人生的逆境和你／注定有一个会赢／我希望,胜利的消息／来自我的好兄弟[3]

你的好兄弟 梅尧臣

一个人该如何面对逆境?这是一个亘古常新的命题。

写信过来的梅尧臣其实很担心欧阳修:怕贬谪的岁月太痛苦,怕他太伤心,怕他在对抗外部世界的坚硬和无情时,碰得头破血流。无数个在江上的夜晚,无眠的欧阳修也一直在思考这个问题。有些事他看得很明白[4]:事情没发生的时候,无论是谁,说几句大义凛然的话,都是容易的。可一旦事到临头,真正能处之坦然的人,古往今来都太少太少了。

欧阳修一路走,一路思考,一路和这个朋友写信,和那个朋友和诗。在被命运抛掷了五千多里的时候,五千多里外的朋友们,还在坚定地陪伴着他。被贬谪的滋味并不好受,但欧阳修在这一路上,思想因讨论而变得深刻,心情也因陪伴而获得慰藉,也算是"失之东隅,收之桑榆"吧。

江边的枫树变红了。霜林如醉,大雁成行。它们从云边飞来,飞过他的船,又飞去更南的地方。

时光已经从夏天轮转到了秋天,可是他的船还没有靠岸。

从屈原到王勃,从《涉江》到《滕王阁序》;从司马迁到陶渊明,从《报任安书》到《归去来兮辞》,要读多少篇文学家写于人生失意时的经典,才能不畏惧脚下这条漂泊的航船?

此时此刻,说了那么多硬气话的欧阳修,还是忍不住难过了。毕竟,再多的文字和他人的经验,都抵不过这千里迢迢、风雨飘摇的路上,亲身度过的每一分、每一秒。

云水苍茫,天高水长。枫叶荻花随风摆动,在无声的夜色里萧飒。

夜深了,远处那早已被写在唐诗中的夜半钟声[5],终于也飘到了这一艘孤独的客船上。

欧阳修闻声而起,走到甲板上。

水天一色的江面上,一轮巨大而皎洁的月亮缓缓升起。

这是哪里?接下来又要往哪里去?

他一直以为自己很清楚路在何方。但实际上,他或许只是自欺欺人罢了。

他会像梅尧臣期待的那样坚强乐观,做一个从容镇定的人吗?

他能像自己期许的那样，无论个人得失与悲欢，都始终为远方的人担忧和奋斗吗？

　　关于这些，他其实也一无所知。

「六一风神」

先做好一个县令

好在欧阳修虽然心有迷茫,但还是很清楚眼下最重要的是什么。他知道说再多的豪言壮语都没有用,当务之急是做好一个夷陵县令。

夷陵是一座水城,也是一座边城。

作为一座水城,这里混乱极了。南来北往的商船,一直是想停到哪里就停到哪里。船只横七竖八,场面凌乱不堪,压根儿就没什么固定的泊舟地点。

作为一座边城,这里又很落后:有着极为特殊的居住方式和令人瞠目的生活习惯——人畜混居,楼上住人,楼下养畜,到处是猪狗鸡鸭马的排泄物,味道浓烈而复杂,令人始料未及……

要改善的事太多,而人的能力又太有限。欧阳修几经权衡,选择从最现实的具体事务入手。什么"泪眼问花花不语,乱红飞过秋千去",什么"堤上游人逐画船,拍堤春水四垂天",什么"垂柳阑干尽日风","双燕归来细雨中",还是先别讲究这些,把房子盖了、厕所修了才是正事。要不然,雨来了太冷,风来了太臭。

欧阳修迅速挽起袖子干起来。他在城区种树,在山上造林,教当地人把茅草屋改成坚固的瓦屋,也教他们把厨房、畜圈分开……他干得辛苦又充实。

能尽力改善一下当地人的居住环境和卫生状况,比什么都实在。所以,欧阳修心想:"为官一任,造福一方。只要尽力为百姓做事,即使自己如今不为朝廷所瞩目,也终将不会被历史遗忘。"

是的,历史不仅仅是写在官方的史书上,更是写在老百姓的心上[6]。这才是最实在、最有价值的事情。

在这样的地方当县令,生活条件自然也好不到哪里去。欧阳修最担心的,是陪他一起来这里的母亲。

一晃这么多年过去了,时光早已带走了母亲的青春,她老了。她总说儿子能有大出息,欧阳修也总是在她面前大言不惭地畅想,说等自己有本事了,让她好好享福。虽然跳出来大骂高若讷这件事他从来没后悔过,可是,每当想到母亲背井离乡跟着自己来到这个小地方,想到她每天连新鲜青菜也吃不上;上一趟街,身上的咸鱼干味儿得半个月才散得掉……他还是很惭愧的。他不怕吃苦,但他怕母亲跟着他吃苦。

母亲看穿了他的心事,说:"真正让人敬佩的人,能讲究也能将就。放心吧,只要你心安,我就心安了。"[7]

母亲的话让欧阳修湿润了眼眶。母亲,母亲,出身江南名门望族,甘守清贫且独身抚育他长大的母亲,依然如二十多年前一样温柔,一样坚强。

来到夷陵后,欧阳修也会时常想起父亲,特别是当他看到那些堆积如山的案卷时。

哦,不对,只有分类整理、妥善保存的文件才能叫"案卷",眼前这些乱七八糟的东西只能被称为"材料"。

夷陵虽然是个偏僻的小地方,"法治"意识却很强。爱打官司的人格外多,材料也就更乱了。可是如果连文件都找不到,还要怎么判案子呢?

欧阳修决定开始整治工作拖沓、档案混乱的衙署。

整治的第一步是整理。他想,自己好歹也是个县令,文学家的名声也早传出去了,这些整理材料的活儿总不用亲自动手了吧?于是就叫了几个办事员去。

没想到大半天过去了,办事员尴尬而苦恼地跑过来:"对不起啊,欧阳大人,我们整理不了这些文件,我们不认字啊!"

"不认字你坐什么办公室?你每天都干什么?划水和摸鱼吗?"欧阳修瞪着他那高度近视的眼睛[8],露出难以置信的神情。最终,别无办法的他还是亲自动手,一一整理了这些文件。

和父亲一样,他也是高度近视,但看案子的时候,却是火眼金睛。这次不看不要紧,一看竟发现了不少矛盾、混乱、疑惑甚至错误的地方。于是,原本整理文件的工作又变成了梳理冤假错案。

每一个判决结果背后,都是一个个具体而真实的人。

欧阳修一点儿也不敢怠慢，更是不分白天黑夜地忙碌着……眼镜要二百多年后才被发明出来，等到明朝宣德年间才传入中国。此时的欧阳修只能深深地佝偻着后背，把眼睛和脑袋一起埋进文件里。这时候的他，看上去劳累极了，也和父亲像极了。

"六一风神"

庐陵事业起夷陵

人们常说，三十而立。可就算是日后在中国历史上如此有名的欧阳修，三十岁这一年好像也没能"立"起来。这一整年，他都在夷陵这个处处飘荡着咸鱼味儿的地方追问自己：做人如果没有梦想，和咸鱼有什么区别？

正是在这样的追问之下，当年那个一心只读圣贤书的少年，开始渐渐蜕变为一个思想日渐成熟的士大夫。

对于这个国家，他也有了更深的关怀和更清醒的认识：迄今为止，宋朝建国已经七十多年了。一台已经运行七十多年的机器，早已出现了这样那样的问题。他把一切都看在眼里，记在心上，然后把对种种弊病的分析撰写成《原弊》一文。

"原"是动词，意思是推究事物的本原。《原弊》是一篇著名的政论文，此文的中心论旨无他，就是明确地指出时政弊端，并对其后果作出评判与讨论。欧阳修对社会民生问题的深切关注，尽在其中。

自韩昌黎完成雄文《原毁》后二百余年，那个少时就立志以他为榜样的青年，终于完成了自己的一系列力作：

自三十岁有《与高司谏书》《原弊》后，三十四岁又有《正统论》《纵囚论》，三十六岁有《为君难论》《本论》，四十五岁有《与田元均论财计书》。在对国事的思考和政论文写作的道路上，欧阳修和韩愈一样走得不遗余力。

他崇拜韩愈，但到底没有只说空话，而是用作品一次又一次地完成了对偶像的致敬。从唐至宋，韩愈和欧阳修这两位巨匠，曾经在自己的时代里，顶着巨大的阻力，独自辛苦地攀登。但在文学的世界中，在遥遥相望了足足二百多年后，这两位无双的国士，终于在高处相逢了。

"庐陵事业起夷陵[9]，眼界原从阅历增。"许多年后，清乾隆年间的诗人庄有恭在送给好友袁枚的诗中，这样写道。

这两句话既是对被贬的袁枚有力的安慰，更是对欧阳修当年成就的高度赞誉。事实上，"庐陵事业起夷陵"，已成为文学史上对欧阳修遭贬夷陵时期文学成就的著名论断。

"六一风神"

"六一风神"

当然,除了掷地有声的文章,"欧阳逸老"依然还有纵情放逸的时候。那种尤其为后世喜爱的、风姿摇曳的文学风格——六一风神,也在夷陵山山水水的滋润下悄然形成了。

"欧阳逸老"写给山水的情话有很多,写给夷陵的尤其多。据统计,中国书店出版的《欧阳修全集》七百多篇诗文中,直接涉及夷陵的就有一百四十多篇,占全集的百分之二十以上。其中最动人的,非诗歌莫属。

春风无远近,处处有花开。洛阳花很好,而山花也一样有花开花落的美,更何况是在"惟应洞口春花落,流出岩前百丈溪"的夷陵,是在"风余落蕊飞面旋,日暖山鸟鸣交加"的夷陵。欧阳修大可以一边看花,一边体会阳光和清风、溪流与鸟鸣。"荆楚先贤多胜迹",那就"不辞携酒问邻翁"。一不小心喝多了,就索性"醉里人归青草渡,梦中船下武牙滩"。

夷陵是一个美好的地方。"水至此而夷,山至此而陵。"有江山之胜的夷陵,足够让沦落天涯的欧阳修仍然可以拥有发自内心的快乐:这里屈原来过,白居易也来过,他欧阳修也来过。这不就够了吗?只要来过、看过、感受过、记录过,无论是洛阳还是夷陵,日子就都没白过。

腊月时节，欧阳修和好朋友丁宝臣一起渡黄溪，过黄石岩，到九龙山麓参观黄牛祠。据当地人说，这是一座极其古老的建筑，是春秋时期为了纪念帮助大禹治水的神牛修建的。

一路行程并不容易，但这几天乘舟而行，也让他们充分见识了大自然的波澜壮阔与瑰丽神奇。

古祠堂越来越近，欧阳修虽然疲惫，可依然难掩兴奋。等系舟登岸，刚走到庙门口，丁宝臣"啊"的一声惊叫，呆在了原地。

欧阳修顺着他的目光看去，竟然也呆住了：庙门口立着匹石马。

这马只有一只耳朵，正和宝臣当年梦中所见完全相同。

我们毫无疑问是坚定的唯物主义者，不谈论也不相信什么怪力乱神。可也会有那么一刻，对眼前所见有一种奇妙的感受：此情此景，千真万确，曾经在梦里遇见过啊！

许多年后，欧阳修在颍州一口气做了四个梦：

夜凉吹笛千山月，路暗迷人百种花。
棋罢不知人换世，酒阑无奈客思家。

——欧阳修《梦中作》

或许，他不介意把在夷陵的岁月也加进去，凑成五个梦吧：黄牛祠前只耳马，夷陵花胜洛阳花。

回京编书,离开夷陵

经历过两次丧妻之痛后,景祐四年(1037),三十一岁的欧阳修又迎娶了前参知政事(相当于副宰相)薛奎的第四位千金。

薛夫人是欧阳修的最后一任夫人。五年而三娶妇,每一任妻子不仅秀外慧中、知书达理,能把清贫日子过得从容,也都出身名门,这算一件难能遇到的事。

而这次婚姻使他和王拱辰的关系也发生了颠覆性的改变:自此后,他们的关系不再仅仅是同科进士这么简单了。早在状元及第那一年,王拱辰就娶了薛奎的三女儿,也就是说,放在今天,欧阳修见了王拱辰,得正经八百地叫一声"姐夫"。不过,因为政见不同,他们后来的相处并不如年轻时那样愉快。

景祐四年或许是一个特别的年份。

难以预料的事一件接一件地发生——欧阳修在夷陵的生活,因为一场不相干的天灾结束了。原来,这一年,首都汴京和山西定襄在同一天发生了地震。

古人相信君权神授、天人感应,常常把自然现象和执政行为关联在一起。如果出现的自然现象是美好且罕见的,比如禾生双穗、地涌甘泉,或者是找到了什么奇珍异兽之类,就叫作"祥

〔六一风神〕

瑞"。出现"祥瑞",说明统治者表现良好,得到了上天的认可和表彰。相反,假如出现的是地震、洪水等可怕的灾害,则说明统治者的表现太糟糕,因而得到了上天的差评和惩罚。一旦得到差评和惩罚,统治者就得高度重视,及时反思。

君权向来不曾神授,天人何时又真的有感应?但在君权高度集中的古代,能有这么一个制约机制,可以让臣子假借上天的威仪来批点皇帝的行为,总还是不错。这次也一样:地震后没多久,一个叫叶清臣的官员极其郑重地请官家即刻反省政治错误,其中就包括范仲淹、欧阳修等人曾被黜免一事。

"官家,自范仲淹等人被罢官,天下无人敢谏的情况,都快持续两年了。您要是还不反省反省,上天和百姓都要失望了!"

十二月二十五日,仁宗皇帝把欧阳修调到了京城附近做乾德县令[10]。和夷陵相比,去更靠近首都的乾德做官当然是一件"好差事"。不过这份"好差事"竟也没有让欧阳修多么开心,他甚至觉得:什么破地方?还不如夷陵呢!夷陵虽然是穷乡僻壤,但是民风很淳朴,风景也相当不错,知州朱正基和自己还是十分投缘的好朋友——不像现在的上司和同事。

唉,在乾德上班的感觉,要怎么说呢?不知道是不是自己太敏感了,欧阳修总感觉意见得不到尊重,主张也得不到认可,这是第一个不愉快;共事者的所作所为,有的沽名钓誉,有的虚伪油滑,有的干脆违背良心,这是第二个不愉快。

但终究也是毫无办法。不为五斗米折腰的故事之所以千古流传，不就是因为身为形役的人太多，而敢大喊一嗓子"不开心，不干了"的人太少吗？已经是三十多岁的成年人了，既然下不了决心当"陶渊明"，就得安安静静地忍着——而这，就是生活。

这种疲惫与困乏，一忍就忍到了仁宗康定元年（1040）。这一年，三十四岁的欧阳修调回京城，做的仍旧是二十八岁时做的工作：六年归来，一切好像都没有变，他还是在编那套似乎看不到头的《崇文总目》。

仁宗庆历元年（1041），三十五岁的欧阳修仍旧在京城编书。宋时汴京年味儿很足。年底，京城的官员们也进入了休闲会友的时刻。

有一天，汴梁城里下起雪来。时任枢密使的大文豪晏殊在园子里办了一场年会。他本来就是个善写的文学家，今日见高朋满座，索性填祝酒词一首：

"新酒熟，绮筵开。不辞红玉杯。"
"君莫笑，醉乡人。熙熙长似春。"
"暮去朝来即老，人生不饮何为？"

酒一下肚，更觉身体熨帖而内心畅快，何况还有丝竹和清歌？屋子里笑语喧哗，暖意融融。此时再去看窗外的雪，那银装素裹的世界和一点点微微的凉意，也就格外值得赏玩了。

"今日的好景色，怎么能缺得了各位的好作品呢？"晏殊

"六一风神"

说。于是，立即叫幕僚传话，请在座宾客以雪为题，写诗助兴。大家都尽逞其才，各用巧思。你写丰年之瑞，我写筵席之盛。此时的诗歌就像开胃菜，让本来就纵情得意的达官贵人们开怀不已。

欢歌笑语之际，唯独欧阳修皱紧了眉头，这都是些什么阿谀奉承之人？就没人想到西北边陲的官兵将士们吗？他们离妻别子，正在万里冰封之境坚守岗位，用生命捍卫着领土的完整与安宁。别人忘了也就算了，今天宴会的主人晏太尉怎么能忘呢？他可是枢密使，是那数十万西北边兵的最高军事长官啊！他怎么有心思在这里看雪呢？

思忖片刻，欧阳修提笔写起"贺辞"来。

"贺辞"完成了，有幕僚忙送与晏殊。晏殊得了这诗先微微一愣。诗和词不一样。诗正式、端庄；词随意、轻松。一般这种场合该写的是词而不是诗。而且词填完之后，乐队是现成的，歌手也是现成的，可以立刻演奏起来，多么热闹！这人此时这么正经地写诗，是什么意思呢？

抬眼一看，那纸上赫然写着：

清晨拜表东上阁，郁郁瑞气盈宫庭。
退朝骑马下银阙，马滑不惯行瑶琼。
晚趋宾馆贺太尉，坐觉满路流欢声。
便开西园扫径步，正见玉树花凋零。

小轩却坐对山石,拂拂酒面红烟生。

主人与国共休戚,不惟喜悦将丰登。

须怜铁甲冷彻骨,四十余万屯边兵!

——欧阳修《晏太尉西园贺雪歌》

晏殊看完,深感不快,顿时觉得果子不清甜了,酒也不好喝了。他忍了半天,才强压着火气,淡淡开口:

"韩愈去参加宰相裴度的宴会,不也只写些'林园穷胜事'之类的应景话吗?也没听说他胡闹过。"

这样性格的欧阳修,三十六岁的时候因为说话不中听而被外放到滑州,实在是一件不让人意外的事。不过,这么一耽搁,等他再次回京,已经是三十七岁春天的事了。

不过,在这乏善可陈的四五年里,也不是完全没有愉快的事:仁宗宝元二年(1039)春天,谢绛被调任到邓州做地方官。邓州离乾德不过一百多里路,欧阳修正盘算着什么时候去找谢绛聚一聚,很快就又收到梅尧臣的一封信。

永叔:

想不到吧,我和老谢到邓州了。你来呗,咱仨一块聚聚?

梅尧臣

原来梅尧臣因为要到襄城上任,就和谢绛一起从京城动身了。这可真是令人喜出望外啊!欧阳修当下安顿好大小事情,开开心心到邓州去找两个好朋友。

相见的时候是一个美好的夏日。虽然是经年久别,然而大家并未有半点生疏,还是和以前一样言谈无忌,笑骂随心,也还是和以前一样友爱亲密。他们在城西禅院的竹林里,像二十多岁的时候那样,一起开怀畅饮,一起尽情聊天,留下了美好的回忆,仿佛什么都没能被时间改变。可是说到底,时间怎么可能什么都没改变呢?

宝元二年十一月,谢绛的身体突然出了问题。到了当月二十二日,竟至于一病不起,随即离世。病故时,只有四十六岁。

啊!等长大了才发现,原来人的一生其实也做不了什么事儿。还没留神呢,人就老了。满心满眼,都是时不我与的哀愁。

虽然谢绛来邓州连一年都不到,但他在有限的时间里,扩建了美阳堰,修复了钳卢陂。

他主持完成的水利工程,最终可以灌溉三万亩农田。他还开办了学校,有时候还去教书。他把工资都用来资助亲朋好友,远房亲戚中没有父母的、上不起学的,他都收养在家中。谢绛去世的时候,家里已经一点儿积蓄都没有了……

他是个好人,是个好官员,也是个好诗人、好学者、好老师——就算许多年后,中小学生不会在教科书上看到他的名字,不会读到他的诗,全然不知道他是谁,也决然无损他一生所有的付出、成就、价值和意义。

欧阳修怀着沉痛的心情给谢绛写了墓志铭。《尚书兵部员外郎知制诰谢公墓志铭》也是今人用来了解谢绛的、为数不多的依据。不管我们后人对谢绛的感情如何淡薄，在他好兄弟的记忆里，他永远都是那个最鲜活的朋友、最亲密的伙伴。

谢绛安葬不久，张先家人又来请欧阳修给张先写墓志铭——原来，这位老友早在二月份的时候就去世了。去世时，也只不过四十八岁而已。欧阳修实在想不到，原来短暂的欢乐之后，竟然是人生长久的别离。

注　释

1. 欧阳修《与高司谏书》："前日又闻御史台榜朝堂，戒百官不得越职言事，是可言者惟谏臣尔。若足下又遂不言，是天下无得言者也。足下在其位而不言，便当去之，无妨他人之堪其任者也。"

2. 欧阳修《与高司谏书》："昨日安道贬官，师鲁（尹洙）待罪，足下犹能以面目见士大夫，出入朝中称谏官，是足下不复知人间有羞耻事尔。所可惜者，圣朝有事，谏官不言，而使他人言之。书在史册，他日为朝廷羞者，足下也。"

3. 梅尧臣《闻欧阳永叔谪夷陵》："共在西都日，居常慷慨言，今婴明主怒，直雪谏臣冤。谪向蛮荆去，行当雾雨繁。黄牛三峡近，切莫听愁猿。"

4. 欧阳修《与尹师鲁第一书》："每见前世有名人，当论事时，感激不避诛死，真若知义者，及到贬所，则戚戚怨嗟，有不堪之穷愁形于文字，其心欢戚无异庸人。"

5. 〔唐〕张继《枫桥夜泊》："月落乌啼霜满天，江枫渔火对愁眠。姑苏城外寒山寺，夜半钟声到客船。"

6 景祐三年五月，欧阳修被任命为夷陵县令，在这里度过了一年零十个月的政治生涯。他是夷陵历史上史籍记载最详细、影响最大的一位父母官。

7 欧阳修《泷冈阡表》："其后修贬夷陵，太夫人言笑自若，曰：'汝家故贫贱也，吾处之有素矣。汝能安之，吾亦安矣。'"

8 〔宋〕王铚在《默记》中提到，少年时候的欧阳修"目眊（mào）瘦弱"。"眊"的意思就是眼睛看不清楚，这说明欧阳修有可能遗传了父亲的高度近视。

9 "庐陵"系代称庐陵人欧阳修。"事业"主指欧阳修的文学文化事业。

10 乾德，今湖北襄阳老河口市。与此同时，范仲淹也重新被起用，管理润州（今江苏镇江）去了。

醉翁吟

晚泊岳阳

欧阳修【1036年,30岁】

卧闻岳阳城里钟,
系舟岳阳城下树。
正见空江明月来,
云水苍茫失江路。
夜深江月弄清辉,
水上人歌月下归;
一阕声长听不尽,
轻舟短楫去如飞。

长相思·花似伊

欧阳修【1036年,30岁】

花似伊,柳似伊,
花柳青春人别离。
低头双泪垂。

长江东,长江西,
两岸鸳鸯两处飞。
相逢知几时。

画眉鸟

欧阳修【一说 1036—1040 年】

百啭千声随意移,
山花红紫树高低。
始知锁向金笼听,
不及林间自在啼。

黄溪夜泊

欧阳修【1037年,31岁】

楚人自古登临恨,
暂到愁肠已九回。
万树苍烟三峡暗,
满川明月一猿哀。
非乡况复惊残岁,
慰客偏宜把酒杯。
行见江山且吟咏,
不因迁谪岂能来。

戏答元珍

欧阳修【1037年,31岁】

春风疑不到天涯,
二月山城未见花。
残雪压枝犹有橘,
冻雷惊笋欲抽芽。
夜闻归雁生乡思,
病入新年感物华。
曾是洛阳花下客,
野芳虽晚不须嗟。

四

醉翁亭记

1043—1047 年 | 37—41 岁

　　一个知识分子的心灵,在山水幽深之处、山花幽香之间,得到了完全的舒展和安顿。而滁州这座普通的山亭,也因为他的书写,拥有了另一种形式的永恒。

庆历新政来了

从二十四岁参加工作算起,一转眼十多年过去了,欧阳修总算小有成就。庆历元年,卷帙浩繁的《崇文总目》终于完成——欧阳修二十八岁的时候参与了它的开始,三十五岁的时候,见证了它的结束。

这当然是一件大事,也没有留下什么遗憾。但是他内心深处还是有些不满足,一千年后,谁会记住一个十八线的县令和一套书的其中一位编者呢?

好在从滑州回到京城之后,欧阳修就换了一份更适合他的工作——谏官。推荐他的人,正是那个被他批评不关心数十万边兵的军事长官——晏殊。

性格激烈又鲜明的人,总是有几个温和又包容的朋友。没有王曙和晏殊的温良和柔软,欧阳修的一身锋芒可能早就折损了。

平心而论,晏殊的推荐是很及时的。因为接下来,一件大事发生了:庆历三年(1043)到庆历五年(1045)这段历史,因为著名的"庆历新政"而被永远地载入了史册。主持庆历新政的,正是令欧阳修激赏不已的那位前辈——范仲淹。

"天资刚劲，见义勇为，虽机阱在前，触发之不顾。放逐流离，至于再三，志气自若也。"当这样一个欧阳修遇到庆历新政，自然要为之奋不顾身。

或许，欧阳修的奋不顾身也正是被晏殊赏识的原因。毕竟，一个敢于当面指责前辈的人，还有谁不敢指摘呢？

果然，自庆历三年年初担任谏官后，大力支持新政的欧阳修战斗力飙升：四月八日，他上书请求罢黜老臣夏竦；五月三日，上书请求罢免凌景阳；七月三日，请求罢免翰林学士苏绅；七月十一日，请求罢免参知政事王举正。他的举动，怕不是要让高若讷羞愧至死？

> 修今岁还京师，职在言责，值天下多事，常日夕汲汲，为明天子求人间利病，无小大，皆躬自访问于人。
>
> ——欧阳修《答徐无党第二书》

你看他是不是勇猛得像一只凌厉的隼？仁宗也很赏识欧阳修，甚至对身边的侍臣说："如欧阳修者，何处得来？"

随着改革的推进，欧阳修迎来了他人生中的高光时刻。他越来越受到朝廷的重用，官职一升再升，最终被任命为知制诰。

这个官职负责替皇帝起草诏书，相当于皇帝的机要秘书，有机会参与国家大政方针的讨论和决策——按照以前官场的惯例，不少人都是先做知制诰，再做宰相呢！

欧阳修走得越顺遂，性格也就越刚猛，说话做事也就更加激烈鲜明。也就是在这时，改革中的问题和矛盾慢慢都涌现了出来。反对者开始在仁宗面前攻击范仲淹等人，说他们结党营私。

对于皇帝而言，"结党"是最忌讳的事。三人成虎事多有。周围人说得多了，即使再信任范仲淹和欧阳修的人品，仁宗也不免开始狐疑不安。他甚至问范仲淹："从来只听说小人结党，君子也结党吗？"欧阳修得知此事，心中十分担忧。改革不易，特别需要君王的支持，仁宗这时候可不能犯嘀咕。

为此，他再次奋笔疾书，写下另一篇千古雄文呈给仁宗。这就是散文名作——《朋党论》。

文章写得相当漂亮，但政治毕竟不是文学。过于激烈的官吏整顿，还是让越来越多的人站在了反对新政的立场上。

还记得那个名场面吗？

范仲淹拿着一支笔，亲自审查各路转运使的名册。凡是庸庸碌碌、乏善可陈的，他便大笔一挥，把那个人的名字划掉，毫不留情地让他"下岗"。

当时，站在范仲淹身边的富弼看得心惊肉跳："范公，您这一笔下去，这人可从此就丢了饭碗呀！"范仲淹却非常坚定地说："我宁愿让一个人哭，也不能让全天下人哭！"

君子的蓝图总归要拉着大多数人一起完成，庆历新政也是一样。但对那些庸庸碌碌的大多数来说，如果代价是他这个个体从此失去立足之地，那么，无论未来的社会蓝图再怎么美好，都会失去吸引力。所以他们势必要为自己争取利益，要为一己私利而反对改革。朝堂争斗历来是更深层次的利益之争，激烈复杂的程度可想而知，而这一次，更是龌龊卑鄙。

有一天，御史中丞王拱辰授意人们弹劾苏舜钦[1]用非法钱款大宴宾客。仁宗见奏，龙颜大怒，连夜把当天参加宴会的人全部逮捕。许多人上一刻还在热被窝里酣睡，转眼就进了冷冰冰的监狱。

这到底是怎么回事儿呢？

原来，苏舜钦的单位"进奏院"要在年末例行的赛神会上组织聚餐。进奏院是个清水衙门，以往聚餐都是AA制。这一年，苏舜钦本着为大家着想的态度，在单位里这儿转转，那儿转转，想看看能不能搞点钱出来做活动经费。最后他灵光一现：进奏院这种地方，别的不多，就是废纸多嘛！[2]虽然废纸不值钱，可是总比没有强啊！他就用废纸换了点儿钱。聚完餐后结账，好巧不巧，大家的钱凑起来还差点儿零头。苏舜钦就用这笔钱结了账。这么一件简单的事情，谁能想到到了一肚子坏心眼儿的人那里就走样了呢？谁又能想到仁宗竟然还听信了呢？

一夜之间，进奏院案传遍朝野，上下听闻，无不惊骇。

举报人指控苏舜钦"公款吃喝"、酒席上王益柔"诋毁先圣"[3]。按照宋朝律法，这些罪名如果成立的话，确实可以判处死刑。但大家惊骇的却不是量刑的严重，而是官场生活的凶险。

朝廷确实有严禁公款吃喝的制度，但长期以来，这一制度实际上并没有得到认真执行。王拱辰在这一点上大做文章，对苏舜钦和王益柔其实是不公平的，其中的委屈，苏舜钦在给欧阳修的信中说得最为深切。首先，"进邸神会，比年皆然，亦尝上闻，盖是公宴"，这种活动已是惯例，每年都举办，用的都是公款，而且"亦尝上闻"，也就是说皇帝其实也是知道这件事的。其次，这种团建性质的聚餐也不光是进奏院一家，"都下他局亦然"。其他单位当然花的也是公款，而且还更阔绰。因为那些单位都比进奏院有钱多了。

明明是一直以来私下里被默许的"小瑕疵"，有心人却能够利用法律和舆论，让它变成一件足够让人身败名裂的"大罪过"！

这世上本就没有完美的人，没有完全符合规定的事，如果今天王拱辰能用这样的错误打败自己的政敌，那以后京城之中，还有能安然入眠的人吗？

好在第二天，仁宗冷静下来，没有让事件进一步恶化，比如真的杀掉王益柔和苏舜钦之类的。

不过，所有涉事人员的处分仍然少不了。其中，说错话的王益柔最惊险，从被处死变成了被贬官；苏舜钦最冤屈，因为盗用公款的罪过，最终被削职为民。

结果虽然和一开始的设想不太一样，却也足够令王拱辰一党感到满意,这些人实际上已经被一网打尽了。更重要的是,仁宗从此越来越相信王拱辰一伙人,越来越不待见范仲淹等人。

到了庆历五年,范仲淹、富弼、杜衍、韩琦等人相继被罢黜,新政随之受到重创。借一件微不足道的小事,对政治斗争中最微不足道的几个人以泄私愤,这样的行径已经足够恶劣了。没想到更卑鄙的事还在后头。

庆历三年四月,夏竦在就职前夕被罢去了枢密使的职位。他一直怀恨在心,便秘密派遣了一个美貌的女奴混入大臣石介家中,偷偷学习石介的笔迹。

这女奴学会以后,常常神不知鬼不觉地涂改石介写给富弼的书信。最终,她成功伪造了由富弼授意石介写的废立仁宗的信。

如果说伪造书信已经是闻所未闻的事,那么接下来这件事则更是天方夜谭,几乎超出了所有人的想象——

书信真假难辨,仁宗又惊又怒。

石介百口莫辩,只好辞掉国子监的职务回到故乡山东。这是庆历四年秋天的事。一年之后,石介就因病去世了。

到了庆历五年的十一月,夏竦忽然一口咬定,说石介的棺木里空空如也,而真正的石介早已被富弼送到了契丹。

夏竦还说得有鼻子有眼的:"石介正和契丹王密谋起兵,准备回来颠覆大宋王朝呢!"

仁宗听了大惊失色。不过这也怪不得仁宗。对一个皇帝而言，废帝、谋反自然是最高威胁级别的事。毫不意外，富弼立刻就被罢免了。

可是那个传说中正在契丹的石介要怎么办呢？这时候就有人想到："虽然契丹鞭长莫及，但石介的坟墓可在山东跑不了。如果开棺验尸的话，不就能清楚地知道石介是死是活了吗？"

古人事死如事生，如此行为被认为是不可承受的奇耻大辱。因此朝廷第一次准备下令开棺时，就被地方官杜衍以性命担保，阻止了下来。

没想到，"编剧"夏竦又展现了惊人的想象力，他说，上次之所以契丹没什么动静，是因为石介的游说没成功。现在石介就在登州、莱州一带，他组织了一批数万人的武装暴徒，正准备起兵叛乱呢！于是，朝廷又第二次派人来开石介的棺。

使者到了石介的老家，有人问出一句沉甸甸的话："假如你们破冢发棺之后，发现石介确实已经死了，那该怎么办呢？"

发棺无人，无论石介是否谋反，确是欺君大罪，开棺暴尸不足顾惜；可若是发棺有人，他们这些执行命令的，一定会被永远地钉在历史的耻辱柱上。

多亏了这一问，石介才最终免除了开棺之辱。

在这样的背景下，一贯不怕得罪人的欧阳修随后深陷于更加荒唐的诬陷中，就一点儿也不令人意外了。

发生在欧阳修身上的案子叫"盗甥案"。那是在七八月间,曾经被欧阳修弹劾的杨日严在担任开封府尹时,忽然接到一个稀奇的案子:欧阳修的侄子欧阳晟撞破了妻子和男仆的不正当关系,盛怒之下把他们二人交到官府审理。

欧阳晟的妻子张氏正是当年那个随欧阳修的妹妹一块被带回来的小女孩。她的案子在杨日严这里越审越离奇,最终卷宗里竟多出了一条张氏未嫁之时和欧阳修的不伦丑闻。当年欧阳修做谏官时攻势凌厉,当朝的几个宰相没少被他骂过。这几个人见到杨日严的卷宗,大喜过望,立刻授意其他人上书朝廷,以与外甥女通奸并侵吞其家产为由,弹劾欧阳修。

满朝散播谣言的时候,当事者很难全身而退。此时正忙着整理兵粮器械、四处巡视的河北都转运按察使欧阳修差点一口老血喷出来。无论是真是假,只要有人举报,这事就是一个正人君子一辈子的污点。哪怕最后调查出来绝无此事,这人的清白也早就毁掉了。

欧阳修想到了有人看不惯他,但是,完全没有底线地捕风捉影、含血喷人,在男女关系上下猛药刺激舆论,这样下三烂的手段还是让他始料不及!

身在宋朝的欧阳修,大概是当时最能体会什么是"社会性死亡"的人。他的政敌专门找了宦官王昭明审理此案。原因很简单,欧阳修也曾经得罪过这一位:就在这一年年初,朝廷命令欧阳修与王昭明一同巡察河北,欧阳修听后直接拒绝了:"我是堂堂朝廷官员,按照惯例,怎么能和太监同行?"

最后,这一安排只好不了了之。

现在来审欧阳修的,正是王昭明这个被深深羞辱过的宦官。做出这样人事安排的人,实在是太老奸巨猾了。

但问题是,别人对你的态度,和你对别人的态度,必然是相关的吗?单就这一点来看,王昭明其实是一个非常值得敬佩的人。整个审案过程中,他不偏不倚,始终保持客观和公正。

一块儿审案子的人看调查了半天,什么确凿的证据也没有,根本没有办法打击到欧阳修,有点儿着急。这样怎么和宰相交代呢?"要不,咱们随便找点儿证据,把案子结了?"这人说。

王昭明身上的凛然正气几乎要把整个屋子照亮:"官家让我来,就是要我主持公道、彰显正义的,怎能胡编乱造?无耻!"

朝堂上,除了王昭明还有一个叫赵概的人。他挺身而出,直言极谏,力保欧阳修的清白。

有人不客气地逼问赵概:"欧阳永叔平时对你很好吗?你为什么为他说话?"赵概驳斥:"以他的性子,能有什么好脸色对我?但他怎么对我是他的事,我怎么对他是我的事!"接着,他忧心忡忡地对仁宗说:"要是谁都可以随便往别人身上泼脏水,这个社会可就危险了!您慎重啊!"

我对一个人的态度,不是由他对我的态度决定的,而是由我自己内心的准则决定的。光凭这一点,王昭明和赵概就值得被后人永远地称赞。

最终,王昭明以查无实据结了舆情滔滔的"盗甥案"。各方的较量也最终以欧阳修被贬滁州,以及庆历新政的终结与失败而暂时画上了句点。

醉翁亭记

又到滁州去了

到了滁州的欧阳修,和当年到了夷陵的欧阳修没有什么不同。再狼狈,他也始终没有忘记那个最重要的身份——不管因何而来,他首先是滁州的地方官。一个官员最重要的不是搞政绩,不是会汇报,而是能给老百姓带来真正的福利。

官无大小,凡事只是一个公。若公时,做得来也精采。便若小官,人也望风畏服。若不公,便是宰相,做来做去,也只得个没下梢。

——〔南宋〕朱熹

如果一切为的是公平正义,那么即使是个小官,也令人敬畏、折服。假若不为公平正义,即使是宰相那样的大官,做来做去也不会有什么好结果。朱熹的这段话,欧阳修肯定没听过。不过,一心一意治理滁州的他,大概比谁都更认同。

一年多后,滁州政通人和,百姓安居乐业。百姓快乐了,欧阳修就得到了最大的快乐,他也就有了去看看风景、喝喝美酒的好心情。琅琊山上,醉翁亭畔,那个文学史上悠游、快乐的欧阳修,离我们越来越近了。

若夫日出而林霏开,云归而岩穴暝,晦明变化者,山间之朝暮也。野芳发而幽香,佳木秀而繁阴,风霜高洁,水落而石出者,山间之四时也。朝而往,暮而归,四时之景不同,而乐亦无穷也。

至于负者歌于途,行者休于树,前者呼,后者应,伛偻提携,往来而不绝者,滁人游也。临溪而渔,溪深而鱼肥,酿泉为酒,泉香而酒洌,山肴野蔌,杂然而前陈者,太守宴也。宴酣之乐,非丝非竹,射者中,弈者胜,觥筹交错,起坐而喧哗者,众宾欢也。苍颜白发,颓然乎其间者,太守醉也。

——欧阳修《醉翁亭记》

《醉翁亭记》的二十五个"而"、二十一个"也"、十八个"者",共同营造了一种回旋反复、娓娓动听的效果。节奏的舒缓体现了心情的悠游。全文围绕"乐"字展开,不疾不徐地告诉我们:山林之乐和人之乐是生活中最美好的收获。

"野芳发而幽香,佳木秀而繁阴",这里和夷陵一样,没有华贵明艳的洛阳花,只有随处生长的春花。这些花纤细、小巧、质朴,自由自在地在山中萌生,比什么都洁净,比什么都单纯,也比任何人都自由。

庆历七年(1047),欧阳修致信梅尧臣:"某此愈久愈乐,不独为学之外有山水琴酒之适而已。小邦为政期年,粗有所成。固知古人不忽小官,有以也。"

一个知识分子的心灵，在山水幽深之处、山花幽香之间，得到了完全的舒展和安顿。而滁州这座普通的山亭，也因为他的书写，拥有了另一种形式的永恒。

对于学生来说，只有做完了作业之后的欢乐，才是最尽情的欢乐。该干的事儿没干，那欢乐就是沙滩上用沙子堆起来的城堡，风一吹、浪一打，就什么也没有了。

对欧阳修来说也是如此。

他是一州之长，景秀人宁是他辛勤工作、努力为官的结果。没有什么比这更快乐，也没有什么比这更让他满足和沉醉的了。

可以说，为政著书之余才有可爱的醉翁。也正因如此，那字里行间透出的喜悦才令人称赞和向往。而如果所有前提都不成立，《醉翁亭记》的灵魂也就不在了。

从第一次被贬谪开始，欧阳修就下定决心，不做那种患得患失的庸人：经过许多沧桑变化，当年的逸老终于变成了一个纵逸山水的醉翁。

醉翁一定比逸老好吗？

当然不，他只是不再像当年那样，如此在意外界的评价了。也许，在滁州的山山水水之外，还有许许多多不明真相的人，但这已经不重要了。他知道自己是谁,这就够了。

《醉翁亭记》一出,"六一风神"余韵至今。四十岁的他,终于凭借着文章天下闻名了。

注 释

1. 苏舜钦,字子美,是北宋有名的诗人和书法家。文学史上,苏舜钦的诗文和梅尧臣齐名,一"舜"一"尧",并称"苏梅"。书法方面,北宋四大书法家之一的米芾这样称赞苏舜钦的书法:"如五陵少年,访云寻雨,骏马春衫,醉眠芳草,狂歌玩乐。"只读这段文字就可以感受到他的字很美。

2. 进奏院的主要职能是掌管各种官府文书的上传下达。经手的公文多了,这里就攒了很多废纸。

3. 王益柔酒席失态,口出狂言,证据则是自己写的《傲歌》——听这题目,就是好大的口气,内容口气就更大了,"醉卧北极遣帝扶,周公孔子驱为奴"。王益柔的父亲就是之前欧阳修的上司王曙。

醉翁吟

滑州归雁亭

欧阳修【1043年,37岁】

长河终岁足悲风,
亭古台荒半倚空。
惟有雁归时最早,
柳含微绿杏粘红。

自勉

欧阳修【1045年，39岁】

引水浇花不厌勤，
便须已有镇阳春。
官居处处如邮传，
谁得三年作主人。

田家

欧阳修【1047年,41岁】

绿桑高下映平川,
赛罢田神笑语喧。
林外鸣鸠春雨歇,
屋头初日杏花繁。

丰乐亭游春·其三

欧阳修【1047年,41岁】

红树青山日欲斜,
长郊草色绿无涯。
游人不管春将老,
来往亭前踏落花。

五

一代文宗

1048—1072 年 | 42—66 岁

"宋六家"自此齐聚文坛,中国古文从此以他们为宗。在不远的将来,另外一大批文学精英,也将追随着他们的脚步,创造出一篇又一篇的经典……一个由欧阳修开创的时代,终于来临了。

平山堂上欧公柳

欧阳修在滁州待了三个年头,度过了从三十九岁到四十一岁的时光。庆历八年(1048),他被调到了扬州。

扬州是南北交通枢纽,同时也是宋朝的军事重镇。欧阳修这回需要管理政务和军务。大概忙了大半年,他才理清头绪。

在滁州时,他工作之余修建了醉翁亭和丰乐亭。如今到了扬州,他也没忘了造亭的爱好,于是亲手设计,组织施工,建造了平山堂。

平山堂在南郊蜀岗上,蜀岗古木森森,沃野千里。建在这里的平山堂,漂亮极了,也壮丽极了。站在平山堂往外看,屋檐和长江北岸的山高度平齐。换句话说,平山堂的所在地,正是观赏扬州最好的地方,而欧阳修用一座建筑,把最美的风景凝固、保留了下来。

能在夏天来平山堂最好不过了。平山堂前有几百个水缸,里面种了一千多朵从附近邵伯湖中采的上好荷花。在荷花开得最好的时候,俯瞰着山色与晴空中的扬州城,一面享受着清风与荷香,一面吟词唱歌,饮酒飞觞,是多么快乐的事!

歌与酒又都很有讲究：取一支颜色最干净、开得最饱满的花，这朵花传到谁手里，谁就摘掉一片花瓣。等到花瓣都摘掉，拿到荷花秆儿的那个人，就罚一杯酒。欧阳修特别喜欢带人这么玩儿，常常能玩儿一天。

平山堂是从扬州到大明寺路上的必经之地。欧阳修和朋友们的"击鼓传花"，往来行走的人都能看到。这是一种非常风雅的、很体现宋人品位的休闲方式。

哦，对了，欧阳修还在堂前种下了一棵柳树。渐渐地，这里就成了扬州人休闲度假的好去处，如同丰乐亭、醉翁亭之于滁州的百姓一样。

这些地方既不在人迹罕至的深山，也不在什么名胜之地，更不在谁的私家园林中，就在滁州、扬州的近郊，是全城人随时可去的"公园"。百姓在这里自由自在，无拘无束。

扬州人爱欧阳修，也爱他种下的柳树，尊敬地称呼它为"欧公柳"。仁宗皇祐元年（1049），欧阳修要离开扬州，到颍州去做太守。扬州的继任者姓薛，薛太守见人们太爱欧阳修，不免起了"争宠"的心。他也在平山堂种了一棵柳树，还特意交代老百姓说："看见这棵柳树了吗？这棵树叫薛公柳哦！"

爱本就不是可以强求的，百姓对于为官者的爱，是出于为民造福的政绩，更不可以强求了。显然，薛太守在才华和政绩方面，是无法与欧阳修相比的。后来，薛太守和欧阳修一样，也离

一代文宗

开了扬州。他刚一调走,薛公柳就不见了。一问才知道,原来已经有人悄悄把薛公柳连根拔掉了。平山堂前,仍然只有一棵枝繁叶茂的欧公柳。

仁宗至和元年(1054)八月,四十八岁的欧阳修奉诏修《新唐书》,九月,迁翰林学士兼史馆修撰。至和二年(1055),又奉命出使契丹。知天命的日子,欧阳修过得忙碌又充实。五十岁时,从契丹归来的他,仍旧回到京城继续做官。

欧阳修担任扬州太守的七年后,为一个叫刘敞的年轻朋友送行。当时,刘敞马上要去扬州接任太守一职。

离别的时候,欧阳修想起了平山堂和当年亲手种下的堂前柳,想起了在扬州的岁月,于是,他写下了一首词:

平山栏槛倚晴空,山色有无中。手种堂前垂柳,别来几度春风? 文章太守,挥毫万字,一饮千钟。行乐直须年少,尊前看取衰翁。

——欧阳修《朝中措》

这首词其实暗藏一个典故。东晋大将桓温北征,经过金城这个地方,看到自己年轻时候种下的树,如今已经长得如此粗壮了。于是,他潸然泪下,脱口说了一句很著名的话:"树犹如此,人何以堪?"

树的寿命是很长的，柳树可以活一百年，梨树可以活三百年，樟树可以活到八百年——短短几年中，时间的流逝本该对它们产生不了太大的影响。可如今看来，眼前的树木却发生了明显的变化。既然如此，比树木更容易受到时间摧残的人们，如今又该有多么苍老了呢？打仗本来需要一颗坚强的心，但这棵树的存在，却触发了桓温的敏感和哀伤。这个故事被记录在《世说新语》里，在中国古代的读书人中广为流传。

欧阳修用典用得很自然：知道桓温之叹的，自然会把桓温的哀伤交叠在作者的哀伤之上，产生更丰富的理解。可是如果读者完全没读过《世说新语》，其实也没什么关系，这首诗自然而然，清新晓畅，大家一读就能明白：五十岁了，我已经觉得自己老了。过去做太守的日子，无论怎么开心都已经过去了。而属于新太守的美好未来，却马上就要来啦！

此时此刻，欧阳修是在由衷地祝福刘敞前程似锦呢！

欧阳修这样写词以后，词就变得和以前不一样了。

以前的词是一个精美小巧的盒子，里面装的是新鲜、香甜、晶莹的胭脂膏子。既然是词，就得细腻缠绵，清丽婉约，要像晏殊写的那样：

一曲新词酒一杯，去年天气旧亭台。夕阳西下几时回？无可奈何花落去，似曾相识燕归来。小园香径独徘徊。

——〔北宋〕晏殊《浣溪沙》

一代文宗

或者像晏几道写的那样：

梦后楼台高锁，酒醒帘幕低垂。去年春恨却来时。落花人独立，微雨燕双飞。 记得小蘋初见，两重心字罗衣。琵琶弦上说相思。当时明月在，曾照彩云归。

——〔北宋〕晏几道《临江仙》

但是欧阳修有不一样的理解。什么是严肃？什么是通俗？什么是流行？什么是经典？他只管写他的词，才不管那些写作的套子。于是，词从此有了清新开阔、风神潇洒的风韵。不知不觉间，欧阳修也就成了宋词写作的标杆。

一百多年后，一个叫方岳的人登上平山堂览胜怀古。他和欧阳修很像，也秉性刚正、不畏权贵，也敢言敢语、文采风流，也有一颗为了理想和信念至死不渝的心。

但他没有欧阳修的好运气，没有后半生仕途平顺，被尊为一代国老的威仪，也没有文章流传千古的荣耀，更没有日后一字半句进入中学语文课本的幸运。只是造化弄人，机缘巧合下，他也来到了平山堂。

方岳俯瞰风景如画的江山，想到欧阳修人生中的种种起伏，想到自己拼尽全力却仍然半生不遇，一时情难自已，也挥笔写下了一首词：

秋雨一何碧，山色倚晴空。江南江北愁思，分付酒螺红。芦叶蓬舟千重，菰菜莼羹一梦，无语寄归鸿。醉眼渺河洛，遗恨夕阳中。

苹洲外，山欲暝，敛眉峰。人间俯仰陈迹，叹息两仙翁。不见当时杨柳，只是从前烟雨，磨灭几英雄。天地一孤啸，匹马又西风。

——〔南宋〕方岳《水调歌头·平山堂用东坡韵》

这首词知道的人少，写得却极美。

"秋雨一何碧，山色倚晴空"，相比欧阳公的"平山栏槛倚晴空，山色有无中"，意境一样广阔，却又多了一分江南秋色的柔美，读之令人心醉。"江南江北愁思，分付酒螺红"，江南江北媚色如烟，却提醒了诗人：美景衬托的其实是他半生辗转的哀情。所以喝再多的酒，也消不了他失意的愁。

"芦叶蓬舟千重"几句，是在说想家的深情。西晋的张翰因为想念家乡的莼羹鲈鱼，爽快地辞官归乡了。[1]漂泊的方岳也想回家，但是他身不由己。"醉眼渺河洛，遗恨夕阳中"，遗恨不单单是为自己怀才不遇，更是为整个南宋那重整山河的执着旧梦。眼前，山河仍然破碎，夕阳依旧美好。方岳的心情复杂而沉重。当年欧阳公在平山堂前亲手所种的垂柳不在了，欧阳公和曾在此处怀念恩师的东坡先生[2]也不在了。

风雨如旧，英雄不再，词人心中难免失落惆怅，这是很多文人登临怀古时都会产生的一种思绪。

最后,词人终于从怀古回到了现实。

"天地一孤啸,匹马又西风。"苍茫天地,凛凛西风。一人一骑,一声孤啸。

何等凄凉,又是何等落寞。

苏洵、苏轼、苏辙，统统到我这里来！

仁宗嘉祐二年，五十一岁的欧阳修来到了一个非常重要的地方——贡院。

正是因为他的到来，这一年的礼部考试成了宋代科举考试的转折点。

三十年，弹指一挥间。欧阳修不由得感慨万千。曾经他作为考生来过这里，三十年过去了，他终于作为全国考试的主考官，站在尚书省的东楼上，俯视那座曾经让他觉得巍然无比的宣德门。三十年过去了，让那些西昆体、太学体[3]等考场的"怪胎"都结束，退出历史舞台吧！他终于有足够的实力，可以不再妥协了！

于是，这一次京师的礼部考试，格外偏爱文章朝气蓬勃、言之有物、情感真挚、语言晓畅的考生——当然，他们本该就是被考试眷顾的人。

然而不再妥协的代价是，考试放榜之后，那些落榜的人等在欧阳修每天上朝的路上，不是将他团团围住臭骂不止，就是揪住他的衣袖要揍他；还有考生专门送《祭欧阳修文》到他家，问他为什么还不去死；更过分的则又翻出"盗甥案"，说尽污言秽语……

一代文宗

要是再年轻几年，欧阳修怕不是要和他们打起来？但是现在，他不会再那么莽撞了。他早已变成了像胥偃、钱惟演、王曙、晏殊一样温和而坚定的前辈。他不着急，不失态，只是守着自己的底线，默默做着自己要做的事。不符合标准的就落榜；写得像苏轼兄弟一样好的，把文坛盟主的位子让给他都行。

欧阳修不光这么想，也这么说，还到处说。

他在好朋友梅圣俞面前大加赞赏：

读轼书，不觉汗出，快哉！快哉！老夫当避路，放他出一头地也。可喜！可喜！

——欧阳修《与梅圣俞》

还要在儿子面前念叨：

汝记吾言，三十年后世上人更不道著我也。

——〔宋〕朱弁《风月堂诗话》转引

《宋史》里评价欧阳修，"平生与人尽言无所隐"。虽然这一点让他吃尽了苦头，可是你看，他还是这么个不藏着掖着、天真爽快、坦诚不拘的可爱之人。

在欧阳修的坚持下，京师的礼部考试很快又带动省试、乡试，接着又进一步引领、带动了全国读书人使用新文风。

知嘉祐二年贡举。时士子尚为险怪奇涩之文，号"太学体",修痛排抑之,凡如是者辄黜……然场屋之习,从是遂变。

——《宋史·欧阳修传》

最无情也最温情的历史,给予了欧阳修最公正的评定。

"本欲励贤敦古学,可嗟趋利竞朋来。昔人自重身难进,薄俗多端路久开。何异鳣鲂争尺水,巨鱼先已化风雷。"(欧阳修《和公仪试进士终场有作》)

巨鱼腾跃而起,风雷从天边涌来。欧阳修既兴奋又激动,这死气沉沉的考场,终于要变换新天了!事实上,从这次科举考试录取的结果上看,确实是巨鲸云集。

欧阳修凭着一双高度近视的火眼金睛,一举识别出了北宋中后期思想、政治、文学界的众多英才。

其中,"唐宋八大家"的"宋六家"中,就有苏轼、苏辙、曾巩科举得胜,苏洵、王安石也都是欧阳修的后辈。"宋六家"自此齐聚文坛,中国古文从此以他们为宗。在不远的将来,另外一大批文学精英,也将追随着他们的脚步,创造出一篇又一篇的经典……一个由欧阳修开创的时代,终于来临了。[4]

"华夏民族之文化,历数千载之演进,造极于赵宋之世。"一代国学大师陈寅恪曾经这样说。其中,生逢此时的欧阳修,厥功甚伟。很多人小时候会觉得,古往今来,那些能把事情做成的

一代文宗

人们，仿佛都是在某个关键的转折点，一下子获得了根本性的跃升和改变，这才拥有了后来的成就。但欧阳修的经历告诉我们：实际上，理想的实现需要耐住性子，需要无数委屈的妥协、艰难的抗衡，需要付出无法预料的代价，需要经历一段漫长而艰辛的旅程……

甘当伯乐的千里马

再见，爸爸！

又过去了许多年。

当六十四岁的欧阳修想起父亲欧阳观时，他第一次发现，作为儿子的他，竟然也有一天比父亲去世时的年纪还要大了。欧阳修时常想起小时候母亲对他的教诲，也想起五十多年前母亲常常说的那句话："你一定要努力，要对得起你父亲呀！"

如今一生涓滴意念，竟真的侥幸汇成河流。他忽然有一种冲动，想把六十多年经历的一切，统统说给父亲听：

> 自先公之亡二十年，修始得禄而养。又十有二年，列官于朝，始得赠封其亲。又十年，修为龙图阁直学士，尚书吏部郎中，留守南京，太夫人以疾终于官舍，享年七十有二。又八年，修以非才入副枢密，遂参政事。又七年而罢。
>
> ——欧阳修《泷冈阡表》

父亲去世后的第四十二个年头，欧阳修四十六岁。

七十二岁的母亲在这一年离开了他。丁忧结束后，他的仕途越来越顺遂：从母丧前的南京应天府（今河南商丘）知州迁至吏部郎中，充龙图阁学士，佩紫金鱼袋。后来他又出使契丹，顺利归来后，受到表彰。

一代文宗

父亲去世后的第五十个年头,欧阳修五十四岁。

《新唐书》成书,他始任枢密副使。在这之前,他还做过八个月的开封知府。枢密副使已属于仕途上的拔擢与超升。第二年,他又转任参知政事,后来又相继担任刑部尚书、兵部尚书等职,进封开国公。这是他一生仕途的巅峰。

晚年的欧阳修,颇得仁宗的宠信。仁宗只比欧阳修小三岁,在五十四岁时去世,继位的宋英宗英年早逝。欧阳修因此成为历经真宗、仁宗、英宗、神宗的四朝元老,有国事,必有问。

六十一岁那一年,欧阳修陷入了人生中第二次丑闻[5]。

虽然仍旧不过是些捕风捉影的事,但他还是因此离开京城去亳州做了地方官。后来因为坚决反对王安石的"青苗法",又改任了蔡州知州。

六十四岁这一年,他光荣退休。

在父亲去世后的第六十个年头,他终于功成名就,光耀门楣。那些一大串别人想都不敢想的荣誉,他都得到了。

自登二府,天子推恩,褒其三世,故自嘉祐以来,逢国大庆,必加宠锡。皇曾祖府君累赠金紫光禄大夫、太师、中书令。曾祖妣累封楚国太夫人。皇祖府君累赠金紫光禄大夫、太师、中书令兼尚书令。祖妣累封吴国太夫人。皇考崇公累赠金紫光禄大夫、太师、中书令兼尚书令。皇妣累封越国太夫人。今上初郊,皇考赐爵为崇国公，太夫人进号魏国。

——欧阳修《泷冈阡表》

宋神宗赵顼也给予了欧阳修至高评价：

"以文章革浮靡之风，以道德镇流竞之俗，挺节强毅而不挠，当官明辩而莫夺，三世宠荣，一德端亮。"

在散文创作的道路上，他比之前走得更远了。自三十八岁有《朋党论》，四十岁有《醉翁亭记》，四十一岁有《送杨寘序》后，四十七岁又有《五代史伶官传序》。五十三岁有《秋声赋》，五十九岁有《相州昼锦堂记》，六十四岁又有《泷冈阡表》……

他当然知道，这些完全不值得炫耀。但是，六十四岁的欧阳修，很希望他的爸爸知道这些。他的动机很朴素，就是希望一个做儿子的，能让自己的父亲由衷地感到自豪。

"父亲，我四岁时就已经面目不清的父亲，我想告诉您，我之所以能取得今天的成就，成为这样一个人，都是您的功劳啊。"

您六十四岁的儿子 欧阳修

千古至文《泷冈阡表》是欧阳修六十四岁那年最深沉有力的作品，更是一篇凝聚了整整六十年的深情才最终完成的、一个儿子写给父亲的告白书。

一代文宗

《泷冈阡表》完成两年后，神宗熙宁五年闰七月二十三日，颍州。六一老翁留下他的一万卷藏书、一千卷集古录、一张琴、一局棋和一壶酒，溘然长逝。

　　去世的时候，他很安详。因为他知道，在等待了半个多世纪后，他将再一次看见自己的爸爸。

注 释

1. 〔南朝宋〕刘义庆《世说新语》:"张季鹰辟齐王东曹掾,在洛,见秋风起,因思吴中菰菜、莼羹、鲈鱼脍,曰:'人生贵得适意尔,何能羁宦数千里以要名爵?'"张翰,字季鹰。"张季鹰思吴中"是"树犹如此"之外又一个美丽的典故,叫作"莼鲈之思"。

2. 宋神宗元丰二年(1079),苏轼路过扬州,朋友在平山堂设宴招待他。苏轼作《西江月》:"三过平山堂下,半生弹指声中。十年不见老仙翁,壁上龙蛇飞动。欲吊文章太守,仍歌杨柳春风。休言万事转头空,未转头时皆梦。"

3. "太学体"是继"西昆体"之后又一种流行的文体,以"险怪奇涩"著称。

4. 王水照、崔铭《欧阳修传》:"经过二三十年的不懈努力,欧阳修终于将宋代古文运动引入了健康发展的轨道,平易自然、流畅婉转成为宋代散文的群体风格,这比之唐代散文更宜于说理、叙事和抒情,成为后世散文家和文章家学习的主要楷模。作为开创一代文风的宗师,欧阳修为中国散文史做出了突出的贡献,其影响是难以估量的。"

5. 这次丑闻史称"长媳案",性质和"盗甥案"差不多,实质是政治上"濮议"一事引发的打击报复。"濮议"是宋英宗时期,君臣之间对如何称呼英宗生父的一场大讨论。

醉翁吟

别滁

欧阳修【1048年,42岁】

花光浓烂柳轻明,
酌酒花前送我行。
我亦且如常日醉,
莫教弦管作离声。

浣溪沙 堤上游人逐画船

欧阳修【1049—1050年】

堤上游人逐画船,
拍堤春水四垂天。
绿杨楼外出秋千。

白发戴花君莫笑,
六幺催拍盏频传。
人生何处似尊前。

渔家傲十二首·其九

欧阳修【1056年,50岁】

九月霜秋秋已尽,
烘林败叶红相映。
惟有东篱黄菊盛,
遗金粉,
人家帘幕重阳近。

晓日阴阴晴未定,
授衣时节轻寒嫩。
新雁一声风又劲,
云欲凝,
雁来应有吾乡信。

采桑子十三首·其四

欧阳修【1071年,65岁】

群芳过后西湖好,
狼籍残红。
飞絮濛濛。
垂柳阑干尽日风。

笙歌散尽游人去,
始觉春空。
垂下帘栊。
双燕归来细雨中。

采桑子十三首·其十

欧阳修【1071年，65岁】

平生为爱西湖好，
来拥朱轮。
富贵浮云，
俯仰流年二十春。

归来恰似辽东鹤，
城郭人民。
触目皆新，
谁识当年旧主人。

欧阳修——生平年表

1007 宋真宗景德四年，1岁
农历六月二十一日，欧阳修出生于四川绵阳。父亲欧阳观五十六岁，母亲郑氏二十七岁。

1010 大中祥符三年，4岁
父亲去世。叔父欧阳晔时任随州推官，母亲郑氏携欧阳修兄妹到湖北随州安家。

1016 大中祥符九年，10岁
于李氏藏书中得韩愈文六卷。

1023 宋仁宗天圣元年，17岁
应举不中。

1027 天圣五年，21岁
春，试礼部不中。

1028 天圣六年，22岁
欧阳修携文谒胥偃。

冬，欧阳修随胥偃到京都汴梁。

1029 天圣七年，23岁
春，胥偃保举欧阳修就试开封府最高学府国子监。

秋，参加国子监解试。广文馆试、国学解试均获第一名，成为监元和解元。

1030 天圣八年，24岁
正月，试礼部，又列第一。

三月，御试崇政殿，得甲科第十四名。

五月，授将仕郎，试秘书省校书郎，充西京留守推官。

1031 天圣九年，25 岁
三月，抵西京洛阳任推官。钱惟演时任西京留守，门下有尹洙、梅尧臣等名士，欧阳修与二人结为至交。娶胥公之女为妻。

1033 明道二年，27 岁
三月，夫人胥氏卒。

1034 景祐元年，28 岁
三月，欧阳修西京任满，回襄阳。

五月到京师，召试学士院。

闰六月，授宣德郎、试大理评事兼监察御史、充镇南军节度掌书记、馆阁校勘，参与整理三馆秘阁的藏书。

1035 景祐二年，29 岁
九月，夫人杨氏卒，时年十八岁。

1036 景祐三年，30 岁
范仲淹上章批评时政，被贬饶州。欧阳修为他辩护，责备司谏高若讷"不知人间有羞耻事"。

五月，被贬为峡州夷陵县令。

十月至夷陵。

1037 景祐四年，31 岁
三月，娶已故参知政事薛奎之女。

十一月，任光化军乾德司令。

1038 宝元元年，32 岁
三月，赴乾德。胥夫人所生子夭。

1039 宝元二年，33 岁
二月，谢绛出守邓州，梅圣俞将到襄城做县令，二人同行。

五月，欧阳修往会二人，留旬日而还。

1040 康定元年，34 岁
春天，赴滑州。

六月，欧阳修被召回京，仍编《崇文总目》。复任馆阁校勘，后知谏院。是岁，长子出生。

1042 庆历二年，36 岁
八月，请外任。

九月，任滑州通判。

十月到滑州。

1043 庆历三年，37 岁
范仲淹等人推行"庆历新政"。

三月，欧阳修自滑州被召还，之后转太常丞、知谏院。

四月到开封。

1044 庆历四年，38 岁
四月，出使河东。

七月，还京师。不久，被任命为龙图阁直学士、河北都转运按察使。

1045 庆历五年，39 岁
范仲淹、韩琦、富弼等相继被贬，欧阳修上书辩之。

八月，被贬为滁州太守。

1046 庆历六年，40 岁
在滁州，自号"醉翁"，修醉翁亭。

1047 庆历七年，41 岁
在滁州。

1048 庆历八年，42 岁
二月，别滁州至扬州。

五月，建平山堂于城西北。

1049 皇祐元年，43 岁
正月，被任命为颍州太守。

二月，至颍州郡。

四月，转礼部郎中。

八月，复龙图阁直学士。

1050 皇祐二年，44 岁
七月，改知应天府。是岁，约梅尧臣买田于颍，准备退休养老居住。

1051 皇祐三年，45 岁
在应天府，任南京留守。

1052 皇祐四年，46 岁
三月，母亲郑氏卒。

1054 至和元年，48 岁
任翰林学士，修撰《新唐书》，又自修《五代史记》(即《新五代史》)。

1055 至和二年，49 岁
六月，上书论宰相陈执中，已而乞外，改翰林侍读学士、集贤殿修撰，出知蔡州。

七月，复领旧职。

十二月末到契丹。

1056 嘉祐元年，50 岁
任翰林学士。

二月，使契丹还。

1057 嘉祐二年，51 岁
二月，任礼部贡举主考官，以翰林学士身份主持进士考试。

1058 嘉祐三年，52 岁
六月，欧阳修以翰林学士身份兼龙图阁学士，权知开封府。

1060 嘉祐五年，54 岁
拜枢密副使。是年梅圣俞卒。

1061 嘉祐六年，55 岁
任参知政事。

1065 宋英宗治平二年，59 岁
上表请求外任，不准。此后两三年间，因遭诬谤多次辞职，都未允准。

1067 治平四年，61 岁
正月，神宗即位。
三月，除观文殿学士，转刑部尚书，知亳州。

1068 宋神宗熙宁元年，62岁
八月，转兵部尚书，改知青州。

1069 熙宁二年，63岁
王安石实行新法。欧阳修对青苗法曾表异议，未执行。

1070 熙宁三年，64岁
七月，改知蔡州。是岁欧阳修改号"六一居士"。

1071 熙宁四年，65岁
六月，以太子少师的身份辞职，居颍州。

1072 熙宁五年，66岁
闰七月二十三日，在颍州家中去世。

詩文鑒賞
SHIWENJIANSHANG

扫码查看答案

诗歌鉴赏

江城子·密州出猎
苏轼

老夫聊发少年狂,左牵黄,右擎苍,锦帽貂裘,千骑卷平冈。为报倾城随太守,亲射虎,看孙郎。　　酒酣胸胆尚开张。鬓微霜,又何妨!持节云中,何日遣冯唐?会挽雕弓如满月,西北望,射天狼。

1. 下列对这首词的理解与分析,错误的一项是(　　)

   A. 上片叙事,写词人密州出猎的盛大场面;下片抒怀,写词人请战,情豪志壮。

   B. 上片中"卷平冈"三个字,极言速度之快,可见出猎者情绪高昂,精神抖擞。

   C. 上片结尾二句,写词人在猎场驰骋,像孙权那样英勇无比,亲自射杀了老虎。

   D. 下片结尾词人为自己勾勒了一个挽弓劲射的英雄形象,英武豪迈,气概非凡。

2. "狂"贯穿全词,词人的"少年狂",狂在外形,狂在内心。请简要分析。

(2022·四川·中考真题)

登飞来峰
王安石

飞来山上千寻塔，闻说鸡鸣见日升。
不畏浮云遮望眼，自缘身在最高层。

1. 下列对这首诗的理解和分析，不正确的一项是（ ）

   A. 第一句概括峰和塔的高度，古代八尺为寻，"千寻塔"，极言塔的高峻。

   B. 第二句写在晨鸡报晓时分，便可以看到旭日东升，进一步渲染塔之高。

   C. 第三句用典来直抒胸臆，"浮云"在古代诗歌中，往往用来借代品德高尚的人。

   D. 这首诗是登高抒怀之作，诗人登上飞来峰，触景生情，抒发豪情壮志。

2. 有人评价此诗有"哲理的诗化，诗化的哲理"之妙，请结合诗的内容谈谈你对这句话的理解。

（2022·广西·中考真题）

定风波
苏轼

　　三月七日，沙湖道中遇雨，雨具先去，同行皆狼狈，余独不觉。已而遂晴，故作此词。

　　莫听穿林打叶声，何妨吟啸且徐行。竹杖芒鞋轻胜马，谁怕？一蓑烟雨任平生。　料峭春风吹酒醒，微冷，山头斜照却相迎。回首向来萧瑟处，归去，也无风雨也无晴。

1. 下列对这首词的理解和分析，不正确的一项是（   ）

    A. 小序写时间，地点及词人出游的独特感受，交代写作缘由。

    B. 从"吟啸且徐行"中可以想见沙湖道上词人率性洒脱的情貌。

    C. "竹杖芒鞋轻胜马"一句，表达词人对权贵的蔑视与抗争。

    D. 这首词以风趣幽默的笔调，写出途中遇雨的所感所思。

2. "也无风雨也无晴"是词人对天气的态度，更是对生活的态度。请简要分析。

（2022·福建·中考真题）

渔家傲·秋思

范仲淹

塞下秋来风景异，衡阳雁去无留意。四面边声连角起，千嶂里，长烟落日孤城闭。　　浊酒一杯家万里，燕然未勒归无计。羌管悠悠霜满地，人不寐，将军白发征夫泪。

1. 明代的瞿佑在《归田诗话》中说："予久羁关外，每诵此词，风景宛然在目，未尝不为之慨叹也。"词中，"宛然在目"的风景有怎样的特点？
2. "人不寐，将军白发征夫泪"一句中蕴含了哪些情感？

（2021·江苏·中考真题）

【甲】

定风波

苏轼

三月七日，沙湖道中遇雨，雨具先去，同行皆狼狈，余独不觉。已而遂晴，故作此词。

莫听穿林打叶声，何妨吟啸且徐行。竹杖芒鞋轻胜马，谁怕？一蓑烟雨任平生。　　料峭春风吹酒醒，微冷，山头斜照却相迎。回首向来萧瑟处，归去，也无风雨也无晴。

【乙】
西江月·世事一场大梦
苏轼

世事一场大梦，人生几度秋凉。夜来风叶已鸣廊。看取眉头鬓上①。
酒贱常愁客少，月明多被云妨②。中秋谁与共孤光③。把盏凄然北望。

【注】①眉头鬓上：指眉头上的愁思，鬓上的白发。②妨：遮蔽。③孤光：指独在中天的月亮。

　　两词都是苏轼被贬黄州时的作品，但基调和抒发的情感大不相同，试结合诗句加以阐释。

（2021·四川·中考真题）

采桑子
欧阳修

天容水色西湖①好，云物俱鲜。鸥鹭闲眠，应惯寻常听管弦。
风清月白偏宜夜，一片琼田②。谁羡骖鸾，人在舟中便是仙。

【注释】①西湖：这里指颍州西湖。②琼田：神话传说中的玉田，这里指月光照映下莹碧如玉的湖水。

1. 词的上片通过_____、云物俱鲜、_____表现"西湖好"。
2. 这首词蕴含着词人怎样的情感？

（2021·山东·中考真题）

渔家傲·秋思
范仲淹

　　塞下秋来风景异，衡阳雁去无留意。四面边声连角起，千嶂里，长烟落日孤城闭。　　浊酒一杯家万里，燕然未勒归无计。羌管悠悠霜满地，人不寐，将军白发征夫泪。

1. 有些同学在默写时会把"衡阳雁去无留意"中的"雁"写成"燕"，请向他们解释为什么这里用"雁"字。
2. "羌管悠悠霜满地"一句蕴含着作者浓浓的情感，请简要分析它是怎样达到这种效果的。

（2021·河南·中考真题）

卜算子·黄州定慧院寓居作
苏轼

　　缺月挂疏桐，漏断人初静。谁见幽人独往来，缥缈孤鸿影。
　　惊起却回头，有恨无人省。拣尽寒枝不肯栖，寂寞沙洲冷。

1. "缺月挂疏桐，漏断人初静"描写了哪些意象？这些意象有什么作用？
2. "拣尽寒枝不肯栖"表现出词人怎样的品质？

（2020·山东·中考真题）

登飞来峰
王安石

　　飞来山上千寻塔，闻说鸡鸣见日升。
　　不畏浮云遮望眼，自缘身在最高层。

"不畏浮云遮望眼"一句中"不畏"如何理解?写出这两句诗蕴含的深刻哲理。

(2020·黑龙江·中考真题)

渔家傲·秋思
范仲淹

塞下秋来风景异,衡阳雁去无留意。四面边声连角起,千嶂里,长烟落日孤城闭。　浊酒一杯家万里,燕然未勒归无计。羌管悠悠霜满地,人不寐,将军白发征夫泪。

1. 词的题目是"秋思",词中哪些景物点明了季节?
2. "浊酒一杯家万里,燕然未勒归无计"抒发了词人怎样的感情?

(2020·广东·中考真题)

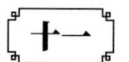

渔家傲·秋思
范仲淹

塞下秋来风景异,衡阳雁去无留意。四面边声连角起,千嶂里,长烟落日孤城闭。　浊酒一杯家万里,燕然未勒归无计。羌管悠悠霜满地,人不寐,将军白发征夫泪。

1. 下列对这首词相关内容的解说不正确的一项是(　　)
   A. 这是北宋文学家范仲淹所写的一首词,"渔家傲"是其词牌名,"秋思"是词的题目。
   B. 词的上阕紧扣"异"字来描写塞下秋景,展现了一幅奇丽秀美的边塞战地风光画面。
   C. "浊酒一杯家万里,燕然未勒归无计"兼具爱国激情和浓重乡思,情绪复杂而矛盾。
   D. 全词以作者亲眼所见之景表现了作者的英雄气概和戍边将士的艰

苦,读来真切感人。
2. "一切景语皆情语。"情景交融是本词的显著特点,请结合全词进行具体分析。

(2020·湖南·中考真题)

【甲】
水调歌头
苏轼

丙辰中秋,欢饮达旦,大醉,作此篇,兼怀子由。

明月几时有?把酒问青天。不知天上宫阙,今夕是何年。我欲乘风归去,又恐琼楼玉宇,高处不胜寒。起舞弄清影,何似在人间。 转朱阁,低绮户,照无眠。不应有恨,何事长向别时圆?A 人有悲欢离合,月有阴晴圆缺,此事古难全。但愿人长久,千里共婵娟。

【乙】
定风波
苏轼

三月七日,沙湖道中遇雨,雨具先去,同行皆狼狈,余独不觉。已而遂晴,故作此词。

莫听穿林打叶声,何妨吟啸且徐行。竹杖芒鞋轻胜马,B 谁怕?一蓑烟雨任平生。 料峭春风吹酒醒,微冷,山头斜照却相迎。回首向来萧瑟处,归去,也无风雨也无晴。

1. 甲词中加点的"婵娟"在词中指的是_____。
2. 甲乙两词共同体现了苏轼哪种可贵的人生态度?请结合词中画波浪线的 A、B 两句具体阐述。

(2020·湖北·中考真题)

十三

卜算子·黄州定慧院寓居作
苏轼
缺月挂疏桐,漏断人初静。谁见幽人独往来,缥缈孤鸿影。
惊起却回头,有恨无人省。拣尽寒枝不肯栖,寂寞沙洲冷。

1. 词的开头两句通过"缺月、疏桐、_____"三个意象描绘出了寓居地的环境,营造出_____的氛围。
2. 本词与《定风波·莫听穿林打叶声》同为苏轼谪居黄州时的作品,试分析两首词中作者的情感有何不同。

(2020·四川·中考真题)

课内阅读

十四

卖油翁
欧阳修

陈康肃公善射,当世无双,公亦以此自矜。<u>尝射于家圃,有卖油翁释担而立,睨之久而不去。</u>见其发矢十中八九,但微颔之。

康肃问曰:"汝亦知射乎?吾射不亦精乎?"翁曰:"无他,但手熟尔。"康肃忿然曰:"尔安敢轻吾射!"翁曰:"以我酌油知之。"乃取一葫芦置于地,以钱覆其口,徐以杓酌油沥之,自钱孔入,而钱不湿。因曰:"我亦无他,惟手熟尔。"康肃笑而遣之。

1. 把文中画横线的句子翻译成现代汉语。
   尝射于家圃,有卖油翁释担而立,睨之久而不去。
2. 文末康肃公的笑,有人认为是尴尬的笑,有人认为是会心的笑,还有人认为是嘲讽的笑,请结合文本说说你的理解。

(2022·山东·中考真题)

十五

醉翁亭记
欧阳修

①环滁皆山也。其西南诸峰，林壑尤美，望之蔚然而深秀者，琅琊也。山行六七里，渐闻水声潺潺，而泻出于两峰之间者，酿泉也。峰回路转，有亭翼然临于泉上者，醉翁亭也。作亭者谁？山之僧智仙也。名之者谁？太守自谓也。太守与客来饮于此，饮少辄醉，而年又最高，故自号曰醉翁也。醉翁之意不在酒，在乎山水之间也。山水之乐，得之心而寓之酒也。

②若夫日出而林霏开，云归而岩穴暝，晦明变化者，山间之朝暮也。野芳发而幽香，佳木秀而繁阴，风霜高洁，水落而石出者，山间之四时也。朝而往，暮而归，四时之景不同，而乐亦无穷也。

③至于负者歌于途，行者休于树，前者呼，后者应，伛偻提携，往来而不绝者，滁人游也。临溪而渔，溪深而鱼肥。酿泉为酒，泉香而酒洌；山肴野蔌，杂然而前陈者，太守宴也。宴酣之乐，非丝非竹，射者中，弈者胜，觥筹交错，起坐而喧哗者，众宾欢也。苍颜白发，颓然乎其间者，太守醉也。

④已而夕阳在山，人影散乱，太守归而宾客从也。树林阴翳，鸣声上下，游人去而禽鸟乐也。然而禽鸟知山林之乐，而不知人之乐；人知从太守游而乐，而不知太守之乐其乐也。醉能同其乐，醒能述以文者，太守也。太守谓谁？庐陵欧阳修也。

1. 下列对文中加点词的解释，不正确的一项是（ ）

   A. 得之心而寓之酒也 寓：寄托　B. 野芳发而幽香　发：开放

   C. 游人去而禽鸟乐也 去：离开　D. 而不知太守之乐其乐也 乐：快乐

2. 下列对文章的理解，不恰当的一项是（ ）

   A. 第①段从山写到泉，从泉写到亭，如镜头逐次拉近，给人身临其境的感觉。

   B. 第②③④段是按照写景、写乐、写人的顺序来写的，层次分明，引人入胜。

   C. 醉翁与太守，名号与官职，互为表里，互相映衬，揭示了人物形象的多面性。

D. 文章回环咏叹的节奏，舒缓的语气，悠扬的韵致，与虚词"也"的使用有关。

3. 如果你和家人来到久负盛名的醉翁亭，你将向家人介绍太守欧阳修的哪些事情？请依据上文分条作答。

（2022·吉林·中考真题）

醉翁亭记（节选）

欧阳修

若夫日出而林霏开，云归而岩穴暝，晦明变化者，山间之朝暮也。野芳发而幽香，佳木秀而繁阴，风霜高洁，水落而石出者，山间之四时也。朝而往，暮而归，四时之景不同，而乐亦无穷也。

至于负者歌于途，行者休于树，前者呼，后者应，伛偻提携，往来而不绝者，滁人游也。临溪而渔，溪深而鱼肥，酿泉为酒，泉香而酒洌，山肴野蔌，杂然而前陈者，太守宴也。宴酣之乐，非丝非竹，射者中，弈者胜，觥筹交错，起坐而喧哗者，众宾欢也。苍颜白发，颓然乎其间者，太守醉也。

已而夕阳在山，人影散乱，太守归而宾客从也。树林阴翳，鸣声上下，游人去而禽鸟乐也。然而禽鸟知山林之乐，而不知人之乐；人知从太守游而乐，而不知太守之乐其乐也。醉能同其乐，醒能述以文者，太守也。太守谓谁？庐陵欧阳修也。

1. 下列句子中加点词的解释有误的一项是（ ）
   A. 若夫日出而林霏开　　　林霏：树林里的雾气。
   B. 野芳发而幽香　　　　　野芳：山野的芬芳。
   C. 伛偻提携，往来而不绝者　伛偻：弯腰曲背，这里指老人。
   D. 树林阴翳　　　　　　　阴翳：形容枝叶茂密成荫。

2. 下列句子中的"也"字，有的表示判断，有的表示陈述。请选出不同于其他三项的一项（ ）
   A. 颓然乎其间者，太守醉也　　B. 太守归而宾客从也。
   C. 往来而不绝者，滁人游也。　D. 太守谓谁？庐陵欧阳修也。

3. 用"/"给下面的句子划分节奏。(只画一处)

   醉 能 同 其 乐

4. 把文中画横线的句子翻译为现代汉语。

5. 关于《醉翁亭记》的主题,历来有"忧虑说"和"闲适说"两种主要意见。你赞成哪一种?说说你的理由。

(2021·湖南·中考真题)

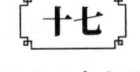

记承天寺夜游

苏轼

元丰六年十月十二日夜,解衣欲睡,月色入户,欣然起行。念无与为乐者,遂至承天寺寻张怀民。怀民亦未寝,相与步于中庭。庭下如积水空明,水中藻、荇交横,盖竹柏影也。何夜无月?何处无竹柏?但少闲人如吾两人者耳。

1. 下列选项中加点词语意思都相同的一项是( )

   A. 解衣欲睡　　　　　随心所欲　　　欲擒故纵
   B. 月色入户　　　　　家喻户晓　　　夜不闭户
   C. 念无与为乐者　　　念念不忘　　　一念之差
   D. 遂至承天寺寻张怀民　异乎寻常　　　寻根究底

2. 把选文中画横线的句子翻译成现代汉语。

   但少闲人如吾两人者耳。

3. 选文中"怀民亦未寝"中"亦"字暗含着作者怎样的心理?请简要分析。

4. 选文和下面的链接材料各是怎样从侧面表现月光皎洁的?请简要分析。

【链接材料】

曾与印持①诸兄弟,醉后泛小艇,从西泠②而归。时月初上,新堤柳枝皆倒影湖中,空明摩荡③,如镜中复如画中。

(李流芳《题孤山夜月图》)

【注释】①印持:僧人名。②西泠:西湖的一座小桥。③摩荡:荡漾。

(2021·河南·中考真题)

十八

①庆历四年春,滕子京谪守巴陵郡。越明年,政通人和,百废具兴,乃重修岳阳楼,增其旧制,刻唐贤今人诗赋于其上,属予作文以记之。

②予观夫巴陵胜状,在洞庭一湖。衔远山,吞长江,浩浩汤汤,横无际涯,朝晖夕阴,气象万千,此则岳阳楼之大观也,前人之述备矣。然则北通巫峡,南极潇湘,迁客骚人,多会于此,览物之情,得无异乎?

③若夫淫雨霏霏,连月不开,阴风怒号,浊浪排空,日星隐曜,山岳潜形,商旅不行,樯倾楫摧,薄暮冥冥,虎啸猿啼。登斯楼也,则有去国怀乡,忧谗畏讥,满目萧然,感极而悲者矣。

④至若春和景明,波澜不惊,上下天光,一碧万顷,沙鸥翔集,锦鳞游泳,岸芷汀兰,郁郁青青。而或长烟一空,皓月千里,浮光跃金,静影沉璧,渔歌互答,此乐何极!登斯楼也,则有心旷神怡,宠辱偕忘,把酒临风,其喜洋洋者矣。

⑤嗟夫!予尝求古仁人之心,或异二者之为,何哉?不以物喜,不以己悲,居庙堂之高则忧其民,处江湖之远则忧其君。是进亦忧,退亦忧。然则何时而乐耶?其必曰"先天下之忧而忧,后天下之乐而乐"乎!噫!微斯人,吾谁与归?时六年九月十五日。

1. 下列句子中加点字解释错误的一项是(   )
    A. 越明年(到)   B. 南极潇湘(极点)
    C. 把酒临风(持、执)   D. 微斯人(如果没有)
2. 下列句子中"之"字的用法与其他不同的一项是(   )
    A. 属予作文以记之   B. 此则岳阳楼之大观也
    C. 前人之述备矣   D. 览物之情
3. 下列句子的节奏划分错误的一项是(   )
    A. 百/废具兴   B. 朝晖/夕阴
    C. 沙鸥/翔集   D. 把酒/临风

4. 将下列句子译成现代汉语。

予尝求古仁人之心。

5. 你认为范仲淹是一个怎样的人？请结合文章画线句作简要的分析。

（2020·广西·中考真题）

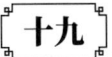

岳阳楼记

范仲淹

庆历四年春，滕子京谪守巴陵郡。越明年，政通人和，百废具兴，乃重修岳阳楼，增其旧制，刻唐贤今人诗赋于其上，属予作文以记之。

予观夫巴陵胜状，在洞庭一湖。衔远山，吞长江，浩浩汤汤，横无际涯，朝晖夕阴，气象万千，此则岳阳楼之大观也，前人之述备矣。然则北通巫峡，南极潇湘，迁客骚人，多会于此，览物之情，得无异乎？

若夫淫雨霏霏，连月不开，阴风怒号，浊浪排空，日星隐曜，山岳潜形，商旅不行，樯倾楫摧，薄暮冥冥，虎啸猿啼。登斯楼也，则有去国怀乡，忧谗畏讥，满目萧然，感极而悲者矣。

至若春和景明，波澜不惊，上下天光，一碧万顷，沙鸥翔集，锦鳞游泳，岸芷汀兰，郁郁青青。而或长烟一空，皓月千里，浮光跃金，静影沉璧，渔歌互答，此乐何极！登斯楼也，则有心旷神怡，宠辱偕忘，把酒临风，其喜洋洋者矣。

嗟夫！予尝求古仁人之心，或异二者之为，何哉？不以物喜，不以己悲，居庙堂之高则忧其民，处江湖之远则忧其君。是进亦忧，退亦忧。然则何时而乐耶？其必曰"先天下之忧而忧，后天下之乐而乐"乎！噫！微斯人，吾谁与归？时六年九月十五日。

1. 下列句子中加点词语的解释不正确的一项是（ ）

   A. 百废具兴（具：同"俱"，全、都）

   B. 郁郁青青（郁郁：草木茂盛的样子）

   C. 樯倾楫摧（摧：倒下）

   D. 进亦忧（进：指上文"居庙堂之高"）

2. 用现代汉语翻译下面句子。

   不以物喜，不以己悲。

3. 下列选项中对本文理解和分析不正确的一项是（　　）

   A. 开头即入正题。"谪守"二字，点明重修岳阳楼一事和作记缘由。

   B. 第2段描写洞庭湖"胜状"，以"然则"一转，提出"异"字，开启下文。

   C. 3、4段分写洞庭湖的阴晴景象，抒发"迁客骚人"的览物之情。

   D. 第5段作者假托"古仁人"的政治理念，表达自己的政治理想。

4. "先天下之忧而忧，后天下之乐而乐"是范仲淹的政治抱负，也是他恪守的人生信条。阅读下面链接材料，谈谈范仲淹是如何实践的。

   【阅读链接】

   公天性喜施与，人有急，必济之，不计家用有无。既显，门中如贫贱时，家人不识富贵之乐。

   （2020·湖北·中考真题）

课外阅读

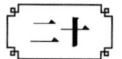

李氏山房藏书记
苏轼

自孔子圣人，其学必始于观书。当是时，惟周之柱下史①老聃为多书。韩宣子适鲁，然后见《易象》与《鲁春秋》。季札聘②于上国③，然后得闻《诗》之风、雅、颂。<u>士之生于是时，得见《六经》者盖无几，其学可谓难矣！</u>而皆习于礼乐，深于道德，非后世君子所及。自秦汉以来，作者益众，纸与字画日趋于简便，而书益多，士莫不有，然学者益以苟简，何哉？余犹及见老儒先生，自言其少时，欲求《史记》《汉书》而不可得，幸而得之，皆手自书，日夜诵读，惟恐不及。近岁市人转相摹刻，诸子百家之书,日传万纸。学者之于书,多且易致如此,其文词学术,当倍蓰④于昔人,而后生科举之士,皆束书不观,游谈无根,此又何也?

余友李公择,少时读书于庐山五老峰下白石庵之僧舍。公择既去,而山中之人思之,指其所居为李氏山房。藏书凡九千余卷。公择既已涉其流,探其源,采剥其华实,而咀嚼其膏味,以为已有,发于文词,见于行事,以闻名于当世矣。而书固自如也,未尝少损。将以遗来者,供其无穷之求,而各足其才分之所当得。是以不藏于家,而藏于其故所居之僧舍,此仁者之心也。

余既衰且病无所用于世惟得数年之闲尽读其所未见之书而庐山固所愿游而不得者,盖将老焉。尽发公择之藏,拾其余弃以自补,庶有益乎?而公择求余文以为记,乃为一言,使来者知昔之君子见书之难,而今之学者有书而不读为可惜也。

(节选自《苏轼全集校注》,有删节)

【注】①柱下史:掌管王室藏书的官。老聃曾任东周王室柱下史。②季札聃:人名。③上国:中原地区的诸侯国,此指鲁国。④倍蓰:超过数倍。

1. 下面是小娟同学对句中加点词语境意义的理解与推断,不正确的一项是( )

  A. 联系成语"一丝不苟",可推知"学者益以苟简"中"苟"意义为"苟且""马虎"。

  B. 古汉语有字同义不同的现象,"皆手自书"与"而书益多"中两个"书"字同义不同。

  C. 回顾课文"汝心之固,固不可彻"可推知"而书固自如也"中"固"意义为"固执"。

  D. 查字典,"遗"有"遗留""赠送"等义项,"将以遗来者"中"遗"应选择"赠送"。

2. 下列对文中画波浪线部分的断句,正确的一项是( )

  A. 余既衰且病/无所用于世/惟得数年之闲尽读/其所未见之书/

  B. 余既衰且病/无所用于世/惟得数年之闲/尽读其所未见之书/

  C. 余既衰/且病无所用/于世惟得数年之闲/尽读其所未见之书/

15

D. 余既衰/且病无所用于世/惟得数年之闲/尽读其所未见之书/

3. 下列对原文有关内容的概括与分析,不正确的一项是（ ）

A. 古代圣人的学问都始于认真读书,他们的学问与道德修养都不是后人所能赶上的。

B. 近年来可读之书多而易得,但科举士子却将书束之高阁,致使他们谈吐没有根底。

C. 李公择藏书丰富,读书精深,闻名当世;他藏书于僧房供后人阅读,有仁者之心。

D. 苏轼想读完公择藏书,他主动作记是希望后人知前人读书不易从而更加努力读书。

4. 把文中画横线的句子翻译成现代汉语。

（1）士之生于是时,得见《六经》者盖无几,其学可谓难矣。

（2）公择既去,而山中之人思之,指其所居为李氏山房。

【帮帮你】指：①手指；②指向；③指责；④意思,意图；⑤指称。

——《古汉语词典》（商务印书馆）

（2022·四川·中考真题）

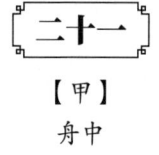

【甲】

舟中

[宋]范仲淹

珠彩耀前川,归来一扣弦①。

微风不起浪,明月自随船。

【乙】

宝元初,元昊②叛,时延安断被围,朝廷择帅,皆畏不行。仲淹奏请兼领延安军以待寇至,上嘉而从之。阅兵得万八千,选六将俾③领之,日夕训练,号为精兵焉。贼闻之,第戒曰："无以延州为意,今小范老子腹中自有数万兵甲,不比大范老子可欺。""大范老子"谓范雍也。又城青涧,开营田，招属羌，及请戒诸路养兵蓄锐，以据贼冲。

(张唐英《范仲淹传》)

【丙】

会盗起淮南，知高邮军④晁仲约度不能御，谕军中富民出金帛，具牛酒，使人迎劳，且厚遗之。贼悦，径去。事闻，富弼⑤时在枢府，议欲诛仲约，以正军法。仲淹欲宥之。弼曰："盗贼公行，守臣不能战，又不能守，而使民醵钱⑥遗之，法所当诛也。"仲淹曰："今高邮无兵无械，虽仲约之义当勉力战守，然事有可恕，戮之恐非法意也。"仁宗从之，仲约由此免死。

(王称《范仲淹传》)

【注】①扣弦：手击船边，用作歌吟节拍。②元昊：人名，即李元昊。③俾（bǐ）：使。④知高邮军：掌管高邮军。⑤富弼：洛阳人，时任枢密使。⑥醵（jù）钱：筹钱。

1. 阅读《舟中》一诗，完成（1）（2）题。

   （1）同样写月，"浮光跃金，静影沉璧"将月影比作玉璧，本诗将月比作"＿＿＿＿＿＿＿＿＿＿"。

   （2）"微风不起浪，明月自随船"意境幽美，请加以赏析。

2. 《古汉语常用字字典》"宥"有四个义项（下图），丙文中"仲淹欲宥之""宥"的意思是＿＿＿＿＿＿＿（填序号）。

> **宥**（yòu）
> ① 宽容：饶恕。《韩非子·爱臣》："不赦死，不宥刑。"（赦死：赦免死罪）双音词有"宽宥"。
> ② 通"侑"，劝人饮食。《周礼·春官大司乐》："王大食，三宥，皆令奏钟鼓。"
> ③ 通"右"。《荀子·宥坐》："宥坐之器。"（宥坐：放在座位右边）
> ④ 通"囿"，局限。《吕氏春秋·去宥》："夫人所宥者，固以昼为昏，以白为黑。"

3. 下列句中加点词意思相同的一项是（　　）

   A. 上嘉而从之　虽有嘉肴
   B. 具牛酒　百废具兴
   C. 贼悦，径去　游人去而禽鸟乐也
   D. 仁宗从之　战则请从

4. 根据文意，用自己的话回答下列问题。

（1）乙文中"贼闻之"的"之"指哪件事？

（2）丙文中，富弼为何提议诛杀晁仲约？

5. 结合三则材料，谈谈你对范仲淹的认识。

（2022·浙江·中考真题）

鸟雀近人

苏轼

吾昔少年时，所居书室前，有竹柏杂花，丛生满庭，众鸟巢其上。武阳君①恶杀生，儿童婢仆皆不得捕取。鸟雀数年间皆巢于低枝，其鷇②可俯而窥也。又有桐花凤四五，翔集其间，此鸟羽毛至为珍异难见，而能驯扰③，殊不畏人，闾里间见之，以为异事。此无他，不忮④之诚，信于异类也。

有野老言："鸟雀巢去人太远，则其子有蛇鼠狐狸鸱鸢⑤之忧，人既不杀，则自近人者，欲免此害也。"由是观之异时鸟雀巢不敢近人者以人为甚于蛇鼠之类也。苛政猛于虎，信哉！

（选自《闲雅小品丛书》，有改动）

【注】①武阳君，苏轼母亲程氏，武阳君是封号。②鷇（kòu）：初生的小鸟。③驯扰：驯服，驯养。④忮（zhì）：加害。⑤鸱鸢（chī yuān）：鹞鹰和老鹰。

1. 用"/"给文中画波浪线的部分断句。（限断两处）

由是观之异时鸟雀不敢近人者以人为甚于蛇鼠之类也。

2. 把文中画横线的句子翻译成现代汉语。

鸟雀数年间皆巢于低枝，其鷇可俯而窥也。

3. 读了这篇文章，你有哪些感想？

（2021·吉林·中考真题）

二十三

《范文正公文集》叙（节选）

[宋]苏轼

庆历三年，轼始总角①入乡校，士有自京师来者，以鲁人石守道所作《庆历圣德诗》示乡先生。轼从旁窃观，则能诵习其词，问先生以所颂十一人者何人也？先生曰："童子何用知之？"轼曰："此天人也耶，则不敢知；若亦人耳，何为其不可？"先生奇轼言，尽以告之，且曰："韩、范、富、欧阳②，此四人者，人杰也！"时虽未尽了③，则已私识之矣。

嘉祐二年，始举进士，至京师，则范公没；既葬，而墓碑出，读之至流涕，曰：<u>"吾得其为人盖十有五年而不一见其面岂非命也欤！"</u>是岁登第，始见知于欧阳公，因公以识韩、富，皆以国士待轼，曰："恨子不识范文正公。"其后三年，过许④，始识公之仲子⑤今丞相尧夫。又六年，始见其叔彝叟京师。又十一年，遂与其季德孺同僚⑥于徐，皆一见如旧，且以公遗藁⑦见属⑧为叙。又十三年，乃克⑨为之。

呜呼！公之功德盖不待文而显，其文亦不待叙而传。然不敢辞者，自以八岁知敬爱公，今四十七年矣。彼三杰者皆得从之游，而公独不识，以为平生之恨；若获挂名其文字中，以自托于门下士之末，岂非畴昔⑩之愿也哉！

（选自《古文鉴赏辞典》，上海辞书出版社）

【注】①总角：指童年。②韩、范、富、欧阳：指韩琦、范仲淹、富弼、欧阳修。③了：懂得，明白。④许：今许昌。⑤仲子：次子。下面的彝叟为范之三子，德孺为第四子。⑥同僚：同事。⑦藁：同"稿"，诗文草稿。⑧属：同"嘱"。⑨克：能够。⑩畴昔：过去，从前。

1. 解释下面句中加点词的意思。

  （1）先生奇轼言，尽以告之

  （2）既葬，而墓碑出，读之至流涕

  （3）而公独不识，以为平生之恨

2. 用"/"给文中画横线的文字断句。（限断三处）

  吾得其为人盖十有五年而不一见其面岂非命也欤！

3. 为深入理解作者对范仲淹的感情，某同学提出了下面四个问题。请

问,哪一个问题是最有价值的?(填字母)( )

  A. 韩琦、富弼、欧阳修是怎样的人?

  B. 乡先生最初为什么不愿回答苏轼的问题?

  C. 苏轼"从旁窃观"(《庆历圣德诗》),是不是不够光明磊落?

  D. 苏轼写自己与范仲淹三个儿子相识,为什么不合在一起写,而要一次一次分开写?

4. 下面这句话是省略句。用现代汉语翻译时,你会在空白处补上什么内容?从备选项中选择一项,并简述理由。

  ____曰:"恨子不识范文正公。"

  备选项: A. 他们 B. 我

5. 上文是《〈范文正公文集〉叙》全文的上半部分。根据你对苏轼的了解和上文的感情基调,结合范仲淹的诗词文章,推测下半部分可能会写哪些内容。

(2021·浙江·中考真题)

二十四

  修之来此,乐其地僻而事简,又爱其俗之安闲。既得斯泉于山谷之间,乃日与滁人仰而望山,俯而听泉。掇①幽芳而荫乔木,风霜冰雪,刻露②清秀,四时之景无不可爱。又幸其民乐其岁物之丰成,而喜与予游也。因为本③其山川,道其风俗之美,使民知所以安④此丰年之乐者,幸⑤生无事之时也。

  <u>夫宣上恩德以与民共乐刺史之事也</u>。遂书以名其亭焉。

(节选自欧阳修《丰乐亭记》)

【注】①掇:摘取。②刻露:清晰地显露出来。③本:本着,依据。④安:安享。⑤幸:有幸。

1. 解释下列句子中的加点词语。

  (1)乃日与滁人仰而望山 (2)又幸其民乐其岁物之丰成

2. 给文中画线句子断句。(限断两处)

夫宣上恩德以与民共乐刺史之事也。

3. 请概括本文和《醉翁亭记》在景物描写的语言表达上的共同特点。

(2020·广西·中考真题)

二十五

范文正公①，苏人也。平生好施与，择其亲而贫、疏而贤者，咸施之。

方贵显时，置田千亩，号曰"义田"，以养济群族之人。日有食，岁有衣，嫁娶凶葬皆有赡。择族之长而贤者主其计，而时共出纳焉。日食，人一升；岁衣，人一缣；嫁女者五十千，再嫁者三十千；娶妇者三十千；再娶者十五千；葬者如再嫁之数，葬幼者十千。

初，公之未贵显也，尝有志于是矣，而力未逮者二十年。既而为西帅，及参大政，于是始有禄赐之人，而终其志。公既殁，后世子孙修其业，承其志，如公之存也。公虽位充禄厚，而贫终其身。殁之日，身无以为敛，子无以为丧。惟以施贫活族之义，遗其子而已。

(选自钱公辅《义田记》，有删改)

【注】①范文正公：范仲淹。

1. 下列句子中加点词的解释有误的一项是（　　）

    A. 以养济群族之人　　济：救济
    B. 葬者如再嫁之数　　数：计算
    C. 尝有志于是矣　　志：志向
    D. 惟以施贫活族之义　　活：使……存活

2. 将文中画线句翻译成现代汉语。

    （1）平生好施与，择其亲而贫、疏而贤者，咸施之。

    （2）公既殁，后世子孙修其业，承其志，如公之存也。

3. 范文正公是怎样的一个人？请简要分析。

(2020·四川·中考真题)

对比阅读

二十六

【甲】

元丰六年十月十二日夜，解衣欲睡，月色入户，欣然起行。念无与为乐者，遂至承天寺寻张怀民。怀民亦未寝，相与步于中庭。庭下如积水空明，水中藻、荇交横，盖竹柏影也。何夜无月？何处无竹柏？但少闲人如吾两人者耳。

（苏轼《记承天寺夜游》）

【乙】

予自钱塘移守胶西，释舟楫之安而服车马之劳，去雕墙之美而庇采椽之居，背湖山之观而行桑麻之野。始至之日，岁比不登①，盗贼满野，狱讼充斥，而斋厨索然，日食杞菊。人固疑予之不乐也，处之期年而貌加丰，发之白者，日以反黑。予既乐其风俗之淳，而其吏民亦安予之拙也。于是治其园圃，洁其庭宇，伐安邱、高密之木，以修补破败，为苟完②之计。

园之北，因城以为台者旧矣，稍葺而新之。时相与登览，放意肆志焉。台高而安，深而明，夏凉而冬温。雨雪之朝，风月之夕，予未尝不在，客未尝不从，撷园蔬，取池鱼，酿秫③酒，瀹④脱粟而食之，曰："乐哉！游乎！"

方是时，予弟子由适在济南闻而赋之，且名其台曰"超然"，以见予之无所往而不乐者，盖游于物之外也。

（选自苏轼《超然台记》，有删改）

【注】①比：连续，连。登：庄稼成熟。②苟完：大致完备。③秫（shú）：黏黄米，可酿酒。泛指有黏性的谷物。④瀹（yuè）：煮。

1. 请用"/"标出下面语句的朗读停顿。（标注两处）

    予弟子由适在济南闻而赋之

2. 解释下列句子中的加点词语。

    （1）念无与为乐者　　　　念：

（2）相与步于中庭　　　相与：
（3）狱讼充斥　　　　　狱：
（4）撷园蔬　　　　　　撷：

3. 用现代汉语翻译下列句子。
（1）庭下如积水空明，水中藻、荇交横，盖竹柏影也。
（2）园之北，因城以为台者旧矣，稍葺而新之。

4. 请用自己的语言概括出【甲】文中哪些内容可以印证【乙】文中"乐哉！游乎！"这句话？

5. 请谈谈对【甲】文中"闲人"和【乙】文中"超然"的理解。

（2022·黑龙江·中考真题）

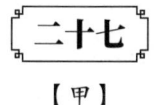

【甲】

……

嗟夫！予尝求古仁人之心，或异二者之为，何哉？不以物喜，不以己悲……其必曰"先天下之忧而忧，后天下之乐而乐"乎！……

——《岳阳楼记》

【乙】

①凡物皆有可观。苟有可观，皆有可乐，非必怪奇伟丽者也。餔糟啜醨①皆可以醉；果蔬草木，皆可以饱。推此类也，吾安往而不乐？

②夫所为求福而辞祸者，以福可喜而祸可悲也。人之所欲无穷，而物之可以足吾欲者有尽，美恶之辨战乎中，而去取之择交乎前。则可乐者常少，而可悲者常多。是谓求祸而辞福。夫求祸而辞福，岂人之情也哉？……是以美恶横生，而忧乐出焉，可不大哀乎！

③余自钱塘移守胶西②，释舟楫之安，而服车马之劳；去雕墙之美，而蔽采椽之居③；背湖山之观，而适桑麻之野。始至之日，岁比不登④，盗贼满野，狱讼充斥；而斋厨索然，日食杞菊。人固疑余之不乐也。处之期年，而貌加丰，发之白者，日以反黑。予既乐其风俗之淳，而其吏民亦安予之拙也。于是治其园圃，洁其庭宇……为苟全⑤之计。而园之北，因城以为

台者旧矣，稍葺而新之。

④时相与登览，放意肆志焉。南望马耳、常山，出没隐见，若近若远，庶几⑥有隐君子乎！而其东则庐山，秦人卢敖之所从遁⑦也。西望穆陵，隐然如城郭，师尚父、齐桓公之遗烈，犹有存者。北俯潍水，慨然太息，思淮阴之功，而吊其不终。台高而安，深而明，夏凉而冬温。雨雪之朝，风月之夕，予未尝不在，客未尝不从。撷园蔬，取池鱼，酿秫酒，瀹脱粟而食之⑧，曰："乐哉游乎！"

⑤方是时，予弟子由，适在济南，闻而赋之，且名其台曰"超然"，以见余之无所往而不乐者，盖游于物之外也。

——苏轼《超然台记》⑨

【注】①餔：吃。啜：喝。糟：浊酒。醨：薄酒。②胶西：指密州，今天的诸城市。③蔽采椽之居：蔽身在粗木造的屋舍里。④比：连续，常常。登：丰收。⑤苟全：大致完备。⑥庶几：表希望或推测。⑦卢敖：秦时人。遁：隐居。⑧秫：黏高粱，可以做烧酒。瀹（yuè）：煮。⑨宋神宗熙宁七年（1074年），苏轼改任密州太守，勤政厉为，密州政局初定，于是修葺园圃北旧台一新，并作文记之。

1. 解释下列句中加点的词。
   ①薄暮冥冥，虎啸猿啼　　　薄：
   ②不以物喜，不以己悲　　　以：
   ③余自钱塘移守胶西　　　　守：
   ④南望马耳、常山　　　　　南：
2. 分别概括两文所体现的"忧乐观"并说明其由来。
3. 简要说明两文在写法上的相同之处。

（2022·山东·中考真题）

【甲】

元丰六年十月十二日夜，解衣欲睡，月色入户，欣然起行。念无与为乐者,遂至承天寺寻张怀民。怀民亦未寝,相与步于中庭。庭下如积水空明,水中藻、荇交横,盖竹柏影也。何夜无月?何处无竹柏?但少闲人如吾两人者耳。

(选自苏轼《记承天寺夜游》)

【乙】

苏子曰:"客亦知夫水与月乎?逝者如斯,而未尝往也;盈虚①者如彼,而卒莫消②长也。盖将自其变者而观之,则天地曾不能以一瞬;自其不变者而观之,则物与我皆无尽也,而又何羡乎?且夫天地之间,物各有主,苟非吾之所有,虽一毫而莫取。惟江上之清风,与山间之明月,耳得之而为声,目遇之而成色,取之无禁,用之不竭,是造物者③之无尽藏也,而吾与子之所共适。"

(节选自苏轼《前赤壁赋》)

【注释】①盈虚:盈,指月圆;虚,指月缺。②消:消失。③造物者:自然界,原意指"天"。

1. 下列加点的词语解释有误的一项是(　　)

    A. 念无与为乐　　　　　　念:考虑,想到。
    B. 相与步于中庭　　　　　相与:共同,一起。
    C. 但少闲人如吾两人者耳　但:但是。
    D. 而卒莫消长也　　　　　长:增长。

2. 下列句子中,加点字"之"的意义和用法与例句相同的一项是(　　)

    例句:惟江上之清风

    A. 何陋之有(《陋室铭》)
    B. 水陆草木之花(《爱莲说》)
    C. 已而之细柳军(《周亚夫军细柳》)
    D. 公与之乘(《曹刿论战》)

3. 下列对文本的理解表述有误的一项是(　　)

    A. 【甲】文如一篇短小的日记,有时间、地点、人物,先叙事,再写景,最后以议论点题。
    B. 【甲】文苏轼夜深不寐,欲寻人赏月为乐,就到承天寺找张怀民。

一个"遂"字点出了二人趣味相投。

C.【乙】文的"逝者如斯"出自《论语·子罕》"子在川上曰:'逝者如斯夫,不舍昼夜'"。

D.【甲】【乙】两文记述的都是作者与友人于月夜沉浸在赤壁美好的景色之中,阐发一些人生体验,体现了作者对人生意义的思考。

4. 请把文言文中画线的句子翻译成现代汉语。

(1)庭下如积水空明,水中藻、荇交横,盖竹柏影也。

(2)是造物者之无尽藏也,而吾与子之所共适。

5.【甲】【乙】两文都是苏轼写于贬官黄州时期,都表现了作者怎样的人生态度?请结合生活实际谈谈你得到的启示。

(2022·广西·中考真题)

二十九

【甲】

嗟夫!予尝求古仁人之心,或异二者之为,何哉?不以物喜,不以己悲,居庙堂之高则忧其民,处江湖之远则忧其君。是进亦忧,退亦忧。然则何时而乐耶?其必曰"先天下之忧而忧,后天下之乐而乐"乎!噫!微斯人,吾谁与归?时六年九月十五日。

(节选自范仲淹《岳阳楼记》)

【乙】

亭以雨名,志喜也。……予至扶风之明年,始治官舍。为亭于堂之北,而凿池其南。引流种树,以为休息之所。是岁之春,雨麦①于岐山之阳,其占为有年②。既而弥月不雨,民方以为忧。越三月,乙卯乃雨,甲子又雨,民以为未足。丁卯大雨,三日乃止。官吏相与庆于庭,商贾相与歌于市,农夫相与忭③于野。忧者以喜,病者以愈,而吾亭适成。

(节选自苏轼《喜雨亭记》)

【注释】①雨麦:下麦雨。②有年:丰年。③忭(biàn):喜乐,欢欣。

1. 解释下列句子中加点的词语。

(1)是进亦忧,退亦忧(　　　)

(2)先天下之忧而忧（　　　）

(3)始治官舍（　　　）

(4)引流种树（　　　）

2. 下列句子中加点的"之"，与"予尝求古仁人之心"中"之"的意义和用法不同的一项是（　　）

A. 或异二者之为　　　　B. 处江湖之远则忧其君

C. 予至扶风之明年　　　D. 以为休息之所

3. 请将文中画横线的句子翻译成现代汉语。

(1)微斯人，吾谁与归？

(2)亭以雨名，志喜也。

4. 两位作者在文中表现出的"忧乐观"，有何不同？

（2022·陕西·中考真题）

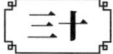

卖油翁

欧阳修

陈康肃公善射，当世无双，公亦以此自矜。尝射于家圃，有卖油翁释担而立，睨之久而不去。见其发矢十中八九，但微颔之。

康肃问曰："汝亦知射乎？吾射不亦精乎？"翁曰："无他，但手熟尔。"康肃忿然曰："尔安敢轻吾射！"翁曰："以我酌油知之。"乃取一葫芦置于地，以钱覆其口，徐以杓酌油沥之，自钱孔入，而钱不湿。因曰："我亦无他，惟手熟尔。"康肃笑而遣之。

书戴嵩①画牛

苏轼

蜀中有杜处士②，好书画，所宝③以百数。有戴嵩《牛》一轴尤所爱锦囊玉轴常以自随。一日曝书画，有一牧童见之，拊④掌大笑曰："此画斗牛也。牛斗，力在角，尾搐⑤入两股间。今乃掉尾而斗，谬矣！"处士笑而然之。

古语有云："耕当问奴，织当问婢。"不可改也。

(选自《唐宋八大家散文鉴赏》)

【注释】①戴嵩（sōng）：唐代著名画家。②处士：有才德而不愿做官的人。③宝：珍藏。④拊（fǔ）掌：拍手。⑤搐（chù）：紧缩。

1. 下列对文中加点词的解释正确的一项是（　　）
    A. 公亦以此自矜（矜：同情）　　B. 尔安敢轻吾射（轻：重量小）
    C. 一日曝书画（曝：暴露）　　D. 尾搐入两股间（股：大腿）

2. 下列对文中画波浪线部分的断句，正确的一项是（　　）
    A. 有戴嵩《牛》一轴 / 尤所爱 / 锦囊玉轴 / 常以自随
    B. 有戴嵩 /《牛》一轴 / 尤所爱锦囊 / 玉轴常以自随
    C. 有戴嵩《牛》/ 一轴尤所爱 / 锦囊玉轴常 / 以自随
    D. 有戴嵩 /《牛》一轴尤所爱 / 锦囊玉轴常 / 以自随

3. 把文中画横线的句子翻译成现代汉语。
    （1）我亦无他，惟手熟尔。
    （2）处士笑而然之。

4. 小李同学平时只埋头读书，不愿参与实践活动。请结合以上两则短文揭示的道理，谈谈你的看法。

（2022·湖南·中考真题）

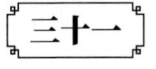

【甲】

和董传留别

粗缯大布裹生涯，腹有诗书气自华。
厌伴老儒烹瓠叶，强随举子踏槐花。
囊空不办寻春马，眼乱行看择婿车。
得意犹堪夸世俗，诏黄新湿字如鸦。

【乙】

元丰六年十月十二日夜，解衣欲睡，月色入户，欣然起行。念无与为乐者，遂至承天寺寻张怀民。怀民亦未寝，相与步于中庭。庭下如积水空明，水中藻、荇交横，盖竹柏影也。何夜无月？何处无竹柏？但少闲人如吾两人者耳。

(《记承天寺夜游》)

【丙】

臣自颍移扬，过濠、寿、楚、泗等州，所至麻麦如云。臣每屏去吏卒，亲入村落。访问父老，皆有忧色，云："丰年不如凶年。天灾流行，民虽乏食，缩衣节口，犹可以生。若丰年举催积欠，胥徒在门，枷棒在身，则人户求死不得。"言讫泪下，臣亦不觉流涕。又所至城邑，多有流民……

臣闻之孔子曰："苛政猛于虎。"昔常不信其言以今观之殆有甚者。水旱杀人，百倍于虎；而人畏催欠，乃甚于水旱。臣窃度之，每州催欠吏卒，不下五百人。以天下言之，是常有二十余万虎狼散在民间，百姓何由安生？朝廷仁政何由得成乎？

(节选自《苏轼文集》中华书局1986年版)

1. 下列对甲诗的理解和分析，正确的一项是（　　）

   A. 首联苏轼自夸身上虽穿着粗衣劣布，但因为饱读诗书而气质高雅。

   B. 颔联"踏槐花"源自"槐花黄，举子忙"俗语，指学子忙于春游活动。

   C. 颈联写董传身处失意和困窘，意志消沉，不再追求自己的人生目标。

   D. 尾联意为相信董传定能金榜题名，春风得意，表达了对董传的期许和祝愿。

2. 解释下面加点的词语。

   （1）月色入户＿＿＿＿＿＿

   （2）亲入村落＿＿＿＿＿＿

   （3）臣亦不觉流涕＿＿＿＿＿＿

   （4）臣窃度之＿＿＿＿＿＿

3. 用斜线（/）给文中画波浪线的句子断句，限两处。

   昔 常 不 信 其 言 以 今 观 之 殆 有 甚 者

4. 用现代汉语翻译文中画横线的句子。

（1）庭下如积水空明，水中藻、荇交横，盖竹柏影也。

（2）天灾流行，民虽乏食，缩衣节口，犹可以生。

5. "腹有诗书气自华"一句广为传诵，请你谈谈"气"和"诗书"的关系。

6. 林语堂在《苏东坡传》中说"苏东坡是个秉性难改的乐天派，是黎民百姓的好朋友"。请你结合乙、丙两文写出对"乐天派"和"黎民百姓的好朋友"的理解。

（2022·江苏·中考真题）

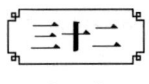

【甲】

元丰六年十月十二日夜，解衣欲睡，月色入户，欣然起行。念无与为乐者，遂至承天寺寻张怀民。怀民亦未寝，相与步于中庭。庭下如积水空明，水中藻、荇交横，盖竹柏影也。何夜无月？何处无竹柏？但少闲人如吾两人者耳。

（苏轼《记承天寺夜游》）

【乙】

某①启：仆②四居东坡③，作陂④种稻。有田五十亩，身耕妻蚕，聊以卒岁。昨日一牛病几死，牛医不识其状，而老妻识之，曰："此牛发豆斑疮⑤也，法当以青蒿粥啖之。"用其言而效。勿谓仆谪居之后，一向便作村舍翁，老妻犹解接黑牡丹⑥也。言此发公千里一笑。

（苏轼《与章子厚》）

【注释】①某：指章子厚，苏轼友人，北宋大臣，博学善文，当时在京谋官。②仆：对自己的谦称。③东坡：位于湖北黄冈赤壁之西。④陂（bēi）：梯田。⑤豆斑疮：形如豆斑的疖。⑥黑牡丹：牛的戏称。

1. 解释下列句中加点的词。

（1）庭下如积水空明（　　　　）

（2）勿谓仆谪居之后（　　　　）

2. 文中画波浪线处断句正确的一项是（ ）

   A. 此牛发豆斑疮 / 也法当以青蒿粥啖之
   B. 此牛发豆斑疮也 / 法当以青蒿粥啖之
   C. 此牛发豆斑疮也法 / 当以青蒿粥啖之
   D. 此牛发 / 豆斑疮也法当以青蒿粥啖之

3. 翻译文中画横线的句子。

   （1）怀民亦未寝，相与步于中庭。

   （2）有田五十亩，身耕妻蚕，聊以卒岁。

4. 读完【甲】【乙】两文，你认为苏轼是一个怎样的人？请结合两文内容具体分析。

（2021·湖南·中考真题）

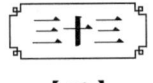

【甲】

　　至于负者歌于途，行者休于树，前者呼，后者应，伛偻提携，往来而不绝者，滁人游也。临溪而渔，溪深而鱼肥，酿泉为酒，泉香而酒洌，山肴野蔌，杂然而前陈者，太守宴也。宴酣之乐，非丝非竹，射者中，弈者胜，觥筹交错，起坐而喧哗者，众宾欢也。苍颜白发，颓然乎其间者，太守醉也。

　　已而夕阳在山，人影散乱，太守归而宾客从也。树林阴翳，鸣声上下，游人去而禽鸟乐也。然而禽鸟知山林之乐，而不知人之乐；人知从太守游而乐，而不知太守之乐其乐也。醉能同其乐，醒能述以文者，太守也。太守谓谁？庐陵欧阳修也。

（节选自《醉翁亭记》）

【乙】

　　修始在滁州，号醉翁，晚更号六一居士。天资刚劲①，见义勇为，虽机阱②在前，触发之不顾。放逐流离，至于再三，志气自若也。

　　方贬夷陵时，无以自遣，因取旧案反覆观之，见其枉直乖错③不可胜数，于是仰天叹曰："以荒远小邑，且如此，天下固可知。"自尔遇事不敢忽也。

　　学者求见，所与言，未尝及文章，惟谈吏事，谓文章止于润身④，政事可以及物。凡历数郡，不见治迹，不求声誉，宽简⑤而不扰，故所至民便⑥之。或问："为政宽简，而事不弛废，何也？"曰："以纵为宽，以略为简，则政事弛废，而民受其弊。吾所谓宽者，不为苛急；简者，不为繁碎耳。"

（节选自《宋史·欧阳修传》，有删改）

【注】①天资刚劲：生性刚直。②机阱：陷阱。③枉直乖错：冤假错案。④润身：修身养性。⑤宽简：宽松简易。⑥便：安逸，安适。

1. 请用"/"为【乙】文画线处断句。（只划一处）

   自 尔 遇 事 不 敢 忽 也

2. 解释加点词语在文中的意思。

   （1）泉香而酒洌　洌（　　）

   （2）树林阴翳　翳（　　）

   （3）而民受其弊　弊（　　）

   （4）未尝及文章　尝（　　）

3. 用现代汉语翻译下列句子。

   （1）伛偻提携，往来而不绝者，滁人游也。

   （2）放逐流离，至于再三，志气自若也。

4. 下列对两个选段内容的理解与分析错误的一项是（　　）

   A. 甲文文质兼美，多用骈偶句，语言简洁流畅，富有音韵之美。

   B. 甲文以"乐"字贯穿全文，乐中带忧，流露出作者被贬此地愁苦悲凉的心境。

   C. 乙文欧阳修为人正直，治理有方。所到之处政绩斐然，人民生活都很安逸，因而他深受百姓喜爱。

   D. 乙文欧阳修被贬夷陵后，他看到以前官吏渎职所致错案，决心更加谨慎办案。

5. 欧阳修勤政爱民，甲乙两文中他为官理念的不同点是什么？请你写出一位当代和欧阳修一样把人民放在心中的好官的名字。

（2021·黑龙江·中考真题）

三十四

【甲】

记承天寺夜游

[宋]苏轼

元丰六年十月十二日夜,解衣欲睡,月色入户,欣然起行。念无与为乐者,遂至承天寺寻张怀民。怀民亦未寝,相与步于中庭。庭下如积水空明,水中藻、荇交横,盖竹柏影也。何夜无月?何处无竹柏?但少闲人如吾两人者耳。

【乙】

西湖念语①

[宋]欧阳修

昔者王子猷之爱竹,造门不问于主人。陶渊明之卧舆,遇酒便留于道士。况西湖之胜概,擅东颍之佳名。虽美景良辰,固多于高会②。而清风明月,幸属于闲人。并游或结于良朋,乘兴有时而独往。鸣蛙暂听安问属官而属私曲水临流自可一觞而一咏。至欢然而会意,亦傍③若于无人。乃知偶来常胜于特来,前言可信。所有虽非于己有,其得已多。因翻旧阕之辞,写以新声之调。敢陈薄伎,聊佐清欢。

【注释】①此文写于欧阳修辞官退休流连颍州西湖山水之时。②高会:盛大的宴会。③傍,同"旁"。

1. 下面是"胜"字的文言词义积累卡。请你结合所学,推测词义演进脉络,填写义项。

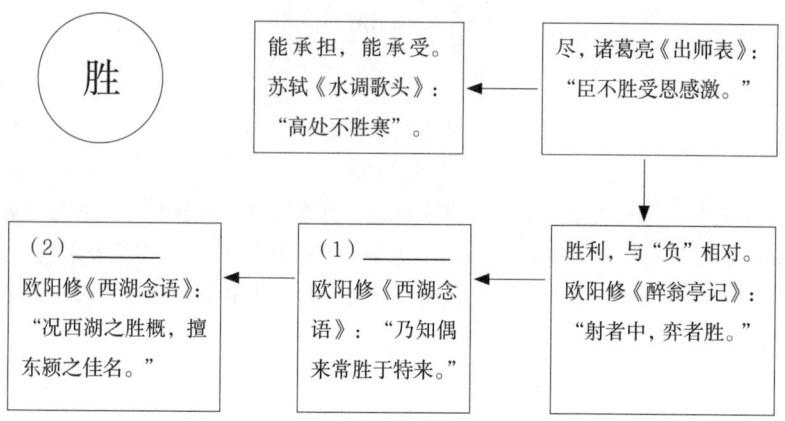

2. 用"/"给下面句子断句。（限断三处）

鸣蛙暂听安问属官而属私曲水临流自可一觞而一咏

3. 用现代汉语写出下面句子的意思。

（1）何夜无月？何处无竹柏？但少闲人如吾两人者耳。

（2）虽美景良辰，固多于高会。而清风明月，幸属于闲人。

4. 【甲】【乙】两文中的"闲人"有多重内涵。请结合内容，说说你的理解。

（2021·浙江·中考真题）

三十五

【甲】

庆历四年春，滕子京谪守巴陵郡。越明年，政通人和，百废具兴，乃重修岳阳楼，增其旧制，刻唐贤今人诗赋于其上，属予作文以记之。

予观夫巴陵胜状，在洞庭一湖。衔远山，吞长江，浩浩汤汤，横无际涯，朝晖夕阴，气象万千，此则岳阳楼之大观也，前人之述备矣。然则北通巫峡，南极潇湘，迁客骚人，多会于此，览物之情，得无异乎？

若夫淫雨霏霏，连月不开，阴风怒号，浊浪排空，日星隐曜，山岳潜形，商旅不行，樯倾楫摧，薄暮冥冥，虎啸猿啼。登斯楼也，则有去国怀乡，忧谗畏讥，满目萧然，感极而悲者矣。

至若春和景明，波澜不惊，上下天光，一碧万顷，沙鸥翔集，锦鳞游泳,岸芷汀兰,郁郁青青。而或长烟一空,皓月千里,浮光跃金,静影沉璧,渔歌互答,此乐何极!登斯楼也,则有心旷神怡,宠辱偕忘,把酒临风,其喜洋洋者矣。

嗟夫!予尝求古仁人之心,或异二者之为,何哉?不以物喜,不以己悲,居庙堂之高则忧其民,处江湖之远则忧其君。是进亦忧,退亦忧。然则何时而乐耶?其必曰"先天下之忧而忧,后天下之乐而乐"乎!噫!微斯人,吾谁与归?时六年九月十五日。

(范仲淹《岳阳楼记》)

【乙】

范文正公守邠州,暇日率僚属①登楼置酒,未举觞,见缞绖②数人营葬具者。公亟③令询之,乃寓居士人④卒于邠,将出殡近郊,赙⑤敛棺椁⑥皆所未具。公怃⑦然,即彻⑧宴席,厚赒⑨给之,使毕其事。坐客感叹有泣下者。

(王辟之《范仲淹罢宴》)

【注释】①僚属:部属。②缞绖:(cuī dié),丧服。③亟:(jí),急迫地。④寓居士人:寄居在外地的读书人。⑤赙:(fèng),送给丧者助葬的车马、束帛等物。⑥棺椁(guǒ):下葬的物品。⑦怃:(wǔ),失意。⑧彻:通"撤"。⑨赒:(zhōu),救济。

1. 下列各句中加点词的解释不正确的一项是( )
   A. 则有去国怀乡 国:国家　　B. 或异二者之为 或:也许
   C. 未举觞 觞:酒杯　　　　　D. 卒于邠 卒:死

2. 下列各组句子中加点的词意义和用法相同的一项是( )
   A. 属予作文以记之　　厚赒给之
   B. 其必曰"先天下之忧而忧,后天下之乐而乐"乎　　使毕其事
   C. 乃重修岳阳楼　　乃寓居士人卒于邠
   D. 满目萧然　　公怃然

3. 下列对选文理解有误的一项是( )
   A. "记"是一种文体,属于散文的范畴.甲文是一篇融叙事、写景、议论和抒情为一体的优美散文。

B. 甲文将"迁客骚人"和"古仁人"的览物之情进行对比，主要表达了作者对迁客骚人"以物喜，以己悲"的不屑。

C. 乙文"公亟令询之"中，一个"亟"字表现了范仲淹体恤百姓、关爱百姓的急切心情。

D. 乙文最后坐客感叹泣下，既是被范仲淹的行为感动，又是对客死者的同情。

4. 将画线的句子翻译成现代汉语。

（1）微斯人，吾谁与归？

（2）暇日率僚属登楼置酒

5. 从乙文中摘录出最能体现范仲淹"先天下之忧而忧"思想的句子。说说还有谁具有这样的思想并简述其典型事迹。

（2020·四川·中考真题）

诗歌阅读

画眉鸟
欧阳修
百啭千声随意移，山花红紫树高低。
始知锁向金笼听，不及林间自在啼。

画眉禽
文同
尽日闲窗生好风，一声初听下高笼。
公庭事简人皆散，如在千岩万壑中。

1. 下列对这两首诗的理解和赏析，不正确的一项是（ ）

   A. 欧诗和文诗题目大体相同，都是以画眉鸟作为直接描写对象的咏物诗。

   B. 欧诗所写的画眉鸟在花木间自由飞行，文诗中的画眉鸟则在笼中饲养。

   C. 欧诗认为鸟笼内外的画眉鸟，其鸣叫声有差别，而文诗对此并未涉及。

D. 欧诗中的"林间"与文诗中的"千岩万壑"具有大致相同的文化含意。

2. 这两首诗中，画眉鸟所起的作用并不相同。请简要分析。

（2022·全国·高考真题）

和陶归园田居（其一）①

苏轼

环州多白水，际海皆苍山。以彼无尽景，寓我有限年。
东家著孔丘，西家著颜渊。市为不二价，农为不争田。
周公与管蔡②，恨不茅三间。我饱一饭足，薇蕨补食前。
门生馈薪米，救我厨无烟。斗酒与只鸡，酣歌饯华颠③。
禽鱼岂知道，我适物自闲。悠悠未必尔，聊乐我所然。

【注释】①此诗作于苏轼被贬惠州时。一日苏轼游白水山佛迹岩，夜闻其子苏过诵陶渊明《归园田居》，于是作此诗。②周公与管蔡：西周初，管叔、蔡叔叛，周公率兵平叛。③华颠：头发花白。

1. 下列对诗句的分析，不正确的一项是（　　）

　　A. "环州多白水"四句写景，写惠州被群山环绕，幽僻而苍凉。
　　B. "东家著孔丘"四句，写出了当地人的道德淳厚、民风淳朴。
　　C. "周公与管蔡"二句，设想彼此对立的人也会向往安居于此。
　　D. "我饱一饭足"二句，写生活虽穷困，但诗人仍能感到满足。

2. 下列对这首诗的理解与赏析，正确的一项是（　　）

　　A. 本诗与陶诗都反映出诗人在远离官场之后，归隐田园的心情。
　　B. 作者效仿陶渊明，在抒写田园生活时，表达了对劳作的热爱。
　　C. 陶诗原作除最后一句外通篇对仗，作者这首"和陶诗"也是如此。
　　D. 本诗语言质朴而内涵丰富，正如作者评陶诗所言"质而实绮"。

3. 宋诗以理见长，苏轼这首诗也有此特点，请分析诗歌最后四句说出了怎样的道理。

（2021·北京·高考真题）

读史

王安石

自古功名亦苦辛,行藏终欲付何人。
当时黮暗①犹承误,末俗纷纭更乱真。
糟粕②所传非粹美,丹青难写是精神。
区区岂尽高贤意,独守千秋纸上尘。

【注】①黮暗:蒙昧,糊涂。②糟粕:这里用来指代典籍,也作"糟魄",《庄子·天道》:"然则君之所读者,古人之糟魄已夫。"

1. 下列对这首诗的理解和赏析,不正确的一项是(   )

   A. 这首诗从大处着眼,并非针对某个具体的历史事件、历史人物而作。
   B. 历代高人贤士一世奔忙,建功立业,但无法避免身后湮没无闻的可能。
   C. 历史人物在其所处的时代已经难免被误解,在世俗的传言中更会失真。
   D. 颈联的上下两句反复陈说,表明诗人的观点,堪称这首诗的警策之语。

2. 这首诗阐述了一个什么样的道理?对我们有何启示?

(2020·全国·高考真题)

送沈康知常州

王安石

作客兰陵迹已陈①,为传谣俗记州民。
沟塍半废田畴薄,厨传②相仍市井贫。
常恐劳人轻白屋,忽逢佳士得朱轮。
殷勤话此还惆怅,最忆荆溪两岸春。

【注】①兰陵：古地名，诗中代指常州。嘉祐二年王安石知常州，嘉祐三年诏沈康知常州。②厨传：古代供应过客食宿、车马的处所。

1. 如果你是沈康，通过这首送别诗，你会得到关于常州的哪些信息？请简要分析。
2. 诗歌后两联表达了作者什么样的情感？

（2020·江苏·高考真题）

送子由使契丹
苏轼

云海相望寄此身，那因远适更沾巾。不辞驿骑凌风雪，要使天骄识凤麟。沙漠回看清禁月①，湖山应梦武林春②。单于若问君家世，莫道中朝第一人③。

【注】①清禁：皇宫。苏辙时任翰林学士，常出入官禁。②武林：杭州的别称。苏轼时知杭州。③唐代李揆被皇帝誉为"门地、人物、文学皆当世第一"。后来入吐蕃会盟，酋长问他："闻唐有第一人李揆，公是否？"李揆怕被扣留，骗他说："彼李揆，安肯来邪？"

1. 本诗尾联用了唐代李揆的典故，以下对此进行的赏析不正确的一项是（ ）

   A. 本联用李揆的典故准确贴切，因为苏轼兄弟在当时声名卓著，与李揆非常相似。
   B. 从李揆的典故推断，如果苏辙承认自己的家世第一，很有可能被契丹君主扣留。
   C. 苏轼告诉苏辙，作为大国使臣，切莫以家世傲人，而要展示出谦恭的君子风度。
   D. 苏轼与苏辙兄弟情深，此时更为远行的弟弟担心，希望他小心谨慎，平安归来。

2. 本诗首联表现了诗人什么样的性格？请加以分析。

（2017·全国·高考真题）

礼部贡院阅进士就试
欧阳修

紫案焚香暖吹轻,广庭清晓席群英。
无哗战士衔枚勇,下笔春蚕食叶声。
乡里献贤先德行,朝廷列爵待公卿。
自惭衰病心神耗,赖有群公鉴裁精。

1. 下列对这首诗的赏析,不恰当的两项是(   )

    A. 诗的第一句写出了考场肃穆而又怡人的环境,衬托出作者的喜悦心情。

    B. 第三句重点在表现考生们奋勇争先、一往无前,所以把他们比作战士。

    C. 参加礼部考试的考生都由各地选送而来,道德品行是选送的首要依据。

    D. 朝廷对考生寄予了殷切的期望,希望他们能够成长为国家的栋梁之材。

    E. 作者承认自己体弱多病的事实,表示选才工作要依靠其他考官来完成。

2. 本诗的第四句"下笔春蚕食叶声"广受后世称道,请赏析这一句的精妙之处。

(2017·全国·高考真题)

太湖恬亭
王安石

槛临溪上绿阴围,溪岸高低入翠微。
日落断桥人独立,水涵幽树鸟相依。
清游始觉心无累,静处谁知世有机。
更待夜深同徙倚①,秋风斜月钓舟归。

【注】①徙倚：徘徊，流连不去。
1. 第二联描绘了怎样的画面？
2. 简析第三联所表现的诗人心境。
3. 尾联运用了多种艺术手法，任选一种加以简析。

（2017·天津·高考真题）

劳停驿

欧阳修

孤舟转山曲，豁尔见平川。
树杪帆初落，峰头月正圆。
荒烟几家聚，瘦野一刀田。
行客愁明发，惊滩鸟道前。

【注】此诗为欧阳修被贬峡州夷陵令时作。劳停驿，驿站名。
1. 简要说明此诗前两联景物描写的时空变化。
2. 简要分析第三联中"荒""瘦"二字的妙处。

（2015·湖北·高考真题）

被酒独行，遍至子云、威、徽、先觉四黎之舍三首①（其二）

苏轼

总角黎家三小童，口吹葱叶送迎翁②。
莫作天涯万里意，溪边自有舞雩风。

【注】①被酒：刚喝过酒，带着醉意。四黎：子云、威、徽、先觉都是海南黎族人，姓黎，故称"四黎"。②翁：苏轼自称。
1. 指出"溪边自有舞雩风"一句所用典故的出处。
2. 请结合作者的思想和本诗内容，分析这首诗表现了作者怎样的人生态度。

（2014·江西·高考真题）

临江仙

欧阳修

记得金銮同唱第,春风上国繁华。如今薄宦老天涯。十年歧路,空负曲江花。　闻说阆山通阆苑,楼高不见君家。孤城寒日等闲斜。离愁难尽,红树远连霞。

【注】欧阳修贬任滁州太守期间,一位同榜及第的朋友将赴任阆州(今四川阆中)通判,远道来访,欧阳修席上作此词相送。词中的"曲江花"代指新科进士的宴会,"阆苑"指传说中神仙居住的地方。

1. 这首词蕴含着丰富的情感,请简要概括。
2. 前人评价此词,称其"飘逸"。请结合"闻说阆山通阆苑,楼高不见君家"两句作简要赏析。

（2013·湖北·高考真题）

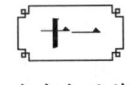

减字木兰花

苏轼

莺初解语,最是一年春好处。微雨如酥,草色遥看近却无。休辞醉倒,花不看开人易老。莫待春回,颠倒红英间绿苔。

1. 词中所写的春天是最美好时节,是什么时候?为什么?结合词中的描写简要说明。
2. 结合全词,简要分析词中所表达的思想感情。

（2011·广东·高考真题）

十二

登城
刘敞

雨映寒空半有无，
重楼闲上倚城隅。
浅深山色高低树，
一片江南水墨图。

望湖楼晚景
苏轼

横风吹雨入楼斜，
壮观应须好句夸。
雨过潮平江海碧，
电光时掣紫金蛇。

1. 两诗均写江南雨景，但景色有异，两诗分别写了怎样的江南雨景？两诗第三句都描写相对静止的画面，请分别说说它们在原诗结构中的作用。
2. 以上两首诗，刘诗优美，苏诗壮美，请结合诗句赏析。

（2011·湖北·高考真题）

十三

琅琊溪①
欧阳修

空山雪消溪水涨，游客渡溪横古槎②。
不知溪源来远近，但见流出山中花。

【注】①此诗写于作者被贬滁州（今安徽省境内）期间。琅琊溪在滁州琅琊山。②槎（chá）：这里指拼扎而成的简易木桥。

1. 这首诗围绕溪水描绘了哪几幅画面？表达了作者怎样的情感？
2. 请从虚实结合的角度对诗中三、四两句进行赏析。

（2011·安徽·高考真题）

十四

梦中作①

欧阳修

夜凉吹笛千山月,路暗迷人百种花。
棋罢不知人换世②,酒阑③无奈客思家。

【注】①本诗约作于皇祐元年(1049),当时作者因支持范仲淹新政而被贬谪到颍州。②传说晋时有一人进山砍柴,见两童子在下棋,于是置斧旁观,等一盘棋结束,斧已烂掉。回家后发现早已换了人间。③酒阑:酒尽。

1. 这首诗表现了作者什么样的心情?
2. 你认为这首诗在写作上有什么特色?

(2010·全国·高考真题)

十五

晚泊岳阳

欧阳修

卧闻岳阳城里钟,系舟岳阳城下树。
正见空江明月来,云水苍茫失江路。
夜深江月弄清辉,水上人歌月下归;
一阕声长听不尽,轻舟短楫去如飞。

1. 诗中有三处写到"月",请就此作简要赏析。
2. 这首诗表达了作者什么样的心情?是怎样表现的?

(2009·辽宁·高考真题)

十六

望江南
超然台①作
苏轼

春未老,风细柳斜斜。试上超然台上看,半壕春水一城花。烟雨暗千家。寒食②后,酒醒却咨嗟。休对故人思故国,且将新火试新茶。诗酒趁年华。

【注】①超然台:在密州(今山东诸城)城北。当时苏轼任密州地方官。 ②寒食:清明前一或二日。旧俗寒食节不举火,节后举火称新火。

1. 从词中的"咨嗟""休对""且将"这些词语看,你认为作者在词中要表现的是一种什么样的心情?请简要分析。
2. 从"情"和"景"的角度对这首词进行赏析。

(2007·全国·高考真题)

十七

阮郎归·初夏
苏轼

绿槐高柳咽新蝉,薰风初入弦。碧纱窗下水沉烟,棋声惊昼眠。微雨过,小荷翻,榴花开欲燃。玉盆纤手弄清泉,<u>琼珠碎却圆</u>。

1. "词"这种体裁的别称是( )
2. 对作品赏析不恰当的一项是( )
   A. 作者从视觉、听觉、触觉等角度描写夏景,显得鲜明生动。
   B. "棋声惊昼眠"一句以棋声来衬托周围环境的幽静闲雅。
   C. "榴花开欲燃"表现了石榴花色的红艳,突出了石榴的生机。
   D. 全篇语言清新,感情细腻,风格委婉,境界开阔,韵味悠远。
3. 就作品中画线句,联系下片内容,从情景关系的角度,写一段鉴赏文字。

(2007·上海·高考真题)

十八

海棠

苏轼

东风袅袅泛崇光①,香雾空蒙月转廊。
只恐夜深花睡去,故烧高烛照红妆。

惜牡丹花

白居易

惆怅阶前红牡丹,晚来唯有两枝残。
明朝风起应吹尽,夜惜衰红把火看。

【注】①崇光:美艳的光彩。

1. 苏轼《海棠》诗的前二句描写了海棠花的哪些特点?后二句抒写情感时使用了什么手法?
2. 苏轼的《海棠》与白居易的《惜牡丹花》同样写夜里赏花,二者所抒发的感情有何不同?

(2007·重庆·高考真题)

文言文阅读

十九

世之所谓智者,知天下之利害,而审乎计之得失,如斯而已矣。此其为智犹有所穷。唯见天下之利而为之,唯其害而不为,则是有时而穷焉,亦不能尽天下之利。古之所谓大智者,知天下利害得失之计,而权之以人。是故有所犯天下之至危而卒以成大功者,此以其人权也。轻敌者败,重敌者无成功。何者?天下未尝有百全之利也,举事而待其百全,则必有所格,是故知吾之所以胜人,而人不知其所以胜我者,天下莫能敌之。

当汉氏之衰,豪杰并起而图天下,二袁、董、吕争为强暴,而孙权、刘备又已区区于一隅，其用兵制胜，固不足以敌曹氏，然天下终于分裂，讫魏之世，而不能一。盖尝试论之。魏武长于料事，而不长于料人。刘备有盖世之才，而无应卒之机。方其新破刘璋，蜀人未附，一日而四五惊，斩之不能禁。释此时不取，而其后遂至于不敢加兵者终其身。孙权勇而有谋，此不可以声势恐喝取也。魏武不用中原之长，而与之争于舟楫之间，一日一夜，行三百里以争利。犯此二败以攻孙权，是以丧师于赤壁，以成吴之强。且夫刘备可以急取，而不可以缓图。方其危疑之间，卷甲而趋之，虽兵法之所忌，可以得志。孙权者，可以计取，而不可以势破也，而欲以荆州新附之卒，乘胜而取之。彼非不知其难，特欲侥幸于权之不敢抗也。此用之于新造之蜀，乃可以逞。故夫魏武重发于刘备而丧其功，轻为于孙权而至于败。此不亦长于料事而不长于料人之过欤？

嗟夫！事之利害，计之得失，天下之能者举知之。知之而不能权之以人则亦纷纷焉或胜或负争为雄强而未见其能一也。

（宋·苏轼《魏武帝论》，有删节）

观曹公明锐权略，神变不穷，兵折而意不衰，在危而听不惑，临事决机，举无遗悔，近古以来，未之有也。虽复名微众寡，地小力穷，官渡受围，濮阳战屈。然天下精明之士，拓落之材，趋若百川之崇巨海，游尘之集高岳。故有荀彧、郭嘉等，或敛风长感，或一见尽怀。然后览英雄之心，骋熊罴之勇，挟天子以崇大顺，扶幼主而显至公，武功赫然，霸业成矣。

（唐·朱敬则《魏武帝论》，有删节）

1. 对下列各句中加点词的解释，不正确的一项是（　　）

    A. 而审乎计之得失　　　　审：仔细考量
    B. 则必有所格　　　　　　格：阻止，阻碍
    C. 此用之于新造之蜀　　　造：拜访
    D. 或一见尽怀　　　　　　或：有的人

2. 下列各句中加点词的意义和用法，相同的一组是（　　）

    A. 则是有时而穷焉　　　　　　盘盘焉，囷囷焉
    B. 而权之以人　　　　　　　　臣以供养无主，辞不赴命
    C. 特欲侥幸于权之不敢抗也　　臣诚恐见欺于王而负赵
    D. 游尘之集高岳　　　　　　　不知东方之既白

3. 文中画波浪线的句子，断句最合理的一项是（　　）

   A. 知之而不能权之 / 以人则亦纷纷焉 / 或胜或负 / 争为雄强而未见 / 其能一也

   B. 知之而不能权之以人 / 则亦纷纷焉或胜或负 / 争为雄强 / 而未见其能一也

   C. 知之而不能 / 权之以人则亦纷纷焉 / 或胜或负争为雄强 / 而未见其能一也

   D. 知之 / 而不能权之以人 / 则亦纷纷焉或胜 / 或负争为雄强而未见 / 其能一也

4. 下列六句分编四组，都属于苏轼认为曹操应该采取的正确做法的一组是（　　）

   ①孙权勇而有谋，此不可以声势恐喝取也　　②与之争于舟楫之间
   ③行三百里以争利　　④刘备可以急取，而不可以缓图
   ⑤方其危疑之间，卷甲而趋之　　⑥欲以荆州新附之卒，乘胜而取之

   A. ①③⑥　　B. ①④⑤　　C. ②③④　　D. ②⑤⑥

5. 下列对选文的理解与分析，不恰当的一项是（　　）

   A. 苏轼一开篇就肯定了明辨利害即为"智者"的看法，并认为"大智者"还必须善于权衡对手。

   B. 苏轼认为曹操过于重视刘备、又过于轻视孙权，因而错失统一的时机。

   C. 朱敬则认为曹操在名望、实力上不占优势，又屡次战败，但最终扶持幼主，使朝廷稳定。

   D. 两则选文摆事实、讲道理，观点鲜明，条理清晰，文气充沛，很有说服力。

6. 把文言文阅读材料中画横线的句子翻译成现代汉语。

   （1）犯此二败以攻孙权，是以丧师于赤壁，以成吴之强。

   （2）此不亦长于料事而不长于料人之过欤？

7. 请用自己的话概括苏轼和朱敬则对曹操评价的不同之处。

(2021·天津·高考真题)

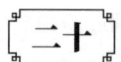

苏轼字子瞻，眉州眉山人。母程氏亲授以书，闻古今成败，辄能语其要。嘉祐二年，试礼部，主司欧阳修惊喜，殿试中乙科，后以书见修，修语梅圣俞曰："吾当避此人出一头地。"洵卒，赠光禄丞。既除丧，还朝，以判官告院，安石创行新法，轼上书论其不便。新政日下，轼于其间，每因法以便民，民赖以安。徙知密州。司农行手实法，不时施行者以违制论。轼谓提举官曰："违制之坐，若自朝廷，谁敢不从？今出于司农，是擅造律也。"提举官惊曰："公姑徐之。"未几，朝廷知法害民，罢之。元祐元年，轼以七品服入侍延和，即赐银绯，迁中书舍人。三年权知礼部贡举会大雪苦寒士坐庭中噤未能言轼宽其禁约使得尽技巡铺内侍每摧辱举子且持暧昧单词诬以为罪轼尽奏逐之四年，积以论事，为当轴者所恨。轼恐不见容，请外，拜龙图阁学士、知杭州。既至杭，大旱，饥疫并作。轼请于朝，免本路上供米三之一，复得赐度僧牒，易米以救饥者。明年春，又减价粜常平米，多作饘粥药剂，遣使挟医分坊治病，活者甚众。轼曰："杭，水陆之会，疫死比他处常多。"乃裒羡缗得二千，复发橐中黄金五十两，以作病坊，稍畜钱粮待之。徽宗立，更三大赦，遂提举玉局观，复朝奉郎，轼自元祐以来，未尝以岁课乞迁。故官止于此。建中靖国元年，卒于常州。轼师父洵为文，既而得之于天。尝自谓："作文如行云流水，初无定质，但常行于所当行，止于所不可不止。"虽嬉笑怒骂之辞，皆可书而诵之。其体浑涵光芒，雄视百代，有文章以来，盖亦鲜矣。

(节选自《宋史·苏轼传》)

1. 下列对文中画波浪线部分的断句，正确的一项是（ ）

A. 三年/权知礼部贡举/会大雪苦寒/士坐庭中/噤未能言/轼宽其禁约/使得尽技/巡辅内侍每摧辱举子/且持暧昧单词/诬以为罪/轼尽奏逐之/

B. 三年/权知礼部贡举/会大雪苦寒/士坐庭中噤/未能言轼/宽其禁

约/使得尽技巡辅内侍每摧辱举子/且持暧昧单词/诬以为罪/轼尽奏逐之/

C. 三年/权知礼部贡举/会大雪苦寒/士坐庭中噤/未能言轼/宽其禁约/使得尽技巡辅内侍/每摧辱举子/且持暧昧单词/诬以为罪/轼尽奏逐之/

D. 三年/权知礼部贡举/会大雪苦寒/士坐庭中/噤未能言/轼宽其禁约/使得尽技巡辅内侍/每摧辱举子/且持暧昧单词/诬以为罪/轼尽奏逐之/

2. 下列对文中加点词语的相关内容的解说，不正确的一项是（ ）

A. 主司既可指主管某项事务的官员，又可特指科举的主试官，文中指后者。

B. 殿试是中国古代科举制度中最高一级的考试，在殿廷举行，由丞相主持。

C. 司农是官名，又称为大司农，主要掌管农桑、仓储、租税等相关事务。

D. 当轴，指做官处在重要的位置，当轴者则指身居显赫职位的当权官员。

3. 下列对原文有关内容的概括和分析，不正确的一项是（ ）

A. 苏轼自幼聪颖，深受时贤赏识。母亲亲自为他授课，他往往能说出要点。欧阳修十分看重他，曾对梅圣俞表示，应当避开此人让他出人头地。

B. 苏轼因势利导，利用新法便民。当时王安石创行新法，他上书论其不便；新政下达，他常常设法使这些法令有利于百姓，百姓生活得以安宁。

C. 苏轼直面饥疫，解救受灾百姓。他在任职杭州时遭遇旱灾病疫，减免上供米三分之一纾缓灾情；同时又集贮钱粮、建造治病场所以防备疫病。

D. 苏轼天赋异禀，为文得心应手。他从父习文，又极具才华，作文如行云流水，行止有度，嬉笑怒骂之辞，皆可书而诵之，终成为一代文宗。

51

4. 把文中画横线的句子翻译成现代汉语。
　　（1）又减价粜常平米，多作饘粥药剂，遣使挟医分坊治病，活者甚众。
　　（2）其体浑涵光芒，雄视百代，有文章以来，盖亦鲜矣。

（2020·全国·高考真题）

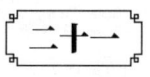

秦废封建

　　秦初并天下，丞相绾等言："燕、齐、荆地远，不置王无以镇之，请立诸子。"始皇下其议，群臣皆以为便。廷尉斯曰："周文、武所封子弟同姓甚众，然后属疏远，相攻击如仇雠，诸侯更相诛伐，天子不能禁止。今海内赖陛下神灵一统，皆为郡县。诸子功臣以公赋税重赏赐之，甚易制。天下无异意，则安宁之术也。置诸侯不便。"始皇曰："天下共苦战斗不休，以有侯王。赖宗庙天下初定，又复立国，是树兵也，求其宁息，岂不难哉！廷尉议是。"分天下为三十六郡，郡置守、尉、监。

　　苏子曰：圣人不能为时，亦不失时。时非圣人之所能为也，能不失时而已。三代之兴，诸侯无罪不可夺削，因而君之虽欲罢侯置守，可得乎？此所谓不能为时者也。周衰，诸侯相并，齐、晋、秦、楚皆千余里，其势足以建侯树屏。至七国皆称王，行天子之事，然终不封诸侯。久矣，世之畏诸侯之祸也，非独李斯、始皇知之。

　　始皇既并天下，分郡邑，置守宰，理固当然，如冬裘夏葛，时之所宜，非人之私智独见也，所谓不失时者，而学士大夫多非之。汉高帝欲立六国后，张子房以为不可，李斯之论与子房无异。高帝闻子房之言，知诸侯之不可复，明矣。然卒王韩信、彭越、英布、卢绾，岂独高帝所为，子房亦与焉。故柳宗元曰："封建非圣人意也，势也。"

　　昔之论封建者甚众，宗元之论出，而诸子之论废矣，虽圣人复起，不能易也。故吾取其说而附益之，曰：凡有血气必争，争必以利，利莫大于封建。封建者，争之端而乱之始也。自书契①以来，臣弑其君，子弑其父，父子兄弟相贼杀，有不出于袭封而争位者乎？自三代圣人以礼乐教化天下，至刑措不用，然终不能已篡弑之祸。至汉以来，君臣父子相贼虐者，皆诸侯王子孙，其余卿大夫不世袭者，盖未尝有也。近世无复封建，则此祸几绝。

仁人君子，忍复开之欤？故吾以为李斯、始皇之言，柳宗元之论，当为万世法也。

（取材于宋·苏轼《东坡志林》）

【注】①书契：指有文字记载。

1. 下列对句中加点词的解释，不正确的一项是（ ）
   A. 然后属疏远　　　　　属：亲属
   B. 诸侯更相诛伐　　　　更：交替
   C. 子房亦与焉　　　　　与：参与
   D. 不能易也　　　　　　易：交换

2. 下列各组语句中加点词的意义和用法，不同的一项是（ ）
   A. 以有侯王　　　　　　争必以利
   B. 三代之兴　　　　　　知诸侯之不可复
   C. 而学士大夫多非之　　而诸子之论废矣
   D. 袭封而争位者　　　　君臣父子相贼虐者

3. 下列对文中语句的理解，不正确的一项是（ ）

   A. 请立诸子

   请立各位皇子为诸侯王

   B. 诸子功臣以公赋税重赏赐之

   诸皇子和功臣们皆封侯并用国家的赋税重赏他们

   C. 君之虽欲罢侯置守，可得乎

   君主即使想要废除封侯的制度设置郡守，能行得通吗

   D. 封建非圣人意也，势也

   分封诸侯的制度不是圣人的本意，而是时势使然

4. 将下面的句子译为现代汉语。
   ①时非圣人之能为也，能不失时而已。
   ②自三代圣人以礼乐教化天下，至刑措不用，然终不能已篡弑之祸。

5. 下列对文意的理解，不正确的一项是（ ）
   A. 文题"秦废封建"意指秦王朝建立后废除了三代以来分封诸侯的国家制度。

B. 始皇不急于说出己见，而让群臣议论丞相的谏言，群臣多赞成丞相的意见。

C. 廷尉李斯深谙时移世变，以史为鉴，力排众议，反对恢复分封诸侯的制度。

D. 苏东坡学养深厚，纵论古今，鞭辟入里，指出了分封制和郡县制各有优劣。

6. 第三段末句"故柳宗元曰：'封建非圣人意也，势也'"，这是作者借柳宗元的话做出的判断。请用自己的话具体说明作者做出这个判断的直接依据。

（2017·北京·高考真题）

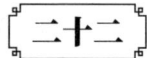

宋政和间官局编书，诸臣之文，独《临川集》得预其列。靖康之祸，官书散失，私集竟无完善之本，弗如欧集、曾集、老苏大苏集之盛行于时也。公绝类之英，间气所生。同时文人，虽或意见素异，尚且推崇公文，口许心服，每极其至。而后来卑陋之士不满其相业因并废其文此公生平所谓流俗胡于公死后而犹然也？

（节选自吴澄《临川王文公集》序）

1. 用斜线"/"给上面文言文中的画线部分断句。（限4处）
2. 文中的老苏、大苏是指_____、_____。
3. 根据材料，概括王安石《临川集》在不同时期的命运。

（2017·江苏·高考真题）

醉翁操①
苏轼

琅然，清圆，谁弹？响空山。无言，惟翁醉中知其天。月明风露娟娟，人未眠。荷蒉过山前，曰有心也哉此贤②。醉翁啸咏，声和流泉。醉翁去后，空有朝吟夜怨。山有时而童巅③,水有时而回川。思翁无岁年,翁今为飞仙。此意在人间,试听徽外三两弦④。

【注】①据本词序,欧阳修喜爱琅琊幽谷的山川奇丽、泉鸣空涧,常把酒临听,欣然忘归。后沈遵作琴曲《醉翁操》,崔闲记谱,请苏轼填词。②蒉:草筐。《论语·宪问》:"子击磬于卫,有荷蒉而过孔氏之门者,曰:'有心哉,击磬乎!'"③童巅:山顶光秃,山无草木曰童。④徽:琴徽,系弦之绳。此处代指琴。

1. 下列对本词的理解,<u>不正确</u>的一项是(　　)

   A. "响空山"与王维《山居秋暝》"空山新雨后"的"空山",都写出了山的空寂。

   B. "荷蒉"两句以《论语》中荷蒉者对孔子击磬的评价,赞赏醉翁懂得鸣泉之妙。

   C. "醉翁去后"两句描写醉翁离开琅琊后,作者空对流泉,以吟诵表达思念之情。

   D. 词作最后三句是说醉翁虽已离世,声和流泉的美妙意境却仍然得以留存人间。

2. 词作开篇几句运用了以声写声的手法,用玉声形容泉声的清亮圆润。按照要求,完成下列各题。

   ① 下列诗句,<u>没有</u>运用这种手法的一项是(　　)

   A. 龙吟虎啸一时发,万籁百泉相与秋。(李颀《听安万善吹觱篥歌》)

   B. 商声寥亮羽声苦,江天寂历江枫秋。(刘长卿《听笛歌留别郑协律》)

   C. 蜂簇野花吟细韵,蝉移高柳迸残声。(韦庄《听赵秀才弹琴》)

   D. 寒敲白玉声偏婉,暖逼黄莺语自娇。(王仁裕《荆南席上咏胡琴妓》)

   ② 在横线处填写作品原句。
   白居易《琵琶行》同样运用了这种手法来写琵琶声:"＿＿＿＿＿＿,＿＿＿＿＿＿。间关莺语花底滑,幽咽泉流冰下难。"

3. 在横线处填写作品原句。

① 古代文人常常喜欢"啸咏",除了本词中的醉翁,陶渊明曾写道:"_____,_____。聊乘化以归尽,乐夫天命复奚疑!"(《归去来兮辞》)

② 这首词与欧阳修《醉翁亭记》有密切关联。词中"惟翁醉中知其天""醉翁啸咏,声和流泉",呼应了《醉翁亭记》中"醉翁之意不在酒,在乎山水之间也""_____,_____"等寄情山水的名句。

4. 欧阳修《醉翁亭记》描写了琅琊山的四时景色,表现了作者以山水自适、与民同乐的情怀。与之相比,苏轼这首《醉翁操》所描写的景色和表现的情怀有何不同?

(2015·北京·高考真题)

二十四

公讳尧臣,字伯庸。天圣五年举进士第一,为将作监丞、通判湖州。召试,以著作佐郎直集贤院,知光州。岁大饥,群盗发民仓廪,吏法当死,公曰:"此饥民求食尔,荒政之所恤也。"乃请以减死论。其后遂以著令,至今用之。郭皇后废,居瑶华宫,有疾,上颇哀怜之。方后废时,宦者阎文应有力,及后疾,文应又主监医。后且卒,议者疑文应有奸谋。公请付其事御史,考按虚实,以释天下之疑。事虽不行,然自文应用事,无敢指言者,后文应卒以恣横斥死。

元昊反,西边用兵,以公为陕西体量安抚使。公视四路山川险易,还言某路宜益兵若干,某路贼所不攻,某路宜急为备,至于诸将材能长短,尽识之,荐其可用者二十余人,后皆为名将。是时,边兵新败于好水,任福等战死。今韩丞相坐主帅失律,夺招讨副使,知秦州;范文正公亦以移书元昊不先闻,夺招讨副使,知耀州。公因言此两人天下之选也,其忠义智勇,名动夷狄,不宜以小故置之,且任福由违节度以致败,尤不可深责主将。由是忤宰相意,并其他议,多格不行。明年,贼入泾原,战定川,杀大将葛怀敏，乃公指言为备处，由是始以公言为可信，而前所格议，悉见施行。

初，宦者张永和方用事，请收民房钱十之三以佐国事。下三司，永和阴遣人以利动公，公执以为不可。

京师数为飞语，及上之左右，往往谮其短者。上一切不问，而公为之亦自若也。

公在政事，论议有所不同，必反复切劘，至于是而后止，不为独见。在上前，所陈天下利害甚多，至施行之，亦未尝自名。

公为人纯质，虽贵显不忘俭约。遇人一以诚意，无所矫饰，善知人，多所称，荐士为时名臣者甚众。有文集五十卷。将终，口授其弟纯臣遗奏，以宗庙至重、储嗣未立为忧。天子愍然，临其丧，辍视朝一日，赠左仆射，太常谥曰文安。

（节选自欧阳修《王尧臣墓志铭》）

1. 对下列句子中画线的词的解释，不正确的一项是（　　）

   A. 其后遂以著令　　　著：显著。
   B. 以释天下之疑　　　释：消除。
   C. 多格不行　　　　　格：搁置。
   D. 永和阴遣人以利动公　阴：暗中。

2. 以下各组句子中，全都表明王尧臣为人正直的一组是（　　）

   ①公请付其事御史，考按虚实　②不宜以小故置之
   ③尤不可深责主将　　　　　　④由是始以公言为可信
   ⑤公执以为不可　　　　　　　⑥公为之亦自若也

   A. ①②④　　B. ①③⑤
   C. ②③⑥　　D. ④⑤⑥

3. 下列对原文内容的概括和分析，不正确的一项是（　　）

   A. 王尧臣军事才能杰出。西北边境因元昊作乱发生战争时，王尧臣通过实地考察，对兵力部署、要塞防卫等提出了独到的见解。

   B. 王尧臣在陕西体量安抚使任上，当现今的韩丞相因好水之战指挥失当致使任福等人战死而被贬官时，敢于仗义执言。

C. 王尧臣居官任职期间,处理政务遇到意见不一致时,一定与大家反复讨论,直到取得共识为止,从不固执己见。

D. 王尧臣一生历任多职,为国为民,临终仍挂念国事。皇帝亲自参加他的丧礼,并且停止朝政一天以表达哀思。

4. 把文中画横线的句子翻译成现代汉语。

（1）"此饥民求食尔,荒政之所恤也。"乃请以减死论。

（2）遇人一以诚意,无所矫饰,善知人,多所称,荐士为时名臣者甚众。

（2013·辽宁·高考真题）

二十五

偃虹堤记

有自岳阳至者,以滕侯①之书、洞庭之图来告曰:"愿有所记。"予发书按图,自岳阳门西距金鸡之右,其外隐然隆高以长者,曰偃虹堤。问其作而名者,曰:"吾滕侯之所为也。"问其所以作之利害,曰:"洞庭,天下之至险;而岳阳,荆、潭、黔、蜀四会之冲也。昔舟之往来湖中者,至无所寓,则皆泊南津,其有事于州者远且劳,而又常有风波之恐、覆溺之虞。今舟之至者,皆泊堤下,有事于州者近而且无患。"问其大小之制、用人之力,曰:"长一千尺,高三十尺,厚加二尺,用民力万有五千五百工,而不逾时以成。"问其始作之谋,曰:"州以事上转运使,转运使择其吏之能者行视可否,凡三反复,而又上于朝廷,决之三司,然后日可,而皆不能易吾侯之议也。"曰:"此君子之作也,可以书矣。"

盖虑于民也深,则其谋始也精,故能用力少而为功多。夫以百步之堤,御天下至险不测之虞,惠其民而及于荆、潭、黔、蜀,凡往来湖中,无远迩之人皆蒙其利焉。且岳阳四会之冲,舟之来而止者,日凡有几!使堤土石幸久不朽,则滕侯之惠利于人物,可以数计哉?夫事不患于不成,而患于易坏。盖作者未始不欲其久存,而继者常至于殆废。自古贤智之士,为其民捍患兴利,其遗迹往往而在。使其继者皆如始作之心,则民到于今受其赐,天下岂有遗利乎?此滕侯之所以虑,而欲有纪于后也。

滕侯志大材高,名闻当世。方朝廷用兵急人之时,常显用之。而功未及就,退守一州,无所用心,略施其余,以利及物。【　】夫虑熟谋审力不劳而功倍作事可以为后法一宜书不苟一时之誉思为利于无穷而告来者不以废二宜书岳之民人与湖中之往来者皆欲为滕侯纪三宜书以三宜书不可以不书，乃为之书。

　　庆历六年某月某日记。

（取材于《欧阳文忠公集》）

　　【注】①滕侯：即滕子京，北宋人，屡遭贬黜，其时被贬，任岳州知州。

1. 用斜线（/）给上面文言文画波浪线的部分断句。
2. 下列语句中，加点词语的解释不正确的一项是（　　）
   A. 愿有所记　愿：希望
   B. 覆溺之虞　虞：料想
   C. 使堤土石幸久不朽　使：假如
   D. 常显用之　常：曾经
3. 下列对文中语句的理解，不符合文意的一项是（　　）
   A. 予发书按图　我打开书信并查看洞庭之图
   B. 问其所以作之利害　问滕侯的建堤动机和修建的利弊
   C. 皆不能易吾侯之议也　（各级官员）都不能轻视滕侯的具体策划
   D. 此滕侯之所以虑，而欲有纪于后也　这就是滕侯思虑并想记录下来传告后世的
4. 下列理解和分析，不符合文意的一项是（　　）
   A. 文章认为，滕侯对偃虹堤的周密策划和精心施工，是出于他对百姓深切的关怀和热爱。
   B. 古代不少利国利民的工程，由于年深日久缺乏维护，往往成了废弃的遗迹，令人遗憾。
   C. 滕子京请欧阳修作《偃虹堤记》，是为了记载岳州面貌的改变和百姓安居乐业的情景。
   D. 《偃虹堤记》是一篇应邀之作，欧阳修在文中借赞美滕侯表达了心中理想的为官之道。
5. 《偃虹堤记》写到"（滕侯）功未及就，退守一州，无所用心，略施其余，以利及物。"请在方格里填写《岳阳楼记》中内容与之相关的文句。

　　□□□□□□。□□□□，□□□□，□□□□。

6. 欧阳修的《偃虹堤记》和范仲淹的《岳阳楼记》堪称姊妹篇，内容相得益彰。谈谈你从两篇《记》所抒发的为官情怀中获得的感悟。（200字左右）

（2014·北京·高考真题）

二十六

今日读《列女传》蔡琰二诗，其词明白感慨，颇类世所传木兰诗，东京无此格也。建安七子，犹涵养主角，不尽发见，况伯喈女乎？又琰之流离必在父死之后董卓既诛伯喈乃遇祸。今此诗乃云为董卓所驱虏入胡，尤知其非真也。盖拟作者疏略，而范晔荒浅，遂载之本传，可以一笑也。

（节选自苏轼《题蔡琰传》）

1. 用斜线"/"给上面文言文中的画线部分断句。（限3处）
2. 作为地名，文中"东京"即今天的_____（限填城市名）。
3. 依据材料，其中的《列女传》出自（　　）
   A.《史记》　　B.《汉书》　　C.《后汉书》　　D.《宋史》
4. 苏轼从哪几方面判断蔡琰二诗为拟作？请简要概括。（不超过20个字）

（2014·江苏·高考真题）

二十七

与荆南乐秀才书
欧阳修

修顿首白秀才足下。

前者身行往来，屡辱见过。又辱以所业一编，先之启事，及门而赞。田秀才西来，辱书；其后予家奴自府还县，比又辱书。仆有罪之人，人所共弃，而足下见礼如此，何以当之？当之未暇答，宜遂绝，而再辱书；再而未答，益宜绝，而又辱之。何其勤之甚也！如修者，天下穷贱之人尔，安能使足下之切切如是邪？盖足下力学好问，急于自为谋而然也。然蒙索仆所为文字者，此似有所过听也。

仆少从进士举于有司，学为诗赋，以备程试，凡三举而得第。与士君子相识者多，故往往能道仆名字，而又以游从相爱之私，或过称其文字。故使足下闻仆虚名，而欲见其所为者，由此也。

仆少孤贫，贪禄仕以养亲，不暇就师穷经，以学圣人之遗业。而涉猎书史姑随世俗作所谓时文者皆穿蠹经传移此俪彼以为浮薄惟恐不悦于时人非有卓然自立之言如古人者。然有司过采，屡以先多士。及得第已来，自以前所为不足以称有司之举而当长者之知，始大改其为，庶几有立。然言出而罪至，学成而身辱，为彼则获誉，为此则受祸，此明效也。

夫时文虽曰浮巧，然其为功，亦不易也。仆天姿不好而强为之，故比时人之为者尤不工，然已足以取禄仕而窃名誉者，顺时故也。先辈①少年志盛，方欲取荣誉于世，则莫若顺时。天圣中，天子下诏书，敕学者去浮华，其后风俗大变。今时之士大夫所为，彬彬有两汉之风矣。先辈往学之，非徒足以顺时取誉而已，如其至之，是直齐肩于两汉之士也。若仆者，其前所为既不足学，其后所为慎不可学，是以徘徊不敢出其所为者，为此也。

在《易》之《困》曰："有言不信。"谓夫人方困时，其言不为人所信也。今可谓困矣，安足为足下所取信哉？辱书既多且切，不敢不答。幸察。

【注】①先辈：对乐秀才的尊称。

1. 对下列句子中画线词语的解释，不正确的一项是（　　）

    A. 及门而贽　　　　　贽：拿着礼物求见。
    B. 而又辱之　　　　　辱：辜负。
    C. 或过称其文字　　　过称：过分称赞。
    D. 不暇就师穷经　　　就：跟从。

2. 下列各组句子中，画线词的意义和用法相同的一项是（　　）

    A. 而又以游从相爱之私　　以先国家之急而后私仇也
    B. 然言出而罪至　　　　　至无所见而犹不欲归
    C. 是以徘徊不敢出其所为者　吾其还也
    D. 其言不为人所信也　　　或因寄所托

3. 下列对原文有关内容的概括与赏析，不正确的一项是（　　）

    A. 作者对当时的应举文字，颇有微词，但乐生意欲参加科举考试，所以只能建议他"顺时"而为。

B. 作者认为要作文，就应该学习古人，去除浅薄雕饰的文字与习气，才能达到两汉那样文质彬彬的境界。

C. 作者因写时文而遭毁誉，认为自己不值得乐生学习、效仿，所以多次婉拒他索要文字的请求。

D. 本文语言朴实，感情真挚，表达委婉；通过现身说法，运用对比，巧妙地表明了作者对时文的不同看法。

4. 用"/"给文中画波浪线的部分断句。

而涉猎书史姑随世俗作所谓时文者皆穿蠹经传移此俪彼以为浮薄惟恐不悦于时人非有卓然自立之言如古人者

5. 把文中画线的句子译成现代汉语。

（1）如修者，天下穷贱之人尔，安能使足下之切切如是邪？

（2）故比时人之为者尤不工，然已足以取禄仕而窃名誉者，顺时故也。

（2012·浙江·高考真题）

二十八

稼说送张琥
苏轼

①曷尝观于富人之稼乎？其田美而多，其食足而有余。其田美而多，则可以更休，而地力得完。其食足而有余，则种之常不后时，而敛之常及其熟。故富人之稼常美，少秕而多实，久藏而不腐。今吾十口之家，而共百亩之田，寸寸而取之，日夜以望之，锄耰铚艾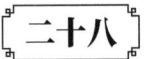，相寻于其上者如鱼鳞，而地力竭矣。种之常不及时，而敛之常不待其熟，此岂能复有美稼哉？

②古之人，其才非有以大过今之人也，其平居所以自养而不敢轻用以待其成者，闵闵焉如婴儿之望长也。弱者养之以至于刚，虚者养之以至于充。三十而后仕，五十而后爵，信于久屈之中，而用于至足之后；流于既溢之余，而发于持满之末，此古之人所以大过人，而今之君子所以不及也。

③吾少也有志于学，不幸而早得②，与吾子同年，吾子之得，亦不可

谓不早也。吾今虽欲自以为不足，而众且妄推之矣。呜呼！吾子其去此而务学也哉！博观而约取，厚积而薄发，吾告子止于此矣。

④子归，过京师而问焉，有曰辙子由者，吾弟也，其亦以是语之。

【注】①锄櫌铚艾：四种农具。②得：此指中进士。

1. 第①段中与"寸寸而取之"相反的农作方法是＿＿＿＿＿。
2. 第②段作者写"闵闵焉如婴儿之望长也"这一句的目的是＿＿＿＿。
3. 对"吾子其去此而务学也哉！"一句理解正确的一项是（　）
   A. 您离开这里以后一定要好好学习啊！
   B. 您离开这里后想必会致力于学习吧！
   C. 您要摆脱这种状况而致力于学习啊！
   D. 您想必会摆脱这种状况好好学习吧！
4. 本文与柳宗元的《种树郭橐驼传》在写作手法上有明显的相似之处，对此加以分析。
5. 古人一般认为早中功名是一件幸运的事，作者却认为是"不幸"的，为什么？

（2011·上海·高考真题）

二十九

陈公弼传
苏轼

公讳希亮，字公弼。天圣八年进士第。始为长沙县。浮屠有海印国师者，交通权贵，肆为奸利，人莫敢正视。公捕置诸法，一县大耸。去为雩都。老吏曾腴侮法鬻狱，以公少年易之。公视事之日，首得其重罪，腴扣头出血，愿自新。公戒而舍之。巫觋岁敛民财祭鬼，谓之春斋，否则有火灾。公禁之，民不敢犯，火亦不作。毁淫祠数百区，勒巫为农者七十余家。

盗起，起知房州。州素无兵备，民凛凛欲亡去。公以牢城卒杂山河户得数百人，日夜部勒，声振山南，民恃以安，盗不敢入境。而殿侍雷甲以兵百余人，逐盗至竹山，甲不能戢士，所至为暴。或告有大盗入境且及门，公自勒兵阻水拒之。身居前行，命士持满无得发。士皆植立如偶人，甲射之不动,乃下马拜,请死,曰:"初不知公官军也。"吏士请斩甲以徇。公不可,独治为暴者十余人,使甲以捕盗自赎。

淮南饥,安抚、转运使皆言寿春守王正民不任职,正民坐免。诏公乘传往代之。转运使调里胥米而蠲其役,凡十三万石,谓之折役米。米翔贵,民益饥。公至则除之,且表其事。旁郡皆得除。又言正民无罪。职事办治。诏复以正民为鄂州。

徙知庐州。虎翼军士屯寿春者以谋反诛,而迁其余不反者数百人于庐,士方自疑不安。一日,有窃入府舍将为不利者。公笑曰:"此必醉耳。"贷而流之,尽以其余给左右使令,且以守仓库。

为京西转运使。石塘河役兵叛,其首周元,震动汝、洛间。公闻之,即日轻骑出按斩元以徇,而流军校一人,其余悉遣赴役如初。致仕卒,享年六十四。其人仁慈,故严而不残。

(选自《苏轼文集》,有删节)

1. 对下列句子中加点词的解释,不正确的一项是(　　)
   A. 一县大耸　　　　　　　耸:震惊
   B. 以公少年易之　　　　　易:更换
   C. 甲不能戢士　　　　　　戢:约束
   D. 转运使调里胥米而蠲其役　蠲:免除

2. 下列句子中,全都表现陈公弼治市"严而不残"的一组是(　　)
   ①公戒而舍之
   ②公禁之,民不敢犯
   ③民恃以安,盗不敢入境
   ④独治为暴者十余人,使甲以捕盗自赎
   ⑤虎翼军士屯寿春者以谋反诛,而迁其余不反者数百人于庐
   ⑥斩元以徇,而流军校一人,其余悉遣赴役如初。
   A. ①③⑤　　B. ②④⑥　　C. ②③⑤　　D. ①④⑥

3. 下列对原文有关内容的概括和分析,不正确的一项是(　　)
   A. 雩都当地的巫师,每年春天的时候,都以祭鬼免除火灾为借口,大肆搜刮百姓财物,陈公弼到任后,严令禁止。

B. 陈公弼到房州后,面对盗贼横行、缺乏兵备、百姓惶恐的情况,组织了数百人,昼夜布防,声威赫赫,终于保得一方安宁。

C. 淮南发生饥荒,安抚、转运使指责寿春太守王正民救灾不力,王被免职。继任者陈公弼认为王正民无罪,安排他到鄂州做官。

D. 陈公弼为官一任,造福一方。曾经逮捕法办为非作歹的海印国师,严惩危害百姓的雷甲部下,后来又平息了周元的叛乱。

4. 把文中画线的句子翻译成现代汉语。

(1) 毁淫祠数百区,勒巫为农者七十余家。

(2) 身居前行,命士持满无得发。

(3) 贷而流之,尽以其余给左右使令,且以守仓库。

(2011·江苏·高考真题)

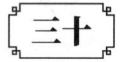

书韩魏公黄州诗后
苏轼

①黄州山水清远,土风厚善。其民寡求而不争,其士静而文,朴而不陋。虽闾巷小民,知尊爱贤者,曰:"吾州虽远小,然王元之、韩魏公,尝辱居焉。"以夸于四方之人。元之自黄迁蕲州,没于蕲,然世之称元之者,必曰黄州,而黄人亦曰"吾元之也"。魏公去黄四十余年,而思之不忘,至以为诗。

②夫贤人君子,天之所以遗斯民,天下之所共有,而黄人独私以为宠,岂其尊德乐道,独异于他邦也欤?抑二公与此州之人,有宿昔之契?不可知也。元之为郡守,有德于民,民怀之不忘也固宜。魏公以家艰,从其兄居耳,民何自知之?《诗》云:"有匪君子,如金如锡,如圭如璧。"金锡圭璧之所在,瓦石草木被其光泽矣,何必施于用?

③奉议郎孙贲公素,黄人也,而客于公。公知之深,盖所谓教授书记者也。而轼亦公之门人,谪居于黄五年,治东坡,筑雪堂,盖将老焉,则亦黄人也。于是相与摹公之诗而刻之石,以为黄人无穷之思。而吾二人者,亦庶几托此以不忘乎?

1. 第①段"吾元之也"与下文照应的句子是_____,其中"吾"

表达的情感是_____。

2. 第②段写韩魏公为什么还要写王元之？

3. 对第②段画线句理解最恰当的一项是（ ）

   A. 贤人君子所在之处，感染着当地的普通百姓。
   B. 道德高尚者的善行，感化了当地的奸佞小人。
   C. 贤人君子所在之处，给当地的百姓带来实惠。
   D. 品德高尚的显贵，受到当地普通百姓的爱戴。

4. 第①、③段画线句中的两种"思"有何内在联系？

（2010·上海·高考真题）

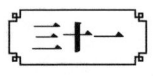

原弊

欧阳修

　　农者，天下之本也，而王政所由起也。古之为国者未尝敢忽，<u>而今之为吏者不然，薄书听断而已矣，</u>闻有道农之事，则相与笑之曰：鄙。夫知赋敛移用之为急，不知务农为先者，是未原为政之本末也。知务农而不知节用以爱农，是未尽务农之方也。

　　古之为政者，上下相移用以济。下之用力者甚勤，上之用物者有节，民无遗力，国不过费，上爱其下，下给其上，使不相困。一夫之力，督之必尽其所任；一日之用，节之必量其所入。一岁之耕，供公与民食，皆出其间而常有余。故三年而余一年之备。今乃不然，<u>耕者，不复督其力；用者，不复计其出入。</u>一岁之耕供公仅足，而民食不过数月。甚者，场功甫毕，簸糠麸而食秕稗，或采橡实、畜菜根以延冬春。不幸一水旱，则相枕为饿殍。此甚可叹也！

　　国家罢兵，三十三岁矣，兵尝经用者老死今尽，而后来者未尝闻金鼓、识战阵也。生于无事而饱于衣食也，其势不得不骄惰。今卫兵入宿，不自持被而使人持之；禁兵给粮，不自荷而雇人荷之。其骄如此，况肯冒辛苦以战斗乎？就使兵耐辛苦而能斗战，虽耗农民，为之可也。奈何有为兵之虚名，而其实骄惰无用之人也。

　　古之凡民长大壮健者皆在南亩，农隙则教之以战，今乃大异，一遇凶岁,则州郡吏以尺度量民之长大而试其壮健者,招之去为禁兵;其次不及尺度而稍怯弱者,籍之以为厢兵。吏招人多者有赏,而民方穷时争投之。故一经凶荒,则所留在南亩者,惟老弱也。而吏方曰:不收为兵,则恐为盗。噫!苟知一时之不为盗,而不知终身骄惰而窃食也。古之长大壮健者任耕,而老弱者游惰;今之长大壮健者游惰,而老弱者留耕也。何相反之甚邪!然民尽力乎南亩者,或不免乎狗彘之食,而一去为僧、兵,则终身安佚而享丰腴,则南亩之民不得不日减也。故曰有诱民之弊者,谓此也。

(选自《欧阳文忠公集》,有删改)

1. 对下列语句中加点词的解释,不正确的一项是（　）

　A. 则相与笑之曰：鄙　　　　鄙:卑鄙

　B. 场功甫毕　　　　　　　　甫:刚刚

　C. 或采橡实、畜菜根以延冬春　畜:通"蓄",储藏

　D. 籍之以为厢兵　　　　　　籍:登记

2. 下列各组语句中,全都表明不重视农业所造成的恶果的一组是（　）

①一岁之耕供公仅足,而民食不过数月

②不幸一水旱,则相枕为饿殍

③生于无事而饱于衣食也,其势不得不骄惰

④一遇凶岁,则州郡吏以尺度量民之长大而试其壮健者

⑤则南亩之民不得不日减也

⑥故曰有诱民之弊者,谓此也

　A. ①②⑤　　B. ①③⑥　　C. ②④⑥　　D. ③④⑤

3. 下列对原文有关内容的分析和概括,不正确的一项是（　）

　A. 作者认为农业是天下之本,当政者只知使用民力而不知爱惜民力是不可取的。

　B. 作者通过古今施政的对比,揭示了宋朝农民在利益被严重侵害下的悲惨遭遇。

　C. 作者认为,休战以来的士卒已经老迈,因此背军粮的任务只好雇请他人来做。

　D. 作者指出,高大健壮的不种田,年老体弱的却在田地劳作,有时吃

67

的是猪狗食。

4. 把文中画横线的句子翻译成现代汉语。

(1) 而今之为吏者不然,簿书听断而已矣。

(2) 耕者,不复督其力;用者,不复计其出入。

(3) 苟知一时之不为盗,而不知终身骄惰而窃食也。

(2010·湖北·高考真题)

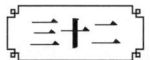

南阳县君谢氏墓志铭
欧阳修

庆历四年秋,予友宛陵梅圣俞来自吴兴,出其哭内之诗而悲曰:"吾妻谢氏亡矣。"丐我以铭而葬焉。予未暇作。

居一岁中,书七八至,未尝不以谢氏铭为言,且曰:"吾妻故太子宾客谢涛之女、希深之妹也。希深父子为时闻人,而世显荣。谢氏生于盛族,年二十以归吾,凡十七年而卒。卒之夕,<u>敛以嫁时之衣,甚矣吾贫可知也</u>。然谢氏怡然处之,治其家,有常法,其饮食器皿,虽不及丰侈,而必精以旨;其衣无故新,而浣濯缝纫必洁以完;所至官舍虽庳陋,而庭宇洒扫必肃以严;其平居语言容止,必怡以和。吾穷于世久矣,其出而幸与贤士大夫游而乐,入则见吾妻之怡怡而忘其忧。<u>使吾不以富贵贫贱累其心者,抑吾妻之助也</u>。吾尝与士大夫语,谢氏多从户屏窃听之,间则尽能商榷其人才能贤否,及时事之得失,皆有条理。吾官吴兴,或自外醉而归,必问曰:'今日孰与饮而乐乎?'闻其贤者也则悦;否,则叹曰:'<u>君所交皆一时贤隽,今与是人饮而欢邪?</u>'是岁南方旱,仰见飞蝗而叹曰:'今西兵未解,天下重困,盗贼暴起于江淮,而天旱且蝗如此。我为妇人,死而得君葬我,幸矣!'其所以能安居贫而不困者,其性识明而知道理多类此。呜呼!其生也迫吾之贫,而殁也又无以厚焉,谓唯文字可以著其不朽。且其平生尤知文章为可贵;殁而得此,庶几以慰其魂,且塞予悲。此吾所以请铭于子之勤也。"若此,予忍不铭?

(选自《欧阳修全集》,有删节)

1. 对下列句子中画线字的解释，不正确的一项是（　　）
   A. 年二十以<u>归</u>吾　　　　　归：出嫁
   B. 其平居语言<u>容止</u>　　　　容止：形貌
   C. 谓唯文字可以<u>著</u>其不朽　著：彰显
   D. <u>庶几</u>以慰其魂　　　　　庶几：希望

2. 下列句子中，全部表现梅圣俞夫妇情深的一组是（　　）
   ①出其哭内之诗而悲
   ②其衣无故新，而浣濯缝纫必洁以完
   ③入则见吾妻之怡怡而忘其忧
   ④闻其贤者也则悦
   ⑤我为妇人，死而得君葬我，幸矣
   ⑥且其平生尤知文章为可贵
   A. ①②④　　　　　　　B. ①③⑤
   C. ②③⑥　　　　　　　D. ④⑤⑥

3. 下列对原文有关内容分析和概括，不正确的一项是（　　）
   A. 梅圣俞在妻子去世以后，请求欧阳修为她写墓志铭，后来在给欧阳修的多封信中，又一再提及此事。
   B. 谢氏出身名门望族，但安贫乐道，治家有方，并且十分关心丈夫与士大夫的交往，是名副其实的贤内助。
   C. 西兵进攻江淮地区，随后又相继发生旱灾、蝗灾，谢氏仰天长叹，忧心忡忡，可见她关注百姓疾苦。
   D. 谢氏秉性明慧，懂得事理，时不时和梅圣俞探讨来访者才能高下，以及世事得失，都能讲得头头是道。

4. 把文中画线的句子翻译成现代汉语。
   （1）殓以嫁时之衣，甚矣吾贫可知也。
   （2）使吾不以富贵贫贱累其心者，抑吾妻之助也。
   （3）君所交皆一时贤隽，今与是人饮而欢邪？

   （2010·江苏·高考真题）

三十三

天下不可一日而无政教，故学不可一日而亡于天下。古者井天下之田，而党庠、遂序、国学之法立乎其中。则士朝夕所见所闻，无非所以治天下国家之道。其服习必于仁义，而所学必皆尽其材。一日取以备公卿大夫百执事之选，则其材行皆已素定。而士之备选者，其施设亦皆素所见闻而已，不待阅习而后能者也。

后世无井田之法，而学亦或存或废。<u>大抵所以治天下国家者，不复皆出于学。</u>而学之士群居族处，为师弟子之位者，讲章句、课文字而已。至其陵夷之久，则四方之学者废而为庙，以祀孔子于天下。盖庙之作出于学废，而近世之法然也。

今天子即位若干年，颇修法度，而革近世之不然者。当此之时，学稍稍立于天下矣。犹曰："州之士满二百人，乃得立学。"于是慈溪之士不得有学，而为孔子庙如故。庙又坏不治。今刘君在中言于州，使民出钱，将修而作之，未及为而去。后林君肇至，则曰："古之所以为学者，吾不得而见，而法者吾不可以毋循也。虽然，吾之人民于此不可以无教。"即因民钱作孔子庙，而治其四旁为学舍，讲堂其中，帅县之子弟，起先生杜君醇为之师，而兴于学。

林君固贤令，而慈溪小邑，无珍产淫货以来四方游贩之民。田桑之美，有以自足，无水旱之忧也。无游贩之民，故其俗一而不杂；有以自足，故人慎刑而易治。而吾所见其邑之士，亦多美茂之材，易成也。杜君者，越之隐君子，其学行宜为人师者也。夫以小邑得贤令，又得宜为人师者为之师，而以修醇一易治之俗，而进美茂易成之材，虽拘于法，限于势，不得尽如古之所为，吾固信其教化之将行，而风俗之成也。夫教化可以美风俗，虽然，必久而后至于善。而今之吏，其势不能以久也。<u>吾虽喜且幸其将行，而又忧夫来者之不吾继也，于是本其意以告来者。</u>

（节选自王安石《慈溪县学记》）

1. 下列句子中加点词的解释，不正确的一项是（　　）

　　A. 其施设亦皆<u>素</u>所见闻而已　　素：平素

　　B. 讲章句、<u>课</u>文字而已　　　　课：抄写

　　C. 而<u>革</u>近世之不然者　　　　　革：改变

D. 故其俗一而不杂　　　　　一：纯一

2. 下列各组句子中,加点词的意义和用法相同的一组是(　　)

　　A. 州之士满二百人,乃得立学　　今少卿乃教以推贤进士

　　B. 未及为而去　　　　　　　　人非生而知之者

　　C. 即因民钱作孔子庙　　　　　相如因持璧却立,倚柱

　　D. 无珍产淫货以来四方游贩之民　问征夫以前路

3. 下列对原文有关内容的分析和概括,不正确的一项是(　　)

　　A. 通过学校学习而明白治国之道的古代士人可成为官吏的后备人选。

　　B. 各地为了祭祀孔子而修建孔庙,是后世官办学校被废的原因之一。

　　C. 为了当地人民的教化,慈溪县令在维修孔庙时建学舍的举措得到了作者的肯定。

　　D. 慈溪县有许多资质很好的人,通过学校的培养,他们容易成为国家可用之才。

4. 把文言文阅读材料中画横线的句子翻译成现代汉语。

　　(1) 大抵所以治天下国家者,不复皆出于学。

　　(2) 吾虽喜且幸其将行,而又忧夫来者之不吾继也,于是本其意以告来者。

(2009・四川・高考真题)

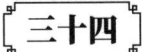

孟德传

苏辙

①孟德者,神勇之退卒也。少而好山林。既为兵,不获如志。嘉祐中,戍秦州。秦中多名山,德逃至华山下,以其衣易一刀十饼,携以入山。自念:"吾禁军也,今至此,擒亦死,无食亦死,遇虎狼毒蛇亦死。此三死者,吾不复恤矣。"惟山之深者往焉。食其饼,既尽,取草根木实食之。一日十病十愈,吐利胀懑,无所不至。既数月安之,如食五谷。以此入山二年而不饥。然遇猛兽者数矣,亦辄不死。德之言曰:"凡猛兽类能识人气。未至百步,辄伏而号,其声震山谷。德以不顾死,未尝为动。须臾奋跃,

71

如将搏焉。不至十数步,则止而坐,逡巡弭耳而去。试之前后如一。"

②后至商州,不知其商州也,为候者所执,德自分死矣。知州宋孝孙谓之曰:"吾视汝非恶人也,类有道者。"德具道本末。乃使为自告者,置之秦州。张安道适知秦州,德称病,得除兵籍为民。至今往来诸山中,亦无他异能。

③夫孟德可谓有道者也。世之君子皆有所顾,故有所慕,有所畏。慕与畏交于胸中,未必用也,而其色见于面颜,人望而知之。故弱者见侮,强者见笑,未有特立于世者也。今孟德其中无所顾,其浩然之气发越于外不自见,而物见之矣。推此道也,虽列于天地可也,曾何猛兽之足道哉!

(选自《栾城集》,有删改)

书《孟德传》后
苏轼

子由书孟德事见寄,余既闻而异之,以为虎畏不惧己者,其理似可信。然世未有见虎而不惧者,则斯言之有无,终无所试之。然囊余闻云安多虎,有妇人昼日置二小儿沙上而浣衣于水者,虎自山上驰来,二小儿戏沙上自若。虎熟视久之,至以首觚触,庶几其一惧,而儿痴,竟不知怪,虎亦卒去。意虎之食人,先被之以威,而不惧之人,威无所施欤?

(选自《东坡全集》,有删改)

1. 对下列语句中加点词语的解释,不正确的一项是( )

    A. 吐利胀懑,无所不至　　　利:通"痢",腹泻
    B. 逡巡弭耳而去　　　　　　弭:低垂
    C. 德自分死矣　　　　　　　自分:自己料想
    D. 至以首觚触,庶几其一惧　庶几:差不多

2. 下列各组语句中,分别表明孟德"生存艰难"和"无所畏惧"的一组是( )

    A. 既为兵,不获如志　　　　　　　　　惟山之深者往焉
    B. 食其饼,既尽,取草根木实食之　　　须臾奋跃,如将搏焉
    C. 一日十病十愈　　　　　　　　　　　德以不顾死,未尝为动
    D. 至今往来诸山中,亦无他异能　　　　虽列于天地可也,曾何猛兽之足道哉

3. 下列对原文有关内容的分析和概括，不正确的一项是（   ）

　　A. 孟德在山中的几年里多次与猛兽相遇，了解到它们大多有能辨识人气的习性。

　　B. 宋孝孙认为孟德不像是恶人，于是派人向上级报告，并把孟德安置在秦州。

　　C. 苏轼认为孟德是有道之人，孟德意识不到自己的浩然之气，而外物感觉得到。

　　D. 苏轼的《书＜孟德传＞后》写了一则小儿不知道怕虎而虎也没伤害小儿的故事。

4. 把文言文阅读材料中画线的语句翻译成现代汉语。

　　（1）以其衣易一刀十饼，携入山。

　　（2）张安道适知秦州，德称病，得除兵籍为民。

　　（3）意虎之食人，先被之以威，而不惧之人，威无所施欤？

（2009·湖北·高考真题）

三十五

宝绘堂记
苏轼

　　①君子可以寓意于物，而不可以留意于物。寓意于物，虽微物足以为乐，虽尤物不足以为病。留意于物，虽微物足以为病，虽尤物不足以为乐。老子曰："五色令人目盲，五音令人耳聋，五味令人口爽，驰骋田猎令人心发狂。"然圣人未尝废此四者，亦聊以寓意焉耳。刘备之雄才也，而好结髦。嵇康之达也，而好锻炼①。阮孚之放也，而好蜡屐。此岂有声色臭味也哉，而乐之终身不厌。

　　②凡物之可喜，足以悦人而不足以移人者，莫若书与画。<u>然至其留意而不释，则其祸有不可胜言者</u>。钟繇至以此呕血发冢，宋孝武、王僧虔至以此相忌，……皆以儿戏害其国，凶其身。此留意之祸也。

　　③始吾少时，尝好此二者，家之所有，惟恐其失之；<u>人之所有，惟恐其不吾予也</u>。既而自笑曰：吾薄富贵而厚于书，轻死生而重于画，岂不颠

倒错缪失其本心也哉？自是不复好。见可喜者虽时复蓄之，然为人取去，亦不复惜也。譬之烟云之过眼，百鸟之感耳，岂不欣然接之，然去而不复念也。于是乎二物者常为吾乐，而不能为吾病。

④驸马都尉王君晋卿虽在戚里，而其被服礼义，学问诗书，常与寒士角。平居攘去膏粱，屏远声色，而从事于书画。作宝绘堂于私第之东，以蓄其所有，而求文以为记。恐其不幸而类吾少时之所好，故以是告之，庶几全其乐而远其病也。熙宁十年七月二十记。

（本文有删节）

【注】①锻炼：打铁。

1. 对下列句子中加点词语的解释，不正确的一项是（　　）
   A. 虽尤物不足以为病　　　　病：祸害
   B. 然去而不复念也　　　　　去：归去
   C. 常与寒士角　　　　　　　角：较量
   D. 以蓄其所有　　　　　　　蓄：收藏

2. 下列各组句子中，加点词的意义和用法不同的一组是（　　）
   A. 皆以儿戏害其国　　　　　几以捕系死
   B. 轻死生而重于画　　　　　不患贫而患不安
   C. 然为人取去　　　　　　　君为我呼入
   D. 譬之烟云之过眼　　　　　不知东方之既白

3. 下列对原文有关内容的赏析，不正确的一项是（　　）
   A. 本文构思极具特色。作为记文，作者不从宝绘堂的建筑、景物着眼，而先以论点开篇，直到文末才交代为宝绘堂作记之事，可谓别开生面。
   B. 本文层次清晰，论证严密。先讲道理，再引历史人物正反论证，后又以个人经历佐证，紧扣可"寓意于物"而不可"留意于物"这个中心展开论述。
   C. 本文以散句为主，兼用对偶、排比句式，整散交错，颇具气势；而比喻、用典等方法的运用，使文章言简意丰，文采斐然。
   D. 本文用老子之言，说明五色、五音、五味、田猎等可使人得到感官上的享受，但不能沉溺其中。圣人并未废此四者，也未"发狂"，就是这个道理。
4. 把文中画线的句子译成现代汉语。

（1）然至其留意而不释，则其祸有不可胜言者。

（2）人之所有，惟恐其不吾予也。

（2009·浙江·高考真题）

附录 范、欧、王、苏入选教材诗文索引

语文教材	范仲淹	欧阳修	王安石	苏轼
二年级（上）			《梅花》	
三年级（上）				《赠刘景文》《饮湖上初晴后雨》
三年级（下）			《元日》	《惠崇春江晚景》
四年级（上）				《题西林壁》
六年级（上）			《书湖阴先生壁》	《六月二十七日望湖楼醉书》《书戴嵩画牛》
六年级（下）	《江上渔者》		《泊船瓜洲》	《浣溪沙（山下兰芽短浸溪）》
七年级（下）		《卖油翁》	《登飞来峰》	
八年级（上）		《采桑子（轻舟短棹西湖好）》		《记承天寺夜游》
八年级（下）				《卜算子·黄州定慧院寓居作》

续表

九年级（上）	《岳阳楼记》	《醉翁亭记》		《水调歌头（明月几时有）》
九年级（下）	《渔家傲·秋思》			《江城子·密州出猎》《定风波（莫听穿林打叶声）》
高中必修（上）				《念奴娇·赤壁怀古》《赤壁赋》
高中必修（下）			《答司马谏议书》《桂枝香·金陵怀古》	
高中选择性必修（上）				《江城子·乙卯正月二十日夜记梦》
高中选择性必修（中）		《五代史伶官传序》		
高中选择性必修（下）				《石钟山记》
中国古代诗歌散文欣赏		《伶官传序》		《新城道中（其一）》《文与可画筼筜谷偃竹记》《游沙湖》

巨匠与少年

范仲淹
乘风破浪的大鲸

万君——著

人民日报出版社
北京

图书在版编目（CIP）数据

范仲淹：乘风破浪的大鲸 / 万君著. —北京：人民日报出版社，2023.2
（巨匠与少年；1）
ISBN 978-7-5115-7711-5

Ⅰ.①范… Ⅱ.①万… Ⅲ.①范仲淹（989-1052）—生平事迹—青少年读物 Ⅳ.①K827=441

中国国家版本馆CIP数据核字（2023）第006647号

书　　名：	范仲淹：乘风破浪的大鲸	
	FANZHONGYAN：CHENGFENGPOLANG DE DAJING	
著　　者：	万　君	
出 版 人：	刘华新	
选题策划：	鹿柴文化	
特约编辑：	王晓彩　吴云霞	
责任编辑：	张炜煜　白新月　霍佳仪	
封面设计：	时谷设计	
封面插画：	章　漫	
出版发行：	人民日报出版社	
社　　址：	北京金台西路2号	
邮政编码：	100733	
发行热线：	（010）65369509　65369527　65369846　65369512	
邮购热线：	（010）65369530　65363527	
编辑热线：	（010）65369514	
网　　址：	www.peopledailypress.com	
经　　销：	新华书店	
印　　刷：	北京永诚印刷有限公司	
法律顾问：	北京科宇律师事务所　010-83622312	
开　　本：	880mm×1230mm　1/32	
字　　数：	410千字	
印　　张：	20.75	
版　　次：	2023年7月第1版	
印　　次：	2023年7月第1次印刷	
书　　号：	ISBN 978-7-5115-7711-5	
定　　价：	158.00元（全4册）	

愿你把伟大的人生都看遍，成长为闪闪发光的少年！

前　言

中国历史评价古人，有一个"《春秋》责备贤者"的传统。大概意思是说，在历史事件中，谁的能力更强、道德更高、修养更好，人们就更倾向于追究他的责任，批评他的过失。

在这样的情形下，一个人再怎么优秀，大概率也会被人指出这样那样的问题。可偏偏在这个世界上，有一个叫范仲淹的人：任凭是谁，哪怕再苛刻，只要认真读完他的故事，也不得不承认，他不仅是一个贤者，更是一个少有的完人。

中国历史评价古人，还有一个立德、立功、立言的"三不朽"标准。但凡德行、功业、文章中的任何一方面立得住，这个人平凡而短暂的一生，就能获得超越凡俗的永恒价值。

如果用这个标准来衡量，古往今来，能称得上"三不朽"的人，可谓寥寥无几。可偏偏在这个世界上，有一个叫范仲淹的人：任凭是谁，哪怕再挑剔，只要足够了解他的一生，也不得不承认他德行、功业与文章的力量。

论德行——南宋理学家朱熹称赞范仲淹为"有史以来天地间第一流人物"，文学家陆游也记载过这样一则故事："范文正公喜弹琴，然平日止弹《履霜》一操，时人谓之范履霜。"（陆游《老学庵笔记》卷九）说的是范仲淹很喜欢弹琴，不过平时只弹

《履霜操》一支曲子，其他的通通不肯弹，当时的人便叫他范履霜。踏霜便知寒冬至，范仲淹在《履霜操》中寄托的，正是自己忧乐天下的一腔情怀。

论功业——他武能安邦，文能治国。一手铸造了宋朝军事防御体系，迫使西夏停战议和的人是他；孜孜不倦，推动宋朝官学大力发展的人是他；大刀阔斧，推行庆历新政，先于王安石完成北宋第一次社会大改革的人，仍旧是他。

论文章——其他的都不提，一句"先天下之忧而忧，后天下之乐而乐"，直到今天，仍然提示着所有中国人，那超越了一己悲欢的人格境界是什么。

范仲淹是贤者，是少有的完人，更是一个圣人。

然而，当我们带着崇敬的心情回望他的少年生活时，却也会意识到一个被忽略了很久的事实：

原来，在漫长的岁月里，他也只是一个在孤独和清贫中，在枯燥的学习和平凡的工作中，度过了大半生的普通人。

圣人的传奇闲来读读也罢，但一个普通人超凡入圣的故事，却有一读再读的意义。至少，在读完这本小书之后，你会更加清晰地明白这样一个事实：

一个人能走向多远的地方，和他有没有赢在起跑线上，并没有什么必然的关系。

目 录

002 —— 楔子

一

001 —— 勤学苦读
002 —— 画粥断齑 窖金苦读
008 —— 别了，朱家的爸爸！
012 —— 北宋第一名校：应天府书院
015 —— 山谷的松树会怨恨山峰的树苗吗？
020 —— 听说皇帝要来？对不起，我不稀罕见！

二

025 —— 千秋功业
026 —— 终身大事
029 —— 三十不立
033 —— 远行河朔：帝国这么大，我得去看看
038 —— 泰州海堤：要做成一件事到底有多难？

三

049 —— 应天书院
050 —— 范仲淹与晏殊
057 —— 应天府书院，我回来了！

四

071 　　天下大事

072 　　好不容易得来的一切

073 　　极为光耀

074 　　愈为光耀

077 　　尤为光耀

081 　　天下大事，从饶州、润州、越州开始

五

089 　　大宋将军

090 　　变身！成为守卫大宋的将军

六

107 　　庆历新政

108 　　庆历新政：一个以天下为己任的机会

七

127 　　岳阳楼记

128 　　做春风还是做春山？

132 　　《岳阳楼记》：微斯人，吾谁与归？

138 　　他睡着了

144 　　范仲淹生平年表

范仲淹

范仲淹（989—1052），字希文。北宋政治家、军事家、文学家。官至参知政事，文开宋初新风。任职期间因秉公直言而屡遭贬斥。宋仁宗庆历三年到庆历五年（1043—1045），范仲淹主持发起庆历新政，不久因改革受挫，被贬出京。他的散文名篇《岳阳楼记》至今传颂不绝。范仲淹逝世于仁宗皇祐四年（1052），谥号"文正"，享年六十四岁。

楔 子

范雍没有意识到嵬名曩霄（wéi míng nǎng xiāo，汉名是李元昊）埋伏在三川口（延川、宜川、洛川三条河流交汇的地方，今延安西约二十公里）的野心。

而这，很快将会被证明是一个天大的错误。

仁宗康定元年（1040）正月。在一个寒冷得连星星都打战的夜晚，一支当时世界上最神秘也最凶悍的西夏特种兵，正埋伏在三川口的山林里，等待着猎物的出现。

人们称他们为"铁鹞子军"。

鹞子是一种酷似鹰隼的猛禽，用来形容这支身披铁甲、战斗力惊人的队伍是再合适不过的。铁鹞子军的前身是一支普通的皇家护卫队。后来，他们进化了，人和马都配上了"铁林甲"。这种铠甲又轻又薄，强弩穿不透，飞箭射不破。铁林甲军后是手持巨型弓弩的"神臂弓"队。战场上,两者携手作战的策略如下:先是铁鹞子军上阵猛冲,把对手冲得七零八落,再由弓弩手狂飙激射。就这样,一种可怕的、令柔弱的宋朝军队完全无法与之抗衡的军事力量,诞生了。

此时此刻,远在汴梁的家家户户还沉浸在一片欢乐的氛围中。毕竟,新桃已经换掉了旧符,可春风还没有送来十分的暖意,家中的屠苏酒也还没完全喝尽呢。

汴梁的人们一点儿都没有意识到,在静默的横山外,那支拥有烈马、坚甲和强弩的铁甲兵团,已经在三川口浓重的夜色中等待着,随时准备冲出去破坏掉这正月的祥和。

鄜延路地处西北咽喉要塞(宋初为加强中央集权,分境内为二十一路。鄜延路的辖区范围大约在今天陕西一带,在当时属于边境),多年来,是西夏进入中原的必经之路。嵬名曩霄和他的军队对自己的家乡有多了解,对这里就有多熟悉。这里土地辽阔、人烟稀少,一旦发起进攻,对手将得不到任何救援;这里的地势又是那样特殊,一旦奇袭胜利,便可以长驱直入,一举撞开繁华的汴梁城。

此时,大宋帝国三川口一带的最高军事首领,正是范雍。

三川口之战是一场极悲壮、极惨烈的屠杀。在这场战争中,一万多名宋军被全部消灭。

这是范雍的败绩,也是大宋的败绩。战败的消息传回京城后,因为这次巨大而惨痛的失败,朝堂上吵成一团,谁也说服不了谁。

也就是这个时候,韩琦才真切地觉得,自己从来没有如此迫切地需要那个人的帮助。他知道,只有那个人振臂一呼,无序的争吵才能结束;只有那个人成为舵手,一切才能回到正确的航路。想到这里,韩琦再也按捺不住内心的激动,在举荐下一任鄜延路最高军事长官的奏章上,写下了那个人的名字:范仲淹。

是的,兵败三川口后,韩琦是如此需要范仲淹。自从把奏章送走,他就开始焦灼地等待着。

我们当然很理解韩琦的心情,但此时此刻,还是狠下心,让韩琦多等一会儿,先从主人公的成长和蜕变说起吧!毕竟,只有先成长再蜕变,他才能够真正以"范仲淹"的样子,从容地走到韩琦面前。

如今,范仲淹这个名字已广为人知,但其实,在很长的一段时间里,他不叫范仲淹,而叫朱说[音同悦(yuè)]。

这就带来了很多疑问:范仲淹为什么会叫朱说呢?这个一开始叫朱说的少年,又要读过多少书,经过多少事,才能成为后来那个几乎无人不知的校长、将军、改革家呢?

别着急,你想要的答案,都在这本小书里。

一

勤学苦读

989—1014 年 | 1—26 岁

粥虽能饱腹，可要是顿顿吃，天天吃，确实也会受不了。朱说便又想方设法，在上山读书的路上找了几种可以佐餐的野菜。野菜为数不多，他并不敢浪费，而是带回去切成碎末，调上些酱汁，掺进"米粥冻"里。这样，一份独一无二的"朱家野菜酱汁拌饭"就完成了。吃完这份拌饭，他便可以继续安心学习了。

画粥断齑 窖金苦读

朱说的故事，要从一段刻苦读书的岁月开始。

这段岁月给后人留下了"画粥断齑（jī）""窖（jiào）金苦读"两个成语故事。[1]

第一个故事发生在距离朱家约五十里外的长白山醴泉寺。醴泉寺是一座建于南北朝时期的古寺。朱说来这里读书时，醴泉寺已经有四百多年的历史了——

哎，等等，怎么读书不去学校，而是往深山古寺里跑呢？

这一点大家可能就不知道了。在古代，寺庙完全是一个理想的读书之地。今天十几岁的少年们读书，"读"才是问题，"书"不是问题。书不是随手就能买到吗？打游戏、看动漫，不是都比读书有意思吗？所以摒除一切外物，心思专注地"读"，慢慢成为一件很难做到的事。

但对古人来说，一切恰好反了过来：在一个知识和书籍都极其稀缺、极其昂贵的时代，"读"并不是问题，"书"才是最大的问题。身在宋代，他们身边其实根本没有多少书。唐朝中后期，雕版印刷术才开始慢慢推广。朱说在醴泉寺读书时，他和他的时代还要等上四十多年，毕昇才能发明新技术，完成印刷史上那场重大的革新呢[2]！

身处这样的时代，知识和学问要从哪里获得呢？

第一自然是从手中的笔墨纸砚中来。因为匮乏，因为昂贵，他们手中的书，绝大多数都是自己一个字一个字抄来的[3]。

也正因如此，一旦有一个去处，能够承担一部分公共教育的功能，年轻人自然就会慕名前去。在相当漫长的一段时间里，寺庙都是一个在实际上能承担公共教育功能的地方。寺中博学多识的高僧往往也就成为年轻人读书求学路上的老师。

在来到长白山醴泉寺之前，随着父亲朱文翰的工作调动，朱说十几岁时就已经在安乡兴国观等处求学读书了[4]。仔细想想，去兴国观也好，来醴泉寺也罢，不过都是去往知识所在的地方。

古人读书的地方虽然和今天的我们不同，但这背后的求学上进之心，与我们没有半点儿不同。

醴泉寺无疑是朱说当时最好的选择。父亲和他都已经打探好了：论经典书籍的藏书量，附近再也没有比醴泉寺更丰富的了；论老师，触目所及，也没有人比满腹经纶的醴泉寺住持慧通大师更有学问的了。

既然如此，还等什么？就收拾了最简单的生活用品，带着求知上进的心去吧！去往那云深不知处的古刹，修行一颗足以应对问题与磨难的、笃定而强大的心！

慧通的确是一个很有学问的人。他见朱说是个爱读书、求上进的年轻人，不免格外眷顾。不仅允许他留在寺中专心读书，还不时叫到身边，悉心指导功课。

不久，慧通大师的偏爱让庙里的小和尚觉得不平衡。他们开始看不惯朱说，每到朱说做功课的时候，就故意在一边吵吵嚷嚷。

有一天，朱说被他们吵得脑仁疼，实在没有办法了，只好一边背书，一边走出了醴泉寺。他想，天大地大，寺里吵闹又有什么要紧？那白云的尽头，总该是幽静的。朱说一边想，一边往山的更深处走去。没想到，这一走不要紧，竟然真的走到了白云的尽头。

白云的尽头是一棵苍翠的青松。青松下面，是一块晶莹平滑的巨石。巨石后面，有一个僻静而温暖的山洞。朱说一看，很开心：青松之侧、巨石之上、山洞之中，分明都是读书的好地方呀。

从此，朱说便常来这里读书。

青灯古佛下，青松巨石畔，读书的日子清寒又寂寞。一开始来醴泉寺的时候，他将带来的粮食交到厨房，和僧人一起吃斋饭。但他有自己的学习节奏和时间安排，常常错过寺中吃饭的时间。朱说不想给寺中的僧人添麻烦，就决定自己解决吃饭的问题。每天晚上，只要一天的学习结束，他便先煮上一锅粥。冬天天气冷，他特意将粥煮得特别稠。这样，第二天清早起来，凉透了的米粥就能凝固成"米粥冻"。

像切豆腐一样，朱说在粥的表面画一个十字，均匀地把米粥分成四块。这四块"米粥冻"，早上吃两块，晚上吃两块，足以完成一天两顿的饱腹任务。粥虽能饱腹，可要是顿顿吃，天天吃，确实也会受不了。朱说便又想方设法，在上山读书的路上找了几种可以佐餐的野菜。野菜为数不多，他并不敢浪费，而是带回去切成碎末，调上些酱汁，掺进"米粥冻"里。这样，一份独一无二的"朱家野菜酱汁拌饭"就完成了。

吃完这份拌饭，他便可以继续安心学习了。

这就是朱说留给我们的第一个成语故事——画粥断齑。

不知又过了多少时间，忽然有一天，山洞的秘密被一黄一白两只精灵鼠发现了。它们来到山洞里，大摇大摆地到朱说面前跳舞。朱说惊讶地看着它们。两只精灵鼠看上去既狡黠又灵慧，见朱说看过来，就叽叽叫了几声。

它们难道是在和自己进行某种说不清道不明的交流吗？朱说不由自主地站了起来，追随着精灵鼠的足迹走出山洞，越过巨石，绕过青松，避开一丛高大的荆棘，走到了它们的家。

原来，两只精灵鼠是想把家中对人类最有用的东西送给朱说——那是整整两个地窖的宝藏。

黄色精灵鼠的家下，是一窖黄澄澄的金子；白色精灵鼠的家下，是一窖白灿灿的银子。朱说觉得既神奇又幸运，这可是普通人终其一生也花不完的巨额财富啊。而自己竟然没费什么力气，就发现了它们。

眨眼间，两只精灵鼠就消失了。

此时周围并无他人,朱说却听见一个声音问自己:"你读书读得这样辛苦,到底为的是什么?"

是啊,为什么如此日复一日、年复一年地自我磨砺?

是为财富吗?如果只是这样,那么不如带了这些金银财宝,就此离开醴泉寺吧!朱说淡淡一笑,波澜起伏的内心迅速回归了平静。他把满满两个地窖的金银重新藏好,转身回到山洞,继续读他的书。

这就是朱说留给后人的第二个成语故事——窖金苦读。

读书的声音继续从山洞中传来。巧了,下一页要读的,竟然就是《论语》中孔子那段有名的自白:

饭疏食,饮水,曲肱而枕之,乐亦在其中矣。不义而富且贵,于我如浮云。

——《论语·述而》

那一刻,朱说终于有了一个清晰的答案:

书读得再多,道理知道得再多,也没有什么实际上的用处。唯有"终身践行"四个字,才是真正将人分出高下的标准。一个人若从小背诵"不义而富且贵,于我如浮云",却只是把学习当作晋升的敲门砖,看见财富、名誉、地位等身外之物就得到满足,而轻易把书中光明正大的道理忘了,这书就白读了。

思及此处,朱说又问自己:"你要做什么样的人?什么样的理想是你立志要终身践行的?"他想起不久之前,已经退休的右谏议大夫姜遵夸赞自己的话——"他日不惟为显官,当立盛名于世"。

他摇了摇头,又看了一眼手里的圣贤书。

不,不只是这样。他要的不只是显官,不只是盛名。他这一生要追求的,是一种比显官更珍贵、比盛名更高尚的东西。

勤学苦读

别了，朱家的爸爸！

在醴泉寺读书的日子总共持续了一年多。一天，朱说连母亲也没告诉，突然离开了醴泉寺，也离开了朱家。

这一年，二十三岁的朱说终于知道了母亲隐瞒多年的秘密。

他并不是朱文翰的亲生儿子。母亲是在宋太宗淳化三年（992）来到苏州，嫁给朱文翰的，当时的他已经是个四岁的孩童。四岁之前，他不姓朱，而是姓范。

实际上，如果不是因为一次偶然的争执，这本来将是一段永远被尘封的往事。

这是在朱文翰去世后的某天，看到朱家的子弟们过于铺张浪费，朱说便劝他们勤俭节约。一个弟弟听了，随口驳了朱说一句："我们浪费朱家的钱，与你何干？"弟弟为什么要说这句话？是因为兄长语重心长的教导太让人不耐烦，是因为他对未来家产的分配太敏感，还是单纯从大人那里知道了真相，无心中说了出来？随口一句话，或许有着说不清楚的心理动机。但这句话一出口，不管是之前已经知道真相的人，还是尚不知道真相的人，都变了脸色。

"我……我刚才是开玩笑的。我自己打嘴好了……"弟弟紧张地改口，希望能够圆场。朱说笑了笑："瞧你说的，谁家的钱不是钱呢？是钱就不能浪费。"说完，他就带着翻江倒海的心事，转身离开了，虽然表面上仍然是一副云淡风轻的样子。

内心惊涛骇浪的朱说到底不肯让这件事就这么过去。他当然不敢直接去问母亲，对母亲来说，往事未免过于沉重了。

他选择向族中的老人慢慢打听。

"您知道我的生父叫什么名字吗？"他悄悄去问一位朱姓的老人。

当时，他的心情是很矛盾的：一方面，无论如何这都是一个不得不追寻的问题，他有点儿害怕老人不肯说出真相；另一方面，他又很害怕听到答案……

他想起十六岁那年，当时担任淄州长史的父亲带他去淄州颜神镇秋口游学。他知道如果没有父亲的鼓励，自己永远也说不出"不为良相，便为良医"这样语惊四座的话。听了这句话，父亲又惊又喜，把他托付给自己的好朋友崔遵度学琴。若不是父亲坚持，他一定找不到那样好的老师，弹不出现在的一手好琴了。有了这样一个精心爱护他的父亲，他怎么好意思再去寻找另一个父亲？

"范墉。他是苏州平江人。"

"哦。范墉。"

朱说呆呆地念着这个陌生的名字，一时间还不能感觉到这个名字和自己之间的联系。

"他是个掌书记,你是他的第三个孩子。"沉默了一会儿,那老人又说,"那时候你太小了,只有两岁。我记得当时有人劝文翰,让他再考虑一下和你母亲的婚事。不过他喜欢你娘,也喜欢你。他说亲不亲生不要紧,只要对你好,以后这个儿子可比亲生的还亲呢!"

老人的话让朱说感受到一种被撕扯的感觉,朱文翰去世了,他已经失去了一次父亲。而如今除了再体会一次失去的痛苦,自己又获得了什么呢?

看着眼前的老人,朱说心里想的却是朱家的老老少少。他们会因为自己所做的一切感到失望吗? 他再次想起了母亲。如果母亲知道他一直在偷偷询问这些陈年旧事,岂不是比自己还痛苦?当年,母亲嫁入范家,不过是侧室,丈夫去世时,儿子只有两岁,不能依靠,娘家势力又单薄,范家因此并不怎么待见她。猝然加身的变故,不得不看的冷眼,母亲应该不想再回忆了吧?

朱说想想就觉得难受。

但要就此不闻不问了吗?再也不理会自己的身世,再也不去探求那条真正的血脉和那片真正的故土了吗?

不,这样他也不会心安。那种更强烈的撕扯感一定会折磨他一生。因为,他并不完全是在寻找去世多年的父亲,而是在寻找内心深处不可或缺的归属感啊。

于是,在得知真相后的某天,他悄悄地离开了醴泉寺,也离开了朱家。临走前,他默默地给母亲留下了一句话,"十年登第来迎亲"。

亲爱的妈妈,感谢您多年来为我付出的一切。请原谅我现在的不辞而别。

就请您给我十年时间,让我远游求学去吧。

十年后,等儿子有出息了,再回来好好孝敬您!

北宋第一名校：应天府书院

别的暂且不论，只论离开醴泉寺这件事，这是一个正确的决定。

就在朱说到醴泉寺读书的那一年，改造升级后的应天府书院恰好修建完成，成为当时名列第一的高等学府。[5]

既然是一座崭新的名校，不得不说，和这里浩瀚的藏书相比，醴泉寺的藏书就太少了；和这里星光璀璨的大师相比，慧通住持的学问就不够了；和这里勤奋上进的同学相比，那些总是胡闹的小和尚，更是不能相提并论了。

独学而无友，则孤陋而寡闻。当时年轻人中最博学精思的那一批，都在应天府书院。这里天下英才会聚，有的是学霸、精英。哪怕没有那些教育资源，就为能和这些最优秀的同龄人相互砥砺，到这儿读书也是一件让人向往的事情。

至于物质层面的考虑，朱说也不是完全没有。应天府书院是官学，在这儿读书不要钱。在醴泉寺读书虽然花钱不多，但粮食要自己带，餐饭要自己做。一个需要发奋的年轻人，若是每天都要为怎么填饱肚子而发愁，又怎么能专心读书呢？有条件完备的学校，朱说便能心无旁骛地读书了。

求学应天府的日子，一过就是五年。这五年里，朱说没有用过朱家的一分钱——不,他不是过分敏感,更不是对朱家怀有什么恨意;他只是希望能够过上一种更有尊严,更能证明自己的生活。正因如此,和求学醴泉寺的那段时间相比,虽然生活条件好了,但是"优""苦""严"的作风却被他坚持了下来。

"昼夜苦学,五年未尝解衣就寝",《宋名臣言行录》中的这句话足以说明他这五年中一以贯之的状态,他几乎榨干了每一分每一秒的时间。

你不得不承认,时间是世界上最公平的东西——每个人的一天都只有二十四小时。可是那个"二岁而孤,母贫无依"的朱说,就是能靠着对有限时间的无限利用,一步一步成就自己。你也不得不承认,人的精神是这个世界上最奇妙的东西。一个人竟然可以在一无所有时还笃定地相信,自己这一生,一定还有超越日常生活的远大使命。这个二十多岁的年轻人还无法真正做出什么大事,但这份笃定足够让他在一遍遍的记诵中,把那些日夜苦读的句子融化在血液里,编码在自己的文化基因中。

他读《大学》:"物格而后知至,知至而后意诚,意诚而后心正,心正而后身修,身修而后家齐,家齐而后国治,国治而后天下平。"

他读《论语》:"朝闻道,夕死可矣。""士不可以不弘毅,任重而道远。仁以为己任,不亦重乎?死而后已,不亦远乎?"

他读《孟子》:"富贵不能淫,贫贱不能移,威武不能屈,此之谓大丈夫。""自反而缩,虽千万人,吾往矣。"

古往今来，有多少年轻人都在苦读圣贤书。可是，他们都在为了什么而读呢？是为了高中状元吗？是为了进入名校吗？是为了找到好工作，实现财富自由吗？

生而为人，绝不能止步于此。你要超越这些，追求更崇高的东西；你要相信自己生来就是高山而不是溪流，是乔木而不是草芥；你要从命运安排的平庸之中挣脱出来；你要知道自己要去的，一定是一个白云之下、群山之巅的遥远之处。

正因如此，你要争分夺秒，学到更多的知识，提升自我；你要生无所息，时刻保有发现生活的好奇心与追求真理的热忱；你要保持可贵的理性思维和独立人格，尽量有尊严、有品质地活着。

更重要的是，你要学会以一颗平等之心对待他人和自己，无论站在你面前的是一个狂暴专断的独裁者，还是一个贫病交加的赶路人；你要心向光明，破除人类以自我为中心的人性缺陷；你要有同理心、共情力，除了一己悲欢之外，心里要能装下那些本来与你无关的人；你要注意到那残酷的现实和广阔的世界。为此，你要有时不我待的紧迫感。你要在有限的生涯里，延展出无限的生命力，最终让这个世界因为你的存在而变得更美好。

也正是在应天府书院刻苦读书期间，朱说写下了顶天立地的一句话——"士当先天下之忧而忧，后天下之乐而乐"。

山谷的松树会怨恨山峰的树苗吗？

冬天，朱说坚持用凉水洗脸，以保持困倦之中必要的清醒。没有饭吃的时候，他就继续做粥冻吃。

> 昼夜不息，冬月愈甚，以水沃面；食不给，至以糜粥继之，人不能堪，仲淹不苦也。
>
> ——《宋史·范仲淹传》

同学不理解他，但是他自己很清楚，物质的匮乏虽然难以忍受，但这毕竟是暂时的。在精神的国度里，一盆洗脸的凉水、一块果腹的粥冻，早已超越了时间和空间的限制，带着他直抵"孔颜乐处"的文化现场：

> 饭疏食，饮水，曲肱而枕之，乐亦在其中矣。不义而富且贵，于我如浮云。
>
> ——《论语·述而》

> 贤哉，回也！一箪食，一瓢饮，在陋巷，人不堪其忧，回也不改其乐。贤哉，回也！
>
> ——《论语·雍也》

勤学苦读

安贫乐道,这是历代读书人共同追求的最高境界。

一位家境优裕的同学给朱说带了美食,朱说转头就忘记了这件事,一不小心让应天府的"精灵鼠"都吃了。

这位"佚名同学"知道送去的食物朱说一口也没动,还被老鼠吃了,心里难免有点儿不高兴。

朱说不希望他误会,特意赶去解释,很真诚地作了一个长揖:"我怎会不知道你是一片好意?自古由俭入奢易,由奢入俭难。我只是知道自己是个平凡人,不敢和人性对抗罢了。我是怕享受了这一顿,以后的朱家野菜酱汁拌饭就咽不下去了。"

他的话让佚名同学产生了许多说不出的敬意。朱说解释之后,还和以前一样特立独行。他一如既往地用凉水洗脸,吃他的野菜酱汁拌饭,读他的诗书礼易春秋;每天第一个来书院,最后一个走。

"你的朱家野菜酱汁拌饭,什么时候改名字?"风波过去好久后的某一天,佚名同学忽然问。他说这句话时,朱说面前还是那碗千篇一律的野菜酱汁拌饭。

其实,佚名同学是想借着调侃的机会关心一下朱说。

按说,两个父亲都去世了,家里又没什么将相之位等着继承,其实姓朱还是姓范早就没什么所谓。但佚名同学知道,面前这个"死心眼儿"一定有自己的坚持。

朱说听了,心里也涌起一阵说不出的感激。比起不由分说送来的食物,他更喜欢的是这种好朋友之间举重若轻的关心。

世间没有绝对的公平,这就像小树苗一样:有的小树苗生下来就长在高山的最高处,不费什么力气,就能与苍鹰为伴,与白云为伍,成长为一棵伟岸的大树;有的小树苗命没有那么好,生下来就长在低谷的最低处,想要获得一点点阳光,都要拼尽幼小身躯里全部的力气。

这些都是没有办法选择的,但人还是要有乐观的精神。一切以平常心看待,各人做好各人的事。不嫉妒,不羡慕,不刻意讨好谁,也不过分敏感、过分自尊。这才是他理解中不卑不亢的要义。

于是,朱说很坦然地回答:"快了。我还想给自己起一个新名字。朱说、范说,都不好。"

"是,你是个干大事的人,得给自己起一个闪耀的名字。"佚名同学很捧场地说。

"哈哈!那也不敢当。"朱说笑了。

正所谓不打不相识,两个人的关系从此变得更好了。不仅如此,他们还发现了共同的爱好。朱说爱弹琴,佚名同学也爱弹琴。有时候学累了两人也会聊上两句,切磋一下琴技。说到关键处,两个人都很开心,其实琴艺什么的都是次要的。当年俞伯牙遇到钟子期,两个人一见如故,说到底不过是心意相投罢了。

有一天,佚名同学偶然早起了一会儿,这就有了一个对朱说新的发现。朱说来上学时,手里竟然提着一把剑。他觉得很好奇，这把剑是做什么的呢？不过要想知道是怎么回事儿倒也不难，只要狠下心起得再早一点儿就行了。第二天他起得更早，也果然找到了答案：在其他同学香梦酣甜的时候，朱说正在独自效仿祖逖，闻鸡起舞呢！每一个招式都与他原创的诗句相对应：

> 白云无赖帝乡遥，汉苑谁人奏洞箫。多难未应歌凤鸟，薄才犹可赋鹪鹩。瓢思颜子心还乐，琴遇钟君恨即销。但使斯文天未丧，涧松何必怨山苗。
>
> ——范仲淹《睢阳学舍书怀》

"要想有所成就，不仅要有坚定的心志，还要有强健的体魄。"这不正是师长们一直耳提面命的事吗？佚名同学的耳朵都要听出茧子了。可只有朱说这个傻子、呆子和疯子，竟然真的一边乐呵呵地给自己打气，一边在生活中不打折扣地坚持着。

像朱说这样常年保持高度自律的同学或许并不少见，但是像他一样生活清贫，却仍然以乐观、洒脱的态度追求卓越、砥砺品格的人，实在是太少了。

佚名同学心潮起伏。他好想走过去，把心里的仰慕、钦佩都讲给朱说听。

不过，他最终还是忍住了。纵然自己心中有一份柔软的善良、温暖的好意和由衷的敬意，也一定要用得体的方式表达才行。朱说这么做，为的是老师的赞许和同学的仰慕吗？他既然知道不是，又有什么必要在朱说如此专注的时刻走上前去打扰呢？于是，他静静地看了一会儿，悄悄走了。

那些在心里翻腾了许久的话，他一个字也没有说。

后来，出于一个很偶然的原因，佚名同学再一次早起了。这一次，他听见朱说在弹琴。驻足听了一会儿之后，他怀着同样的心情，再次悄悄地离开了。

勤学苦读

听说皇帝要来？对不起，我不稀罕见！

真宗大中祥符七年（1014）的一天，笃信道教的宋真宗带着文武百官去朝拜太清宫。当时早已名闻天下的大才子晏殊，正好也随驾前行。

依照行进路线，这支浩浩荡荡的皇家车马队要经过应天府书院。

这一次，佚名同学终于忍不住了。他赶紧去找范仲淹："今天圣上的车马队会在校门口经过，快跟我去看看吧！"没想到，朱说还在那里按部就班地读《孟子》："说大人，则藐之，勿视其巍巍然……"

佚名同学有点儿着急，其他同学都已经出去了。他生怕自己再磨蹭一会儿，就见不到皇家车马队了。他不得不打断朱说："快别背书了，你到底去不去？天天读、夜夜读，都要把人读傻啦！"话还没说完，他的一只脚已经踏出了门外。

"你去你的，我要把今天的功课完成再说。"朱说回答道。佚名同学这下完全不能理解了。他忍不住问了出来："万一这样的机会一辈子只有一次，你就不会遗憾吗？"朱说淡淡一笑："放心，以后总会见到的。"佚名同学呆住了，他们这样普普通通的人，以后会有什么机会见到大宋天子呢？

他没能想到的是,一年之后,朱说真的做到了。

大中祥符八年(1015),朱说荣登进士榜,中乙科第九十七名。他在崇政殿参加了殿试,也因此见到了宋真宗。

这一年,朱说二十七岁,以优异的成绩从应天府书院毕业。这座古老而崭新的书院并不知道,十三年后,这个清瘦的年轻人,将带着一个光耀千古的名字重新归来。在他的带领下,这里将谱写出一段辉煌的教育篇章。

应天府书院,我们十三年后再见!

注　释

1　古人崇尚读书的"逆天改命"之功，因此文学世界中从不缺寒窗苦读的学习楷模。比如《三字经》里的这一段："披蒲编，削竹简。彼无书，且知勉。头悬梁，锥刺股。彼不教，自勤苦。如囊萤，如映雪。家虽贫，学不辍。如负薪，如挂角。身虽劳，犹苦卓。"说的是汉代的路温舒、公孙弘为了节省金钱，一个把借来的《尚书》抄写在自己用蒲草编的席子上，一个把借来的《春秋》抄写在自己用削好的竹片制成的书简上；为防止读书的时候打盹犯困，汉代的孙敬把头发绑在房梁上，战国的苏秦则会在困意袭来的时候，用锥子刺自己的大腿；晋人车胤、孙康家贫无书，也没钱购买晚上看书时需要的灯油，于是一个靠萤火虫集聚在一起发出的光亮学习，一个靠冬夜雪地的反光学习；为了节省时间，隋朝放牛人李密把书挂在牛角上读，汉代的朱买臣一边砍柴一边读书。诚然，这些苦读的细节很可能出自文学创造，并不完全是历史事实。但讲故事的人对于他们学习态度的大力推崇，却是真的。朱说"窖金苦读"的故事，传自民间，大抵也是相同类型的传说；但"画粥断齑"出自宋朝一部逸事小说，或许是真实的经历。

2 毕昇大约是在宋仁宗庆历年间(1041—1048)更新了前人的活字印刷术,实现了更大规模的排版印刷。

3 可参考〔明〕宋濂的《送东阳马生序》:"余幼时即嗜学。家贫,无从致书以观,每假借于藏书之家,手自笔录,计日以还。天大寒,砚冰坚,手指不可屈伸,弗之怠。录毕,走送之,不敢稍逾约。"

4 朱文翰曾先后在江苏苏州、湖南安乡、安徽青阳、山东淄州等地为官。

5 应天府书院的前身为睢阳书院,创办人是五代后晋时的商丘人杨悫(què)。真宗大中祥符二年(1009),真宗改升其为府学,并正式赐额"应天府书院"。大中祥符七年(1014),应天府(今河南商丘)升格为南京,成为宋朝的陪都,应天府书院从此又称"南京书院"。仁宗庆历三年(1043),应天府书院改升为"南京国子监",成为北宋的最高学府,同时也成为中国古代书院中唯一一座升级为国子监的书院。

千秋功业

1015—1026 年 | 27—38 岁

高粱河静静东流，寂然无声。天地山河有大美，却不懂得此时正是国家与时代的多事之秋。此刻懂得这些的，是千里之外赶来的、渺小得如同一粒粟米的范仲淹。

终身大事

考中进士后,朱说被授予的第一个官职是广德军[1]司理参军。虽然是一个从九品的小官,朱说却已经有了足够的底气回到家乡,接走母亲,让母亲和他共同生活。

就像他自己说的那样,"涧松何必怨山苗"。人生之路,无论起点在哪里,总是进一步有进一步的欢喜。

来到广德军以后,母亲谢夫人总是念叨:"自古有'男虚三岁'的说法。这么一算,你今年眼看就三十了,也该考虑考虑终身大事了。"已经认真工作了一年的朱说,觉得母亲的提醒很有道理。他已经考中了进士,也求得了官职,工作尽职尽责。能不能兼济天下这会儿还不知道,但至少能够成家立户。他也不再是那个一事无成的小孩子,确实应该考虑考虑"认祖归宗"这件终身大事了——

咳,他又想到那件事上去了,和母亲想的根本不是一回事儿。

二十九岁这年,朱说写了份《奏请归宗复姓表》,请求归宗复姓。上表时,他说:"名非霸越,乘舟难效于陶朱;志切投秦,出境遂称于张禄。"这句话非常巧妙地表达了自己的决心,这份申请也就很快得到了批准。从此,在宋朝的官方文件上,朱说就变成了范仲淹。

审批的人可能不会想到，自己不过随手写了个"同意"，一个日后被中国人不断怀念也不断崇敬的精神偶像，就这样诞生了。

完成了更名改姓的终身大事，范仲淹波澜壮阔的人生就这样开始了。一切都和当年"画粥断齑"的时候有很大的不同。他不必再吃粥冻了，并且可以在母亲谢夫人面前晨昏定省²地尽孝了。

他热爱并全身投入自己的工作，每天忙碌而充实。就拿一开始就职广德军的时候来说吧，他没有冤枉过一个好人，也没有纵容过一个犯人。为了坚守心中的正义和公平，他从不害怕和顶头上司公然理论。有时候太激动了，他甚至会把和上司争吵的内容都写在屏风上。离任的时候，那屏风上的字一个都没来得及擦，密密麻麻都还在呢！

也不知道上司后来知不知道这件事，会不会因此记恨这个敢和他拍桌子的愣头青。

好在付出总有回报。从二十七岁到二十九岁，接近两年的辛苦工作最终被人们看在了眼里。因为他的勤勉用心、廉洁公平和刚正不阿，他得到了生平第一次升迁。

真宗天禧元年（1017），广德军司理参军范仲淹迁官到集庆军³，担任节度推官。集庆军距离广德军的路很遥远，足足有七百余里。二十九岁的范仲淹俸禄微薄，还是那样清贫，他家里只有一匹瘦马，勉强能在上下班时充当一下代步工具。可是七百余里的路无论如何都太漫长了，于是，家徒四壁的范仲淹只好卖掉了他的马，换来路费，徒步上路了。

长路漫漫，一眼望去，看不到头。他当然清楚文臣有京官、朝官和选人三个等级。高阶的暂且不提，选人就分了四阶七等。自己的新职位属于这个四阶中的第七等。也就是说，一切才刚刚开始。

像他这样的基层小吏，要经过漫长的磨砺，经受三任六考的重重考核，才能"循资"晋升。即便如此，也不见得能有进京为官、上朝议政的资格。总之，前面的路还远得很。但是没关系，汴梁城虽远，而七百余里近，那就先走近的。只要脚踏实地，一步步走，总有机会走到汴梁。

"远芳侵古道，晴翠接荒城。"此时，范仲淹的眼前是无尽的斜阳、远山和平整的青草道，是再美丽不过的风景。

三十不立

虽然迁移了七百余里,换了一个新工作,但范仲淹干的其实还是老本行,每天依然和各种卷宗打交道。

他工作起来还是那样认真,上次他是跟上司叫板,这一次成了跟同事较劲了。有老前辈劝他:"从读书第一天开始算起,谁不是三更灯火五更鸡地苦过来的?别人就不说了,就说说你!从广德军到集庆军,吃了多少苦你自己不知道吗?为的是啥?要我说,千万别死心眼儿,凡事差不多就得了。自己乐得轻松,也不得罪人,多好。"范仲淹摇摇头,他很想和对方争辩几句,到底还是忍住了。

算了,还是让自己用实际行动来证明吧:这世上的确有一种呆子、傻子和疯子,哪怕自己穷得连一匹马都没有,哪怕七百余里的路都要自己一步步走过来,那句"为官一任、造福一方"也依然是一句知行合一的话。于是,下一次梳理案件的时候,范仲淹还是我行我素,该怎么办还怎么办。

当然,范仲淹身边也不是只有这样得过且过的老前辈,还有像杨日严这样的"知名人物"。

杨日严是何许人?许多年后,第一个跳出来诬陷欧阳修,掀起政治风雨,导致一代"文坛盟主"不得不被贬滁州的就是这位了。这时,杨日严还是集庆军的最高领导,范仲淹的顶头上司——集庆军通判。

有老前辈和大老板如此,想来范仲淹在这里也不会太开心吧!

好在我们已经可以得出这样的判断:范仲淹这个人,从来都是人群中定力超强、自我约束力超高的那个。不管外在环境如何,他都能做好自己该做的事。

所以不用太为他担心。

他每天有工作,按时领俸禄——虽然微薄,但也不至于让他太为生计担忧;他精力充沛,年富力强,暂时还没有家室之累;和刚刚工作的时候相比,处理起公务来也越来越有经验,越来越顺手了。

工作之余他也没有虚度时间。集庆军没什么文化氛围,年轻人也不爱学习。他便想方设法请了三个既有才学又有名气的老师来教书讲学。日子一长,这里的学习风气便浓厚了许多,每次大考之后,也开始有人能考上进士了。从此,当地爱学习的人也就一天天地多了起来。

请名师、安排场地、把年轻人聚到一起学习……平心而论,其实哪一步都不容易,而他居然真的办成了。这是一件实实在在提高当地人文化素质的事。

至于集庆军这边,他来的时间不长,所以还没来得及干点儿什么。不过,倒也不算一无所获,他在这里交到了一个叫上官融的好朋友。上官融是一个来自四川的才子，很有学问。他们在一起的时候，总有很多话可以聊。范仲淹很开心，因为以前只顾着学习，他其实并没有什么朋友。

按理说，此时此刻，应该是他人生中最不该发愁的时候。一切都好起来了，也一定会越来越好，他应该开心和满足才对。但是现实却不是这样。他还是会感到怅然若失，也总是会在某个瞬间感受到莫名的孤独和落寞。但这些心事无人倾听。谁会理解他呢？如果他和一些朋友谈心，大约那些人也只是会说："哎呀，男大当婚，你都已经三十了！该解决终身大事啦！夫人一娶，儿子一抱，保准什么事都没有啦！你看看你现在，孤孤单单一个人，别总是胡思乱想的！"

他说不清楚，也不会反驳，可是又分明能意识到：他想要找寻的答案，似乎并不是这个。

唉，时间怎么过得那么快呢？仿佛在应天府书院的日子还在昨天，可是一转眼，三年就过去了。三年来，有多少像他一样的人，每天为了眼皮子底下的这点事情忙忙碌碌？他们的内心充实吗？满足吗？他们之中也会有人像他一样，在深夜埋头卷宗的某个间歇，突然看见另一个自己从躯壳中跳出来，看着俯身工作的自己，然后感慨地说："啊，难道我这辈子也就这样了吗？"

他顿时觉得好奇怪。

以前，他一身白衣，一无所有，可是那些遥不可及的梦想，每一个都令他深信不疑。如今他官位在身，每天忙忙碌碌，看上去也确实在一步一个台阶,踏踏实实地往前走,可是关于那些慨然奋进的人生规划,他怎么忽然开始不确定了呢?

不是说好了要"先天下之忧而忧,后天下之乐而乐"的吗?

不是说好了"以天下为己任"的吗?

可是天下在哪里?他的忧愁和欢乐,又在哪里呢?

远行河朔：帝国这么大，我得去看看

于是，三十岁那一年，范仲淹终于下了决心。他要去看看北流入海的黄河水，他要去看看绵延起伏的太行山，他要去看看一马平川的渤海岸，他要去古老而苍茫的幽燕之地[4]走一走，让狂野的河朔之风吹一吹他的忧愁。他要到雄壮悲凉的边塞去，他要到苍茫无垠的国境线上去，他要去看看整个北宋都分外关心的幽云十六州[5]。

幽云十六州地势险要，易守难攻，是北方少数民族南下中原的必经之路，是中原王朝北部边境的天然防御阵地。五代时，后晋皇帝石敬瑭将幽云十六州拱手让与契丹，从此，这十六个州就成了中国的"死穴"与"阿喀琉斯之踵（Achilles' Heel）"[6]。

防御阵地没有了，地形上的优势减弱了，这不是最让人痛心疾首的。最让人痛心疾首的是，防御阵地被敌人占有之后，摇身一变，立刻成了对方发起进攻时可以仰仗的坚固堡垒。

然而，雪上加霜的是，没有了幽云十六州，不仅意味着有利地形的丧失，还意味着军事力量的长期受挫。

原因很简单，中原没有马。宋的边患多在平原千里的北方。在这里打仗，尤其是和长城以北的少数民族打仗，要想打赢，一定要有骑兵。要想有骑兵，就一定要有战马。而骑兵所需要的战马，只有在清凉高寒之地、长山大谷之中、美草甘泉之畔，才能成群结队地生长。在中国，符合条件的地方只有两个：一个是蓟北之野，一个是甘凉河套。

只是，让人可惜得把牙齿都要咬碎的是，这两个产良马的地方，一个被西夏掠走，一个被辽国夺去，现在都不在宋的手里。宋不是没有想过把失去的幽云十六州拿回来，从范仲淹远行河朔之地的时间再往前推差不多四十年，也就是在并不久远的太平兴国四年（979），宋太宗就做过一次这样的努力。

那一年的五月二十九日，宋军大举云集镇州。

六月十三日，宋太宗率军数十万北上。辽国北院大王耶律奚底率军迎战于河北易水，被宋军击败。

六月二十三日，宋军兵临幽州城下。接下来一连数日，双方苦战斡旋，日夜激战。宋军的敢死队一度登上幽州城头——自中原痛失幽云十六州后，宋人从未距离这座城池如此之近。可惜，就在宋军即将取得决定性胜利的关头，辽军猛然发力，三百勇士功败垂成。

七月初六，宋军与辽国援军血战于高粱河畔。一开始辽军被宋军击败，宋军随后一路前行，乘势追击。当时，金子般的夕阳洒在高粱河上，胜利仿佛就在眼前。队伍中，人人精神抖擞，心中充满了希望。只是没过一会儿，天就黑了下来。前面的路渐渐看不清了，刚才还丢盔卸甲的辽军也不见了踪影。就在宋军短暂迟疑之际，两道火炬的亮光忽然从小道上一闪而过，仿佛某种决战前的信号。

太快了，简直太快了。宋军感觉自己只不过眨了一下眼，无数个黑影就已经从四面八方源源不断地涌来。

呐喊声起来了，拼杀声靠近了！

幽州城门这时候也打开了。透过洞开的城门，宋太宗第一次看清了这座渴望了多年的城池，但这第一次的凝望注定也是最后一次。有生之年，他将再没有机会看向它，也再没有机会比今天离这里更近了。因为城门洞开之时，也是守城的辽军出击之时。

宋军因此全线溃退。根据事后的估算，仅死者就有上万人。宋太宗也身受箭伤，不得不乘着驴车仓皇南逃。

宋太宗的狼狈越发衬托了辽军胜利之后的得意。他们乘胜追击，至涿州乃止，一路上缴获的兵器、粮草简直多到无法计算。

高粱河之败给宋太宗留下了肉体上和精神上的双重痛苦。至道三年三月二十九日（997年5月8日），宋太宗因箭伤复发，遗憾离世，享年五十九岁。这一年，范仲淹九岁。

二十多年后，幽云十六州还在契丹之手，而残阳依旧如血。光阴荏苒，高粱河上一片岁月静好，河朔一带已是歌舞升平。二十多年前的血迹和尸体早已消失殆尽，再也没有人记得这个国家的渴望和失败、软肋与隐忧了。

范仲淹忧心忡忡地站在河朔大地上。高梁河静静东流,寂然无声。天地山河有大美,却不懂得此时正是国家与时代的多事之秋。此刻懂得这些的,是千里之外赶来的、渺小得如同一粒粟米的范仲淹。

霎那间,建国百余年间宋、辽、西夏的种种往事,在夕阳的照耀下,就像当年高梁河之战的千军万马一般,从四面八方源源不断地涌来,齐聚在范仲淹的眉头。他不得不想起那次信心满满的北伐,它本有着一个多么壮丽的开始!他也不得不想起直到今日仍然一蹶不振的士气。多么滑稽而讽刺啊,在壮丽的开始之后,竟是这样一个令人唏嘘的结局。

不,他想,这故事远远没有结束。它正等着这个时代的人去用心书写呢!

于是,他缓慢而有力地写下一首《河朔吟》:

太平燕赵许闲游,三十从知壮士羞。敢话诗书为上将,犹怜仁义对诸侯。子房帷幄方无事,李牧耕桑合有秋。民得夸襦兵得帅,御戎何必问严忧。

长啸之后,声落而诗成。这一刻的他并不知道:在他按部就班地工作二十二年后,才能迎来那奔赴边塞的日子。

游历结束后,基层小吏范仲淹还是得该工作工作,该生活生活。当然,也确实该考虑一下个人的终身大事了。

真宗天禧五年（1021），三十三岁的范仲淹调任泰州，出任西溪镇盐税官。三年后，范家双喜临门。他娶了应天府李昌言的女儿李氏为夫人。同年，三十六岁的他有了第一个儿子，取名范纯祐。

泰州海堤：要做成一件事到底有多难？

在泰州的工作有一个特点：忙的时候很忙，闲的时候也很闲。范仲淹却是个闲不下来的有心人，只要一有空，就想去当地特有的盐场看看。去得多了，他发现了不少令人痛心疾首的问题：原来，沿海的泰州不仅有盐场，还有大潮和台风，更有农田和房屋一次次被潮水和暴风摧毁了也依然要生活下去的人们。

每当大风大潮涌来的时候，海水能一直漫延到泰州城下。无数人因此失去的，不仅是农田、房屋，还有亲人、朋友，甚至是自己的生命，多少年来都是这样。以至于这么多年，当官的也习惯了：泰州沿海，海盐是大自然给予这座城市的慷慨馈赠；而灾害来袭时失去的财产和生命，也是这座城市不得不付出的惨痛代价。

范仲淹当然明白为政者的逻辑，但并不认同他们与己无关的冷漠与无情态度。经过认真的考虑和漫长的准备后，他给有关部门写了一封奏疏。在奏疏中，他痛陈海患对沿海人民造成的伤害，并建议在泰州沿海一带，筑造一道捍卫人民生命与财产安全的坚固长堤。

官场上的前辈知道了这件事，有的从教年轻人做事的角度，批评范仲淹越职言事："你不过只是一个小小的盐税官！这道海堤塌了多少年了，都无人声张，怎么今天轮到你来指手画脚？"

前辈说得很不客气，范仲淹也就不再顾及太多，开门见山地回应道："百姓都逃荒去了，我去哪里收税呢？如果筑堰能救万民，那就是我的分内之事！"有的倒是真心实意地从技术上反对。他们担心海堤建好以后，一旦排水系统不健全，容易出现积水，引发新的水患。但发现问题应该是解决问题的前提，而不是逃避问题的理由。所以范仲淹也不认同他们。

其实，在这次上书之前，范仲淹也不是没有发现过其他的问题，也不是没有提过中肯的建议，只是每一次写去的信都石沉大海。但每一次写信之后，范仲淹都没有因为失败而气馁。他依然该写信写信，该提建议提建议。终于，在不懈的尝试之后，他遇到了一个和自己一样愿意主动找事干、干实事的人。这个人，正是他这一次上书的对象——江淮制置发运副使张纶。

世界上没有百分之百零风险的事。在风险和收益之间，总要做一个果断的取舍。经过一番认真的思考，张纶最终决定支持范仲淹。他认为："涛之患十九，而潦之患十一，获多而亡少，岂不可邪？"筑堰挡潮，利多弊少。

决定了之后，张纶立刻向朝廷汇报。因为范仲淹的前期工作做得很好，张纶的陈述也就十分有说服力。这样，整个工程很快得到了批准。不仅如此，朝廷还采纳了张纶不拘一格的人事推荐：任命范仲淹为兴化县（今江苏泰州）知县，担任这项工程的总负责人。就这样，由泰州一个小小盐税官首倡的海堤修建计划,正式成为一个官方认可的国家工程。

仁宗天圣二年(1024),修建捍海长堤的工程正式启动。为了顺利完成这项工程,范仲淹从通州、泰州、楚州、海州四地,征调了四万多名民夫。海上风高而浪急,开工的那天,为了给大家打气,范仲淹义无反顾地走在整个队伍的前面。

工程启动之后,刚开始一切都很顺利。眼看长堤就要建成时,没想到一场铺天盖地的暴风雪,使几十名辛苦劳作的民工忽然被潮水卷走了。一片慌乱之下,海边又发生了踩踏事件,又有几百名民工不幸丧生。意外发生后,老百姓害怕极了,官员们也议论纷纷。

"好好的修什么海堤呢?"

"依我看,这就是触了海龙王的逆鳞……"

"上天已经降罪了,肯定不能再修了。"

……

"海堤还要修吗?"好友滕子京犹豫着询问范仲淹的意见。自从工程开动以来,他就一直与范仲淹并肩战斗。但是反对的人越来越多,他也难免有点动摇。

"修啊,总会修好的。"范仲淹收拾好悲恸的心情,沉静而郑重地说。他们力排众议,重新开了工。只是祸不单行,悲剧再次发生。一场撼天动地的大海潮突然袭来,一转眼的工夫,海岸上的施工人员就消失了。

"海堤还要修吗?"滕子京再次问范仲淹。这次让他动摇的，不是别人的指责和批评，而是两次灾难中牺牲的生命。

"修啊，修好了，就不会年年有人因为海患失去生命了。"同样沉浸在悲痛之中的范仲淹沉默了好一会儿才说话。但是这一次，他的语气已经不复上一次的镇定。

这条长堤到底也没能在范仲淹的手中修成。

天圣四年（1026）八月，范仲淹的母亲谢夫人不幸去世。

儿子刚刚结婚两年，还没能成长为后来那个天下敬仰的一代圣贤，孙子也未满两岁，可是她已经不能再继续陪伴他们、关心他们了。

母亲去世后，范仲淹遵守"丁忧"制度，回家守丧。也就是说，他将不能见证这座堤坝的完成。

可是，他心里又怎么会真正放得下呢？

离任回籍以后，范仲淹对这座大堤仍念念不忘，他多次给张纶写信，恳请对方无论如何也要修成大堤。考虑到开工时的种种不顺利，他还率直地表示："张大人，若事成之后有功绩，我范仲淹不要半分。若事情未成，所有政治过错我愿意一力承担！"

令人钦佩的是，张纶也没有辜负范仲淹的重托。范仲淹离任后，他用了整整两年的时间，主持完成了剩下的绝大部分工程。

这座捍海长堤长两百多丈，基宽三丈，顶宽一丈，高一丈有余。工程结束之后，沿海一带大为受益。当地海患基本绝迹，外出逃荒的两千多户百姓也重新回到家乡定居。

令人感动的是，张纶并不肯因此居功。时至今日，这条生命力惊人的长堤遗迹犹在，人称"范公堤"。

潮起又潮落，潮涨又潮回。

时光荏苒，一千多年过去了。这座堤坝早已从一个颇具实际功用的水利工程，变成了编码在中国人文化基因里的精神符号。

一个人一辈子能干成这么一件功在当代、利在千秋的大事，其实就已经很了不起了。而这，却还只是范仲淹干成的第一件大事。

注　释

1 广德军管辖范围大约是今天安徽广德、郎溪等地。
2 晨昏定省：晚间服侍就寝，早上省视问安。指侍奉父母的日常礼节。
3 集庆军，辖境位置在今安徽亳州一带。
4 幽燕之地：指北京及其周边地区。
5 幽云十六州，指中国北方以幽州（今北京）和云州（今山西大同）为中心的十六个州，即今北京、天津北部的海河以北，以及河北北部、山西北部地区。
6 阿喀琉斯之踵（Achilles' Heel）：原指希腊神话中阿喀琉斯的脚后跟。在特洛伊战争中，阿喀琉斯因脚后跟被毒箭射中而身亡。现引申为致命弱点。

履霜记

瀑布

范仲淹【1016年,28岁】

迥与众流异,
发源高更孤。
下山犹直在,
到海得清无。
势斗蛟龙恶,
声吹雨雹粗。
晚来云一色,
诗句自成图。

过太清宫

范仲淹【1019年，31岁】

丑石危松半绿萝，
函关真相玉嵯峨。
谁言仙道求难至，
自愧阴功积未多。
缈缈云霞开绛节，
雍雍鸾凤答空歌。
几时身退琼坛畔，
荣利匆匆奈老何。

酬滕子京同年

范仲淹【1023年，35岁】

谢家风雅若为酬，
散吏方耽海上游。
疏懒几忘传笔梦，
寂寥仍有负薪忧。
欲歌兰雪归真隐，
敢向簪轩竞急流。
如共茂先瞻气象，
莫言神物在南州。

应天书院

1027—1028 年 | 39—40 岁

晏殊畅想中那个官学昌盛的未来,让范仲淹感到热血奔涌、义不容辞,也感到一种迫不及待躬身入局的冲动。十三年来,他苦苦等待的,不正是这样一个可以实现自我、创造社会价值的机会吗?

范仲淹与晏殊

还记得在本书开头,曾短暂地出现过的名字——晏殊吗?

你大概是知道晏殊的。因为他和范仲淹一样,也是一个有名的文学家;你或许也记得,十几年前,就在范仲淹于应天府书院读书的时候,一墙之隔的书院外,晏殊正走在随驾前往太清宫的路上。

晏殊只比范仲淹小两岁,他从小就以超高的智商和天赋闻名。晏殊七岁便能文善诗,毫无争议地被公认为难得一见的"神童",十四岁更是被江南安抚使张知白推荐于朝廷。

十五岁那年,他跳过层层选拔,与来自全国各地的数千名考生一起参加殿试。

在所有考生中,晏殊年纪最小,而神色却最沉静从容:

帝召殊与进士千余人并试廷中,殊神气不慑,援笔立成。

——《宋史·晏殊传》

真宗见他年纪虽小,气度却大,对他印象颇佳。殿试结束的两天后,又有一场考查诗赋、策论的复试。考场上,人们都暗暗留意晏殊会有怎样的表现。

这一看不要紧，不知道为什么，前几天还沉静从容的天才少年忽然皱了下眉头。只见晏殊主动站起来说："考官老师，这些题我都不能做。之前备考的时候，我碰巧做过。如果今天再做，纵然不算作弊，也对其他考生不公平。"

大家都觉得这个孩子难得，既有才华又有品德。宋真宗也因此更加喜欢晏殊。他甚至还笃定地相信，这样的灵童是上天特意赐给大宋的祥瑞，是国运昌隆的好兆头。因此特授这位少年为秘书省正字，还索性把他留在秘阁深造。

秘阁是皇家的图书馆、古籍所和宫廷内的公共阅览室，是一个距离皇帝和权力最近的地方。自古"近水楼台先得月，向阳花木易为春"。晏殊在秘阁读书、学习，大概一年后，又参加了一次内阁的特招，顺利通过考试，进一步得到了晋升的机会。

从十六岁到十八岁，晏殊先做了太常寺奉礼郎，接着升职为光禄寺丞，从此一路青云直上。

十九岁那年，也就是在范仲淹画粥断齑的时候，他顺顺利利地通过了学士院的特招，毫无悬念地得到了"集贤校理"的工作，负责编辑整理古代典籍。二十岁时，晏殊又一次升职为著作佐郎，工作既体面又高贵。二十八岁时，他获得了一个很重要的职务——太子舍人，从此光荣地成了太子的伴读。

晏殊的职位都是清要之职，不少权力中枢的宰执大臣也都是从这里起步的。因此说，集才华、品德、运气于一身的晏殊，简直就是古代读书人的人生模板。他理想荣光的前半生和范仲淹

应天书院

寂寞清苦的苦读岁月,形成鲜明的对比。

真宗大中祥符七年,颇得圣上眷顾的晏殊以天子近侍官的身份,坐在皇家的宝马香车里。

这一年,晏殊才二十四岁。从他参加殿试算起,时间过去了九年。这九年足以让他穿着六品朝服,在卓尔不群的人生处境中,望向车外的应天府书院。

书院外那条并不长的街道,是去往太清宫的必经之路。清晨的第一缕晨曦还没有照到书院大门的匾额上,地上一片鸦雀无声的白色,是学生们匍匐在地的身影。

也就是在同一天,晏殊和那个唯一不曾出来的苦学生,第一次隔着一段短暂的距离在同一时空相遇。

虽然,那一刻的他们,又分明隔着世界上最遥远的距离。

从太清宫回来之后的真宗天禧四年(1020),也就是范仲淹埋头苦判案子的那一年,三十岁的晏殊又获得了一次颇为重要的晋升。他成了太子左庶子,正式成为一个五品官。太子庶子是太子的侍从官。庶子有左右庶子之分,实际上是比照朝廷左丞右相的职位而专门设立的太子府版的内阁。将如此重要的职位赐予晏殊,可见真宗对晏殊的倚重。

此后,君臣二人的关系也越来越密切。

真宗会用一个方寸小纸,写上自己想要商量的事务,传给晏殊。晏殊收到后,会用秀丽的蝇头小楷认真写下回复,与小纸片一起密封好,再妥帖地呈给真宗。真宗问的都是一些机密之事,晏殊的谨慎和缜密换来了真宗加倍的信任。于是,晏殊给真宗的回复很多都被采纳,进而影响到国家政策的制定。

也就是说,当范仲淹还在泰州的盐溪仓辛辛苦苦收税时,晏殊就已经在和真宗的一问一答间,开始帮助皇帝治国平天下了。

宋真宗乾兴元年(1022),晏殊三十二岁。这一年,对晏殊有知遇之恩的真宗皇帝不幸去世,终年五十五岁。晏殊的学生、十二岁的太子赵祯继位——赵祯就是宋仁宗。

江山易主之时,政治权力常常变幻不定。原本就智商超人的晏殊,此时又立刻以极高的政治敏锐度,率先奏请刘太后垂帘听政。他郑重建言:"群臣奏事太后者,垂帘听之,皆毋得见。"晏殊的此项提议,很是符合刘太后和文武百官的心思。刘太后深感晏殊的支持,这样她就可以顺理成章地参与朝政了;百官也觉得这主意含蓄而精妙,既然是"皆毋得见",那么,不但自己不能单独见太后,宰相丁谓、枢密使曹利用这两位宰执大臣也不能"独见奏事"。就这样,晏殊一个提议,就以一种极其自然、公平的方式杜绝了一家独大的可能,还让太后、百官和两位头号辅政大臣都觉得满意,实属难得。

晏殊自然而然地又获得了一次晋升。哦,不,这一次已经不是晋升，而是"超升"了。他从正五品一下子跃至正四品，任职右谏议大夫兼侍读学士。

有人说，不对，怎么从正五品到了正四品就是超升了呢？

没错，这还真是超升。宋代官员的品秩制度特别烦琐，一个品级里包含着好多个层级。就以最底层的九品官为例吧。单是九品，就分为正九品、从九品。"从九品"里又有从九品上、从九品下两个层级。这么看来，晏殊从正五品到正四品，正是令人瞠目的跳级式晋升。

这还没完，刘太后很快又觉得，即便如此也不足以表达她对晏殊的器重，所以又给晏殊加官给事中，任命他去预修《真宗实录》，还将他从正四品超升为正三品的礼部侍郎。

刘太后想了想，似乎觉得还不够，又将晏殊超升为枢密副使。这已经不是超升，而是"飞升"了。那边，范仲淹还在泰州盐溪仓辛辛苦苦地收着税呢，三十五岁的晏殊已经荣登二府大臣之列，从一个五品太子舍人成为国家中枢的超级重臣。

到底还要奋斗多少年，我们的范仲淹才能坐下来和晏殊喝杯茶，一起谈谈诗词歌赋和人生理想呢？

正所谓，天变一时刻，人心昼夜转。得到刘太后赏识的晏殊，又因为不肯同意刘太后超升心腹大臣张耆做枢密使，也就是做他本人的顶头上司，而被发配到宣州做太守。几个月后，天圣五年（1027），刘太后顾念旧情，把三十七岁的晏殊调去南京做了南京留守。

晏殊去的南京可不是今天的南京，而是现在的商丘[1]。

在晏殊被调任去做一京之守的时候，这座城市也才刚刚拥有南京这个名字，刚刚获得陪都身份[2]。而在此之前，它有一个我们都十分熟悉的名字——应天府。

没错，这里正是应天府书院的所在地。

此时三十九岁的范仲淹刚离开捍海堤的修建工作，安葬过母亲谢夫人，正在南京依礼守丧。

于是，在命运的安排下，这两个人再一次见面了[3]。距离他们第一次的擦肩而过，已经过去了整整十三年。不过，两个人见面之后，却没什么工夫喝茶聊天。无事不登三宝殿，这一次晏殊主动来找范仲淹，是有要事相商。

经过十几年的发展，应天府书院早已成为全国范围内的顶级名校，慕名而来的优秀学生也越来越多。依托旧址而建的校区已经变得破旧，现有规模和教育模式也慢慢无法匹配全国学子的需求。

晏殊于是决计做一件前人没有做过、想想就激动的事情。他要把应天府书院建设成一个学风优良、学业扎实的官办府学，然后依托应天府书院打造一种全新的教育模式，进而在更大的范围内推广，以促进全国教育事业的发展。

要想实现这个目标，要走的路当然是漫长的。但他同样也相信：合抱之木，生于毫末；九层之台，起于累土。无论多么困难的事，只要先干起来，只要找到志同道合、一起努力的人，心中的蓝图总会有实现的可能。

所以，他早已默默筹备好资金，拟好了学舍兴建的计划。眼下，就差一个道德和学问双一流的有志之士，和他一起完成这份交给时代与国家的重要答卷了。经过一番认真观察，晏殊笃定地认为：天下能士虽多，但能够助他一臂之力的，只有范仲淹一个。

应天府书院,我回来了!

事实证明,晏殊的眼光没有错。晏殊畅想中那个官学昌盛的未来,让范仲淹感到热血奔涌、义不容辞,也感到一种迫不及待躬身入局的冲动。十三年来,他苦苦等待的,不正是这样一个可以实现自我、创造社会价值的机会吗?

于是,不用范仲淹再说什么,只看他那炯炯有神的眼睛,晏殊便已经知道:那个能与他一起为教育事业而努力奋斗的新一任应天府书院院长,非这个人莫属了。

范仲淹接手应天府书院的第一件事,是确立新的校训。他上任时,校训还是之前叫作南都学舍时的那句——"天下同文"。这个校训是前校长戚同文确立的,寄托了老一代教育家的殷切希望。

然而,时光荏苒,老校训早就完成了它的使命。如今,这座学校已经焕然一新,不如索性换一句新的校训激励学生。那么,这座学校应该以什么为校训呢?又要培养一些什么样的学生呢?范仲淹经过一番深思熟虑,将应天府书院的校训改为:"以天下为己任"。

紧接着,他又围绕新校训,进一步明确了书院的培养目标:

"通《易》之神明，得《诗》之风化，洞《春秋》褒贬之法，达礼乐制作之情，善言二帝三王之书，博涉九流百家之说者，盖互有人焉。若夫廊庙其器，有忧天下之心，进可为卿大夫者；天人其学，能乐古人之道，退可为乡先生者，亦不无矣。"

实际上，他强调的是那句从先秦到宋朝一直广为传诵的，几乎成了每个人常挂在嘴边的大道理：穷则独善其身，达则兼济天下。

这句话其实也可以换一个说法：

"上学的时候，就好好学习。不仅要学知识，还要学做人。以后你本事小的话，做好自己，起码能为自己和家人创造美好的生活；要是本事大了，就在工作岗位上好好干，多为别人办点儿事；要是再厉害些，就想想现在这个社会还有什么不尽如人意的地方，看看你有没有能耐改变它。孩子啊，现实远比你想象的更复杂也更无情。以后你只要能做到其中的任意一点，老师就很知足啦！

"越是简单的话，实践起来往往越艰难。万一有一天无论如何也撑不下去了，就想想今天的这些话，然后再咬牙撑下去吧！"

范仲淹在应天府书院留下了很多故事，也发现了很多人才。

有一个姓孙的同学，常年四处游学。美其名曰游学，实际上却和乞讨差不多：哪里有知识，就蹭点儿知识；哪里有吃食，就蹭点儿吃食。

有一天,孙同学晃晃悠悠来到应天府书院,专门向范仲淹请教学问。范仲淹看着他清瘦的面容和虚弱的身体,不由自主地想起了当年画粥断齑的日子。于是他不仅认真回答了问题,还送出了一千文钱。

没想到,过了一年,孙同学竟然又来了。范仲淹就又请他吃了一顿饭,又送了他一千文钱。只不过这一次,他主动问了孙同学一个问题:"你为什么不安顿下来安心读书?整天东游西晃,学问怎么能做好呢?"孙同学的眼圈儿一下子红了。他当然不是什么游手好闲之辈——选择游学是为了多长见识,多见优秀的人,而蹭饭蹭钱,则是为了家里的母亲。"假如每天能有一百文的经济来源,我自然一心向学,不会如此了。"他说。

范仲淹沉默了好一会儿,问了一个要命的问题:"孙同学,你今年多大了?"孙同学脸上泛起一阵愧色,"男儿三十不自立。惭愧!惭愧!"然而孙同学忽然又收起愧色,淡淡地说了句:"其实也没什么惭愧的。精神的充实和物质的富足如果只能选一个,那我还是选第一个。"说着,孙同学不自觉地挺起了身板。

说不着急,那怎么可能呢?他已经三十岁了,还要靠四处求人接济来奉养母亲,至今孑然一身。可是,在他内心深处,他知道自己停止不了对有智识的生活的强烈向往。纵然现在衣食无着,飘零无依,因为这不死的渴望,那些被生活搞得很疲惫的时刻,也没有那么令他难过了。

这些话听上去很傻，可是他就是有理由相信，就算他是个傻子、呆子和疯子，而眼前的这个人，一定会理解自己的固执。

若不是孙同学明明白白地说出自己的年纪，范仲淹也断然想不到，这位学生竟然只比自己小几岁。刚听到孙同学年龄的瞬间，范仲淹也情不自禁地觉得他凄惨落魄。

然而不多久，他便清醒过来：人的一生所求迥然各异，其实并不需要和别人比，也根本没有可比之处。和任何一个人比，你都有强过对方的优点；和任何一个人比，你都有远远不如他的短板。如果一定要比的话，人家晏殊还比自己小两岁，自己可有半点儿能与他相比的地方吗？

人各有各的际遇与人生，不过自个儿做好自个儿罢了。至于本就不由自己把握的那些，便不用分神理会。

孙同学能够如此坚定，一心向学，先不管他的学问如何，就只先说这股劲头，便是他远超常人之处。范仲淹反观自己，倒是显得定力不足，境界不够了。

"你笑他三十不立，可自己怎么还四十有惑呢？论精神的独立不迁，此刻的你竟连当年不见官家的朱说都不如。你才应该惭愧呢！"

想到这里，范仲淹便决定要用实际行动为孙同学做点儿什么。"我延请你在学府里做个助教，月薪三千文。你看如何？"他不是可怜孙同学，而是有爱才之心：孙同学求学多年，学问其实已经很深厚。留他在应天府书院，既能令他安心求学深造，也有利于书院的发展。孙同学听了，大喜过望。从此以后，他就在应天府书院一边工作，一边追随范仲淹，潜心专研《春秋》。

三年后，范仲淹丁忧期满，离开南京。

孙同学也离开了应天府书院，回家了。

不知不觉，十多年过去了。在历来皇帝的封禅之地泰山，一位学者应邀开坛讲学。一时之间，学界轰动，朝野上下无不称颂。当时的大学问家石介尊他为老师，就连宋仁宗也慕名邀请他到宫中讲授《春秋》。

这位大儒不是别人，正是当年三十不立的孙同学[4]。如今他终于立住了，而且还立得顶天立地。

除了孙复，范仲淹还曾培养过一个记忆力超群、智商极高，同时也一心向学的少年，他叫张方平。张方平对范仲淹的尊敬与敬仰是持续终生的。他一生追随范仲淹，也一直都是范仲淹的坚定支持者。

对一个人最大的尊敬，绝不仅仅体现在称赞他，支持他，亲近他；而是当一件事情发生时，你会首先想一想，如果是他，他会怎么说，又会怎么做，然后以之指引、鞭策自己的一言一行。

那么，如果是范仲淹遇到二十四岁的苏轼，他会怎么做呢？以范公的为人，他自然会不遗余力地提携、帮助苏轼吧？既然如此，许多年后，当上天安排张方平遇见二十四岁的苏轼时，他就毫不犹豫地这么做了。

张方平对苏轼有知遇之恩，相当于苏轼的老师。这么一来，范仲淹也就是苏轼老师的老师了。可惜的是，当苏轼遇到张方平时，范仲淹已经憾然离世。也正因如此，大文豪苏轼终其一生，都因为没能见到这样一位人物而感到遗憾[5]。

修《宋史》的人称赞晏殊，说他"自五代以来，天下学校废，兴学自殊始"。但是，哪怕只是稍微了解一下当时的教育发展史，就会发现，其中最不可或缺的中坚力量，其实是我们的主人公范仲淹。

自从执掌应天府书院的教务工作后，范仲淹一直没忘记晏殊那个美好的设想。从此，无论是居庙堂之高，还是处江湖之远，他都把办好教育、建好学校放在第一位。在他兴办的学校里，能臣辈出。后来考中状元、官拜宰相的王尧臣，考中探花、拜为参知政事的赵槩，还有或官拜宰相，或任枢密使，跻身朝廷干臣之列的富弼、文彦博、狄青、种世衡、王安石，还有一代大儒李觏、胡瑗……这些人都是他的学生[6]。他的学生还包括那些一辈子没有做出什么大成就，却把校训深深记在心里，星散在全国各地教书育人的平凡的老师，他们都是范仲淹教导出来的优秀学生，虽然未曾被历史书写，但是他们的努力汇聚在一起，却已然书写了历史。

哦，对了，他还有一个学生，叫张载，后来是一个有名的理学家。他写了特别著名的"横渠四句"。这四句话虽然不长，却流传了一千多年。

一次又一次，当无数个年轻的少年满怀着改变世界的激情，

听到这四句话时,没有一次不热泪盈眶,没有一次不热血沸腾。这四句话是:

为天地立心,为生民立命,为往圣继绝学,为万世开太平。

范仲淹在应天府书院,不过只待了短短两年的时间。

仁宗天圣六年(1028)十二月,范仲淹守制期满。在四十岁的最后几天里,经由晏殊推荐,范仲淹被召为秘阁校理,跻身馆职[7]。

四十岁的他终于来到京城,来到晏殊十五岁时所在的地方。此时,距离他们第一次在应天府书院的相遇,已经过去了整整十四年。

涧底之松何必怨恨顶峰的树苗?它们本可以各自成长,然后在更高的高度相遇,一起分担寒潮、风雷、霹雳,共享雾霭、流岚、虹霓。

注　释

1. 北宋四京：东京开封府，今河南开封；西京河南府，今河南洛阳；北京大名府，今河北邯郸；南京应天府，今河南商丘。

2. 宋真宗景德三年（1006），因追念太祖"应天顺时"缔造大宋的丰功伟业，真宗下令将太祖发迹之地宋州升为应天府，又于大中祥符七年正月，再升应天府为南京。

3. 在此之前，晏殊曾邀请范仲淹到宣州讲学。估计效果不错，所以才有了后续的这次合作。

4. 孙复（992—1057），字明复，号富春，晋州平阳（今山西临汾）人，是北宋初期有名的理学家与教育家，与胡瑗、石介并称"宋初三先生"。孙复一生治学教书近二十年，桃李满天下，门下贤良之士辈出，是一位名副其实的大儒。

5. 苏轼《范文正公文集叙》："若获挂名其文字中，以自托于门下士之末，岂非畴昔之愿也哉！"

6 范仲淹不但发现、培养了大量政界与学界的精英,还是上承儒道墨法、下启程朱理学的宋学开山祖师。宋学,又称理学、道学、新儒学,是中国古代思想文化学术史上最为完备的理论体系,堪称先秦诸子百家以来中国历史上出现的第二个思想与学术高峰。范仲淹以应天府书院为学术平台,开启了北宋理学思潮,奠定了宋代学术基础。

7 馆职:唐宋时期于昭文馆、史馆、集贤院等处担任修撰、编校等工作的官职。

履霜记

寄林处士

范仲淹【1027年,39岁】

片心高与月徘徊,
岂为千钟下钓台。
犹笑白云多事在,
等闲为雨出山来。

送李纮殿院赴阙

范仲淹【1027年,39岁】

寂寥门巷每相过,
亲近贤人所得多。
今日九重天上去,
濉阳孤客奈愁何。

四民诗 农

范仲淹【1028年,40岁】

圣人作耒耜,苍苍民乃粒。
国俗俭且淳,人足而家给。
九载襄陵祸,比户犹安辑。
何人变清风,骄奢日相袭。

天下大事

1029—1039 年 | 41—51 岁

过了好一会儿,李纮都没听见范仲淹的回答。就在他以为范仲淹没听见自己的话,那远去的身影也已经快要看不见的时候,一阵夏风把一声回答送到了他的耳边:"宁鸣而死,不默而生!"

好不容易得来的一切

仁宗天圣七年(1029)十二月。

冬至之后是刘太后的生日,仁宗照例也要和文武百官一起在殿前跪拜,为母后庆生——此时,自晏殊建议刘太后垂帘听政之日算起,时间已经过去了七年。当年还十几岁的仁宗早已长大了。

这一年的冬天和以往的冬天没有什么不同,唯一不同的是,朝堂之上多了一份范仲淹的奏议。他说,官家身为儿子,为母亲磕头,那是家礼,应当应分;但仁宗皇帝是天子,不应该当众向太后叩头。国礼大于家礼,这个生日的仪式应该就此取消,而刘太后也应该早日撤帘还政。

就像当年上书建议修建捍海堤一样,慷慨激昂的范仲淹同样是在越职言事。而且,他上书建议一次之后,竟然觉得不够,很快又建议了一次。这还不算,他还专门把垂帘听政的情形说了又说。真不知道是从哪里来的胆子!

有宋一代,天子与士大夫共治天下。开国时立下过不杀士大夫的诺言。故而刘太后并未责难范仲淹,而是"客气"地请他到河中府(今山西永济西)担任通判。

极为光耀

仁宗天圣七年,当范仲淹从天子常常出入的秘阁走出来,第一次踏上外放之路时,几个无畏的朝臣赶来为他送行。

临别之际,正直的人称赞他:"范君此行,极为光耀!"机敏的人安慰他:"没关系,以后总会回来的。"范仲淹轻轻一笑,他都已经四十一岁了,好歹也是在基层摸爬滚打了这么多年的人,对方的深意他怎么会不明白?自己固然得罪了刘太后,但或许押对了筹码,一旦年轻的仁宗亲政,说不定就能得到重用。

范仲淹没有多解释什么。他把大家的赞誉和揣度通通都留在了身后,旋即踏上了去河中府的路。虽然是贬谪的路,他却走得很平静,心里既没有被理解的欣喜,也没有被误会的委屈,宛若庄子笔下那个清醒的、有着坚定自我价值判断的宋荣子[1]。

愈为光耀

四年后的仁宗明道二年（1033）。

刘太后薨逝，宋仁宗亲政。仁宗果然没有忘记为自己直言进谏的范仲淹。他三月完成亲政礼，四月便召范仲淹回京城做自己的右司谏。他觉得，上一次范仲淹的意见提得很好，以后要让他专门给自己提意见。

果然，范仲淹不负仁宗的期望，每个意见都提得很好。比如，明道二年七月，京东和江淮一带遭遇大旱。日理万机的仁宗虽然听说了旱情，却转头又忘了。仁宗虽然"仁"，但毕竟是一个养尊处优的皇帝。灾情再大，于他而言，也只是奏章上的一串数字而已。和亲自在暴风雨中与民工一起修过长堤的范仲淹不一样，高高在上的仁宗没有办法对底层百姓的苦难如此感同身受。

范仲淹却早已急红了眼："旱灾之后必有蝗灾。蝗灾一起，粮食必然减产。粮食一旦减产，百姓必然得饿肚子。抗旱灭蝗、放粮救灾已经刻不容缓。奏章给您很久了，您怎么一点儿动静都没有？"

仁宗顾左右而言他："啊？也没有很久吧？我就是忙忘了。"

范仲淹便质问他："如果宫中停食半日，陛下该当如何？"

仁宗这才幡然醒悟，立刻派范仲淹前去救灾。

范仲淹忙了整整一个月才回来。回来的时候，还不忘给年轻的仁宗带来一把干瘪的麦苗和茂盛的野草,那意思挺明显:让你忘性大!你再体会体会!

范仲淹风尘仆仆地回到京城,还想找机会再跟仁宗讲一讲为国为民的大道理。没想到,仁宗还是那么忙,根本没时间听"范老师"上课。

原来,他"不幸"遭遇了郭皇后的"家庭暴力"[2],正忙着离婚废后呢!

郭皇后是刘太后指定的,仁宗本就心存不满。如今,积怨已久的仁宗更是一心想解除掉这段婚姻关系。他还特意下令,禁止任何一个官员讨论这段令人恼火的家事。

但是范仲淹并不理会他的恼火:你一个天子,哪里有什么家事?天子举动无小事,每一件事都是国家大事!他和御史台的孔道辅带着谏官们,一起冲到垂拱殿[3]前请愿。那位深宫之中的年轻人正沉浸在自己的愤怒和烦恼中,见臣子来请愿,竟索性关上了殿门。

范仲淹不愿放弃,他不顾君臣之礼,拍打着殿门上的铜环,向里面的仁宗大声质问道:"皇后被废,于礼不合,为何不听台谏进言?"

这是仁宗第一次认识到范仲淹的为人。原来这个叫范仲淹的人,从来不曾为他宋仁宗说过什么话。能让这个人站出来的,只有他心里坚持的那份公义。

这个人也绝不是一个敏感的政治投机者,他只是一个秉公直言的读书人,无论是谁,无论这么做对他有没有好处,只要是错了,他都会毫不留情地批评、指正。

范仲淹带头干预废后一事,令宋仁宗大为恼火。于是,刚回到朝堂没几天的范仲淹,就这样迎来了人生中的第二次被贬。仿佛赌气似的,朝廷甚至还专门派人到他家里请他立刻就走。这一次,君臣之间的冲突,敏感又激烈。

汴梁城外送行的人,也因此少了很多。范仲淹才不管人多人少,他只是写诗道:

重父必重母,正邦先正家。一心回主意,十口向天涯。

——范仲淹《谪守睦州作》

不过,送行的人虽然少,但也不算那么凄凉寂寞。临别之际,依然有正直的人称赞他:"范君此行,愈为光耀!"同样也有机敏的人担心他:"这样的事情,你怎么一味往前冲?得罪了官家,以后想回来就难了。"

范仲淹又是一笑,京城是个好地方,没来的时候,他确实很想来。来了之后,他发现京城也没有那么好,以后就算是永远都不会回来,也没有关系了。这一次,他要去的地方,在愈加偏远的睦州。天涯路远又如何?在哪儿都不过是为官一任、造福一方罢了。

未来的日子,睦州还等着他重修严子陵祠,建立龙山书院;还等着他凭吊钓鱼台,在山水间游走,写下文学佳篇呢。

尤为光耀

龙山书院的读书声才刚响起来，范仲淹就被调到了姑苏城。

姑苏是范仲淹的出生地。按照官员任职需回避本籍的常例，他本不该来。但这次情况特殊，苏州发了大水，灾情特别严重。朝廷觉得，只有范仲淹去才能够放心：母亲有了危难，自然是做儿子的最十指连心。当整个故乡都被大雨漫灌的时候，也只有那个回不去却一直心心念念的游子，会一往无前了吧！

仁宗景祐元年（1034），四十六岁的范仲淹出走半生，回到故乡治水。这一年夏天，太湖受灾尤为严重。从地方到朝廷，充斥着各种声音。范仲淹不管这些，一到任上，便决定让事实说话。

他衣不解带，计不旋踵[4]，亲自带人督浚白茆（máo）、福山、黄泗、浒浦、奚浦、茜泾、下张、七丫等港浦，疏导诸邑水患。他从太湖一路沿着各路水系考察，又结合灾区具体情况，制订了"以工代赈"的水利工程计划。

及时疏浚泥沙淤积的松江，以便解决洪患期间的排水问题；从松江一路向北，开浚一条通江水道，以便泄洪至长江；在水道上设置闸门[5]，以做三用——常时御潮防淤，旱时蓄水溉田，涝时开闸排水。

空谈误国，实干兴邦。范仲淹制订的"修圩、浚河、置闸"

一系列治水计划，一直是古代治理苏州水网圩区的重要理论根据，也是历任郡守治水的范本。直到元代，当研究水患的人追溯到这个夏天的治水案例时，还会情不自禁地发出由衷的感叹：

范文正公，宋之名臣，尽心于水利，尝谓"修围、浚河、置闸三者如鼎足，缺一不可，三者备矣，水旱岂足忧哉！"

——〔元〕任仁发《水利集》

就这样，范仲淹又做了件功在当代、利在千秋的事。

景祐二年（1035），四十七岁的范仲淹治理完太湖，兴建了苏州府学，光荣调任开封，成为正四品的开封知府。

实际上，范仲淹担任开封知府只有短短的几个月。然而神奇的是，就在这几个月里，开封府就肃然而治了，范仲淹的能力由此可见一斑。

当然，范仲淹不仅把开封府治理得很好，还借此机会掌握了大量的一手官场信息。那是一个关于某个人的大秘密。很快，他整理好了所有材料，绘制成了一幅画，交给了宋仁宗。

收到那幅打开都颇费工夫的《百官图》时，宋仁宗呆住了。画上密密麻麻，都是官员的头像。仁宗一脸问号，范仲淹却面无表情。"这都是走宰相吕夷简的后门被提拔的人，他们的情况我都掌握清楚了。有的人不该提拔，有的人不该重用。"

仁宗又惊又怒。他年幼登基，一直都由吕夷简协助料理朝中大事。在他眼里，吕夷简是个忠心耿耿、德高望重的大臣。他没想到，范仲淹的胆子竟然大到了要和吕相过不去的地步。

太不像话了！仁宗把《百官图》拿给吕夷简看。吕夷简气得口不择言："这个范仲淹，迂阔好名，越职言事，荐引朋党，离间君臣，实在是罪大恶极！"

一个做皇帝的人，或许能容得下一个迂阔好名的忠良、一个越职言事的谏官，可是，却绝容不下一个"荐引朋党"的权臣。但为什么结党的人是范仲淹和范仲淹的朋友们，而不是吕夷简和吕夷简的朋友们呢？或许仁宗从来没有仔细想过这个问题吧！

就这样，景祐三年（1036）的五月，四十八岁的范仲淹再一次走到了城门外。这一次，人们都害怕被称为范仲淹的朋友了，因此再没有人来送行。五月明明是酷暑的天气，当时却莫名让人觉得云低秋寒，萧瑟无人。

我们的主人公却并没有十分在意。要是真的在意，当初索性不进献《百官图》，安安稳稳地做个开封知府，等着升迁拜相不就好了吗？因此他不过粗粗扫视了一眼城门，便收拾了心情，出发了。

一个老病孤弱的身影正在他必经的路旁，静静等候着。那是一位叫王质的老前辈。王老前辈官位不高，却以正直闻名。范仲淹平时很尊重这位老先生。此时范仲淹看见他，比看见任何人都开心。

"范君此行，这次是尤为光耀了。"王质笑着说。范仲淹哈哈大笑：从极为光耀到愈为光耀，再到尤为光耀，自己三起三落,已经是个"三光先生"啦!

王质从车上搬下特意准备的酒,斟好后痛饮了一杯。一句情深义重的话就这样藏在这送别的酒中了:我别无所有,只有这黯然离别时一杯温热的酒,希望能安慰你半生风尘吧!

这句话虽然没有说出来,但范仲淹分明听见了。他也仰头痛饮了一杯,开了句玩笑:"下次如果您再来给我这个'三光'的人送行,就再备只羊,来点肉。"说完,他挥了挥拳头,让风吹干了眼角那一滴不易察觉的泪。

王质没有再动身送他。唯有那一双仍然清亮如少年的目光,一直注视着范仲淹的身影,而且,注视了很久很久。

"且慢!这一次你要去哪里?"

身后忽然又传来一个熟悉的声音。远处,是匆匆赶来的老朋友李纮。

"去鄱阳湖畔的饶州!"

范仲淹大声回答,示意李纮不必再送。李纮冲他拼命挥了挥手:"我说,以后不该说的话,就别说啦!"

过了好一会儿,李纮都没听见范仲淹的回答。就在他以为范仲淹没听见自己的话,那远去的身影也已经快要看不见的时候,一阵夏风把一声回答送到了他的耳边:

"宁鸣而死,不默而生!"

天下大事，从饶州、润州、越州开始

宁鸣而死，不默而生。这是范仲淹的原话，也是他的心声。他已经四十八岁了。都到了这个年纪，何必做一个让别人喜欢却让自己讨厌的人呢？他下定了决心：无论人们喜欢还是讨厌，他都要像御史台里的乌鸦一样，一直发声到死，也绝不保持那苟且的沉默[6]。

对了，与王质、李纮形成鲜明对比的，除了朝中那些没有出现的官员，还有出京之后沿途的地方官员们——从京城到饶州，一路行程接近数月，再也没有谁接待过范仲淹。当范仲淹到达饶州的时候，迎接他的就真的只有一道再寂寥不过的秋风。

秋天其实是个登高的好日子。可惜范仲淹来了饶州以后，诸事不顺，因为一路上越走越寒凉，再加上饶州一直下雨，屋子里又潮湿阴冷，他不知怎么就染上了肺病，还久治不愈。

妻子李夫人的身体一直不太好，又在湿气和寒气中患了病，怎么也治不好，不久就离世了。范仲淹很悲痛，他三十六岁那年才和妻子结婚，没想到一生相伴，只有十二年。

雨一直下着。范仲淹抬起头看了看外面的雨。这场雨可太大了。他知道雨停之后，成河的将不只有他的悲伤，还有内涝严重的饶州城。

那还有什么可说的？唯有收拾心情，赶紧投入抗洪救灾的工作中。在饶州的治水工作和当年在苏州一样，收到了很大的成效。他一方面查阅了饶州城以往的治水文献，一方面四处查勘现场灾情。理论和现实都尽在掌握了，他又做了这么几件事：

第一，用最快的速度疏通排水管道，排出城中的积水。第二，将鄱阳湖畔的下东湖西南一带重新规划，建崇儒巷、望湖巷、通德巷、迎晖巷、大通巷、全节巷、银台巷、承流巷、艮止巷巷道九条，并同时满足以下用途：洪时排内涝，平时便于居民湖中汲水和洗涤，以及保障沿岸农人的通行往来。第三，修复被洪水冲毁的护城堤坝。第四，多挖水井，劝阻百姓不要饮用暴雨之后的河水，尽力减少灾后疫病的流行。

先天下之忧而忧，不只是一个伟大而高远的口号。更多的时候，它是一件件操劳而具体的事情。

解决了涝的问题，范仲淹没有停下来，而是接着为老百姓做了很多实事。第一是判案子，也就是处理刑事案件。第二自然还是办教育。范仲淹在饶州城内细心勘察，最终在东湖妙果寺、浮舟寺旁建造了饶州校舍。在他的倡导下，饶州管辖之内的下属六县，也纷纷开始创立县学。

饶州的学习风气最后浓厚到什么地步呢？仁宗景祐年间（1034—1038），一位叫吴孝宗的人来到这里后，惊奇地发现：

饶州冠带诗书甲于江南，民风好学重教，为父兄者以其子与弟不文为咎，为妻者以其子与夫不学为辱。

——〔宋〕吴孝宗《余干县学记》

饶州浓厚的学习风气里,得有范仲淹多少功劳啊?!

范仲淹还格外重视公共空间的建设。他先后建造了得心堂、退思轩、楚东楼、秋香亭、虚静亭、庆朔堂,以方便大家出游。

哦,对了,他还在庆朔堂前种下过自己喜欢的花[7]。

仁宗宝元元年(1038),范仲淹五十岁。这一年的正月,因为工作调动的关系,他离开饶州来到润州。在饶州的生活没有任何遗憾,唯独有一样让人觉得有点儿可惜,直到他离开饶州的时候,他种下的那些花儿都没有开。

仁宗宝元元年到康定元年三月,范仲淹分别在润州(今江苏镇江)和越州(今浙江绍兴)任职。他仍然只做自己认为清白正直的事:在润州筹建学校,修清风桥;在越州致力于解决人们的饮水问题,疏浚、修整了一口井,还给它取了个特别能警醒自己的名字——清白泉。他还为清白泉建了清白堂,甚至写了一篇文章来纪念此事。

> 予爱其清白而有德义,可为官师之规。因署其堂曰清白堂。又构亭于其侧,曰清白亭。庶几居斯堂,登斯亭,而无忝其名哉!
>
> ——范仲淹《清白堂记》

《清白堂记》完成的这一年,是仁宗宝元二年(1039),距离仁宗康定元年正月,嵬名曩霄埋伏在三川口的那个夜晚,只剩下不到一年的时间了。

注 释

1. 庄子在《逍遥游》中称赞宋荣子:"举世誉之而不加劝,举世非之而不加沮。"
2. 所谓的家庭暴力,大概就是郭皇后与妃嫔争斗时,误打了前来调解的宋仁宗一巴掌。
3. 垂拱殿是仁宗的内宫。
4. 计不旋踵:指脚跟还未转过来,计议就定了下来。形容在极短时间内就拿定主意,也比喻行动迅速,毫不犹豫。
5. 据清光绪年间《常熟昭文两县合志》载:"(范仲淹)于福山置闸,依山麓为固。旧址今尚存,人名曰'范公闸'。"
6. 〔宋〕叶梦得《石林燕语》云:"范文正公始以献《百官图》讥切吕申公,坐贬饶州。梅圣俞时官旁郡,作《灵乌赋》以寄……故公亦作赋报之。"梅赋以乌鸦为喻劝范仲淹不必直言以取祸;范赋遂答之,借以言志。
7. 范仲淹《怀庆朔堂》:"庆朔堂前花自栽,便移官去未曾开。年年忆着成离恨,只托春风管句来。"

履霜记

江上渔者

范仲淹【1034年,46岁】

江上往来人,
但爱鲈鱼美。
君看一叶舟,
出没风波里。

答梅圣俞灵乌赋

范仲淹【1036年,48岁】

危言迁谪向江湖,
放意云山道岂孤。
忠信平生心自许,
吉凶何卹赋灵乌。

怀庆朔堂

范仲淹【1038年,50岁】

庆朔堂前花自栽,
便移官去未曾开。
年年忆着成离恨,
只托春风管句来。

大宋将军

1040—1042 年 | 52—54 岁

旭日初升,汴梁城墙下热气腾腾的小摊儿等来了第一批顾客;夕阳西下,西北边城外羌笛悠悠,牧童也随着自在的牛羊悠闲地归来。

夕阳恢宏而灿烂。那座长长的军事防线静静地守望着夕阳下的人与事。这一刻,山河有大美,而大美无声。

变身！成为守卫大宋的将军

仁宗康定元年，崽名曩霄大破金明寨，围困延州（今延安）；歼灭宋援兵刘平、石元孙大军于三川口。刘、石二人被俘之后，朝野上下一片震惊。

也就是这时，时任右司谏的韩琦大胆举荐范仲淹。为了让仁宗放心，他还发了一句重誓："若涉朋比，误国家事，当族！"几经权衡和考量，朝廷认可了韩琦的判断：

解救此时西北边境危机的人选，非范仲淹不可。

正月过去，春天到来，朝廷急召范仲淹，与韩琦携手共抗西夏。

二十二年来，无日忘之！烽火狼烟外，红霞满天的西北边塞上，一位白发苍苍的统帅迎着夕阳的万丈金光，终于披上了他的战甲。

范仲淹初上任时，是以天章阁待制的旧职身份去管理永兴军的。他是去做事的，对于官职本没有什么所谓。没想到吕夷简却"不计前嫌"，跑到宋仁宗面前说："像范仲淹这样的人，要么不用，要么就重用。如今这样像什么话？"范仲淹因此立刻被任命为龙图阁直学士、陕西经略安抚副使。

后来，得知事情原委的范仲淹为曾经触犯吕夷简而颇感惭愧，来而不往非礼也，他大大方方地向吕夷简表达了歉意。

一个国家的宰辅，一个守边的大将，战事当前，这样的两个人能够搁置争议，秉公合力，实在是一件值得庆贺的好事。这样美好的"政敌关系"，历史上并不多见。

仁宗康定元年八月，秋高气爽，范仲淹正式成为延州的地方官，开始了长达近四年的戍边生涯。

这几年里，他做了多少事？

仁宗康定元年，范仲淹五十二岁。这一年，他整军备战，一举夺回塞门诸寨，修复金明寨、万安城。九月，派遣将军任福破白豹城，使入侵的保安军、镇戎军的西夏军队狼狈撤兵；派遣狄青等人攻取西界芦子平；派遣种世衡筑青涧城，营田实边。十月，又派遣朱观等人袭西夏洪州界郭壁等十余寨，大获全胜。

同年，范仲淹仅关于西北边事的文章就有《论西事札子》《牒环庆路出军马入贼界攻讨》《奏为置官专管每年上供并军须杂物》《任福等破白豹城奏》《奏乞督责管军臣寮举智勇之人》《答诏陈不宜出兵掩袭塞门寨奏》《乞兴修废寨奏》《乞建鄜州鄜城县为军奏》等，次年又有《论夏贼未宜进讨》《谏深入讨伐西夏奏》《请修复城寨奏》《乞先修城寨未宜进讨奏》《乞于沿边诸寨置榷场奏》《焚元昊复书奏》《论不可乘盛怒进兵奏》《与诸羌约》《论牵制夏兵奏》……真是殚精竭虑,极尽思谋。

仁宗庆历二年(1042),范仲淹五十四岁。这一年正月,他率队巡边;三月,筑成大顺城;十月,出兵驰援定川寨;十一月,大胆举荐文彦博(1006—1097)帅秦州,滕子京帅庆州……

仁宗庆历三年,范仲淹五十五岁,被调回汴梁。

仁宗庆历四年(1044),范仲淹五十六岁。二月,依照范仲淹建议,朝廷诏令全国州县全部创立府学。五月,范仲淹与韩琦在崇政殿议事,上"和、守、战、备"四策。从八月至年底,他又衣不解带地开始了宣抚河东的行程:先后到达绛、晋、汾、并、忻、代、宪州,岢岚、保德、火山军及府州、麟州等地。其间,组织人马修建细腰城,阻断明珠、灭臧与西夏之间的道路。

……

说实话,范仲淹做的这些事没有一件是容易的,有的甚至是惹人争议的。他不是战争狂魔,多年来他关心西北边境,关注军事冲突,并不是因为他好战。恰恰相反,作为一个仁厚的长者,作为一个桃李满天下的教育家,他最想守护的,就是边境的和平。

都说战争是个吃人机器,这话当然不假。但战争这个可怕的机器不仅吃人,还很碎钞。自古以来,没钱可没有办法打仗。

宋对西夏用兵之后,整个国家的花费开始大幅上涨。在这样的背景下,范仲淹注意到,河东均州的百姓早就不堪重负,于是便请求朝廷免除了他们一年的秋税。

镇守汾州的时候,范仲淹正难得地和属下一起登城楼饮酒,放眼远眺美丽的塞外风景。就在这时,一支简陋的送葬队伍突然闯入了他的眼帘。

为首的死者家属边走边哭,看上去悲痛极了。范仲淹无法安心看云看风景了。他忙派人去询问情况。

原来,死者是当地一位读书人。这个人的家里贫困极了。他今天就要下葬了,家人却连一副最便宜的棺材都买不起。范仲淹心里很不忍。这时,转头再看筵席上的一桌酒菜,任是什么美食佳酿,也咽不下去了。"今天的酒,就喝到这里吧!"

一场本来兴致盎然的登高,也就在大家的泪光中收了场。

几年来,因为战争,边境上多少百姓像这个读书人一样,潦草地结束了生命?

如果不是战争,他们本可以拥有更有尊严的一生。

从来到边地的那一刻起,范仲淹就深深地相信:只有和平,才能换来边境苦寒之地的长治久安,换来千千万万人的幸福和发展。

因此,他始终把和平当作此行的终极目的。为此,他愿意付出一切代价。这代价甚至也包括了:在进攻战和防御战中,坚定地选择后者。不管别人怎么看,不管推荐自己的韩琦怎么看,他都要做一个没那么激进的、不求速战速决的保守派。

在西夏的问题上做一个保守派，其实并不容易。当时，西夏的挑衅和侵袭很频繁。面对范仲淹等人的军事行动，汴梁城中，众议滔滔。有人指责他们能力不行，说文人根本不会带兵；有人质疑他们胆量不行，说他们太懦弱无能。

韩琦是一个有血性的人，根本听不得这样的话。他憋着一口气，铆了一股劲儿，想气壮山河地打一场载入史册的反击战，洗掉三川口的耻辱，堵住那些人的嘴巴。于是，他很快制订了一个让自己都激动的反攻计划，还说服了仁宗和当时的主帅夏竦，准备撸起袖子大干一场。

范仲淹的想法则完全不同，他不同意韩琦的轻举妄动。韩琦因此很气愤："带兵打仗，要把生死置之度外才行。我不知道眼前这个谨小慎微的人是谁？更不知道那个犯颜直谏、一身胆识的范希文去了哪里！"

韩琦是他的好朋友，他不理解自己，这让范仲淹很不好受。即便如此，他还是坚守住了自己的原则：其他人说的那些不中听的话，本就不应该在意；韩琦会不会因为自己的反对而气愤万分，也不该再去多想。

这些都不能也不该干扰自己的独立判断。西夏军队的实力强而宋军的实力弱，如果一定要正面交锋，打一场硬仗，必须要精心布局。部队战阵、后勤保障、防御工事等问题，更是要一样一样提前解决，才能有一战成功的底气。

把个人生死置之度外的好友固然可嘉可敬，然而将军的一个决定,却是几万将士用血肉之躯去执行的军事任务。他们的生死,不能也不该被决策者置之度外。因此,主帅万不可莽撞,须得沉住气。所以他坚决不同意贸然出兵。

分歧当前,范仲淹坚持自己的立场,一面整军,一面设防。

他认为这些事情是对的,就去做了。虽然他无法保证自己做的事情,一定是最正确的决定。

这可能是决策者最大的压力和痛苦了:一个决策者永远是一个孤独者。环顾四周,你会看到很多给你出主意的人,但是方案最终由你定,责任最终由你担。千百年后,被钉在耻辱柱或者荣登圣贤榜的人,不是别人,而是你。所以做任何一个决定前,都必须敢于承担失败的风险。因为任何一种选择都绝不可能是完美的,任何一种选择也都有走向失败的可能,虽然失败的原因常常不尽相同。

让人欣慰的是,范仲淹的决定最后被证明是正确的。他来到西北后训练出来的军队,直到北宋末年,仍然是一支边关劲旅,是宋与西夏对抗时所拥有的最坚固的屏障。

仁宗庆历元年(1041)二月,嵬名曩霄再一次亲率十万大军进攻渭州(今甘肃平凉),直逼怀远城(今宁夏固原市西)。

韩琦最终决定主动出击。出兵之前,他派了一位共同好友去劝说范仲淹一同发兵。韩琦最后的努力,换来了范仲淹最后的拒绝。这之后,韩琦急派大将任福率领一万八千人据险设伏,准备拦截返程中的嵬名曩霄。

在张家堡南,任福取得了一次胜利:他的手下杀掉了数百名敌军。这让任福有了乘胜追击的信心。他们一面走,一面看着沿途西夏军队丢下的各种物资,心想:"哈!西夏铁鹞子军也有今天。"

咕咕,咕咕,咕咕!急行军到好水川时,一阵奇怪的声音忽然传来。大家你看看我,我看看你。他们已经三天都没吃到任何食物了。这是肚子发出的声音吗?不,好像不太像。

接着,又有人在路边发现了几个莫名其妙的木匣子。

咕咕,咕咕,咕咕!越走近,里面的声音就越响。平白无故地,到底是谁把这些木匣子放在这里的?

士兵们被咕咕叫的箱子吓住了,都不敢贸然上前。

不一会儿,任福来了。他带着军队马不停蹄地追击西夏军队,已经追了三天了。因为走得太快,后勤车没跟上。整整三天,食物一直很匮乏,士兵饿着,他也饿着。不过,虽然肚子一天比一天瘪,任福却仍然信心满满。

"不过是几个木匣子而已,怕什么?过去打开。"任福冲着属下挥了挥马鞭。

木匣子被打开了。几百只鸽子呼啦啦地、争先恐后地飞了出来,盘旋在蓝天上。鸽哨声在辽阔的西北平原上,显得格外嘹亮。

殊不知,这声音正是西夏军队联合出击的秘密信号。任福这才反应过来，他以为的乘胜追击，正是对方的诱敌深入。

就这样，一场本不在韩琦设想中的战斗，在一阵嘹亮的鸽哨声后开始了。宋军还没有搞清楚到底发生了什么，鬼名曩霄的军队就从四面合围而来了。

靠着灵活与机敏，任福曾经在宋对西夏的夜袭白豹城中一战成名。但此时此刻，这两个优秀的特质在劲敌面前竟仿佛一下子消失得无影无踪。

一下子显得笨拙而迟钝的任福不得不带着队伍一边抵御，一边撤退。在任福的带领下，宋军一路战斗，一路撤退到六盘山，这才好不容易得到一个喘息的机会。任福刚想背靠着六盘山，整顿一下七零八落的队伍，又一次突袭却神不知鬼不觉地从山后来了。

六盘山是西夏的地盘。西夏的勇士们早已经做好了歼灭宋军全员的准备，他们一边冲锋一边想，这些宋人该有多么轻视自己？他们居然如此自信，以为孤军深入到这里后，还能活着走到边境的另一边？

由于事情发生得太突然，任福身后一万多名疲惫的士兵顿时溃不成军。"啊！"在一声不知是勇敢还是恐惧的喊声后，一场可怕的踩踏事件发生了。有的人被后面的人踩死，有的刚刚躲过一劫，转身就被骚乱的人群挤下了悬崖。

混乱结束后，宋的残军和西夏的精锐军队之间又展开了一场激战。任福很快身受十余处箭伤，全身上下血肉模糊。

战争进行到最后，随身校尉刘进伸手抓住了任福的血衣，劝他趁乱弃兵逃走。任福不答，反而手拿四刃铁锏，从掩蔽之处挺身而出。他是在用实际行动回答刘进："我知道自己要死在这里了，但是没有关系，我就是死，也要血战到底！"

一阵利刃刺进血肉的声音传来。"命都没有了，你还坚持什么？"刘进听得肝胆俱碎，不由发出一声撕心裂肺的叫喊。

"吾为大将，兵败，以死报国尔！"史书的记载足够简短，也足够令人肃然起敬，令人热泪盈眶。

热血喷射出来的声音伴随着悲壮的回答，一起留在了历史的书页上，成为关于任福最后的记载。敌人的长枪刺破任福的左脸，又狠狠地挺入他的喉咙。

就这样，任福将军奋战到底，悲壮殉国。这位战略失误的大将，守住了最后的尊严。

元代人在修《宋史》时这样评价："好水川之败，诸将力战以死。噫，趋利以违节度，固失计矣；然秉义不屈，庶几烈士者哉！"

和任福一起战斗到底的，还有他的儿子任怀亮，桑怿、刘肃、王珪、赵津、耿傅、武英等几百位得力干将，以及六千多个英勇不屈、却没有留下姓名的士兵。

血战好水川后，举国哀叹。决策者韩琦也不得不为自己的冒进引咎辞职。将军决策失误，尚且可以痛定思痛，东山再起；可因此血战而死的年轻人，又有谁可以死而复生，再度回到家乡呢？年轻的女人从此失去了丈夫，年幼的孩子从此失去了父亲。同在战场的父子兄弟，一战之后，天人永别，只留下那个侥幸活下来的人，永远生活在失去亲人的伤痛中。而远在家乡的母亲，往后余生，纵然把泪眼望穿，也盼不到心爱的儿子在某个阳光明媚的清晨，笑着从战场归来……

这是生命不能承载的痛苦与悲愁。

韩琦离开军队那一天，拦住马头号哭不止的战亡者家属有近千人。他们一点儿也没有责怪统帅，只是高高举着儿子、丈夫、弟弟平日穿的旧衣服哭泣："归来吧！归来吧！你跟着韩将军一起出征。如今韩将军回来，而你却死了。你的魂魄会迷路吗？你的魂魄会归来吗？归来吧！归来吧！"

这简直比杀了自己还让人难受。韩琦停下马，始终没有回头，他不敢回头。只有背对着这些悲伤的人们，他才敢让一直强忍的眼泪流下来。

唐人说："泽国江山入战图，生民何计乐樵苏。凭君莫话封侯事，一将功成万骨枯。"就在这个瞬间，韩琦终于明白了范仲淹当初的犹豫。如果可以，他宁愿牺牲的是自己。然而时间不能倒流，白骨不能复生。对于那些长眠在好水川的将士而言，一切自责和痛悔都无济于事了。

韩琦兵败之后的第二年，就在宋军一蹶不振、士气低迷时，范仲淹突然发力，密令长子范纯祐与蕃将赵明率兵偷袭西夏，一举夺回了庆州西北的军事要塞——马铺寨。痛定思痛的韩琦不得不以一种从未有过的眼光审视范仲淹的一举一动。

原来,范仲淹早已默默做了许多事。楔入宋夏夹界之间的青涧城和大顺城,已成为两个牢固的支点。依靠这两个支点,一个与四周堡寨互相呼应、固若金汤的战略防御体系,已然在西北大漠上建成。从此,西夏军队无论是强攻还是突袭,都再无取胜的可能。

"如今小范老子(范仲淹)胸中有数万甲兵,不似大范老子(范雍)那般好对付了。"多年后,西夏人终于这样说道。宋的海盐、茶叶和丝绸,他们依然想要。可因为有范仲淹在,他们再不敢轻举妄动。

也就是在这一段终日苦守边境的日子,范仲淹留下了人们最熟悉的那首《渔家傲·秋思》:

塞下秋来风景异,衡阳雁去无留意。四面边声连角起。千嶂里,长烟落日孤城闭。 浊酒一杯家万里,燕然未勒归无计。羌管悠悠霜满地。人不寐,将军白发征夫泪。

范仲淹是苏州人,这一点在他去苏州治水的时候已经说过了。上有苏杭,下有天堂,苏州的山含情,苏州的水含笑,苏州山青青、水脉脉,连风都是温柔妩媚的。所以,他过不惯在西北的日子,也知道年轻的士兵们也一样过不惯。他的头发白了,他们想家的时候哭了。

啊，月冷如霜，照着江南也照着塞北。是想家的时候，也该是回家的时候了。

仁宗庆历四年（1044），宋与西夏正式达成和议。在经历了一场场血战之后，边境终于恢复了和平。

同年十月，一封从西夏远道而来的国书抵达汴梁城。曾经在高粱河之战、三川口之战、好水川之战中不可一世的西夏人，终于向宋称臣。宋与西夏久违的和平，终于到来了。

这就是后来有名的庆历和议。当停战的消息传到边境时，太久没有回家的年轻士兵们都流下了热泪。终于，戍边的将士们回来了，身后是他们筑起的那道坚固的军事防线。从此，它像长城一般，守护着北宋帝国的西部边疆。

和平是如此的来之不易，又是如此的令人珍惜。让人血脉偾张、气壮山河的战争传奇结束了，安宁的和平时代终于到来了。旭日初升，汴梁城墙下热气腾腾的小摊儿等来了第一批顾客；夕阳西下，西北边城外羌笛悠悠，牧童也随着自在的牛羊悠闲地归来。

夕阳恢宏而灿烂。那座长长的军事防线静静地守望着夕阳下的人与事。这一刻，山河有大美，而大美无声。

履霜记

苏幕遮 怀旧

范仲淹【1040—1043年】

碧云天,黄叶地。
秋色连波,波上寒烟翠。
山映斜阳天接水,芳草无情,更在斜阳外。

黯乡魂,追旅思。
夜夜除非,好梦留人睡。
明月楼高休独倚,酒入愁肠,化作相思泪。

御街行 秋日怀旧

范仲淹【一说在防西夏守边时所作】

纷纷坠叶飘香砌。夜寂静，寒声碎。
真珠帘卷玉楼空，天淡银河垂地。
年年今夜，月华如练，长是人千里。

愁肠已断无由醉。酒未到，先成泪。
残灯明灭枕头欹，谙尽孤眠滋味。
都来此事，眉间心上，无计相回避。

送石曼卿

范仲淹【1040年,52岁】

河光岳色过秦关,
英气飘飘酒满颜。
贾谊书成动西汉,
谢安人笑起东山。
亨途去觉云天近,
旧隐回思水石闲。
此道圣朝如不坠,
疏封宜在立谭间。

庆历新政

1043—1045 年 | 55—57 岁

当天气越发和煦的时候，所有欣欣向荣的芬芳和美好，忽然在一个春夜里，遭遇到了一场料峭的春寒；那些曾经赞誉范仲淹是仁人君子、忠厚儒将的人，从来没有一刻像现在这样嫉恨范仲淹。

庆历新政：一个以天下为己任的机会

仁宗庆历三年四月，西线再无战事。夏竦、韩琦和范仲淹一同被仁宗调回汴梁，分别担任最高军事机关的正副长官——夏竦为枢密使，韩琦、范仲淹为枢密副使。

五月，山东王伦起义，随后各地农民起义不断。这意味着，外患之后，宋的内乱又起。

八月，当夏天结束、秋天开始时，范仲淹官拜参知政事。这意味着，仁宗对这位老臣发出了一个慷慨的邀请："正值大宋多事之秋，就请您和我一起，共同治理国家吧！"

这一年，五十五岁的范仲淹，越过五十三岁的晏殊，正式走到了权力的巅峰。这距离他在应天府书院"独不见皇帝"的那一天，过去了整整二十九年；距离他进士及第过去了二十八年；距离他卖掉家里唯一的瘦马，走上七百余里漫漫长路的那一天，过去了二十六年。

别人把这官位当作人生莫大的荣耀。他偏不觉得：他当然想要做参知政事——不然，这么多年辛辛苦苦为的又是什么呢？但是他最终想要的，却从来不是这个官职所代表的财富、地位、名誉……

他想要的，是一个"以天下为己任"的机会。

九月，仁宗开天章阁，正式下诏，问几位执政大臣以国事，希望大家拿出一个使天下太平的方案。

仁宗发出召唤后，范仲淹即刻不眠不休，将自己多年苦苦思索的结果整理为《答手诏条陈十事》，条分缕析地提出了十项改革主张[1]。

军事危机之后，随之而来的必然是财政危机。对此，范仲淹早有预见。因此十项措施殊途同归，最终都指向了一个基本点，那就是对于国家财政的节流。

仁宗认真看过，觉得可以推行，遂令天下推广实行。这就是历史上著名的"庆历新政"。

仁宗庆历三年十月。秋天过去，冬天来临。张温之首先被任命为河北都转运按察使，王素被任命为淮南都转运按察使，沈邈被任命为京东转运按察使，施昌言被任命为河东都转运按察使。庆历新政的第一政，"择官长"自此成为改革的先声。

就在此时，一个名场面诞生了。

在任命诸路转运按察使时，范仲淹手拿簿子，勾去了那些不符合标准的人。富弼有点儿担忧："一笔下去，就会有一家人痛哭呢。"范仲淹不为所动："一家哭，总好过一个地区的百姓哭！"

轰轰烈烈的庆历新政就这样开始了。仔细想想，又觉得有些不对。怎么这时候的范仲淹，竟好像变了一个人呢？

那个戍守边疆时旗帜鲜明的"保守派"，怎么忽然就成了一个新政改革的"激进派"呢？

庆历新政

然而无论如何,新政的颁布就这样排山倒海地来了。各项措施的推行急于星火:仁宗庆历三年十月二十八日,磨勘新法出台。"明黜陟"紧随其后见之于行动。十一月十九日,恩荫制度新规出台。十一月二十三日,再发恩荫制度的增补条例。庆历四年三月十三日,新的教育改革也正式出台了。一切看上去大有可为,一切都充满了希望和可能。

然而,当天气越发和煦的时候,所有欣欣向荣的芬芳和美好,忽然在一个春夜里,遭遇到了一场料峭的春寒:那些曾经赞誉范仲淹是仁人君子、忠厚儒将的人,从来没有一刻像现在这样嫉恨范仲淹。在新的磨勘制度下,那些自己和子孙得不到晋升的人开始异动。以前,他们之间或许有矛盾,或许有对立,但在范仲淹和新政面前,他们开始前所未有地齐心协力起来,目标则只有一个——终结眼前正在发生的一切。

要如何阻止改革的进一步推进呢?

重申改革的问题吗?

和范仲淹展开激辩,摆事实、讲道理吗?

没有经过太长时间的思考,范仲淹的反对者们就明白了:这样远远不够,他们绝对不想成为如此理性而成熟的反对者。他们找到了一个更有杀伤力的"反对者秘籍":你不必向大多数人证明某个人做的事情是错的,只要向大多数人证明他是个坏人就可以了。

于是,在庆历新政期间,滕子京案、石介案、进奏院案等政治案件，就一个个地被别有用心的人煽动起来了！反对者们一口咬定：苏舜钦和滕子京挪用公款，不管挪用的钱是多还是少，一律可以当作贪污犯来公开审判；至于石介就太可怕了，竟然和富弼一起密谋改立皇帝，简直是大逆不道；王益柔口出狂言，不当言论挑战儒家思想价值观，可以马上杀掉。毫无疑问，这些范仲淹的支持者们，个个都是大坏蛋。

是的，这几个人都有一个共同点："他们都是范仲淹和庆历新政的支持者。"

这样一来，事情就简单多了：你们都已经是坏人了，大伙儿还有必要相信你们吗？既然已经不需要相信你们了，更不必相信你们支持的范仲淹了。

看吧，是不是很简单？是不是很粗暴？

是不是很没有底线，却能收获奇效呢？

果不其然。庆历三年九月，滕子京"泾州挪用巨额公款案"爆发之后，朝野轰动。

滕子京是范仲淹最好的朋友。真宗大中祥符八年，他和范仲淹同榜进士及第。殿试那天，站在朝堂之上放眼望去，满目都是意气风发的才俊，到处都是聪明绝顶的少年。

即便如此，范仲淹还是很快就识别出了滕子京，那人群之中最特别的一个。十年后的仁宗天圣三年（1025），范仲淹顶着巨浪，修建捍海长堤时，身边最坚定的支持者是滕子京。二十七年后的仁宗庆历二年,范仲淹在战场上对抗西夏的虎狼之师时,身边最坚定的支持者,仍然是滕子京。

到了仁宗庆历三年的秋天,面对人们对滕子京"用度不节""公费私用"的指责,范仲淹心绪难平。他们说滕子京挥霍无度,花光了公使钱十六万贯。

十六万贯,那是多么大的一笔钱!² 花钱是需要时间和精力的。滕子京哪里有挥霍和享受的空闲,又哪里有时间去满足自己的物质欲望呢?西夏人兵临城下,将军葛怀敏不幸兵败。因为这场战争,军队的内耗极其严重。敌人随时还会卷土重来,而泾州城里却找不出半个可以与之对抗的士兵。情况紧急,生死和成败就在一念之间。

滕子京因此焦头烂额,他忙着组织农夫放下锄头,拿起战刀保卫城池;忙着寻找勇敢之士打入西夏内部,秘密传递重要情报;忙着送去热腾腾的酒肉安慰士兵;也忙着安葬亡者,照顾他们的妻子和儿女……

那十六万贯公使钱用到了哪里?大大咧咧的滕子京说不清。也许用在了各路军队每个月的供给里?也许用在了对边境各族酋长的犒劳上?战争中的花费要想一笔笔说清楚,实在太难了!因此,范仲淹毫不犹豫地相信了他,相信他始终是那个热情而大方、正直而善良,做任何事都无愧于心、也无愧于人的滕子京。

为了维护滕子京的清白,范仲淹不避嫌疑,连上《奏雪滕宗谅张亢》《再奏辩滕宗谅张亢》两封奏折,全力辩白。他并不奢求朝廷相信自己，他只是一遍遍地恳请朝廷给真相一个发声的机会。

后来，朝廷派人去调查。一切果然如范仲淹所料，滕子京是无辜的。政治场上最诡谲难料的地方也就在这里了，虽然滕子京是无辜的，但是既已惹人争议，就不能不追究。仁宗庆历四年（1044）的春天，滕子京无可挽回地走上了一条令人惋惜的贬谪之路。

"泾州挪用公款案"，至此尘埃落定。

一身疲惫的滕子京带着无限抑郁不平之意，来到遥远而闭塞的巴陵郡。他的内心沉重无比，他只知道做成一件事难，却不知道竟有这样难；他只知道战胜西夏人难，却不知道从自己人的诋毁中全身而退，竟是难上加难！

幸好，在巴陵，意气难平、一无所有的滕子京遇到了那座巍巍高耸的岳阳楼。三国时鲁肃曾经在这里俯瞰城下，慨然阅兵。而今，转眼八百多年过去，这座老旧孤独的阅兵楼，早已褪去昔日的光辉。所有壮怀激烈的往事都如烟尘般散去，那些能够让人热血沸腾、斗志昂扬的生命力和精神气，也已无处寻觅。

眼下，它静静地矗立在天地之中，如同一个在阳光下打着盹儿的耄耋老人，静谧且安详。那一瞬间，滕子京忽然明白了他和岳阳楼之间的缘分。仿佛岳阳楼就是为了等待自己，才无声无息、历尽沧桑地在这座边远小城里存在着。时光匆匆，刀光剑影黯淡，鼓角铮鸣远去，朱阁绮户与绣闼雕甍光华不再。风云激荡的阅兵楼成为一个沧桑、平和的所在，而年轻时志得意满的他，

庆历新政

也在不知不觉中变成了一个潦倒失意的人。当岁月的风霜和一颗失魂落魄的心，各自都准备好了的时候，一个人和一座楼的相遇，也就成了一件命中注定要发生的事了。

有一次，滕子京登上岳阳楼的时候，正好是一个孤独的黄昏。长河和远山都被夕阳沉静而灿烂的光芒笼罩着。温暖的阳光像是一副无坚不摧的铠甲，保护了他伤痕累累的心。也就是在那个瞬间，滕子京真正看懂了岳阳楼，也看懂了自己。紧接着，他做了一个无比重要的决定：他要重新修建这座古老的岳阳楼，也要把自己感受到的一切，都讲给范仲淹听。

为了等待滕子京，岳阳楼已经孤独地矗立了七百多年。在漫长的等待中，它或许已经成为世界上最了解时间的建筑。

正因如此，我想，为了那篇最终令它获得永恒价值和意义的《岳阳楼记》，它或许并不介意再等上两年的光阴。那么，我们也就不必为等待它的落成而着急，大可以先接着听范仲淹的故事——

庆历四年六月，宋初三大政治案中的第二件大案——石介富弼案爆发，夏竦指控富弼与石介犯下了谋逆大罪。

这无疑是一次举国震惊的政治地震。

富弼也是范仲淹的好朋友。你会有那种感觉吗？在茫茫人海中，你遇到一个人，这个人让你感到如此熟悉，就好像是世界上的另外一个你。富弼之于范仲淹，就是这样一个特殊的存在。范仲淹和他认识了半辈子，默契相知足足有二十年。这份极其深厚的友情开始于相见恨晚的那一刻，终结于生命结束的那一天。

当年，人微言轻的范仲淹冲到宫门外，劝谏仁宗不要废除郭皇后，是富弼冒着巨大的政治风险上书仁宗，替范仲淹求情；当年，范仲淹戍守边境，威震西陲，是富弼和他坐镇一西一北，共同守护了大宋和天下苍生的安定。那时，如果不是富弼连上八封奏折，极力陈述治边之策且不遗余力地推行，在遥远的边境上，孤独的范仲淹或许在自己坚持的道路上走不了那样远。

就是这样一个富弼，被夏竦诬陷到如此地步，对方一口咬定他图谋不轨，要和人密谋改立新君。

这样的案子要怎么查？又怎么能查得清楚？

好在仁宗并不相信这些指控。最终，富弼被罢去了副枢密使的职位，调到郓州做了长官。谋逆是大罪，既然已经被牵扯进来，纵然仁宗不怪罪，富弼也不可能在原来的职位上纹丝不动。平心而论，这结局其实还不错。

事后想起来，这两个大案中的任何一个，都有点儿意味深长：滕子京案后，范仲淹的好朋友兼"坏人"滕子京，不得不因此而离开；石介案以后，范仲淹的好朋友兼"坏人"富弼，也不得不因此离开。

按照这样的逻辑，下一个该离开的人会是谁呢？

仁宗庆历四年十一月。宋初三大政治案中的进奏院[3]案，最终登场。

案发当天深夜，十几个人因众筹庆祝宋朝一个狂欢节——

秋季赛神会，被人诬陷为"公款消费"，而被逮捕入狱。他们被捕的消息传出去后，人人自危。那一夜，因为恐惧而失眠的人不知道有多少。那一夜，因因为这场突如其来的政治风暴，明天的路一下子变得伸手不见五指。没有人知道第二天天亮时，自己是否也会被卷入这场灾难的旋涡之中。

进奏院案的"主犯"苏舜钦，政治前途尽毁。他不能再待在京城了，犯了错的他得马上走。知道这个消息之后，苏舜钦愣怔了好一会儿。他想，"既然京城容不下我了，那便走好了。"于是收拾了东西准备离开。

可是离开之后，又要去哪里呢？苏舜钦也不知道。

后来，还是温婉的苏州接纳了他。不过，苏舜钦并没有因此而开心。以前他一直以为，自己的未来还有很多可能。说不定他也能像晏殊一样当上枢密使，像范仲淹一样成为参知政事呢！现在可好，一下子什么都没有了。

可是仔细想想，他到底犯了什么大错呢？平心而论，其实并没有。所以他心里不痛快，要多憋屈就有多憋屈。苏州太热太湿，他一点儿也住不习惯。暂住的地方就别提了，又小又暗淡，简直是行也难堪，坐也难堪。他知道总难过下去也不是个办法，这样下去人说不定会废掉。他想让自己开心一点儿，就时不时地出去转转。偶然的一天，他发现了一片风景很好的土地，便突然想在这里建一座理想中的亭子。

他不仅建好了这座亭子，还认真写了一篇文章，记录了和这座亭子有关的一切思绪。一篇文学史上的经典名篇就此诞生了，这就是唐宋散文史上有名的《沧浪亭记》。

……噫，人固动物耳，情横于内而性伏，必外寓于物而后遣。寓久则溺，以为当然；非胜是而易之，则悲而不开。惟仕宦溺人为至深，古之才哲君子，有一失而至于死者多矣，是未知所以自胜之道。予既废而获斯境，安于冲旷，不与众驱，因之复能乎内外失得之原，泝然有得，笑闵万古，尚未能忘其所寓，自用是以为胜焉。

"仕宦溺人为至深"，对于任何一个古代读书人而言，这句话总是无比正确，也无比扎心。仕宦之途、名利之场太容易使人沉溺其中了！对年轻有才的苏舜钦而言，更是如此啊！美景再美，如何能消解他"一失而至于废"的苦闷！前一天还在进奏院上班的他，忽然就因为一个小失误而被削职为民。世上还有比这更不幸的事吗？还有比他更不幸的人吗？苏舜钦心里的哀愁，自然是"悲而不开"的，他试着用"笑闵万古"的气度去化解，这才让这篇文章拥有了超越人生苦难的价值与意义。

或许，在苏州的苏舜钦是孤独的，但作为散文名篇的《沧浪亭记》将永远不会感到孤独。此时滕子京早已在巴陵郡谪守了一整个夏和秋。这篇《沧浪亭记》，只要再耐心地等上两年，待秋天来临，那篇叫作《岳阳楼记》的旷世之作就将横空出世，与之为伴了[4]。不过,这终究还是后话。现在,让我们先回到那个寒冷而压抑的冬天吧。

范仲淹的支持者纷纷被贬官,接二连三的指责带给他巨大的舆论压力,足够让范仲淹不堪重负。一切如指控者们所希望的那样发展了。

或许,和纷繁而复杂的政治问题比起来,西北的朔风和沙砾就算不得什么了。这样想着,范仲淹便下定了决心。与其在这里和"自己人"相互折磨,耗尽激情和岁月;不如再次回到边境干些切实的事。就这样,范仲淹再一次站在了宋与西夏对抗的第一线[5]。

守卫边疆当然是人生的另一种崇高和伟大。可是,当他转身去西北射杀苍狼的时候,那艘搁浅的改革巨轮又要怎么办呢?

仁宗庆历五年二月初四,磨勘新法、任子新法被废除。三月初五,韩琦也不再担任枢密副使,而是被外放到扬州。三月二十三日,朝廷正式宣布废除科举新法,恢复旧制。

花自飘零水自流。至此,主持变法改革的主要人物风流云散,而整个社会的各项措施也迅速黯然如旧了。彩云易散,烟花易冷。仁宗庆历五年冬,范仲淹回头望了望汴梁城头变幻不定的流云,又转过头看了看通往远方的路。十二月的天空从未如此瓦蓝透明,而他的心从未如此平静。巨轮搁浅了,苍狼散去了,他也该离开这里了。

这一次,他的远方在邓州。

前行的车马有点儿颠簸。回身望去,城门也在颠簸中一点点远去,竟有一种久违的熟悉感。

"你为什么要到邓州去?是要逃避改革的失败吗?是要找一个地方去安然养老吗?"问题一个比一个剜心,一个比一个刺骨。

从汴京城外到邓州,车马颠簸了一路,范仲淹也想了一路。

庆历新政

注 释

1 这十项改革主张分别是：明黜陟、抑侥幸、精贡举、择官长、均公田、厚农桑、修武备、推恩信、重命令、减徭役。

属于政治改革的有明黜陟、抑侥幸、择官长、均公田、推恩信、重命令、减徭役。

明黜陟：制订更能选拔人才的政治绩效考核方案；该破格提拔的破格提拔，该裁员撤职的裁员撤职；如果有人推荐，可缩减考验年限。

抑侥幸：限制特权阶级的"恩荫制度"，以此削弱"官二代、三代、四代"等人对官位的垄断，为真正有能力的人才让贤。

择官长：从中央选派考查组稽查地方政绩；奖励能员，罢免不才；选派的地方官都要经过认真推荐和严格审查。

均公田：调整官员的收入分配，大力提倡廉洁奉公的职业道德，敦促官员廉洁为政。

公田，即职田，是北宋地方官的定额收入之一，但分配往往高低不均。

推恩信：各地各部门要切实落实各项政策。

重命令：朝廷要慎重发布各项政策，地方则要严肃对待。

减徭役：合并精简行政区域。减县为镇，缩减公职人员。

属于教育改革的有精贡举。

精贡举：大力兴建各个地方的学校；鼓励学生入学接受教育；把考试重点从诗词歌赋改为时事评论，从知识的识记、背诵

改为对观点的理解和阐释。

属于农业改革的有厚农桑。

厚农桑：重视农业灾害，兴建水利。推广"太湖治水"经验。

属于军事改革的有修武备。

修武备：在京城附近招募卫士，来辅助正规军。卫士军每年三个季度务农，一个季度军训，以此减少军事费用。先试验，如果成功就推广。

2 庆历三年的十六万贯，大约相当于今天的五千万人民币。

3 进奏院是古代地方行政机构的驻京办事处，即各州镇关于到京师朝见皇帝或办理其他事务的寓所，及本镇进京官员的联络地。

4 《沧浪亭记》写于1044年，《岳阳楼记》写于1046年。约五百年后，明代归有光（1507—1571）重修沧浪亭，又有《沧浪亭记》，与苏舜钦的《沧浪亭记》遥相呼应。

5 范仲淹申请调任到邠州担任长官，兼任陕西四路缘边安抚使，以处理边事。

履霜记

剔银灯 与欧阳公席上分题

范仲淹【1043—1045年】

昨夜因看蜀志。

笑曹操、孙权、刘备。

用尽机关,徒劳心力,只得三分天地。

屈指细寻思,争如共、刘伶一醉。

人世都无百岁。

少痴騃、老成尪悴。

只有中间,些子少年,忍把浮名牵系。

一品与千金,问白发、如何回避。

尧庙

范仲淹【1044年,56岁】

千古如天日,巍巍与善功。
禹终平泽水,舜亦致薰风。
江海生灵外,乾坤揖让中。
乡人不知此,箫鼓谢年丰。

留题麟州城

范仲淹【1044年,56岁】

宣恩来到极西州,
城下羌山隔一流。
不见耕桑见烽火,
愿封丞相富民侯。

七

岳阳楼记

1046—1052 年 | 58—64 岁

当每一个时代的年轻人背诵出这句千古名言的时候,当他们都前赴后继地为了这个世界更美好而努力奋斗的时候,这位为天下欢喜、为天下忧愁的士大夫,已然超越了庆历新政的成功与失败,超越了个人的痛苦与遗憾,超越了庆历六年邓州和洞庭湖的风景,实现了生命的不朽。

做春风还是做春山?

有些问题没想好,其实也没关系。范仲淹没钻牛角尖。"趁着这个工夫,熟悉熟悉邓州的风土人情,做些力所能及的工作也挺好。"他想。

仁宗庆历六年(1046)的新春一过,他就让自己忙了起来:

他参加了正月的游河和三月的踏青、祭风师等活动。秋风来临的时候,他再一次投入到引水抗旱的工作中。这一忙,就是一整个秋天。直到一场瑞雪从天而降,他这才彻底放了心。

解决完物质问题之后,他照旧没忘记保证邓州人民精神生活的富足。不然,这个城市的男女老少该去哪里放松自我和休闲身心呢?年轻人又该去哪里寻找志同道合的友朋,又要去哪里获取新知呢?他必须承担起这个责任与义务。

于是,他整顿了百花洲,新建了菊花台和嘉赏亭,重修了览秀亭,构筑了春风阁。

花洲上一片繁花似锦,春风吹过那些浅浅的红、淡淡的白,也轻轻吹拂过他不再年轻的脸庞。远处不时传来欢声笑语。游人如织,往来不绝。这一切让范仲淹由衷地感到高兴。他说,"七里河边归带月,百花洲上啸生风";他说,"主人高歌客大醉""百花洲里夜忘归"。

只要邓州的百姓过得好了,他真是比干什么都开心。

毫无意外地,他也在邓州建了一所学校。在他看来,学生读书求学的地方,须是风景美好之处。触目所及,整个邓州可还有比花朵竞相开放的花洲更美好的所在吗?他便在最能一览百花之美的地方,修建了花洲书院。书院修建好后,他还给书院大讲堂起了一个颇有寓意的名字——春风堂。

春风堂的名字源于一个古老的典故。汉朝时,汉武帝曾问东方朔:"东方朔,你来说说,孔子和颜回这对师生,谁的品性更好?"东方朔回答:"那还用问吗?当然是孔子,他是老师嘛!"汉武帝听了不以为然:"你这个答案不对。难道一个人值得敬仰,只是因为他的身份吗?你不该糊弄我的。"

东方朔便收敛了漫不经心的表情,认真回答说:"颜回修养好,德行高,像是弥漫着桂花香气的山。"

汉武帝听了,陷入沉思,说道:"这个比喻好美,我很喜欢。"过了一会儿又说:"那这么看来,应该就是学生颜回更胜一筹了?"

东方朔摇摇头:"那倒也不是。因为孔子更像一阵温暖和煦的春风。春风吹到哪里,哪里就能得到抚照,万物都能向阳生长。"

范仲淹很喜欢这段对话,也希望花洲书院的同学们以后不仅能做一座桂花飘香的春山,还能成为一道拂煦万物的春风。

政务没那么繁忙的时候，范仲淹也会去春风堂给学生讲课。看到学生们沉静专注的样子，他的心里就有说不出的高兴。有时他也会有意无意地看一眼二十岁的次子范纯仁。

纯仁很好学，也很勤奋。他的身上，寄托着父亲的希望。

仁宗庆历六年七月。在花洲的荷花开得最好看的时候，范仲淹的第四个儿子范纯粹出生了。

一个人要有多幸运，才能在百花深处和阵阵书香中度过自己的儿童时代呢？一个人又要有多幸运，才能拥有这样一位伟大的父亲呢？

差不多半个世纪后，当五十岁的范纯粹重新来到这片阔别已久的土地时，他带着对父亲的眷恋，认真翻新了花洲书院的校舍。

时间匆匆流走，从不为谁停留。庆历六年的秋天来了。

那幅滕子京送来的《洞庭秋晚图》美不胜收，从书桌的这头一直铺展到书桌的那头，一览无余地被范仲淹凝视着。

范仲淹坐在春风堂上，面容宁静而心旷神怡。低头，是滕子京送来的洞庭之秋；抬头，是春风堂的邓州之秋。俯仰之间，可以共赏南北之绝佳秋景，实在是一件再快乐不过的事了。

但是，一想到自己还要给滕子京和岳阳楼写文章，他一下子又皱紧了眉头。就在此刻，他忽然意识到，他必须给那个来邓州路上没解开的难题一个答案，也必须把这个答案说给李纮，说给滕子京,说给朱说,同时也说给更多的人听。

这次书写和表达,将是他义不容辞的责任和使命。

他在春风堂上一遍又一遍地问自己:"你失败了,也得罪了太多太多的人,为此连你的好朋友也不得不付出巨大的代价。现在,你后悔了吗?"

《岳阳楼记》：微斯人，吾谁与归？

　　仁宗庆历六年九月十五日，眉间心头都沉甸甸的范仲淹再一次来到春风堂。

　　这一刻，邓州的风景和洞庭湖的风景合二为一。激荡在他胸中许久的无限心事，终于冲破语言的藩篱，寻找到了一片气象万千的天地。

　　庆历四年春，滕子京谪守巴陵郡。越明年，政通人和，百废具兴，乃重修岳阳楼，增其旧制，刻唐贤今人诗赋于其上，属予作文以记之。

　　予观夫巴陵胜状，在洞庭一湖。衔远山，吞长江，浩浩汤汤，横无际涯，朝晖夕阴，气象万千，此则岳阳楼之大观也，前人之述备矣。然则北通巫峡，南极潇湘，迁客骚人，多会于此，览物之情，得无异乎？

　　若夫淫雨霏霏，连月不开，阴风怒号，浊浪排空，日星隐曜，山岳潜形，商旅不行，樯倾楫摧，薄暮冥冥，虎啸猿啼。登斯楼也，则有去国怀乡，忧谗畏讥，满目萧然，感极而悲者矣。

　　至若春和景明，波澜不惊，上下天光，一碧万顷，沙鸥翔集，锦鳞游泳，岸芷汀兰，郁郁青青。而或长烟一空，皓月千里,浮光跃金,静影沉璧,渔歌互答,此乐何极!登斯楼也,则有心旷神怡,宠辱偕忘,把酒临风,其喜洋洋者矣。

嗟夫!予尝求古仁人之心,或异二者之为,何哉?不以物喜,不以己悲,居庙堂之高则忧其民,处江湖之远则忧其君。是进亦忧,退亦忧。然则何时而乐耶?其必曰"先天下之忧而忧,后天下之乐而乐"乎!噫!微斯人,吾谁与归?时六年九月十五日。

——范仲淹《岳阳楼记》

岳阳楼是一座名楼,洞庭湖是一座名湖。为岳阳楼的大观、洞庭湖的美景写下名篇名句的人有很多,范仲淹说的"前人之述备矣",确实是文学创作史上的实情:刘禹锡的"遥望洞庭山水翠,白银盘里一青螺";孟浩然的"气蒸云梦泽,波撼岳阳城";李白的"且就洞庭赊月色,将船买酒白云边";杜甫的"吴楚东南坼,乾坤日夜浮";乃至屈原的"袅袅兮秋风,洞庭波兮木叶下",都是经典中的经典。

按理来说,经典是很难超越的。可是,当吟出"微斯人,吾谁与归"时,范仲淹还是如释重负且心满意足了。

他知道自己的使命和责任已经完成了。他同时也有这个自信,就因为这篇文章,岳阳楼将从此超越亭台楼阁的物质实体终将消亡的命运,在精神和文化的国度里获得永恒。

"先天下之忧而忧,后天下之乐而乐",这句千古传诵的名句,至此终于横空出世。

"匹夫而为百世师,一言而为天下法"。这样难度极高的事,范仲淹和他的十四字金句做到了。当每一个时代的年轻人背诵出这句千古名言的时候,当他们都前赴后继地为了这个世界更美好而努力奋斗的时候,这位为天下欢喜、为天下忧愁的士大夫,已然超越了庆历新政的成功与失败,超越了个人的痛苦与遗憾,超越了庆历六年邓州和洞庭湖的风景,实现了生命的不朽。

他在这篇文章里真诚地剖白,让越来越多的人从此明白了,总有那么一些人,和我们不一样。他们不像这个世界上的大多数人,只为眼前和个人而活。虽然人生的选择有许多有意义的方向,但一个发自肺腑地把祖国和人民放在第一位的人,一个无论如何都不会被失败和痛苦吞没的人,一个无论在怎样的境地都心怀崇高理想的人,在任何时代、任何地方,在任何一种社会制度与价值观之中,都值得最崇高的敬意与最真诚的礼赞。

百花盛开的邓州,是一个民风淳朴、山明水秀的地方。这里没有中央要务,没有边防重任,更没有政治斗争,再加上范仲淹又是带着积累了大半生的名望和经验来的,很快,邓州也就"政通人和,百废具兴"了。渐渐地,需要他操心和忙碌的事情也没有那么多了。

范纯仁有自己的功课要做,范纯粹自然有家人无微不至的照顾,就连春风堂也有专门传道授业的老师了——作为父亲和教育家的范仲淹,生活慢下来了,时间多出来了。繁杂的事务终于可以让位于心灵的悠游、精神的从容和文学的诉说了。在邓州任上的第三年（按规定本来是两年期满，但是范仲淹离任时，邓州的人们跪在道路两旁情真意切地挽留，他又继续留在了邓州），范仲淹终于有时间喝茶看雪、读书写诗，潜心打磨自己的文章了。

同事张焘经过邓州，来看范仲淹。他们一起煮酒赏梅。雪中的梅花再好看，看完也就罢了，可是诗歌中的梅花和情谊却可以拥有对抗时间的惊人力量，一直令人念念不忘：

数枝梅寄寂寥人，多谢韶华次第均。穰下此花留未发，待君同赏后池春。

——范仲淹《依韵和提刑张太傅寄梅》

仁宗皇祐元年（1049），范仲淹离开邓州，到杭州担任地方官。

这一年，他二十三岁的儿子范纯仁经过刻苦的学习，光荣地考中了进士。有这样一个优秀的儿子，他这个做父亲的感到欣慰极了。人们纷纷祝贺和夸赞范纯仁。有的说："真厉害，二十三岁就中了进士，真是花洲书院的荣耀。"有的说："纯仁一直都和父亲一样刻苦，不愧是范家的儿子。"

说者无意，听者有心。"范家的儿子"几个字，忽然就在不经意间触动了范仲淹敏感的神经。有一件大事若是再不趁着自己体力和精神尚好时赶紧办了，或许以后就来不及了。

毕竟，他已经六十一岁了。

有人看范仲淹年纪一天天大了，不免替他做退休养老的考虑："我已经研究很久了。说实在的，洛阳以后的发展一定会很不错。您要是买养老房，我看还是趁早在那儿买，说不定以后还能升值呢！"

这一次说者有心，而听者无意。范仲淹说："你说的都有道理。只不过我从小吃苦，眼看这辈子就要过完了，其实早已经不懂享福，也不会享福了。"

范仲淹年轻时一字一句地背："身修而后家齐，家齐而后国治，国治而后天下平。"和那时一样，他现在还是打心眼儿里觉得，和物质的富足比起来，精神的充实更能让他感到由衷的快乐。

儿子是亲近的，天下是遥远的。这么多年来，无论亲近和遥远，该照顾到的他都照顾到了：儿子一直被教育得很好，他也尽可能地办了一所又一所学校。他对这样的结果感到很满意。

当然，遗憾的地方也不是没有：他虽然一直有心，却始终没来得及为范氏家族做些什么。于是，这场谈话过后，他把多余的俸禄都捐给了范氏宗族。

当皇祐元年的秋风渐渐变凉的时候，一件深埋范仲淹心中二十多年的大事终于被提上了日程：他回到阔别已久的故乡苏州，正式创办了范氏义庄，还把买到的几千亩田都捐了出去。作为宗族财产，这些田地产生的每一分收益，都将在漫长的岁月里，造福每一个需要帮助的范家人。

他的想法很朴实，只是希望帮助家族里读不起书的孩子能有机会和别人一样接受教育。那时候的范仲淹没有想到，他所创立的范氏义庄，会在一代又一代后人的努力下，历经风雨而不倒，几经战火而不毁，从宋至清，延续八百多年而生命力依旧。

就这样，继捍海修堤、苏州治水、西北戍边后，功在当代、利在千秋的事，他又不声不响地做成了一件。

岳阳楼记

他睡着了

范仲淹在杭州任职期满两年后,第三年转赴青州任职。这三年里,杭州和青州连年旱灾,百姓大饥。他的身体已经不允许高负荷的工作,可他还在拖着病体主持局面。

后来,灾情缓解,而他却再也支撑不住了。

这一次,范仲淹终于主动申请休息。颍州的山水不错,他请求去那里做个一郡之主,工作上稍微清闲一点儿。仁宗同意了,还派使者专门送药慰问。

范仲淹离开青州,去往心心念念的颍州。一路上,他的兴致很高。他这辈子太忙碌也太操劳,一生最大的奢侈就是这"清闲"二字。如果能静下心来,不受打扰地读读书、写写文章,那该有多好。如果上天能再多给他一些时间,如果在颍州的生活能像在邓州一样,说不定自己还能再写出一篇像《岳阳楼记》那样的文章呢!

就这么一路畅想着,六十四岁的范仲淹在仁宗皇祐四年的大暑天气里,走到了徐州。

天气又闷又热,五月二十日这一天,他决定小憩一会儿。

他太累了,没过多久,就带着对颍州的盼望睡着了。

他这一睡,便再也没有醒来。

他也再没有机会写出像《岳阳楼记》一样的文章了。当然，这样的文章能写出一篇，已然足够了。

范仲淹年轻的时候，很喜欢一个叫严子陵的人，喜欢他"不事王侯，高尚其事"的独立精神和崇高人格。他给严子陵修过祠堂，还写过一篇《严先生祠堂记》。这篇文章不长，也就几百字，却充分表达了他对严子陵的敬意。其中有一句话，敬意最高而语言尤美：

云山苍苍，江水泱泱，先生之风，山高水长。
——范仲淹《严先生祠堂记》

其实，把这十六个字送给范仲淹，也是再合适不过的。

履霜记

过陈州上晏相公

范仲淹【1049年，61岁】

曩由清举玉宸知，
今觉光荣冠一时。
曾入黄扉陪国论，
重求绛帐就师资。
谈文讲道浑无倦，
养浩存真绝不衰。
独愧铸颜恩未报，
捧觞为寿献声诗。

春日游湖

范仲淹【1050年,62岁】

湖边多少游湖者,
半在断桥烟雨间。
尽逐春风看歌舞,
几人着眼到青山。

登表海楼

范仲淹【1051年,63岁】

一带林峦秀复奇,
每来凭槛即开眉。
好山深会诗人意,
留得夕阳无限时。

范仲淹——生平年表

989 宋太宗端拱二年，1岁
范仲淹生于武宁军（治所徐州）节度掌书记官舍。

990 淳化元年，2岁
父亲范墉病卒于徐州。

991 淳化二年，3岁
随母居苏州天平山。

992 淳化三年，4岁
母谢氏改嫁给在苏州为官的朱文翰。

1004 宋真宗景德元年，16岁
继父朱文翰任淄州长史。

1005 景德二年，17岁
游学于秋口、长山。

1009 大中祥符二年，21岁
读书于长白山醴泉寺，有"画粥断齑"的故事。

1010 大中祥符三年，22岁
读书于长白山醴泉寺，有"窑金苦读"的故事。

1011 大中祥符四年，23岁
询知身世，感泣辞母，求学于应天府书院。

1015 大中祥符八年，27岁
中进士榜乙科第九十七名，任广德军司理参军。

1016 大中祥符九年，28岁
在广德司理参军任上，有"怒书屏风"的故事。

1017 天禧元年，29 岁
擢文林郎、权集庆军节度推官。贫止一马，鬻马徒步之任。上《奏请归宗复姓表》，始复范姓。

1018 天禧二年，30 岁
有河北之行，赋诗《河朔吟》。

1021 天禧五年，33 岁
调任泰州西溪盐仓盐税官。

1024 宋仁宗天圣二年，36 岁
娶应天府李昌言女李氏为妻，生长子纯祐。

1025 天圣三年，37 岁
因发运副使张纶推荐，知兴化县事。

1026 天圣四年，38 岁
八月，母谢氏夫人逝，辞官丁忧。

1027 天圣五年，39 岁
守母丧于南都应天府，晏殊出守应天府，邀仲淹掌应天府书院。六月，次子纯仁生。

1028 天圣六年，40 岁
掌应天府书院教习。七月，捍海堰历时近两年修成。十二月，守丧期满，经晏殊推荐，召为秘阁校理。

1033 明道二年，45 岁
四月，回京任右司谏。

1034 景祐元年，46 岁
六月，移守乡郡姑苏，抗洪救灾。

1035 景祐二年，47 岁
召还，判国子监。十二月，权知开封府。

1036 景祐三年，48 岁
八月，至饶州任所。

1037 景祐四年，49 岁
在饶州任上。妻病卒。

1038 宝元元年，50 岁
正月，赴润州任职。

1039 宝元二年，51 岁
正月，在越州治理井泉，名之清白泉，建清白堂。

1040 康定元年，52 岁
七月，与韩琦一同被任命为陕西经略安抚副使。

1042 庆历二年，54 岁
三月，兴筑大顺城，建镇朔楼。构建陕西四路攻防体系。

1044 庆历四年，56 岁
八月，启程宣抚河东。

1045 庆历五年，57 岁
正月，罢参知政事。十一月，解四路帅任，知邓州。

1047 庆历七年，59 岁
仍知邓州。

1048 庆历八年，60 岁
正月，诏移知荆南府，邓民请留。二月，复知邓州。

1049 皇祐元年，61 岁
正月，移知杭州。三月，次子纯仁进士及第。

1050 皇祐二年，62 岁
仍知杭州。

1051 皇祐三年，63 岁
春，赴任青州。

1052 皇祐四年，64 岁
正月，扶病就道，移知颍州。五月二十日，卒于徐州。